Ellen Frieben-Blum/Klaudia Jacobs/
Brigitte Wießmeier (Hrsg.)
Wer ist fremd?

Ellen Frieben-Blum/Klaudia Jacobs/
Brigitte Wießmeier (Hrsg.)

Wer ist fremd?

Ethnische Herkunft, Familie und Gesellschaft

Leske + Budrich, Opladen 2000

Inhalt

Vorwort

Seit gut 25 Jahren beschäftigt sich der „Verband für binationale Familien und Partnerschaften, IAF e.V.," mit der bundesrepublikanischen Situation von Menschen, die in einem sogenannten binationalen Familienkontext leben. Für eine wachsende Zahl von Familien und Partnerschaften ist es nichts Ungewöhnliches, sich mehr als einer Nation zugehörig zu fühlen. Wie diese Beziehungen gestaltet werden, hängt unter anderem von den gesetzlichen Bedingungen Deutschlands und zunehmend Europas ab.

In der 25jährigen Geschichte der IAF hat sich das Spektrum der Verbandsarbeit erheblich erweitert. Die aktiven Berliner Mitglieder des Vereins verbindet seit Jahren ein großes Engagement in der Auseinandersetzung mit Fragen, die von Ratsuchenden und Mitgliedern des Verbandes an sie herangetragen werden. Ohne ein beachtliches Maß an ehrenamtlicher Arbeit und ohne den Einsatz eines hohen Grades an professionellem Know-how wäre diese Arbeit nicht möglich.

Seit langem findet in diesem Kreis eine Beschäftigung mit dem Thema binationale und bikulturelle Familie statt, die auch in zahlreichen Aktivitäten wie einem internationalen Symposium und einer zweijährigen Vortragsreihe mit dem Titel „Zwei Kulturen – eine Familie" Eingang gefunden hat. In diesem Rahmen bemühten sich die Organisatorinnen, der wissenschaftlichen Auseinandersetzung mit diesem Thema im deutschsprachigen Raum neue Impulse zu geben. Neben ersten Arbeiten aus Deutschland verlangten theoretische Ansätze aus anderen Ländern wie England, Frankreich oder Amerika eine kritische Diskussion, da die jeweiligen politisch-historischen Hintergründe nicht ohne weiteres auf die Bundesrepublik zu übertragen sind. Diese notwendige Reflexion versuchten sie möglichst gemeinsam mit den Autorinnen und Autoren und einem zunehmend interessierten Fachpublikum im Rahmen diverser öffentlicher Veranstaltungen weiterzuführen. Allen Referentinnen und Teilnehmern gilt ein besonderer Dank für anregende Diskussionen.

Das vorliegende Buch ist aus dem Kreis der Mitarbeiterinnen der IAF-Berlin und aus der Zusammenarbeit mit der Landeskommission Berlin gegen Gewalt hervorgegangen, für deren Unterstützung wir uns an dieser Stelle ausdrücklich bedanken möchten. Insbesondere Frau Dr. Dagmar Ohl setzte sich bis zur Fertigstellung für dieses Buches ein und stand als Ansprechpartnerin zur Verfügung. Die Beiträge dieses Bandes geben nicht die Position der Landeskommission Berlin gegen Gewalt wider, sondern die Verantwortung für die Inhalte liegt allein bei den Autoren und den Herausgeberinnen.

Für den Vorstand der IAF-Berlin im Juli 1999

Brigitte Wießmeier

Vom Oder zum Und: Individueller und gesellschaftlicher Raum zur Konstruktion von Bindestrich-Identitäten

Ellen Frieben-Blum und Klaudia Jacobs

„Being mixed is like that tingling feeling you have in your nose just before you sneeze – you're waiting for it to happen but it never does." (McBride 1998: 205)[1]

Kribbeln in der Nase als Metapher für ein unbestimmtes Gefühl, wie es immer wieder Menschen äußern, die kulturell oder national nicht so eindeutig zuzuordnen sind, wie es gesellschaftlich erwartet wird. Solch Kribbeln weist auf Spannungen hin, Spannungen beispielsweise zwischen dem Selbstbild und dem Bild anderer Menschen, Spannungen zwischen dem selbst beanspruchten Status und der gewährten gesellschaftlichen Anerkennung, Spannung zwischen dem vorhandenen Spielraum kultureller Differenz im privaten Leben und dem Prozeß hierarchisierender Differenzierung sozial produzierter Identitäten.

Prozesse, die infolge von Migration und Integration entstehen, werden in der bundesdeutschen Gesellschaft oft verdrängt oder spät und undifferenziert zur Kenntnis genommen. Doch leben wir heute und hier spürbar in einer Welt, in der nationale, ethnische und kulturelle Unterschiede an einem Ort, in einer Stadt und immer häufiger auch in einer Familie, ja selbst in einer Biographie präsent sind. Diese Allgegenwart der Weltunterschiede mit ihren verschiedenen Weltbetrachtungen, Bildern und Kulturen können verglichen und nebeneinander durchlebt werden. In diesem Sinne in einer Weltgesellschaft zu leben bedeutet Leben in einer Multiple-Weltengesellschaft, in einer Vielfalt ohne Einheit (Beck 1998: 7).

Obwohl immer wieder hervorgehoben wird, daß Globalisierung auch eine Intensivierung der weltweiten sozialen Beziehungen einschließt, wird kaum der Aspekt betrachtet, daß diese nicht vor den persönlichen Beziehungen der Menschen haltmacht und sich in der Identität der Subjekte widerspiegelt. Nur zögerlich und halbherzig wird – selbst in der Migrationsforschung – zur Kenntnis genommen, daß sich auch in unserem Land eine wachsende Zahl von Einwanderern mit deutschen Lebenspartnern zusam-

---

1   In der deutschen Übersetzung dieses Zitates wird „*being mixed*" in einer engeren Bedeutung gefaßt, als uns für diesen Artikel sinnvoll scheint. Dort heißt es: „Halb schwarz und halb weiß zu sein ist wie dieses Prickeln, das man in der Nase spürt, wenn man gleich niesen muß – man wartet darauf, daß es passiert, aber es passiert nicht" (McBride 1999: 286).

mengefunden und Familien gegründet hat, ebenso wie viele Deutsche in anderen Ländern eine zweite Heimat fanden und finden, in der ihre Kinder als „Halbdeutsche" aufwachsen. Die Zahl der Kinder aus solchen binationalen Verbindungen in Deutschland wächst ständig: 1996 hatten in einer Stadt wie Berlin 17 Prozent der ehelich geborenen Kinder einen ausländischen Elternteil, also nahezu jedes sechste[2]. In der gesamten Bundesrepublik betrug 1997 der Anteil von binationalen Eheschließungen zwischen Deutschen und Ausländern 16 Prozent[3].

Mit diesen Personen, die in interkulturellen Lebensgemeinschaften leben oder aufgewachsen sind, beschäftigen sich die Beiträge dieses Sammelbandes: ein Einstieg in die ausstehende öffentliche und sozialwissenschaftliche Debatte um die zweite Generation der Binationalen oder Bikulturellen, wie sie meist bezeichnet werden. In Selbstbezeichnungen nennen sie sich auch Schwarze Deutsche, Andere Deutsche oder Bindestrich-Deutsche. Ein erster Blick auf diese Bezeichnungen verrät, daß die Merkmale, die durch diese deskriptiven Bezeichnungen herausgehoben werden, sich durchaus an konventionellen Bezugsrahmen wie Nationalität, Kultur oder Hautfarbe orientieren, diese jedoch gleichzeitig in Frage stellen.

In diesen Bezeichnungen drücken sich zwei Haltungen aus: Zum einen wird die Anerkennung durch eine Gesellschaft eingefordert, die sich als monokulturell versteht und die Menschen aufgrund ihrer Nationalität, ihrer Kultur, ihrer Hautfarbe oder ihres sonstigen „Andersseins" unterscheidet. Zum anderen wird aber gerade die Zugehörigkeit zu dieser Gesellschaft bekannt und betont – unter Hinzufügung einer Besonderheit: eine zweifache Nationalität, eine zweifache kulturelle Bindung, eine als stigmatisiert erlebte „abweichende" Physiognomie oder andere Aspekte. Damit scheint die Frage nach Loyalität und Zugehörigkeit zunächst ausreichend beantwortet, allerdings nicht im Sinne einer Vorstellung, daß Staatsangehörigkeit einzig und unveränderlich sei. Die Menschen, die mit Mehrfachzugehörigkeiten leben, sind weder illoyal noch zerrissen oder identitätsgestört. Durch ihr Selbstverständnis wirft sich jedoch für die republikanische Gesellschaft die Frage nach einer angemessenen und zeitgemäßen Integrations- und Identitätspolitik auf, die nicht auf Konstruktion und Ausschließung des Anderen basiert.

Zugehörigkeit und Anerkennung in der Gesellschaft hängen nicht von einem Bekenntnis der Binationalen oder Anderen Deutschen zur bundesdeutschen Gesellschaft oder Nation ab, sie hängen nicht von der ständig geforderten Erklärungsbereitschaft ab, sondern vielmehr von dem Konsens der Gesellschaft, die Grenzen von Einschluß und Ausschluß neu zu bestimmen und sich von überholten „Wir-Gruppen"-Bestimmungen zu verabschieden. Dazu gehört die Abkehr von der Tendenz, das als fremd Empfundene von

---

2   Berechnet nach Daten des Statistischen Landesamts Berlin, Bevölkerungstatitstik N 36, Berichtsjahr 1996.
3   Berechnet nach Daten des Statistisches Bundesamts vom 25.8.1998.

vorneherein zum Problem zu erklären (Schiffauer 1997: 48). Dazu gehört auch die Phantasien und Vorstellungskraft berührende Auseinandersetzung mit weltweiten Veränderungen durch die Globalisierung und die europäischen Erfahrungen grenzüberschreitender Mobilität, wodurch die Möglichkeit einer Synthese von Unterschieden entsteht. In diesem Zusammenhang muß daran erinnert werden, daß

„die ‚Gemeinschaften‘, denen wir alle angehören, aus denen wir unsere ‚Werte‘ beziehen, denen gegenüber wir unsere ‚Loyalität‘ bekunden und die unsere ‚soziale Identität‘ bestimmen, samt und sonders historische Konstruktionen (sind). Und es sind, was besonders wichtig ist, Konstruktionen, die sich permanent im Umbau befinden. Das bedeutet nicht, daß es ihnen an Festigkeit oder Dauerhaftigkeit gebräche oder daß es bloße Übergangserscheinungen wären. Im Gegenteil. Aber es sind niemals *ursprüngliche* Gemeinschaften, und von daher ist jede historische Beschreibung ihrer Struktur und ihrer Entwicklung durch die Jahrhunderte hindurch notwendigerweise eine Ideologie der Gegenwart." (Wallerstein 1998: 273; Hervorhebung durch die Autorinnen)

In der europäischen Vorstellung ist Kultur an ein Territorium gebunden und verfügt über eine lokale Vorherrschaft. Diesem monolithischen und territorialen Gesellschaftsverständnis entspricht, daß in Deutschland die Kategorie des Fremden mit der des Ausländischen gleichgesetzt wird, so daß alles, was fremd erscheint, mit einem anderen Ort und einer anderen Gesellschaft verbunden wird, wo es eigentlich herkomme oder hingehöre. In den Einwanderungsgesellschaften der sogenannten Neuen Welt begreifen sich hingegen viele als jemand, „der aus allen möglichen Gründen von anderswo kam" (Appiah nach Beck 1998: 7). Der Glaube an eine Identität, die aus einer einzigen Wurzel stammt, ist verloren. Statt dessen entsteht die Vorstellung einer Identität der Beziehungen, einer Identität, die einen Ort mit allen anderen Orten der Welt verbindet (Glissant 1998: 89).

Die Möglichkeit des Sowohl-Als-auch

Für das Leben von Binationalität und Bikulturalität gibt es – insbesondere in einer Großstadt wie Berlin – inzwischen beträchtliche Gestaltungsräume, aber auch einschneidende Grenzen. So können Individuen oder Familien in ihrem privaten Alltag die verschiedensten Lebens- und Konsumgewohnheiten pflegen, verschiedene Religionen ausüben, sich über Internet aktuell über ihr erstes, zweites, drittes Land informieren, Kontakte zu ihren Familien und zu Freunden halten. Sie können ihre berufliche Mobilität auf verschiedene Länder ausdehnen, sie können Gelegenheiten schaffen, in der Freizeit oder zumindest im Urlaub in ihren Sprachen zu kommunizieren, sie an ihre Kinder weiterzuvermitteln – entsprechende Ideale, Flexibilität, ausreichende finanzielle Mittel, Bildung und Reflexion vorausgesetzt.

Gegenüber diesem sich ausweitenden Möglichkeitsraum privater Binationalität oder Bikulturalität im Rahmen des Konsums, des Familienlebens oder der Community bleibt die gesellschaftliche Anerkennung weit zurück. Zwar gibt es einige medienwirksame Inszenierungen von Bikulturalität, doch sind diese keine Hinweise auf eine akzeptierte Normalität von Bikulturalität. Die alltägliche „Binationalisierung" von Familien wird von der Öffentlichkeit noch weitgehend ignoriert. Dies spiegelt die gesellschaftliche Ambivalenz im Umgang mit aktuellen Prozessen der Globalisierung wider. Während die private Wirtschaft, aber auch Wissenschaft und Kultur die Chancen globaler Handlungsräume zunehmend nutzen, tut sich die Politik schwer, für die damit einhergehende Mobilität – also eben auch Einwanderung und Durchlässigkeit nationaler Grenzen – neue Perspektiven zu entwickeln. Die meisten öffentlichen Institutionen sind nicht darauf vorbereitet, angemessen auf die Veränderungen in der Bevölkerungszusammensetzung zu reagieren[4]. Konkret kann sich dies gegenüber binationalen Paaren darin äußern, daß die moralische Integrität ihrer Entscheidung zur Eheschließung oder die Kompetenz zur Erziehung ihrer Kinder angezweifelt wird.

Es besteht ein Spannungsverhältnis zwischen einem privat möglichen „Sowohl-Als-auch" und einem gesellschaftlich erwarteten „Entweder-Oder". Darin manifestiert sich auf der Ebene sozialer Prozesse eine ungleichzeitige Entwicklung von individuellen und gesellschaftlichen Integrationswünschen und -leistungen. Die Individuen nutzen die durch die Globalisierung entstandenen Möglichkeiten auf sehr unterschiedliche, in jedem Fall aber kreative Weise für die Bildung „mehrgliedriger" Identitäten, während die bundesdeutsche Gesellschaft auf viele, sich längst vollziehende Veränderungen im kollektiven Alltag schleppend reagiert.

„Bi(ndestrich)"-Identität?

Die meisten Kinder aus Familien mit Eltern unterschiedlicher Nationalität werden früher oder später zu ihrer sozialen Verortung aufgefordert, insbesondere wenn Name, Phänotyp oder Sprachkenntnisse auf nichtdeutsche Abstammung hindeuten. Vor allem Menschen mit einer dunkleren Hautfarbe erleben deutlichere Ausgrenzungen. Häufig sind entsprechende Fragen nach der Herkunft mit der Erwartung verbunden, daß eine eindeutige Zugehörigkeit zu einer nationalen Gemeinschaft erfolgt: „Na, was bist du denn jetzt mehr? Deutsche oder...?" Wiederholte Fragen dieser Art fordern die Kinder oder Jugendlichen heraus, sich mit ihrer Abstammung und Geschichte auseinanderzusetzen, an der eigenen Auffassung von sich selbst zu arbeiten. Sie bearbeiten den Deszendenzaspekt ihrer Identität, der nicht nur in Deutschland ein zentrales Kriterium der Vorstellung von Zugehörigkeit darstellt.

---

4   Vgl. die Veröffentlichung der Ausländerbeauftragten der Bundesregierung von 1994: Schmalz-Jacobsen: Interkulturelle Öffnung der sozialen Dienste.

In den angloamerikanischen Ländern wird in der Hautfarbe das zentrale Kriterium gesehen. So schreibt James McBride in seinem (auto-)biographischen Roman:

„Dennoch war ich immer wieder frustriert darüber, daß ich offenbar in einer Welt lebte, die die Hautfarbe eines Menschen als unmittelbares politisches Statement begreift, ob es einem paßt oder nicht. ... Hautfarbe bildet für mich indessen noch immer das größte Hindernis." (McBride 1999: 286)

Untersucht werden in den dortigen Sozialwissenschaften dementsprechend vor allem Paare oder Individuen, die der Kategorie *mixed race* zugeordnet werden können. Eine gesonderte Betrachtung von Paaren gleicher Hautfarbe aber unterschiedlicher nationaler Herkunft macht nach US-amerikanischem Selbstverständnis erst Sinn, wenn ein weiteres Kriterium für Differenz hinzukommt, wie etwa unterschiedliche Religionen bei z.b. jüdisch-christlichen Paaren.

Es überrascht sicher nicht, wenn in den meisten Beiträgen dieses Bandes deutlich wird, daß Kinder oder Jugendliche den ethnisch-kulturell gemeinten Deszendenzaspekt erst infolge eines äußeren Anstoßes bearbeiten. Zwar ist für Kinder meist eine Einordnung in die individuelle Familiengeschichte wichtig, aber nicht mit Hinblick auf die Zugehörigkeit zu einer konstruierten ethnischen Gemeinschaft. So weisen Selbstäußerungen von Kindern vorwiegend auf ihren selbstverständlichen, unhinterfragten Umgang mit eigenen verschiedenen nationalen oder kulturellen Zugehörigkeiten bzw. denen der Eltern hin. Soweit kulturelle Differenzen bewußt erfahren werden, wird meist auch die Möglichkeit des konstruktiven Umgangs mit solchen Differenzen erlebt. Wenn gravierende kulturelle Konflikte genannt werden, spiegeln sie fast immer andere innerfamiläre Konflikte wider und sind mit ihnen eng verbunden. Der ethnische Aspekt der Herkunft – im angloamerikanischen Diskurs ist es der „Rassenaspekt" – kann aber durch die Identitätspolitik der Gesellschaft zu einem relevanten Thema für Individuen werden, unabhängig davon, ob sie sich selbst als binational oder bikulturell verstehen oder nicht.

Identität und soziale Kategorisierungen

Angesichts der sozialen Wirksamkeit solcher Konstruktionen sollen einige zugrundeliegende Konzepte, die in der Alltagssprache unhinterfragt benutzt werden, im Lichte neuerer dekonstruktivistischer Theoriedebatten kritisch überprüft werden. Dabei werden die Diskrepanzen zwischen den einerseits überaus elaborierten Diskursen der unterschiedlichen wissenschaftlichen Disziplinen zu Ethnizität, Rasse, Kultur und Nation und der alltagsweltlichen Verwendung dieser Kategorien bei der Zuordnung und Abgrenzung von Individuen zu vermeintlichen Gemeinschaften deutlich. In diesem Zusammenhang hat der Begriff der Identität eine herausragende Bedeutung gewonnen. Dies spiegelt sich auch in den Titeln der einzelnen Beiträge dieses Buches wider. Sie befassen sich mit verschiedenen sozialen Aspekten von Personengruppen, die als binationale oder bikulturelle Familien, als Kinder und junge Erwachsene mit doppelter Identität oder gar von „rassisch gemischter" Herkunft bezeichnet werden. Wie weit das Spektrum dieser Benennungen und ihres zugrundeliegenden Bezugsrahmens auch gefaßt ist, ja, wie hinterfragungswürdig die deskriptiven Bezeichnungen im einzelnen auch sein mögen, sei zunächst hervorgehoben, was ihnen gemeinsam ist. Als ihren Untersuchungsgegenstand konstituieren alle diese Begriffe soziale Gruppen, die durch *Identitätskategorien* beschrieben und somit *sozial konstruiert* werden.

Der Begriff der Identität hat Konjunktur. Er begegnet uns in alltagsweltlichen Zusammenhängen ebenso wie in sozial- und kulturwissenschaftlichen Publikationen und in der Politik, in der sich „neue" soziale Akteure durch Identitätspolitiken zu Wort melden. Der Begriff der Identität scheint sich reibungslos und geradezu selbsterklärend in unterschiedliche Diskurse einzufügen. Doch wird auch immer wieder darauf hingewiesen, daß die Konjunktur (post-)moderner Identitätskollektive eher als Symptom einer Krise denn der Krisenüberwindung gesehen werden muß. So resümiert Sabine Hark in ihrem Buch über die paradoxe Politik der Identität:

„Politisch gesehen ist das Kapital von ‚Identität' vornehmlich symbolischer ‚Natur'. Wer ‚im Namen' von Identität spricht, spricht in jedem Fall mit dem Gewicht der Authentizität, wahlweise mit dem Gewicht der Geschichte ... oder der kulturellen Bewahrung. Im Namen von Identität werden auch soziale und kulturelle Grenzen gezogen, werden Rechte gefordert und verweigert, werden soziale Normen und Praktiken formuliert, kurzum: wird politisch gehandelt." (Hark 1996: 9)

Dabei werde oft mit einer Selbstverständlichkeit von nationalen, ethnischen oder sexuellen Identitäten gesprochen, als sei schon immer klar, um was oder wen es sich dabei handelt, gerade so als seien Identitäten „soziale Tatsachen". Aufgabe könne es aber nicht sein, Identitäten zu verdinglichen, sondern

„ihre soziale Produktion als den fortwährenden, unbarmherzigen Prozeß der hierarchisierenden Differenzierung zu verstehen, der aber zugleich immer auch der Neudefinition und der Veränderung unterworfen ist." (Hark 1996: 10)

Wir möchten hier keine neuen Identitätskategorien entwickeln, sondern vielmehr nach den Bedingungen für die *Darstellung* der Identität von Subjekten fragen, die sich aufgrund biographischer Komplexität mit *mehrdeutigen* Zuordnungen und Optionen konfrontiert sehen. Wir möchten dabei sogar vermeiden, von *besonderen Bedingungen* der Darstellung oder Konstruktion von Identität bei diesen Subjekten zu sprechen, da wir uns bewußt sind, daß *jegliche* Identität unter *spezifischen* kulturellen Bedingungen, in politischen Konjunkturen und historischen Epochen konstruiert ist. Damit folgen wir einer nicht-essentialisierenden Perspektive von Identität, wie sie Stuart Hall beispielhaft für die Frage der kulturellen oder ethnischen Identität herausgearbeitet hat.

Nach Hall ist der Begriff der Ethnizität geeignet, den Stellenwert von Geschichte, Sprache und Kultur für die *Konstruktion von Subjektivität und*

Identität anzuerkennen. Doch sei es dazu notwendig, ihn von der vorherr-schenden Vorstellung, daß Ethnizität mit Nation und „Rasse" verknüpft sei, zu lösen. Das Konzept der Ethnizität möchte Hall vielmehr als Anerkennung der Tatsache verstehen,

> „daß wir alle von einer bestimmten gesellschaftlichen Position aus sprechen, aus einer be-stimmten Geschichte heraus, aus einer bestimmten Erfahrung, einer bestimmten Kultur... In diesem Sinne sind wir alle *ethnisch* verortet, unsere ethnischen Identitäten sind für un-sere subjektive Auffassung darüber, wer wir sind, entscheidend." (Hall 1994: 23)

Für die Thematik dieses Buches ergeben sich aus diesem Verständnis zu-nächst mehr weiterführende Fragen als schnelle Antworten. Denn was kann es z.b. für einen jungen Menschen bedeuten, „aus *einer* bestimmten Position zu sprechen, aus *einer* bestimmten Geschichte, Erfahrung und Kultur her-aus", wenn er in einer Familie aufwächst, in der die Eltern in teilweise sehr unterschiedlichen Kulturen sozialisiert wurden, wenn die (Familien-)Ge-schichten weit entfernte Orte einschließen und die Zugehörigkeit der Kinder zu beiden Eltern, die ja Repräsentanten eigenständiger Identitäten sind, in komplexen Beziehungsdynamiken ausgehandelt werden muß. Hier ist anzu-merken, daß sich alle Menschen lebenslang vor die Aufgabe gestellt sehen, sich sozial zu verorten und ihre Identität mit wechselnden Anforderungen in Übereinstimmung zu bringen. Doch kann dies nicht von der Frage ablenken, welche Bedingungen sich für die Darstellung und Konstruktion von Identität für Individuen und enge interpersonelle Beziehungen bieten, wenn die sozio-kulturellen Bezugsrahmen vielschichtig und mehrdeutig sind.

Ethnizität und Herkunft

Im Alltagsverständnis wird Ethnizität mit Herkunft verbunden. Dem liegt ein primordiales Verständnis von Ethnizität zugrunde in dem Sinne, daß wir in eine ethnische Gruppe hineingeboren werden. Erwachsene glauben, daß die ethnische Zugehörigkeit einer Person von ihrem Familienhintergrund abge-leitet sei. Kinder hingegen lassen sich bis zu einem Alter von neun oder zehn Jahren bei der Zuordnung von Rasse und Ethnizität von äußeren Merkmalen wie Kleidung leiten. Sie machen diese vorgestellten Zugehörigkeiten nicht an wesenhaft gedachten Merkmalen fest (Aboud 1997: 207). Vielmehr überneh-men sie erst mit der Zeit die in den öffentlichen Meinungen vorherrschenden „essentialistischen" Konzeptionen und Diskurse.
   Eine der bedeutsamsten Einsichten der neueren sozialwissenschaftlichen Diskussionen zu Ethnizität besteht darin, daß ethnische Gemeinschaften kei-ne unabhängig vom menschlichen Handeln existierenden Gegebenheiten sind. Sie existieren nur durch soziales Handeln. Darum müssen ethnische Ge-meinschaften als soziale Gruppierungen gesehen werden, die zwischen sich

Grenzen ziehen. Um diese Grenzen zu kennzeichnen, können sie zwar alle möglichen äußerlich erkennbaren Merkmale als Markierungszeichen benutzen, von der Hautfarbe über die Sprache bis zur „Kultur", doch gegenüber dem sozialen Akt der Grenzziehung sind diese „Markierer" sekundär, sie „markieren" eben nur (Peripherie 1997: 3).

Diese Grundeinsichten machen deutlich, auf welche besonderen Bedingungen Personen bei der Darstellung ihrer Identität treffen können, in deren Biographien Kategorien zusammenfallen, die sonst als getrennte gedacht werden. Die Beiträge dieses Buches thematisieren viele Aspekte davon, was es heißt, aufgrund der familiären Herkunft, subjektiven Mehrfachverbundenheit und eigenen Körperlichkeit Kategorien zu repräsentieren oder ihnen zugeschrieben zu werden, die dazu dienen, die Menschen zu unterscheiden und auch zu trennen. Die Individuen stehen dann vor der Aufgabe, Zuordnungen, deren Sinn in Unterscheidung und Trennung besteht, in ihrer personalen Identität zu integrieren. Gleichzeitig fordern sie ihre Zugehörigkeiten zu Gemeinschaften ein, die in ihrer kollektiven Identität dieselben Zuordnungen als Trennendes nutzen.

Personale und kollektive Identität

Sozial Handelnde entwickeln unterschiedliche und vielfältige Identifikationen, die sich zu Identitäten zusammensetzen. Da jede dieser Identifikationen einen auf einen spezifischen sozialen Kontext bezogenen Charakter hat, hängt es vom jeweiligen Kontext ab, ob oder in welchem Ausmaß Handelnde im Alltagsleben eine dieser Identifikationen hervorrufen und bestätigen. Brüche, Differenzen und Ambiguitäten gehören in dem offenen Raum von Möglichkeiten, in dem Personen leben, zu den Erfahrungen, angesichts derer sich die Person durch aktive, psychische Synthetisierungs- oder Integrationsleistungen der Kontinuität und Kohärenz ihrer Lebenspraxis zu vergewissern sucht.

Aber Personen verorten sich nicht nur in Kontexten, sie suchen auch Identifikationen als Mitglied einer Gruppe oder Gemeinschaft. Gemeinschaften haben in vielen Aspekten „vorgestellten" Charakter, das heißt, sie sind konstruiert und haben stark symbolische Züge. Dennoch gibt die Mitgliedschaft in solchen Gemeinschaften Orientierungen für die individuellen Identitätskonstruktionen. Außerdem besitzt Identität eine nach außen gerichtete Dimension, die neben den eigenen Identifikationen auch gleichzeitig die Konstruktion des Anderen beinhaltet (Siebers 1997: 47). Identität bedarf dieser Außenperspektive, denn sie sagt auch immer etwas darüber aus, wer wir nicht sind oder nicht sein wollen.

Wenn wir der Ansicht folgen, „daß menschliche Existenz weder nur autonom noch nur heteronom ist" (Meyer Drawe in Straub 1998: 82), bedeutet das für den Identitätsbegriff, daß er die Spannungsverhältnisse, die zwischen Selbstbestimmtheit und Fremdbestimmtheit bestehen, in ihrer unterschiedlichen Gewichtung einschließt. Die fragile Balance unterschiedlicher Ansprüche der (materiellen, sozialen, kulturellen) Außenwelt und der Innenwelt einer Person findet Ausdruck in der *begrenzten Autonomie* des Subjekts. In dieser Begrifflichkeit ist Identität „limitiert, vorläufig, fragil, und ... all dies unausweichlich" (Straub 1998: 82).

Damit ermöglicht dieser Identitätsbegriff, die Spezifik der Identitätskonstruktionen von Binationalen genauer zu erfassen, indem die Differenzen zwischen eigenen und fremden Identifikationen hinsichtlich der ethnischen, nationalen oder kulturellen Zugehörigkeiten in ihrer Spannung fokussiert werden können. Differenzierung und Bewahrung von Differenz sind darin ebenso vorausgesetzt wie die Synthetisierung oder Integration des Unterschiedenen. Entsprechende Identitätstheorien gehen denn auch davon aus,

„daß die Akzeptanz der Unterschiedlichkeit, Vielfältigkeit, Unbeherrschbarkeit und auch der Ambiguität unserer Erfahrungen eine *notwendige Voraussetzung* für die Bildung und Bewahrung von Identität ist." (Straub 1998: 94)

Bei der Herstellung von Identität geht es immer auch um die Konstitution der Person als einer Einheit. Während die Umstände und auch die eigenen Orientierungen insbesondere unter modernen Lebensbedingungen sich wandeln, bleibt die Person dieselbe, wenngleich sie sich verändert. Worin diese Einheit bestehen soll, ist allerdings nicht hinreichend geklärt. Sowohl die angeführte „Kohärenz von moralischen und ästhetischen Maximensystemen" (Straub 1998: 91) als auch die Kontinuität der Biographie und des Geschichtsbewußtseins können sich in Hinblick auf binationale oder bikulturelle Identitäten als zu starrer Rahmen erweisen.

Identitätsbildende Akte sind im wesentlichen nachträgliche Leistungen und Reflektionen, bewußte, vor- oder unbewußte Synthesen.

„Identität ist ein immer nur vorläufiges Resultat kreativer, konstruktiver Akte, man könnte fast sagen: sie ist geschaffen für den Augenblick." (Straub 1998: 93)

Überschreiten diese identitätsbildenden Akte in der Konstruktion der personalen Identität die Erfahrungen der leiblichen Existenz von Personen, so gilt diese Konstruiertheit erst recht für die kollektive Identität. Kollektive Identitäten basieren darauf, daß bestimmte Personen etwas miteinander verbindet, daß sie zu einem Kollektiv gemacht werden. Bezugspunkte für die potentielle Selbstbeschreibung liegen in der Praxis sowie der Selbst- und Weltauffassung der Menschen. Die kollektive Identität ist dann ein kommunikatives Konstrukt. Sie ist das Bild, das eine Gruppe von sich aufbaut und mit dem sich deren Mitglieder identifizieren.

„Kollektive Identität ist eine Frage der *Identifikation* seitens der beteiligten Individuen. Es gibt sie nicht ‚an sich', sondern immer nur in dem Maße, wie sich bestimmte Individuen zu ihr bekennen. Sie ist so stark und so schwach, wie sie im Denken und Handeln der Gruppenmitglieder lebendig ist und deren Denken und Handeln zu motivieren vermag." (Assmann nach Straub 1998: 103)

Gegenüber diesem wissenschaftlichen Verständnis von kollektiver Identität, das Identifikationen mit Orientierungen und Zielen der Gruppe erfaßt, finden sich in einem alltäglichen Verständnis, das sich auch in expliziten und impliziten Äußerungen zur nationalen Identität äußert, stereotype und normierende Konstruktionen wieder. Insbesondere ideologisch-manipulative Funktionen beispielsweise des Begriffs der nationalen Identität zeigen sich in fragwürdigen Grenzziehungen, in stigmatisierenden und erfahrungsarmen Selbst- und Fremdbildern. Für die Anderen Deutschen und die Bindestrich-Deutschen ist die Frage nach dem jeweiligen Verständnis von kollektiver Identität von großer Relevanz. Immer wieder sind sie in ihrem Alltag mit realitätsfernen Identitätsmustern konfrontiert, durch die ihnen die Zugehörigkeit zum „nationalen Kollektiv" abgesprochen wird und Klischees auf sie projiziert werden.

Kulturelle Wurzeln

Der moderne Kulturbegriff wird seit 200 Jahren theoretisch diskutiert. Er umfaßt eine reiche Bandbreite von Phänomenen, deren Charakteristika die Bedeutung ist. In einer Tradition der Philosophie der Aufklärung und der Erklärung der Menschen- und Bürgerrechte von 1789 ist die Kultur zur spezifischen Äußerung der menschlichen Eigenart erhoben worden. Dennoch kennen wir keine abstrakte Kultur. Kultur in ihrer Dimension als universeller Ausdruck der menschlichen Natur ist die Abstraktion realer kultureller Formen. Eine weitere Schwierigkeit liegt in der Kulturalisierung der Diskurse über nationale Identität und Zugehörigkeit. Darum ist es wichtig nachzufragen, warum der Kulturbegriff heute so viel bemüßigt wird und was er tatsächlich zu fassen vermag.

Aus globaler Sicht, so schreibt der amerikanische Anthropologe Jonathan Friedman, stellt sich der Begriff der Kultur als ein typisches Produkt der westlichen Moderne dar, welches Unterschiedlichkeit in Wesenheit, eine Essenz, verwandelt. Der Ausgangspunkt von Kultur liegt im Bewußtsein von Besonderheit, die sich darin äußert, auf unterschiedliche Art und Weise ähnliche Dinge zu tun. Wo solche Differenz abgegrenzten Bevölkerungsgruppen zugeschrieben werden kann, konstatieren wir Kultur. Von dieser Beobachtung aus sei es einfach, Differenz in Eigenart oder Rasse zu verwandeln, ohne daß dabei der aktuelle *Prozeß* berücksichtigt werden muß, durch den Besonderheit hergestellt und aufrechterhalten wird. So erzeugt das Konzept der Kultur als ein modernes Instrument eine Essentialisierung der Welt, die Formation unterschiedlicher Kulturen, ethnischer Gruppen oder Rassen, abhängig von den historischen Epochen, aber auch der Identität ihrer Identifizierer (Friedman 1994: 206f.).

Die beschriebene Vorstellung der territorialen Gebundenheit von Kulturen und ihre charakterisierende Zuschreibung zu Volksgruppen, die den

Globus als ein kulturelles Mosaik erscheinen läßt, wird heute zunehmend in Frage gestellt. Durch die kulturellen Dimensionen der Globalisierung als gegenwärtiger Epoche haben sich für viele Menschen die Bedingungen der Identifikation des Selbst als auch des Anderen gewandelt. Dies betrifft auch die Vorstellung von den kulturellen Wurzeln eines jeden Menschen, die als kulturelle Identität, Sprache, Religion und kulturelle Bedeutungssysteme gedacht werden, die uns durch eine gemeinsame Geschichte und Ursprünge mit einem Ort und einer Wir-Gruppe verbinden. Für die Konzeptualisierung von Identität in interkulturellen Lebensgemeinschaften und für Personen mit einer solchen Herkunft sind Aspekte aus den Diskussionen um die kulturellen Dimensionen der Globalisierung von besonderem Interesse.

Allgemein wird beobachtet, daß die vielfältigen Prozesse der Globalisierung erweiterte Möglichkeiten für die Darstellung von Identität bereitstellen. Sie gehen mit der Tendenz einher, daß sich die unterschiedlichsten Institutionen, sozialen Gruppen, aber auch Individuen zunehmend *global positionieren* können (sei es zu Märkten, Medien oder zu globalen Kulturproduktionen). Dennoch wird die kulturelle Weltproduktion meistens weiter nach nationalen Kategorien klassifiziert und in Konkurrenz zueinander gestellt. Die Unzulänglichkeit, kulturelle Prozesse in einer sich globalisierenden Welt mit Paradigmen erfassen zu wollen, die auf einer „nationalen Gesellschaft" beruhen, kann jedoch an vielen Beispielen veranschaulicht werden. So weist Anthony King (1991: 6) darauf hin, daß mit der Zunahme der internationalen Migration viele „Kulturen" außerhalb ihres Ursprungsortes existieren, wenn auch nicht für alle Zeiten – und ohne sich dabei zu transformieren, können wir hinzufügen. Es sei nicht nur so, daß zunehmend mehr Menschen keine (kulturellen) *Wurzeln* haben, sondern, so spitzt er zu, sie haben auch keinen *Boden*, denn Kultur werde zunehmend entterritorialisiert.

Auch Pieterse argumentiert dahingehend, daß verfügbare Organisationsmöglichkeiten auf transnationaler, internationaler und lokaler Ebene zunehmen. Er weist darauf hin, daß die Migrationsbewegungen zwar eine demographische Globalisierung verursachen, aber auch von einem „Patriotismus der Abwesenheit, einer Art Nationalismus aus der Ferne" begleitet werden können. Dabei entwickele sich ein Wechselspiel von lokalen und globalen Dynamiken, wenn sich etwa Minderheiten auf universelle Menschenrechte berufen oder bei transnationalen Netzwerken nach Unterstützung für ihre regionalen Forderungen suchen (Pieterse 1998: 94). Dieser Fähigkeit der Individuen, mehrere Organisationsmöglichkeiten gleichzeitig zu nutzen, ohne daß eine davon die Vormachtstellung haben muß, mißt er eine große Bedeutung zu, denn sie ermögliche die Herausbildung multipler Identitäten und bedeute eine Dezentrierung des Subjekts (ebd. 99). Folglich beinhaltet Globalisierung für Pieterse weniger Multikulturalismus als vielmehr *Interkulturalismus*. Er analysiert die Globalisierung als einen Prozeß der Hybridbildung, durch den eine globale Melange entsteht.

Kulturelle Hybridität

Das Konzept der kulturellen Hybridität oder globalen Hybridisierung von
Kulturen ist zu einem Schlüsselbegriff in der Analyse der gesellschaftlichen
Entwicklungen im gegenwärtigen Zeitalter der Spät- oder Postmoderne geworden. Dennoch gibt es keine kohärente Theorie der Hybridität. Vielmehr
beziehen die Autoren so unterschiedlicher kulturwissenschaftlicher Proven-
ienz wie der Anthropologie, der Literaturwissenschaften und der sogenannten
postkolonialen Studien den Begriff der Hybridität auf die Beschreibung sehr
unterschiedlicher kultureller und sozialer Phänomene. Wir möchten zunächst
eine kurze Vorstellung der zentralen Aspekte des Hybriditätsbegriffs geben,
um dann sein kritisches Potential gegenüber der heute überaus verbreiteten
Kulturalisierung der Diskurse herauszustellen.

In einer vergleichenden Untersuchung zu Volkskulturen in Lateinamerika haben Rowe und Schelling kulturelle Formen der Hybridbildung als die
Art und Weise definiert, in der

„Sitten und Gebräuche sich von existierenden Praktiken lösen, um sich mit neuen Sitten
zu neuen Praktiken zu verbinden." (in Pieterse 1998: 94)

Bei diesem Umwandlungsprozeß werden Symbole von ihrem vorherigen
Kontext sowie von festen Verortungen in Raum und Zeit gelöst (Rowe und
Schelling 1991: 231). Diese beiden Autoren konzipieren Hybridität somit als
eine *soziale Praxis*.

Es ist nicht erstaunlich, daß die Erfahrungen der lateinamerikanischen
Kulturen und Gesellschaften eine herausragende Rolle bei der Konzipierung
kultureller Hybridität eingenommen haben. Die Geschichte dieser Weltregion
ist sowohl in der kolonialen wie postkolonialen Ära von einem hohen Grad
an kulturellem Synkretismus geprägt. Dort geläufige Begriffe wie die Kreolisierung und Mestizisierung der Kulturen bringen dies zum Ausdruck.
Kreolisierung wird auch von Theoretikern der Postmoderne als Synonym für
kulturelle Hybridität benutzt. King weist darauf hin, daß die erste substanti-
elle Begegnung zwischen Europa und den Anderen dort stattgefunden hat,
wo die Kolonien entstehen sollten, nicht in den Metropolen. Die ersten multirassischen, multikulturellen und multikontinentalen Gesellschaften von wesentlicher Größenordnung waren in der Peripherie, nicht im Zentrum. Sie
wurden unter den spezifischen sozioökonomischen Bedingungen des Kolonialismus gebildet und zwar insbesondere in den kolonialen Städten. Erst seit
Mitte dieses Jahrhunderts entstanden solche multirassischen und multikulturellen urbanen Kulturen in umfassender Weise in Europa. Ohne die historische Besonderheit des Kolonialismus sei es daher unmöglich, eines der zentralen Probleme vieler zeitgenössischer Kulturen zu verstehen, nämlich den
Umgang mit Konstruktionen von Rasse und Rassismus (King 1991: 8).

Auch Pieterse knüpft an die Methapher der Kreolisierung von Kulturen
an, um auf wesentliche Aspekte der Hybridität als globaler Mischung zu

verweisen. Ihn interessieren dabei auch die Einwirkungen nichtwestlicher Kulturen auf den Westen, denn die kulturellen Erfahrungen seien trotz A-symmetrie und Ungleichheit der globalen Beziehungen nicht nur einseitig in die Richtung von Uniformität unter der Vorherrschaft des Westens gelaufen. In seiner Interpretation richtet sich der Begriff der Kreolisierung gegen den Rassismus des 19. Jahrhunderts und seiner Ablehnung der „Rassenmisch-ung". Die Lehre von der Reinhaltung der Rasse fußte ebenso wie die Furcht vor und die Verachtung von Mischlingen in der Begründung, daß eine „Ras-senmischung" unweigerlich zu Verfall und Niedergang der Gesellschaft führen müsse, da sich in jeder Mischung das wertlosere Element durchsetze.

„Der Begriff der Kreolisierung holt, indem er den Anteil des ‚Mestizischen' in den Vor-dergrund rückt, das bislang Verborgene ans Licht und wertet das Grenzüberschreitende auf. Der Begriff enthält zudem ein Argument gegen die These der Verwestlichung, denn der Westen selbst muß als eine Mischung und seine Kultur als eine kreolische angesehen werden." (Pieterse 1998: 102)

Der so weit skizzierte Begriff der Hybridität und seine Synonyme beziehen sich auf Phänomene der Mischung von Kulturen, welche wiederum Vorstel-lungen von kultureller Reinheit in Frage stellen. Doch ist Hybridität als ana-lytische Kategorie nur unter der Annahme der Differenz zwischen unter-schiedlichen Kategorien und Praktiken, die in die Mischung eingehen, sinn-voll. So weisen kritische Stimmen darauf hin, daß der Methapher von der Vermischung der Kulturen ein Verständnis von Kultur zugrundeliegt, das Kultur als Sache sieht. Hybridität wäre so die Konsequenz eines verdinglich-ten Kulturkonzepts. Sie bezieht sich auf das Zusammentreffen und die Mi-schung von Bedeutungen aus unterschiedlichen Quellen und von getrennten, disparaten Ursprüngen (Friedman 1994: 208).

Auch Pieterse mag solche Einwände im Blick haben, wenn er her-vorhebt, daß der Prozeß der Hybridbildung zeige, daß Differenz etwas Rela-tives sei. Mit einem leichten Perspektivwechsel könne die unterstellte Differ-enz auch in einer Betonung von Ähnlichkeit beschrieben werden. Beispiele dafür lassen sich im Lebensstil der Jugendkultur finden, wenn neue Musik-stile wie asiatischer Rap hervorgebracht werden. Die Liste der Beispiele aus der historischen und zeitgenössischen Kulturproduktion könnte ohne große Mühe aus unserer Alltagserfahrung fortgesetzt werden. Für Pieterse zeigen sie, daß die andere Seite der Hybridbildung in einer transkulturellen Konver-genz liegt. Diese Annäherungen basieren auf einer kulturübergreifenden „geistigen" Verwandtschaft, wie sie sich in klassen- und schichtspezifischen Affinitäten ausdrücken (Pieterse 1998: 113). Das Konzept der Hybridität untergräbt ein nach innen gerichtetes Konzept von Kultur, welches die *Be-ziehungen zwischen Kulturen* als etwas Statisches in dem Sinne betrachtet, daß Kulturen in der Interaktion ihre Abgegrenztheit bewahren. Es entzieht damit auch den Vorstellungen von Reinheit und Essentialismus der Kulturen den Boden. Eine wesentliche Bedeutung des Hybriditätsbegriffs liegt somit in seiner Kritik des Essentialismus (Pieterse 1998: 119).

Obwohl gerade die modernen Nationen Diskurse über ihre kulturelle Verschiedenheit verbreitet haben, um ihre Einzigartigkeit und bisweilen auch ihre angebliche Überlegenheit darzustellen, haben sie sich insbesondere seit dem späten 19. Jahrhundert in einem Prozeß des selektiven Lernens von anderen Gesellschaften befunden. Jeder Nationalstaat verkörpert heute eine unterschiedliche Mischung „fremder Ideen" und kann somit allenfalls eine „hybridisierte Nationalkultur" darstellen (Robertson 1998: 217). Hybridbildungen haben zu allen Zeiten stattgefunden. Die gegenwärtige Globalisierung wäre dann nur eine weitere Hybridbildung aus bereits hybriden Kulturen (Pieterse 1998: 119). Es geht also nicht um die Frage, ob wir kulturelle Hybridität für erstrebenswert halten oder nicht, denn heutige Kultur *ist* hybrid (Bronfen/Marius 1997 :18). Vielmehr geht es um die Frage, wie wir mit ihr umgehen und welche Kräfte sie verhindern oder leugnen wollen.

Die Rolle der Imagination bei der Darstellung von Identitäten

Wir möchten unseren kurzen Streifzug durch neuere Kulturdebatten mit den originellen Überlegungen eines Anthropologen abschließen, der über globale ethnische Räume forscht. Sein Interesse gilt insbesondere Migranten als sozialen Gruppen und Individuen. Seine Schlußfolgerungen sind auch von großer Relevanz für die Personengruppe, die wir näher betrachten, wie auch generell für die Betrachtung kultureller Identität. Appadurai geht von der Einschätzung aus, daß sich für Migranten die ethnischen Räume – gedacht als Landschaften der Gruppenidentitäten – grundlegend verändert haben. Von zentraler Bedeutung sei bei diesen Veränderungen die Enträumlichung, welche als eine der zentralen Kräfte der Moderne gesehen wird. Enträumlichung bezeichnet nicht nur die Lockerung bisher fester Verbindungen zwischen Völkern und Territorien. Sie verändert auch traditionelle Loyalitäten und verwandelt die Basis kultureller Identität. Zum anderen umfaßt Enträumlichung auch Gruppen und Organisationen, deren Aktionsradius die Grenzen zwischen Territorien und Identitäten überschreitet.

Um den globalisierten Verhältnissen kultureller Reproduktion gerecht zu werden, müsse ein neues Verständnis für jene enträumlichte Welt entwickelt werden, in der viele Menschen zu Hause sind (Appadurai 1998: 18). Für Appadurai stellt sich daher die Frage, welche Wirkung die Enträumlichung auf die imaginativen Ressourcen gelebter lokaler Erfahrung hat. Andererseits müsse betont werden, daß die Heimatländer regelrecht neu erfunden werden, sie existieren vor allem in der Phantasiewelt enträumlichter Gruppen. Diese Beobachtungen führen Appadurai zu grundsätzlicheren Einschätzungen der Rolle der Imagination für die Menschen heute.

In allen Gesellschaften gehörte die Imagination in bestimmter, kulturell organisierter Form zum Inventar der gesellschaftlichen Wirklichkeit. Im heutigen Leben hat sie aber eine zusätzliche Wirkung erhalten, denn mehr Menschen als je zuvor ziehen mehr Variationen „möglicher" Leben in Betracht. Eine Quelle dieser Veränderungen ist in den Medien zu sehen, die ein Repertoire an möglichen Leben präsentieren. Eine weitere Quelle ist der Kontakt mit anderen Gruppen von Menschen, die Nachrichten und Gerüchte über sie. In den letzten zwei Jahrzehnten hat sich das Gewicht von Phantasie und Imagination merklich verändert. Auf der ganzen Welt betrachten mehr Menschen ihr eigenes Leben durch die Optik möglicher, angebotener Lebensformen. Phantasie ist heute eine soziale Praxis geworden (Appadurai 1998: 22). Selbst die hoffnungsloseste Existenz stehe heute dem Spiel der Imagination offen. Die Menschen sehen ihr Leben nicht mehr als unmittelbares Resultat der Gegebenheiten, sondern als einen ironischen Kompromiß zwischen dem, was sie sich vorstellen könnten, und dem, was die Gesellschaft zuläßt.

Auch die Biographien der Menschen werden auf diese Weise zu Konstruktionen, bei denen die Imagination eine bedeutsame Rolle spielt. Eine an vorgegebenen Standards orientierte Behauptung kultureller Identität ist somit ein gefährliches Unterfangen,

„denn die neue Macht, die die Einbildungskraft bei der Herstellung des sozialen Lebens gewonnen hat, ist unausweichlich mit Vorstellungen verbunden, die von woanders herkommen und oftmals durch die Massenmedien transportiert werden." (Appadurai 1999: 23)

Heile Integrationswelt Familie?

Die Beiträge dieses Sammelbandes beleuchten aus unterschiedlichen Perspektiven Aspekte der Identitätsfindung und des Umgangs mit Fremdzuschreibungen für Subjekte mit einem grenzüberschreitenden biographischen Hintergrund. Dabei übernimmt die Institution der Familie eine vermittelnde Funktion zwischen Individuum und Gesellschaft. So unterschiedlich wie die Formen der Familie, die in den heutigen komplexen Gesellschaften gleichzeitig und nebeneinander bestehen, gestalten sich auch die Rollen und Interaktionen der Mitglieder. Dies gilt für binationale und bikulturelle Familien in gleicher Weise. Allerdings stellt sich die Frage, ob sie darüber hinaus besondere Integrationsleistungen zu erbringen haben, um kulturelle Vielfalt und Differenz auszubalancieren und die unterschiedliche soziale Anerkennung oder Ausgrenzung einzelner Familienmitglieder aufzufangen.

Drei Dimensionen sozialer Integration, die für moderne Gesellschaften grundlegend sind, sind übertragbar auf die Konzeptualisierung von Familien in ihren unterschiedlichen Funktionen. In Anlehnung an Peters (in Heimannsberg 1997: 250f.) lassen sich die funktionale Koordination, die moralische Integration und die Ausbildung einer expressiven Gemeinschaft unterscheiden. Diesen Dimensionen können grundlegende Handlungsfelder und Aufgabenbereiche der Familie zugeordnet werden.

Als *funktionale Koordination* lassen sich solche Aspekte beschreiben, die die Existenzsicherung und Versorgung der Familie gewährleisten. Dazu gehören rechtliche Aspekte genauso wie die Kinderbetreuung. Interkulturelle Konflikte können zwischen den Eltern aufgrund unterschiedlicher Rollenvorstellungen oder eines unterschiedlichen Umgangs mit Ressourcen wie Zeit, Geld und Wissen entstehen. Dabei sind binationale Familien ebenso wie Migrantenfamilien oft mit zusätzlichen Anforderungen konfrontiert, die u.a. infolge von Anpassungs–, Qualifikations- und Akzeptanzproblemen für das migrierte Familienmitglied auf dem hiesigen Arbeitsmarkt entstehen können. Auch hinsichtlich der sozialen und materiellen Verantwortung gegenüber Angehörigen in den verschiedenen Herkunftsländern müssen Übereinkünfte ausgehandelt werden.

Die Gestaltung des Zusammenlebens innerhalb der Familie und zur sozialen Umwelt bedarf der *moralischen Integration*. Immer wieder müssen einigende Normen und Werte entdeckt und neu ausgehandelt werden, wobei interkulturelle Kompetenzen sehr förderlich sind. Gleichzeitig muß sich die Familie zu unterschiedlichen sozialen Positionen oder zu Ausgrenzungserfahrungen ihrer Mitglieder nach innen und nach außen verhalten. Welche Anforderungen daraus für die Eltern, insbesondere für alleinerziehende „weiße" Mütter „schwarzer" Kinder entstehen können, wird in dem Beitrag von *Gotlinde Magiriba Lwanga* deutlich. Auseinandersetzungen mit ausgrenzenden Haltungen der weiteren Familie, der Nachbarschaft oder Schule können eine Verweigerung der sozialen Unterstützung bedeuten oder zumindest als bedrohlich erscheinen lassen, woraus schwierige Konfliktsituationen für die Mütter entstehen können. Diese weitgehend *inner*kulturelle Problematik – auch als Kampf um Anerkennung durch die Gesellschaft zu deuten – wird um eine *inter*kulturelle Dimension erweitert, wenn unterschiedliche Formen des Umgangs mit Diskriminierung und Ausgrenzung betrachtet werden. Interkulturelle Impulse können aber auch den Umgang mit Selbstfindungen und Fremdzuschreibungen erweitern, insbesondere wenn Erfahrungen aus Einwanderungsgesellschaften oder multiethnischen Staaten verarbeitet sind, in denen die Herkunft nicht als wesentlich für die Zugehörigkeit zur Nation erachtet wird.

Die dritte Dimension zielt auf die Bildung einer *expressiven Gemeinschaft*, die ihre integrative Kraft durch gemeinsame Sinndeutungen und Empfindungen entfaltet. Diese Dimension umfaßt die Integration verschiedener kultureller und individueller Elemente zu gemeinsamen Wünschen, Werten und Gefühlen. Dabei spielen Rituale, gemeinsame Sprachen und der symbolische Ausdruck von Gefühlen eine zentrale Rolle. Auch so profane Alltagspraktiken wie gemeinsame Mahlzeiten und die Zubereitung bestimmter Gerichte können als symbolischer Ausdruck von kultureller Zugehörigkeit Bedeutung erlangen. Welche Elemente die jeweilige Familienkultur prägen und in die Erziehung der Kinder eingehen, steht wiederum im Zusammenhang mit den individuellen, aber auch soziokulturellen Voraussetzungen zunächst der Partner, dann aber auch aller weiteren Familienmitglieder, wie dies von *Brigitte Wießmeier* in ihrer Studie vertieft wird. Ein Einblick in die sehr unterschiedlichen Integrationsleistungen binationaler Familien kann beim jetzigen Forschungsstand nur ansatzweise gegeben werden. Die Bildung einer funktionsfähigen sozialen Einheit erfordert *keine* kulturelle oder ethnische Homogenität. Dies spiegelt sich auch in der Scheidungsrate wider, die bei binationalen Paaren sogar niedriger ist als allgemein. In vielen Beiträgen dieses Buches verdichtet sich der Eindruck, daß sowohl Eltern wie Kinder die Herausforderungen einer interkulturellen Lebensgemeinschaft trotz spezifischer Belastungen durch Migration und der Suche nach Akzeptanz und Zugehörigkeit als bereichernd und kompetenzerweiternd erleben. Die Möglichkeit, sich mit Lebensweisen in mehreren Kulturen aus einer Innenperspektive auseinanderzusetzen und verschiedene Sprachen zu sprechen, erscheint nicht nur bildungsbürgerlich orientierten sozialen Milieus im Zeitalter der Mobilität als sehr attraktiv. Diese Vorstellungen stehen für Flexibilität, Offenheit für Neues, Sprachkompetenz und kosmopolitischen Lebensstil. Im Alltag läßt sich in der Regel nur ein Teil des Ideals realisieren. So erfordert die symbolträchtige zweisprachige Erziehung in der Familie vor allem vom eingewanderten Elternteil Zeit und Disziplin. Sie erfordert aber auch ein hohes Maß an Vertrauen in die eigenen Fähigkeiten und die der Kinder, insbesondere wenn kaum Kontakt zu entsprechenden Sprachgemeinschaften besteht. Auch für andere Aspekte bikultureller Erziehung lassen sich keine einfachen Muster vorgeben, da so komplexe Interaktionen von vielen Faktoren beeinflußt werden.

Wie kulturelle Heterogenität innerhalb der Familie erlebt wird, steht in engem Zusammenhang mit den konkreten Familienstrukturen, den emotionalen Bindungen und den jeweiligen Kompetenzen. Durch die potentielle Mehrfachverbundenheit mit unterschiedlichen Symbolgefügen können verschiedene Quellen des Selbst in die Ausformung kultureller Kompetenzen eingehen. Ein bewußter Umgang mit Differenz und Ambivalenz, aber auch die (selbst-)bewußte Auseinandersetzung mit Ausgrenzungserfahrungen können wesentlich für die Identitätsbildung sein. Ein bewußter Umgang erfordert jedoch Austausch und Orientierungen – also auch eine öffentliche Debatte, die sich Fragen der Kultur und Identität aus einer erweiterten Perspektive stellt.

Für *Gabrielle Varro* sind bikulturelle Familien ein schwierig zu konzeptualisierender Forschungsgegenstand. Dies wird schon bei der Beschreibung solcher Familien deutlich, die im Sprachgebrauch unterschiedlicher Länder auch als „gemischte" oder binationale Familien bezeichnet werden. Dem zugrunde liegt die Vorstellung, daß bikulturelle Familien aus „gemischten" Paaren hervorgehen, deren Partner aufgrund ihrer Herkunft ein unterschiedliches kulturelles Repertoir in die Beziehung einbringen. Ob Familien unter diesen Ausgangsbedingungen tatsächlich eine bikulturelle Familienkultur hervorbringen, hängt weitgehend von der Frage ab, ob in ihr unterschiedliche kulturelle Erfahrungen und Praktiken koexistieren können, ob sie in den Hintergrund treten oder zu einer „neuen Kultur" verschmelzen, so wie alle Paare eine originäre Familienkultur kreieren. Dabei muß nicht zuletzt dem „nationalen" Prestige der Kulturen Beachtung geschenkt werden, welches insbesondere bei der Weitergabe von Sprachen eine große Rolle spielt. Die zweisprachige Erziehung der Kinder ist für *Varro* daher ein Indikator, der sowohl Rückschlüsse auf die partnerschaftliche Elternbeziehung und ihre Vorstellungen über die soziale Identität ihrer Kinder zuläßt, als auch auf allgemeinere gesellschaftliche Bedingungen. Dazu werden Forschungsergebnisse aus Frankreich, die Migranten aus unterschiedlichen Ländern mit französischen Ehepartnern einschließen, vorgestellt. Bezüglich der unterschiedlichen Erfahrungen von Eltern und Kindern betont *Varro*, daß das Universum eines Kindes nicht in Kulturen getrennt ist. Kinder nehmen ihr Aufwachsen in einer Familie als eine kulturelle Einheit wahr. Erst später entdecken sie, daß diese aus verschiedenen „nationalen Kulturen" aufgebaut ist oder sein soll. Die hohe persönliche Investition der Eltern in die Zweisprachigkeit und damit auch in die partielle Bikulturalität ihrer Kinder scheint von diesen oft nicht fortgesetzt zu werden, wenn sie selber Eltern werden. Doch bei der Herausbildung einer eigenen Identität behalten Kinder immer nur Teile ihres familiären Erbes bei.

Brigitte Wießmeier hat in Berlin, der bedeutendsten Zuwanderungsregion Deutschlands, Kinder, Jugendliche und junge Erwachsene zu Aspekten ihres bikulturellen Familienhintergrunds interviewt. Sie leitet ihre Fallstudie mit Daten zur Bevölkerungsentwicklung ein, die eindrücklich belegen, daß auch in unserem Land eine relevante und zunehmende Gruppe junger Menschen aus binationalen Familien heranwächst. Über die besonderen Erfahrungen und Einstellungen dieser jungen Deutschen ist bislang wenig bekannt. Die Forschungsergebnisse von *Wießmeier* geben Einblicke in die unterschiedlichen Umgangsweisen mit Bikulturalität und wie sie Eingang in die Identitätskonstruktionen der jungen Menschen finden. Erstmals wird der Versuch unternommen, idealtypische Haltungen und Einstellungen herauszuarbeiten, welche auch einen altersspezifischen Umgang mit Fremdzuschreibungen und Selbstfindungen erkennen lassen. Hinweise auf geschlechtsspezifische Unterschiede, Leben in verschiedenen Familienformen sowie Wünsche und Reflektionen von Eltern und Kindern über bikulturelle Erziehung schaffen dabei einen komplexen Interpretationsrahmen.

Auch *Ilan Katz* interessiert sich bei seiner empirischen Studie über „rassisch gemischte" Familien in London für Fragen, die mit dem Konzept der Identität verbunden werden. Darum setzt er sich kritisch mit den Annahmen der antirassistischen Debatten auseinander, die in den englischsprachigen Ländern weitgehend die Diskussionen bestimmen. Da alle antirassistischen Theorien die Begriffe „schwarz", „weiß" und „Rasse" benutzen, scheint ihm der Ausdruck „gemischtrassig" legitim. Den Gegenvorschlag, ihn durch ethnisch gemischte Familien zu ersetzen, findet er nicht befriedigender, da er die Annahme weitertransportiert, daß „Ethnizität" etwas Realeres als „Rasse" sei.

Vielmehr sei es Aufgabe, diese Konzepte als soziale Konstruktionen und Zuschreibungen in ihren Auswirkungen zu analysieren. Antirassistische Theorien stellen eine direkte Verbindung zwischen Rassismus und Rassenidentität her und postulieren, daß die Kinder eine „schwarze" Identität entwickeln müssen, gerade weil sie Gegenstand von Rassismus sein werden. *Katz'* Untersuchungen zeigen, daß den Konzepten von Rasse und Kultur in den Familien sehr unterschiedliche Bedeutung beigemessen wird und daß der Klassen- oder Schichtzugehörigkeit eine größere Rolle in der „Familienkultur" zukommt. Die Familien sehen sich nicht lediglich als Opfer, sondern entwickeln neue Identitätskonzepte, die über die verallgemeinernden Kategorien von Rasse, Klasse und Nation hinausgehen. Identität wird dabei eher als ein Prozeß gesehen, durch den Individuen und Familien ihrer eigenen Situation einen Sinn geben und diesen aushandeln. Die Strategien „weißer" und „schwarzer" Eltern sind dabei sehr ähnlich.

Eltern aus der Mittelschicht wünschen sich eine positive „Misch"-Identität für ihre Kinder, die im Prozeß der Identitätsbildung wandelbar und offen sein sollte. Daher kann die zukünftige Identität der Kinder auch nicht vorhersehbar sein, da sie von eigenen Wahlmöglichkeiten, äußeren Umständen und speziellen Erfahrungen abhängig ist. Das Konzept der *narrativen Identität* kann nach *Katz'* Einschätzung dieser Situation besonders gerecht werden, weil es von der Suche nach der „wesentlichen" Natur von Identität befreit. Statt dessen wird anerkannt, daß „eine Mischung zu sein" für die meisten Menschen zu einem Aspekt ihrer Identität gehört. Gemischte Identitäten können für sich genommen positiv sein, nicht nur als Summe zweier Hälften unterschiedlicher Kulturen.

Gotlinde Magiriba Lwanga fragt in den Ausgangsüberlegungen ihres Beitrages, dem wiederum Fallstudien aus einer deutschen Großstadt zugrunde liegen, nicht nach den kulturellen Besonderheiten in „schwarz-weißen" Familien. Vielmehr interessiert sie, wie die interviewten „weißen" Mütter Rassismus in bezug auf ihre Kinder wahrnehmen. Dabei wendet sie sich gegen einen von vornherein interkulturell angelegten Ansatz, der von einem Kulturkonflikt zwischen „eigener" und „fremder" Kultur ausgeht. Ein solcher Ansatz werde den Herausforderungen von „weißen" Müttern „schwarzer" Kinder nicht gerecht, denn sie seien sich so nah, daß sie eher Schwierigkeiten haben, die verschiedenen Erfahrungen und Lebenswelten, in die sie qua Hautfarbe eingebunden bzw. ausgegrenzt sind, wahrzunehmen. Diese Situation sei nicht als ein interkulturelles, sondern als ein *inner*kulturelles Phänomen zu verstehen, insofern als Mütter und Kinder mit unterschiedlichen Zuschreibungen und Fremdbildern konfrontiert werden. Die erhöhte Sichtbarkeit macht sich an der Hautfarbe fest, auf die „das Fremde" projiziert wird. Ihre Studie macht deutlich, wie weit wir in Deutschland von einer *Entrassifizierung* von Hautfarbe entfernt sind und daß „Farbenblindheit" als antirassistische Strategie einen kritischen Diskurs über Hautfarbe nicht ersetzen kann.

Elvira Niesner nähert sich der sozialen Wirklichkeit binationaler und bikultureller Familien aus einer völlig anderen Perspektive als bislang angesprochen. Die Ehen deutscher Männer mit thailändischen Frauen werden
hierzulande mit vielen Klischees und Stigmatisierungen betrachtet. Tatsächlich spiegelt der internationale Heiratsmarkt sozioökonomische Ungleichheit
zwischen den Ländern wie den Geschlechtern wider. Doch wird dabei übersehen, daß Eheschließungen als dauerhaft gedachte Lebensgemeinschaften
immer auch von anderen Wünschen als romantischer Liebe begleitet werden.
Indem sie den subjektiven Hintergründen für die Heiratsmigration von Frau-
en nachgeht, möchte *Niesner* einen entstigmatisierenden Einblick in diese
interkulturellen Ehen geben. Sie sieht die Frauen nicht als Opfer, sondern
eher als Pragmatikerinnen, die unter schwierigen Bedingungen eine persönliche Lebensplanung verfolgen, in der die Verantwortung für ihre Familien
eine zentrale Rolle spielt.

Nicht selten haben die Frauen schon Kinder, und die Sorge um deren Zukunft und die Hoffnung auf materiellen Aufstieg beeinflussen ihre Entscheidung zur Ehe mit einem deutschen Mann, der diesen Versorgungswünschen
nachzukommen bereit ist. Damit erfüllen sie durchaus Rollenerwartungen,
die die thailändische Gesellschaft an Mütter und Töchter stellt, die sie aber in
Widerspruch und Konkurrenz zu Wertvorstellungen ihrer deutschen Schwiegerfamilie bringen können. Ein weiteres Konfliktfeld kann bei der Erziehung
der nachgeholten wie auch der gemeinsamen Kinder aus der bikulturellen
Ehe auftreten. Diese Spannungen lassen sich an kulturell unterschiedlichen
Sozialisationsvorstellungen festmachen. Deutsche Männer bevorzugen vor
allem für ihre eigenen Kinder eine liberalere Erziehung, während thailändische Frauen hohe Loyalitätserwartungen an ihre Kinder haben. Dies nicht
zuletzt, weil die Kinder eine große sinnstiftende Rolle in ihrem eigenen Leben einnehmen, das von vielen Ambivalenzen begleitet wird.

Santina Battaglia hat die Alltagskommunikation von Menschen binationaler Herkunft untersucht. Dabei geht sie von der Annahme aus, daß in biographischer Kommunikation – wie sie z.B. in Situationen des Sich-Kennenler-
nens geführt wird – Identität interaktiv konstruiert wird. Da Identität zu haben gleichzeitig bedeutet, sich selbst zu erkennen und von anderen erkannt
zu werden, muß zwischen einer Innen- und einer Außenperspektive unterschieden werden. Die Person ist bei der Herstellung von Identität auf die von
der Außenwelt vorgenommenen Verortungen angewiesen, denn sie entwickelt Identität als Resultat ihrer verschiedenen sozialen Erfahrungen. *Battaglia*
arbeitet charakteristische Kommunikationstypen heraus, die aufgrund unre-
flektierter Alltagstheorien über den Zusammenhang zwischen einem ausländischen Namen, einem nicht standarddeutschen Aussehen und anderen Aspekten vermeintlicher Identitätsmerkmale zu entsprechenden Zuschreibungen
und Erwartungshaltungen führen.

Solche *Salienzinteraktionen*, die sonst übliche Themen wie Beruf oder
persönliche Interessen in den Hintergrund geraten lassen, sind häufig mit

bestimmten Prämissen geladen, durch die Fragende versuchen, Binationale in Kategorien einzuordnen. Wenn die Befragten aus solchen Gesprächen nicht als andere hervorgehen möchten, als sie sind, müssen sie vieles erklären oder auch ihrem Gegenüber widersprechen. Dabei lösen sie Irritationen aus, wenn sie nicht in die groben Kategorien von nationaler und kultureller Identität passen. Dies ist an sich eher positiv zu bewerten, wenn dadurch stereotypisierende Botschaften wie eindeutige „Verwurzelungen" und Zugehörigkeiten sowie Zuschreibungen über „nationale" Mentalitäten und Stellvertreterrollen als auch besondere Kompetenzerwartungen und Defizitbotschaften in Frage gestellt werden. Problematisch bleibt allerdings die Gesprächsdynamik solcher Identitätsverhandlungen, wenn die Befragten zu einseitigen Entblößungen und Rechtfertigungen gedrängt werden.

Auch *Miriam Tafadal* stellt in ihren narrativen Interviews mit jungen Erwachsenen binationaler Herkunft gemeinsame spezifische Erfahrungen und Entwicklungsstufen bei der Herausbildung eines eigenen Selbstverständnisses fest. Die herausragendste gemeinsame Erfahrung liege darin, daß „die Deutschen" in erster Linie zwischen sich und „Ausländern" unterscheiden und dabei stereotype „ethnische" Identitäten zuweisen. Das Ziel ihrer Untersuchung sieht Tafadal darin herauszufinden, welche Selbstwahrnehmungen die jungen Menschen im Hin- und Rückblick auf ihre eigene Identitätsentwicklung haben und welche Prozesse von Identifikationen dabei durchlaufen werden. Ein Teil ihrer Schwierigkeiten wird dabei schon bei der kategorisierenden Begrifflichkeit von Fremd- und Selbstbenennungen deutlich. Auch *Tafadal* plädiert daher für eine Vielfalt von Begriffen für „Binationale", denn es gehe darum, der deutschen Mehrheitsgesellschaft zu vermitteln, wie sie sich selbst als Teil dieser Gesellschaft individuell sehen und fühlen.

Für *Tafadal* liegt eine wichtige Voraussetzung für Menschen binationaler Herkunft im Umgang mit Ambivalenz, damit sie ein biethnisches oder bikulturelles Selbstverständnis entwickeln können. Alle Befragten empfanden eine fehlende bikulturelle Erziehung als persönliches Defizit, und sie gaben der Hoffnung Ausdruck, dies durch Sprachstudien und Reisen nachzuholen. Ein regelmäßiger und enger Bezug zum nichtdeutschen Elternteil und seiner Familie im Herkunftsland kann das Gefühl, nicht eindeutig zugeordnet werden zu können und dies auch manchmal selbst nicht zu können, zumindest teilweise kompensieren. Ziel müsse es daher sein, sich unabhängig von Stereotypen in ein angemessenes Verhältnis zur binationalen Herkunft zu setzen. An diesem Punkt der persönlichen Entwicklung sei es möglich, kulturelle Aspekte beider Länder neu zu werten. Bei einer positiven Auseinandersetzung in diesem Sinne können auch die Vorteile eines *hybriden Selbstverständnisses* erkannt werden. Doch werde dies in Deutschland kaum wahrgenommen, und Rassismus zu thematisieren, sei ein schwieriges Unterfangen. Generell müsse aber die Vielfalt der Faktoren bei der Identitätsentwicklung berücksichtigt werden. Eine binationale Herkunft sei dabei nicht der ausschlaggebende Faktor. Die Selbstzeugnisse der jungen Menschen geben lebendige Einblicke in die komplexen

Beziehungsdynamiken in ihren Familien, die den Wünschen und Bedürfnissen der Kinder nicht immer gerecht werden.

Der Beitrag von *Paul Mecheril* beleuchtet beispielhaft Aspekte der Lebensrealität eines jungen Menschen, der vor dem Hintergund der transnationalen Migration seiner Eltern und seiner Geburt hier als Deutscher „aus Indien" seinen Lebensmittelpunkt in diesem Land gefunden hat. Zentrales Thema seiner Analyse ist die Mehrfachverbundenheit von Menschen, die sich auf zwei sozial-symbolische Räume beziehen. Diese kontextuelle Mehrfachverbundenheit versteht er sowohl als individuelle Kreation wie auch als soziale Zuschreibung. Auch er betont, daß an natio-ethno-kulturelle Zugehörigkeit Exklusivitätsansprüche gestellt werden. Hybridität steht zu dieser Position in einer Spannung, da sie ein Phänomen von Pluralität ist. Hybridität erscheint als suspekt, da sie die „Natürlichkeit" von Differenz in Frage stellt.

Der Verlust fragloser Zugehörigkeit kann als Belastung erlebt werden. Dies führt dazu, daß sich das Individuum selbst mit erhöhter Aufmerksamkeit begegnet. Die Fallstudie macht deutlich, daß das Problem für die Person jedoch nicht in der kulturellen Differenz liegt, sondern in der Dimension der Anerkennung. Anerkennung umfaßt den Aspekt der Identifikation als auch der Achtung. Die Anerkennung durch andere ist dabei der Selbst-Anerkennung vorgelagert. Wenn das Individuum nicht als gleichwertig zugehörig anerkannt wird, kann dies zu einer doppelten Heraussetzung führen. Seine Identität wird dann prekär, weil es der „deutschen" Identität an öffentlicher Anerkennung fehlt und die, in diesem Fall, „indische" Identität weitgehend eine symbolische bleibt, weil sie sich nicht sozial als Lebensform entwickeln kann. Hybride sozial anzuerkennen, heißt für *Mecheril* nicht mehr und nicht weniger, als daß sie ihr Selbstverständnis und ihre Erfahrung in ihrer subjektiven Besonderheit einbringen können. Denn Hybridität kann auf der Ebene sozial-interaktiver Erfahrungen zum Problem werden.

Der letzte Artikel unseres Sammelbandes kommt aus den USA, einem Land, das bekanntlich sein multikulturelles und multirassisches Gepräge durch Einwanderung aus allen Kontinenten, der Zurückdrängung indigener Völker und jahrhundertelangen Sklavenhandel gewonnen hat. Doch sei daran erinnert, daß die Rassentrennungsgesetze erst in den sechziger Jahren dieses Jahrhunderts aufgehoben wurden. Nun meldet sich dort eine neue Generation „birassischer" junger Erwachsener zu Wort, die aus ihren Erfahrungen alte Fragen nach dem gleichwertigen Zusammenleben aus einer aktuellen Perspektive stellt. *Josylyn Segal* hat sich mit der Personengruppe der „Gemischtrassigen" afrikanisch-amerikanischer und jüdisch-amerikanischer Herkunft befaßt.

Die Forderung nach neuen Rassenkategorien – wie *biracial* – stellt eine Herausforderung dar, denn nicht nur die amerikanische Gesellschaft hat Schwierigkeiten bei der Beschreibung von „Gemischtrassigen". Einen Vorteil sieht *Segal* jedoch darin, daß die so Bezeichneten sich auf beide Elternteile berufen können und sich somit der Definition durch überkommene soziale

Normen widersetzen. Die Behauptung einer schwarz/weißen, „birassischen" Identität scheint jedoch auch die Solidarität zwischen Schwarzen zu bedrohen, da die symbolische Bedeutung der Hautfarbe zum Mißtrauen gegenüber jenen führt, die „weiße" Anteile haben und von den Weißen akzeptiert werden. *Segal* beleuchtet die historische Beziehung zwischen Schwarzen und Juden, die beide als die zentralen paradigmatischen Gruppen bei der Entwicklung des modernen Rassismus konstruiert und verfolgt wurden. Sie scheut sich nicht, in den USA auch schwarzen Antisemitismus und jüdischen Rassismus zu konstatieren. Dennoch – oder gerade auch deswegen – betont sie die Bedeutung, die das kulturelle Erbe der bilateralen Verwandtschaft als historisch verfolgte und mißinterpretierte Kollektive für die Identitätsfindung ihrer Generation hat.

Auch diesen Artikel machen gerade die aufrichtigen Innenperspektiven über die familiären Beziehungsdynamiken so interessant. Die Interviews zeigen, daß die Nähe und Intensität der Gespräche der Befragten mit ihren Eltern stärker vom Geschlecht der Eltern beeinflußt werden als von ihrer Rassenzugehörigkeit. Die Mütter nahmen an der Kommunikation über Rasse und Ethnizität aktiver teil als die Väter. Dies beeinflußt aber nicht zwingend die eigene Identifikation mit der Rassenzugehörigkeit der Mutter. Die Nähe zum schwarzen Elternteil ist für die Kinder nicht notwendig, um sich damit zu identifizieren. Die Nähe zum jüdischen Elternteil ist hingegen eine notwendige, aber nicht ausreichende Bedingung für die Kinder zur Identifikation. Die Interviewten sprachen von einer öffentlichen und einer privaten Identität. Die private Identität umfaßt sowohl das öffentlich anerkannte schwarze wie auch das weniger offensichtliche jüdische Erbe. Die größte Herausforderung sahen jedoch alle darin, auch dann *beide Identitäten* leben zu können, wenn nur eine davon für die Bezugskollektive relevant zu sein scheint.

Perspektiven

Die immer bedeutendere Zahl von Personen, die durch ihre Biographien und Lebensweisen den Sinn geläufiger Dualismen wie „deutsch" und „ausländisch"oder „schwarz" und „weiß" widerlegt, weist auf die Notwendigkeit eines längst überfälligen Paradigmenwechsels. Erforderlich sind realitätsnahe Kategorien und Muster, die Eingang in die wissenschaftlichen Untersuchungen zu Migration, in die öffentlichen Diskurse sowie den alltagsweltlichen Umgang mit Menschen „fremder" Herkunft finden müssen. Unsere Gesellschaft benötigt eine erweiterte Vision ihrer eigenen Grundlagen, die an weltbürgerlichen Prinzipien ausgerichtet ist und die es transnationalen Migranten, interkulturellen Lebensgemeinschaften und jungen Menschen binationaler Eltern erlaubt, ungeachtet ihres Aussehens und ihrer Herkunft als Mitglieder dieser Gesellschaft anerkannt zu werden, ohne daß ihnen ein subjektives Gefühl von Mehrfachverbundenheit als ein Loyalitätsproblem ausgelegt wird.

Bisher scheint die Vorstellung subjektiver Mehrfachverbundenheit und nebeneinander bestehender Loyalitäten für viele schwer vereinbar mit einem Selbstverständnis als Gemeinwesen, das hier für viele mit der Annahme einer ethnisch bzw. kulturell homogenen Nation verbunden ist. Dies wird verstärkt durch einen Begriff von Staatsbürgerschaft, der bislang vorwiegend im *ius sanguinis* gründet und eine vorgestellte gemeinsame Herkunft und ein gemeinsames kulturelles Erbe zur Grundlage der Zugehörigkeit macht. Dabei kann es für Individuen und für Familien problematisch werden, wenn sie diesen Exklusivitätsanspruch an nur *eine* Zugehörigkeit subjektiv nicht teilen und dies auch nicht als notwendig, unausweichlich oder als wünschenswert empfinden. Wenn dieses eigene Selbstverständnis durch die Gesellschaft in Frage gestellt wird, kann dies als ein Mangel an repräsentativer Macht erlebt werden, sich selbst und anderen gegenüber als komplexe Menschen aufzutreten und als solche anerkannt zu werden (West 1997: 255).

Die Erfahrungen der Personengruppe, die in diesem Sammelband im Mittelpunkt steht, machen deutlich, daß auch eine durch die Eltern ererbte deutsche Staatsangehörigkeit und das Aufwachsen in diesem Land keine Garanten dafür sind, daß diese Zugehörigkeit in jeder Hinsicht anerkannt wird, da ein kulturalisierendes und ethnisierendes Verständnis von Zugehörigkeit dem entgegenwirken kann. Zwar können Kinder aus binationalen Familien in der Bundesrepublik seit 1973 eine doppelte Staatsangehörigkeit haben und behalten, doch gerade auf der emotional-symbolischen Ebene begegnen auch sie immer wieder einem Entscheidungs- und Zuordnungsdruck, der den Lebensbedingungen und Erfordernissen im globalen Zeitalter nicht gerecht wird. Insofern sind die Erfahrungen junger Deutscher aus binationalen Familien auch für die Bedingungen einer mehr als formalen Integration der nachwachsenden Migrantengenerationen relevant, da sie Zeugnis über Widersprüchlichkeiten im gesellschaftlichen Umgang mit Inklusion und Exklusion geben können und damit auf gesellschaftliche Spannungsverhältnisse hinweisen.

Interkulturelle Lebensgemeinschaften und Menschen binationaler Herkunft sind nicht einfach nur eine Stimme mehr im Chor der partikularen Identitäten, die ein Recht auf Differenz einfordern. Ihre Erfahrung weist auf die Möglichkeit und Bedeutung, daß sich in unserer Gesellschaft ein Verständnis von Zugehörigkeit entwickelt, das sich nicht auf kulturellen oder ethnischen Ausgrenzungen gründet. Auch für die Individuen sind Perspektiven denkbar, in denen Identität nicht als Schutzwall aufgerichtet wird, sondern die „Grenzen selbst zum reflexiven Gegenstand einer immer offenen Identitätsbildung werden" (Assmann/Friese 1998: 23). Sie können dann damit experimentieren, Identität selbst zu einer Praxis der Differenz geraten zu lassen, wie es eine junge Frau im Beitrag von Miriam Tafadel spürt: „Ich weiß zwar schon, daß da Unterschiede sind, daß es extreme Unterschiede gibt, ... aber ich will es einfach akzeptieren und mich darüber freuen, über den Unterschied, daß es halt mal was anderes ist."

Literatur

Aboud, Frances (1997): The Development of Ethnic Awarness and Identifikation. In: Sociology. Introductory Readings. Giddens, Anthony (Hrsg.), Cambridge, 207-210

Appadurai, Arjun (1998): Globale ethnische Räume. Entwicklung einer transnationalen Anthropologie. In: *Perspektiven der Weltgesellschaft.* Beck, Ulrich (Hrsg.), a.a.O., 11-40

Assmann, Aleida/Friese, Heidrun (Hrsg.) (1998): Identitäten. Erinnerung, Geschichte, Identität 3. Frankfurt a.M.

Beck, Ulrich (Hrsg.) (1998): Perspektiven der Weltgesellschaft. Frankfurt a.M.

Bronfen, Elisabeth/Marius, Benjamin (1997): Hybride Kulturen. Einleitung zur anglo-amerikanischen Multikulturalismusdebatte. In: *Hybride Kulturen. Beiträge zur anglo-amerikanischen Multikulturalismusdebatte.* Bronfen, Elisabeth/Marius, Benjamin/Steffen, Therese (Hrsg.), Tübingen, 1-29

Friedman, Jonathan (1994): Global System, Globalization and the Parameters of Modernity. In: *Cultural Identity and Global Process.* London, Thousand Oaks, New Delhi, 195-232

Glissant, Edouard/Schwieger Hiepko, Andrea (1998): Europa und die Antillen. In: *Lettre International Nr. 42*, 88-91

Hall, Stuart (1994): Neue Ethnizitäten. In: *Rassismus und kulturelle Identität.* Hamburg,15-25

Hark, Sabine (1996): deviante Subjekte. Die paradoxe Politik der Identität. Opladen

Heimannsberg, Barbara (1997): Interkulturelle Supervision. Ein Konzept. In: *Organisationsberatung, Supervision, Clinical Managment: Heft 3*, 247-264

King, Anthony D. (1991): Introduction: Spaces of Culture, Spaces of Knowledge. In: *Culture, Globalization and the World-System. Contemporary Conditions for the Representation of Identity.* King, Anthony D. (Hrsg.), Houndsmill und London

McBride, James (1998): The Color of Water. A Black Man's Tribute to his White Mother. London

– (1999): Die Farbe von Wasser. Erinnerungen. Aus dem Englischen von Monika Schmalz. Berlin

Peripherie. Zeitschrift für Politik und Ökonomie in der Dritten Welt (1997): Ethnizität: Strategie und Tradition. Münster, Nr. 67

Pieterse, Jan Nederveen (1998): Der Melange-Effekt. Globalisierung im Plural. In: *Perspektiven der Weltgesellschaft.* Beck, Ulrich (Hrsg.), a.a.O., 87-124

Robertson, Roland (1998): Globalisierung: Homogenität und Heterogenität in Raum und Zeit. In: *Perspektiven der Weltgesellschaft.* Beck, Ulrich (Hrsg.), a.a.O, 192-220

Rowe, William/Schelling, Vivian (1991): Memory and Modernity. Popular Culture in Latin America. London, New York

Schiffauer, Werner (1997): Fremde in der Stadt. Zehn Essays über Kultur und Differenz. Frankfurt/M.

Siebers, Hans (1997): Zwischen Fragmentierung und Reflexivität: Gibt es eine Zukunft für Identität und Ethnizität. In: *Peripherie Nr. 67*, a.a.O., 46-66

Statistisches Bundesamt (1997): VIII B, N 24, Eheschließungen nach der Staatsangehörigkeit der Ehegatten. Deutschland

Straub, Jürgen (1998): Personale und kollektive Identität. Zur Analyse eines theoretischen Begriffs. In: *Identitäten. Erinnerung, Geschichte, Identitäten 3.* Assmann, Aleida/Friese, Heidrun (Hrsg.), a.a.O., 73-104

Wallerstein, Immanuel (1998): Nachwort. In: *Rasse, Klasse, Nation. Ambivalente Identitäten.* Balibar, Etienne/ Wallerstein, Immanuel, Hamburg, 273-278

West, Cornel: Die neue Politik kultureller Differenz. In: *Hybride Kulturen. Beiträge zur anglo-amerikanischen Multikulturalismusdebatte.* Bronfen, Elisabeth/Marius, Benjamin/Steffen, Therese (Hrsg.), a.a.O., 247-265

Bikulturelle Familien in der sozialwissenschaftlichen Forschung und im „wirklichen" Leben

Gabrielle Varro

Der Titel mag überraschen, da Forschung als eine wahrheitsgetreue Abbildung des „wirklichen" Lebens gilt – doch kann persönliche Erfahrung natürlich niemals genau in Worte übersetzt werden, weder von Forschern noch von Erzählern[1]. Nach dieser rhetorischen Vorwegnahme werde ich nicht das vorstellen, wie ich das Thema heute – dank oder trotz Forschung – sehe/ wahrnehme, sondern was ich im Laufe der Jahre über bikulturelle Familien erfahren habe.

Vier Punkte sind dabei hervorzuheben:

– die Bedeutung sozialer Repräsentation und die sogenannten etablierten Normen in einer Gesellschaft;
– woraus bikulturelle Familien konkret bestehen und was ihre Beziehung zum Begriff der Moderne auszeichnet;
– die Notwendigkeit, unsere vorgefaßten Meinungen zu überprüfen;
– neue Forschungsrichtungen zur Heirats- und Familiensoziologie.

Ich werde mit meinem eigenen Arbeitsgebiet beginnen, das sich bisher hauptsächlich mit Zweisprachigkeit in der Familie befaßte, und mich dann unter Bezugnahme auf andere Autoren der Frage der Bikulturalität annähern.

Zunächst zur Klärung der Terminologie: Bikulturelle Familien sind aufgrund fehlender griffiger Definitionen ein schwieriger Forschungsgegenstand. Allgemein gelten gemischte Paare als Auftakt zu bikulturellen Familien insofern, als jeder Partner einen verschiedenartigen Satz an kulturellem „Know-how", Sitten und Bräuchen und oft auch Sprachen und Religionen mitbringt. Es stellt sich die Frage, wie sie koexistieren werden, ob eine zugunsten der anderen „verschwindet" oder ob sie zu einer „neuen Kultur" miteinander verschmelzen. Ohne auf die problematische Definition von Kultur einzugehen[2], werde ich mich auf den Gegenstand meiner eigenen Untersu-

---

1   Vergleiche dazu die lebensnahen Romane über gemischte Paare von Memmi (1975) und Etcherelli (1967).
2   Wie Tabouret-Keller (1992) schreibt, ist der Begriff der *Kultur* eine aus der Haushaltsökonomie entliehene Metapher: Landbau, Weinbau, *Agrikultur*. In den Sozial- und Humanwissenschaften haben die historischen Kontexte zu unterschiedlichen

chungen, d.h. auf „gemischte" – internationale – Paare in Frankreich und
Deutschland, beschränken.

Bürger, die eine Person anderer Nationalität heiraten, werden im französischen Zensus als „gemischte Paare" geführt. In Deutschland werden sie als
„binationale Ehen" definiert. Aber ist ein gemischtes oder binationales Paar
(die Begriffe werden hier synonym benutzt) notwendigerweise bikulturell?
Dies ist nicht zwangsläufig der Fall. Nach Hinweis einiger Beobachter können darunter Männer und Frauen gefaßt werden, die ursprünglich aus dem-
selben Dorf fortgegangen sind und von denen nur einer zum Zeitpunkt der
Eheschließung die Staatsbürgerschaft des Landes angenommen hat, in dem
er lebt (Noiriel 1988). So sind an dem einen Ende des Spektrums nicht alle
binationalen Paare notwendigerweise „wirklich" bikulturell. „Wirklich" ist
hier selbstverständlich als Provokation gemeint, denn ich glaube nicht an essentialistische Unterschiede. Es dürfte eher schwierig – um nicht zu sagen
unmöglich – sein, ein „nichtgemischtes", also ein „monokulturelles" Paar zu
finden. Ein „deutsches" Paar kann beispielsweise einen Partner aus der früheren DDR einschließen oder einen aus Hamburg und einen aus München, ein
„französisches" Paar einen Bretonen und eine Elsässerin, und niemand würde
behaupten, sie seien nicht bikulturell. So können am anderen Ende des Spektrums alle Paare in gewissem Maß als bikulturell erachtet werden.

1. Die Bedeutung der sozialen Repräsentation und die sogenannten etablierten Normen

Ein kurzer Blick auf die Forschung erlaubt einen Einblick darein, was Bikulturalität in einer Familie konkret bedeutet, während sich die Frage stellt,
ob gemischte Paare nicht einfach wie alle anderen Paare auch eine originäre
Familienkultur kreieren. Meines Wissens ist seit den Arbeiten von Merton in

---

Bedeutungen im Deutschen, Französischen oder anderen Sprachen geführt. In Wör-
terbüchern wird Kultur meistens durch Komponenten wie Religion, Sozialstruktur,
Familienformen, Beerdigungsriten etc. definiert. Eine Kultur umfaßt üblicherweise
die Summe verschiedener Bereiche sozialer Existenz. Im Gegensatz zu einer solch
breiten Definition umfaßt die von Tabouret-Keller eine Abstraktion dessen, was in
einer spezifischen menschlichen Gruppe die Art und Weise konstituiert, wie sie
funktioniert und wie sie sich selbst ausdrückt. Somit charakterisieren die partikularen
Züge jedes sozialen Gebiets die Dynamik und die sich verändernden Formen dessen,
was wir üblicherweise „eine Kultur" nennen. Es handelt sich somit um einen allgemeinen Begriff, der heterogene Daten umfaßt. Ob die Elemente ein kohärentes System bilden, wie die amerikanischen Kulturalisten es sehen – so liefern Kroeber und
Kluckhohn 1952 schon 100 Definitionen des Begriffs –, bleibt eine offene Frage,
aber sie müssen es nicht notwendigerweise. „Systeme" können sich auf dem Weg der
Bildung oder der Auflösung befinden. Ob es ein System gibt oder nicht, heißt jedenfalls nicht unbedingt, daß es homogen sei.

den vierziger und von Bensimon/Lautmann in den siebziger Jahren wenig zur Unterscheidung von „gemischten" und „nichtgemischten" Paaren unternommen worden[3]. Problematisch scheint die Frage zu sein, wie diese Paare von anderen wahrgenommen werden und wie sie sich selbst definieren. Unter politischen Gesichtspunkten scheint sich bei einem „gemischten" Paar einer der Partner in einer sozial benachteiligten oder sozial geschwächten Position zu befinden – wie die legalen und politischen Unruhen zeigen, die Heiraten mit Fremden in Frankreich heutzutage begleiten[4]. Währenddessen ist der andere Partner in der Rolle eines Mitglieds der Mehrheit und nimmt üblicherweise eine beschützende oder verteidigende Haltung gegenüber seinem Minderheitenpartner ein.

Französisch-amerikanische Familien – eine angeblich „neutrale" Situation

Meine Studie über französisch-amerikanische Familien in Frankreich (Varro 1984, 1988) war gerade aus dem Blickwinkel der sozialen Repräsentation interessant, da dieser offensichtlich in großem Ausmaß die soziale und politische Ungleichheit zwischen den Ehepartnern bzw. ihren Herkunftsländern neutralisierte, die in den meisten anderen Studien festgestellt werden. Den interviewten amerikanischen Frauen zufolge genießen Franzosen und Amerikaner in beiden Ländern ein ungefähr gleiches Prestige (wenn auch aus unterschiedlichen Gründen, allgemein eher kulturelle für die Franzosen und ökonomische für die Amerikaner), so daß die in anderen Fällen oft beschriebene sozial bedingte Dominanz eines Partners über den anderen hier nicht zuzutreffen scheint. Doch auch ohne diesen Faktor bestand Rivalität zwischen den Eheleuten, besonders wenn sie Mütter und Väter wurden. Solche Rivalität, in der jeder versucht, das Kind auf seine Seite zu ziehen, ist vermutlich universal (Singly 1976): Alle Eltern, ebenso wie Nationalstaaten (Rollet 1991: 311), konkurrieren um die Kinder, und bikulturelle Familien sind darin keine Ausnahme. Der Unterschied liegt in der Art, wie dieser Wettstreit von einzelnen Paaren und Familien ausgetragen wird. Der eheliche Machtkampf ist in bikulturellen Familien sichtbarer aufgrund der Entscheidungen, die die Eltern für die Kinder treffen müssen und die ihre soziale Identität mitbestimmen wie die Wahl des Vornamens, der ersten Sprache(n), der Religion(en), der Schulen, der Länder, in denen längere Ferien verbracht werden. Darum halte ich bikulturelle Familien wie andere Familien für einen Ort, an dem Individuen auf verschiedenen Gebieten um Vorrang ringen, doch

---

3   Vgl. dazu den Runden Tisch während des Kongresses der Assoziation für Interkulturelle Forschung (ARIC) von 1991 (in Varro/Philippe/Streiff-Fenart 1994) und das Symposium von 1995 (Philippe/Varro/Neyrand 1998).

4   Für eine Darstellung der „Oster"-Gesetze von 1993 vgl. Costa-Lascoux (1993), für das neue „Chevènement"-Gesetz von 1997 Bernard (1997).

die Resultate sind evidenter, wenn die Entscheidungen an klar unterscheidba-
re kulturelle Einheiten gebunden sind.

Wenn Wert auf Zweisprachigkeit gelegt wird, haben diese Familien einen Vorteil gegenüber anderen, besonders wenn die betroffene Fremdsprache
im Schulsystem des Gastlandes gelehrt wird und wenn die ökonomische und
kulturelle Infrastruktur es den Eltern relativ einfach macht, die zweisprachige
Erziehung der Kinder auch außerhalb des Zuhauses zu verankern, wie es im
Fall des Englischen in Europa möglich ist (vgl. Varro/Boyd 1998, Einführung). Wenn man davon ausgeht, daß sich französisch-amerikanische Paare
in Frankreich auf einer mehr oder weniger sozial gleichen Stufe bewegen,
kann die Zweisprachigkeit der Kinder als eine von äußeren Einflüssen relativ
unabhängige symbolische Meßlatte für die Gleichheit oder Ungleichheit der
Ehepartner gelten. Ein von kleinauf zweisprachiges Kind kann somit als Erfolg der „verpflanzten" Frau gedeutet werden, das zu bewahren und weiter-
zugeben, was sie für ihre eigene kulturelle und persönliche Identität hält.

Ich hatte die Hypothese aufgestellt, daß der Grad der Zweisprachigkeit
die eheliche Beziehung der Eltern widerspiegelt, daß ihre Gleichheit oder
Ungleichheit (beruhend auf ihrer Kompromißbereitschaft, die Entscheidungen hinsichtlich der Sozialisation und Identität des Kindes gemeinsam zu
treffen) an konkreten Zeichen ablesbar ist. Entsprechend einem induktiven
Ansatz würden demnach die Namen, die zuerst gehörten und gesprochenen
Sprachen, die Religionen, die Schulen und Länder, in denen die Sommerferi-
en verbracht werden, als Indikatoren dafür zu sehen sein, ob die Beziehung
als „egalitär" gelten kann oder ob einer dem anderen nachgibt. Ich hatte fer-
ner die Hypothese aufgestellt, daß ihre eheliche Beziehung unter anderem
von der persönlichen Geschichte jedes Ehepartners abhängt und von dem
Maß, in dem jeder sich seinem Land „zugehörig" fühlt, meßbar auf einer
Neun-Punkte-Skala (Geburtsland, Staatsbürgerschaft und Muttersprache jedes Ehepartners und seiner Eltern).

Da die meisten Paare Zweisprachigkeit als Wert ansahen[5], war meine
Grundannahme, daß die Fähigkeit der „verpflanzten" Frauen, die Entschei-
dungen für die Vermittlung einer fremden Sprache durchzusetzen, mit dem
Index der nationalen Zugehörigkeit der Ehepartner („Französischsein",
„Amerikanischsein") verbunden ist. Ich vermutete, daß die Sprache und
Kultur der amerikanischen Frau Überhand in der Identität des Kindes neh-
men könnte, wenn das „Amerikanischsein" das „Französischsein" in der Ehe
aussticht, und daß es einen Kompromiß gibt, wenn sie gleichauf wären usw[6].

---

5   85 Prozent der 1972 befragten 143 amerikanischen Frauen bestätigten dies.
6   Wenn beide Indizes zwischen 6 und 9 Punkten lagen, wurde das Paar mit ++ kodiert
     (beide Partner „gleichstark"). Wenn beide unter 6 Punkten lagen, wurden sie mit --
     kodiert (beide „gleichschwach"). Bei einer *ungleichen* Beziehung, d.h. wenn nur die
     Frau oder der Mann niedrig verzeichnet wurden, wurden sie entsprechend mit +- und
     -+ kodiert (vgl. Varro 1988: 63ff.).

Die Resultate zeigten, daß ich sowohl richtig als auch falsch lag. Ich hatte richtig vermutet, daß ein hoher Grad an Zweisprachigkeit bei einem Kind das Ergebnis von Kompromissen in einer gleichberechtigten Partnerschaft ist. Aber ich lag falsch, insofern sich herauskristallisierte, daß es zwei Strukturen ehelicher Gleichberechtigung gibt, von denen nur eine zu familiären Entscheidungen für Zweisprachigkeit führt. Zu meiner Überraschung zeigten nicht die Kinder der Paare, die gleich stark in ihren Ursprungsländern verwurzelt waren, den höchsten Grad an Zweisprachigkeit, sondern die Kinder von Paaren, deren Familiengeschichte bereits von Migration und sprachlichen wie kulturellen Kontakten und Brüchen zeugte. Erfahrungen von „Gemischtsein" oder Bikulturalität hatten die Eltern offenbar empfänglich für verschiedenartige kulturelle Einflüsse gemacht und sie auf die Kompromisse vorbereitet, die nötig sind, zu Hause und mit den Kindern mehr als eine Sprache zu sprechen.

Die Ergebnisse der Untersuchung zu französisch-amerikanischen Familien – durch neuere Forschungen in Frankreich und Deutschland weitgehend bestätigt – (Varro 1995) stellen sich wie folgt dar:

Die Kooperation des einheimischen Vaters erlaubt es der „verpflanzten" amerikanischen oder französischen Mutter, ihre Sprache mit den Kindern beizubehalten.

Unter günstigen sozioökonomischen Umständen entwickelt sich Zweisprachigkeit unabhängig von den schulischen Leistungen. Die Kinder sind in der Schule weder voraus noch liegen sie zurück. Die schulische Leistung der Kinder ist eher in bezug auf das Bildungsniveau der Eltern zu sehen als auf die angewandten Sprachen; „tatsächlich erlaubt das Bildungsniveau der Eltern die beste und beständigste Voraussage über den Schulerfolg jedes Kindes" (Queiroz 1991: 204).

Für die Zweisprachigkeit der Kinder kann die Zweisprachigkeit der Eltern von Vorteil sein, denn die Fremdsprache wird innerhalb der Familie aufgewertet, wenn der einheimische Elternteil sie benutzt. Aber es kann auch belastend erlebt werden; wenn z.B. nur der „verpflanzte" Elternteil zweisprachig ist (wie bei „seltenen" Sprachen wie Arabisch in Europa), kann dies mehr und mehr zum Gebrauch der Mehrheitssprache führen. Oft „rutscht" dann unweigerlich die ganze Familie in einen fast ausschließlichen Gebrauch der Mehrheitssprache (Varro 1988: 118). Als Konsequenz eines solchen – einseitigen – Bilingualismus in der ersten Generation schwindet die Minderheitensprache – beispielsweise sogar das Englische in Finnland –, während sich die Mehrheitssprache mehr und mehr durchsetzt und die Zweisprachigkeit in der Familie transitional zum Monolinguismus der Mehrheitssprache führt (Hamers/Blanc 1993; Appel/Muysken 1987; Romaine 1989).

Die Sprache des Wohnlandes wird zur Hauptsprache der meisten Kinder aus solchen gemischten Paaren (Latomaa 1989).

Auf Kinder mit zwei ausländischen Elternteilen scheint das laut Deprez (1994) so nicht zuzutreffen. Sie stellte fest, daß diese Kinder viel öfter als

Kinder gemischter Paare beide Fremdsprachen sprechen. Dies mag jedoch vom jeweiligen Land abhängen, denn es gibt auffällige Unterschiede. Antal (1988) beschreibt Kinder, die nach nur einem Schuljahr in Frankreich erklärten, sich „als Franzosen zu fühlen", während sie sich nie als Deutsche oder gar als Deutsch-Amerikaner fühlten, trotz längerer Aufenthalte in Deutschland und trotz der Tatsache, daß Deutsch ihre erste Sprache ist. Wenn solche Einstellungen die offizielle Haltung eines Landes „Fremden" gegenüber widerspiegeln, zeigt sich darin, daß Frankreich zur Assimilation ermuntert, Deutschland dies hingegen nicht tut.

Schließlich deutet unserer Forschung zum Bilingualismus auf eine doppelte Dynamik in französisch-amerikanischen Familien der ersten Generation hin. Die eine Dynamik basiert auf externen Faktoren, die sich als sozioökonomischer Status der betreffenden Sprachen zusammenfassen lassen. Die andere Dynamik basiert auf internen Faktoren, d.h. die linguistischen Gewohnheiten der Eltern sind offensichtlich mit der ehelichen Machtstruktur verbunden. Beide Faktoren interagieren und sind Variationen unterworfen. Insgesamt verdeutlichen französisch-amerikanische Familien die in jeder Paarbeziehung stattfindenden „Verhandlungen" (vgl. Philippe/Varro 1994), unabhängig von äußeren Ungleichheiten in Form von sozialen oder politischen Faktoren[7]. Daher mein Vorschlag, diese Familien als „Werkstätten" zu betrachten, in denen Soziologen eheliche Beziehungen und Anpassungen generell beobachten können.

Das Gegenbeispiel französisch-algerischer Paare in Frankreich

Im Fall französisch-algerischer Paare in Frankreich werden Faktoren der Ungleichheit von außen aufgebürdet. Streiff-Fenarts Buch über Franzosen mit nordafrikanischen Partnern illustriert die aktuelle Situation interethnischer Beziehungen in Frankreich. Angesichts des politischen Problems, das Einwanderungen besonders von Nordafrikanern darstellen, beschreibt Streiff-Fenart die Reaktionen sowohl französischer als auch nordafrikanischer Familien auf die Verlobungsankündigung ihrer Kinder. Die Autorin sieht bei gemischten Paaren nicht nur die Möglichkeit, eheliche Beziehungen zu beobachten, sondern sie sieht sie als

„ein Labor, in dem sich die Kommunikation zwischen den Kulturen studieren läßt, da gemischte Familien entweder zu einem privilegierten Ort zur Einübung von Toleranz werden oder im Gegenteil zu einem Ort, an dem sich interethnische Konflikte und Mißverständnisse verstärken." (Streiff-Fenart 1989: 13)

---

7   Man kann auf Grundlage dieser Unterscheidung ins Auge fassen, eine Typologie zu bilden. Die Assoziation französisch-japanischer Familien in Paris hat z.B. einen sehr ähnlichen Ansatz über ihre Situation entwickelt wie die französisch-amerikanischen.

Gemischte Ehen werden so zu einem „Testfall" interethnischer Beziehungen. Während ich die Metapher eines Labors zunächst zur Beschreibung ehelicher Interaktion benutzte, haben Streiff-Fenart und andere sie auf die Interaktion zwischen ganzen Gruppen angewandt (vgl. Barbara 1985, Delcroix et al. 1989, Guyaux/Delcroix 1992). Demnach gelten gemischte Familien als „Minigesellschaften" innerhalb der weitergefaßten offiziell monolingualen und angeblich auch monokulturellen Gesellschaft. Diesem Ansatz nach ist ihr modernistischstes Merkmal, daß sie eine Chance darstellen, das Leben in der heutigen multikulturellen Gesellschaft zu erlernen. Dem widerspricht jedoch, daß – wie dieselben Autoren aufzeigen (Streiff-Fenart 1989: 20, Barbara 1985: 133 und Delcroix et al. 1992: 53) – ökonomische, professionelle und Bildungsdisparitäten innerhalb der Paare relativ selten sind. Tatsächlich heiratet sozial gesehen wie im Falle der französisch-amerikanischen Paare „gleich" üblicherweise „gleich", und interkulturelle Kontakte sowie gemischte Paare als selbstverständliche Familienwerte bleiben in erster Linie einem privilegierten Milieu vorbehalten. Die Menschen überqueren „kulturelle Grenzen" bereitwilliger als ökonomische, und interkulturelle (oder bikulturelle) Familien sind häufiger anzutreffen als Familien, die Klassengrenzen übertreten. So ist es für Mittelschichtskinder durchaus nicht ungewöhnlich wie ein in Frankreich lebender Teenager zu sagen: „Eine deutsche Mutter ist nichts Ungewöhnlicheres als z.B. zehn Geschwister zu haben" (so ein französisch-deutsches Mädchen in Lesbet/Varro 1995: 171).

Eine solche Äußerung wäre natürlich während des Zweiten Weltkrieges undenkbar gewesen, als französisch-deutsche Paare praktisch geächtet waren. Aber selbst in Friedenszeiten galten Mischehen – die es immer gegeben hat – oft als Verstoß gegen die sogenannten etablierten Normen. Dabei schwankt die Definition von „gemischten" Paaren, wobei Hautfarbenrassismus und Antisemitismus fortbestehen, wie ein anderer Teenager bezeugt:

„Niemand läßt es dich vergessen. In Frankreich reden mich die Leute auf der Straße in Creole an, ich muß ihnen erklären, daß ich nicht aus der Karibik bin. Im Benin fragen sie mich, warum ich meine Hautfarbe habe, und ich sage ihnen, ich bin Französin. Wenn die Leute mich in Frankreich nach meiner Identität fragen, sage ich, ich bin aus Benin. Oder aber ich sage, ich bin Halbblut." (Tochter einer elsässischen Mutter und eines schwarz-afrikanischen Vaters; in Lesbet/Varro 1995: 172)

Gegen die Normen zu verstoßen gilt als „moderner"

Als die Kommunikation noch schwieriger war und Mobilität seltener, heirateten die Menschen näher am Zuhause. Girards Buch *Le Choix du conjoint* von 1964 legte die Homogamie („gleich heiratet gleich") als nationale Norm der Partnerwahl fest und galt in Frankreich als Standardreferenz. Geforscht worden war dazu in den fünfziger Jahren, als Frankreich im wesentlichen noch ländlich geprägt war. Eine aktualisierte Version (Bozon/Hèran 1987)

bestätigt, daß nach wie vor „gleich gleich heiratet", wobei sich die Paare eher
sozial als geographisch gleichen. Wie bereits bemerkt, haben alle Studien gezeigt, daß sich gemischte Paare – wie andere Paare auch – eher entlang ökonomischer und Bildungslinien orientieren als entlang geographischer und nationaler Linien. Hinsichtlich der alten geographischen Normen könnten binationale Familien als modernistischer angesehen werden, aber sie scheinen
sich nicht wirklich stärker gegen sozioökonomische oder Klassennormen
aufzulehnen als mononationale Familien.

Bikulturelle Paare erscheinen weiterhin „modern" aufgrund des Diktats,
daß gemischte Paare Ausnahmen von der Norm sind, wobei sie nicht so außergewöhnlich sind, wenn man bedenkt, wie sie sich kennengelernt haben:
Zwei Personen müssen zur gleichen Zeit am gleichen Ort sein, um sich zu
treffen. Einen Partner, Ausländer oder nicht, trifft man im Laufe des All-
tagslebens (Philippe 1991). Das einzige soziologisch bedeutsame daran ist,
daß eine Person nicht von Anfang an von der Wahl ausgeschlossen wird,
weil sie ein Fremder oder eine Fremde ist. In der Tat ist eine solche exklusive
und fremdenängstliche Haltung in Frankreich relativ selten. Laut Roussels
Studie (1975) zur Partnerwahl wurde die gleiche Nationalität nicht als grundsätzliche Voraussetzung für einen zukünftigen Partner genannt. Selbst zum
Thema „Erinnern Sie sich, wie Sie sich 1939 gefühlt haben" (eine Zeit, in der
die Ablehnung von Fremden gang und gebe war), antworteten auf die Stan-
dardfrage „Wenn Ihr Kind einen Fremden geheiratet hätte, wäre das für Sie
erfreulich, gleichgültig oder unerfreulich gewesen" eine Mehrheit mit
„gleichgültig" (66 von 172 bzw. 62 Prozent der Befragten; Schor 1985). Forschungen haben also nicht nur gezeigt, daß gemischte und nichtgemischte
Paare ähnlichen Mustern der Partnerwahl folgen (sie wählen einen Partner
aus ähnlichem Milieu), sie haben auch belegt, daß die verbreitete Meinung,
gemischte Paare seien „Ausnahmen" von der Regel, nicht aufrechterhalten
werden kann.

Gibt es aus soziologischer Sicht bikulturelle Familien?

Eine Reihe neuer Veröffentlichungen (Singly 1991, 1995) stellen m.E. die
Zweckmäßigkeit der Kategorie „gemischt" in Frage. In der ersteren fassen
über vierzig Ehe- und Familienexperten die soziologischen Daten zu dem
Thema in Frankreich zusammmen. Auf sieben von fast 500 Seiten widmet
man sich der Frage der Einwandererfamilien (Boulhabel-Villac 1991: 301-
309), sie werden als Bastionen zur Wahrung der Werte ihrer alten Heimat beschrieben. „Gemischte" oder „bikulturelle" Familien finden keine Erwähnung, obwohl viele Autoren in Frankreich über sie schreiben. Diese Tatsache
läßt zwei Schlüsse zu: Entweder sind die französischen Familiensoziologen
Sektierer oder sie haben bikulturelle Familien unter einer weiteren Kategorie
gefaßt. Ich optiere für die zweite Lösung, weil nicht jeder auf den Eintritt ei-

nes Fremden in die Familie gleich reagiert. In vielen Fällen wird sie oder er einfach zu einem weiteren Familienmitglied, und beide Seiten erweitern ihren kulturellen Horizont, um es aufzunehmen. In anderen Fällen ist er oder sie nicht sehr willkommen. Solch unterschiedlichen Reaktionen auf das „importierte" Mitglied sind jedoch nicht nur typisch für „gemischte" Paare, auch „normale" Paare wissen davon zu berichten. In manchen Familien erhält die Tatsache, daß die Eltern aus verschiedenen Nationen und/oder Kulturen stammen, für sie und für die Erziehung der Kinder eine herausragende Bedeutung, in anderen Familien scheint es so gut wie keine Rolle zu spielen.

Dieser Instabilität in der Bedeutung von kulturellen, religiösen, linguistischen und anderen Unterschieden und ihrer individuellen Handhabung ist es sicherlich geschuldet, daß Singly et al. „bikulturellen Familien" kein eigenes Kapitel widmeten, daß sie nicht als getrennte, soziale Kategorie erachtet werden. Gemischte oder bikulturelle Familien sind – wie alle Familien – das Ergebnis partikularer Geschichten, aber sie scheinen keine spezifische Familienform hervorzubringen. Zumindest ist dies noch nicht genauer untersucht worden. Wie Familien ihr „Leben in einer Familiengruppe" (Singly 1994: 124) – auch als *la famille contemporaine* bezeichnet – organisieren, hat bislang keine Besonderheit hinsichtlich der Tatsache gezeitigt, daß ein Elternteil ein Fremder ist oder war.

2. Die „tatsächliche" Zusammensetzung bikultureller Familien und ihr Bezug zur „Moderne"

Erlauben Sie mir den Hinweis, daß es keine einfache Definition von Moderne gibt, ebensowenig wie von „Kultur" und weniger noch von „Bikulturalismus" oder „Bilingualismus" (vgl. Anm. 2). Aus den vorhergehenden Ausführungen wird deutlich, daß die *famille contemporaine* jedwede Gestalt annehmen kann, selbst eine traditionelle. Möglicherweise ist eine lexikonhafte Definition am geeignetsten: „Moderne oder Modernität ist, was modern, d.h. aus unserer Zeit erscheint." Was verbirgt sich über die Tautologie hinaus hinter dem Begriff „Moderne", wer benutzt ihn und in welchem Kontext wurde er geprägt? Moderne, Postmoderne usw. sind nur neue Formen des alten Konzepts „von heute" zu sein. Für einen romantischen Poeten und Kunstkritiker (vgl. Baudelaire 1860)[8] bedeutete es Heroik, nicht jedoch in Togas gewandet, sondern in lange Mäntel und Stiefel. Für Linguisten kann es das Gegenteil von Traditionalität in seinem religiösen, aber auch politisch

---

8   „La modernité, c'est le transitoire, le fugitif, le contingent, la moitié de l'art, dont l'autre moitié est l'éternel et l'immuable./.../ En un mot, pour que toute modernité soit digne de devenir antiquité, il faut que la beauté mystérieuse que la vie humaine y met involuntairement en ait été extraite" (Baudelaire 1860: 884).

totalitären Sinn bedeuten und Seite an Seite mit anderen Wörtern stehen, die
eine Ablösung vom Altmodischen und Konservativen bezeichnen (Tournier
1997)[9].

Modernität umfaßt das Einschlagen neuer Wege, das Neubegehen alter
Wege oder sogar für Konformisten das Folgen ausgetretener Pfade, nicht jedoch aus den selben Gründen wie die eigenen Eltern noch weil es jemand so
vorschreibt, sondern ausschließlich weil „ich es will". Für Soziologen ist die
Individualisierungstheorie natürlich Bestandteil der Modernität (Burkart
1995), und soweit es Liebe und Heirat betrifft, beinhaltet es eine Ablösung
des klassischen Ansatzes des „Gleich heiratet gleich". Berger und Kellner
(zitiert in Prado de Oliveira 1989: 103) beispielsweise erachten die Partner
aller modernen – zeitgenössischen – Paare als einander Fremde, da jeder,
selbst wenn sie „die gleiche Sprache sprechen", aus einer anderen „konver-
sationellen Zone" kommt.

Für die „Modernität" sind Mobilität, das Mischen und ein offenes Europa *in*, Advokaten ethnischer Säuberungen sind *out*. Doch scheinen die sich
heutzutage weltweit und in allen europäischen Ländern zeigenden starken
Trends zu Kommunitarismus und „ethnischem Stolz" dazu im Widerspruch
zu stehen. Für einen politischen Historiker „führen heute alle Wege zur Moderne zu Nationalismus oder zumindest zu einem bestimmten Nationalismus"
(Krulic 1990: 20). Die Idee „rassischer oder ethnischer Reinheit" schockiert
uns, weil sie einen Rückschritt in eine häßliche Vergangenheit darstellt. Aber
daß wir schockiert sind ist die positive Seite der Moderne. Ihre negative Seite
wird üblicherweise mit Vermassung, Uniformisierung, Standardisierung und
„Amerikanisierung" identifiziert, was gewisse Verteidiger des Kommunitarismus wiederum in mancher Hinsicht zu bekämpfen scheinen.

Wo sind bikulturelle Familien in dieser Diskussion angesiedelt und welche Aspekte der „Modernität" veranschaulichen sie? Bikulturalität mag als
„modern" erachtet werden, weil sie als etwas Neues oder Außergewöhnliches
in einem als monokulturell und monolingual geltenden „Westen" gesehen
wird. Aber dies ist mehr eine Frage der persönlichen Meinung, denn es wurde wenig hinsichtlich des tatsächlichen Inhalts von Bikulturalität geforscht,
und der scheint stark zu variieren. So ist Bilingualität üblicherweise ein wesentlicher Bestandteil der Sozialisation französisch-amerikanischer Kinder
und folglich ihrer Identität in Frankreich. Dies gilt jedoch nicht bei in Frankreich lebenden französisch-algerischen Kindern oder gar französisch-
deutschen Kindern, sie sprechen aus unterschiedlichen, komplexen Gründen

---

9   „Une histoire des rapports confus entre *intégrisme et intégralisme* est tentée au pas á
    pas de leurs affrontements avec des adversaires successifs plus ou moins communs:
    *modernisme, laicisme, libéralisme, progressisme, socialisme, communisme, démo-
    cratie, gauche, gauchisme, révolution,* etc. Cette histoire est contée par F. Siccardo
    avec précision, sans que jamais ne soit perdu de vue le fait qu'il s'agit d'approfondir
    l'emploi du mots et non les thèmes des querelles" (Tournier 1997: 154, Hervorhe-
    bung G.V.).

nicht immer die ausländische Sprache. Zum einen hängt dies vom Status der betreffenden Sprache ab: Findet sie sich z.b. im Schulkurrikulum? Erfährt sie Prestige im Gastland? Spricht sie auch der Elternteil, der der Mehrheitsgesellschaft angehört? Von all diesen und weiteren subjektiveren Faktoren hängen die objektiven Chancen der Eltern ab, die Fremdsprache zu bewahren und den Kindern zu vermitteln.

Eine jüngere Studie des Deutsch-Französischen Jugendwerks[10], die nicht nur französisch-deutsche Paare berücksichtigt, sondern auch Bürger anderer Länder, die in Frankreich oder Deutschland mit französischen oder deutschen Partnern leben (vgl. Varro 1989, 1995 sowie Varro/Gebauer 1997), bestätigt viele Punkte der französisch-amerikanischen und weiterer Studien zu „gemischten" Familien. Dies betrifft einige der sichtbaren Züge der Moderne, Komponenten der Moderne insofern, als sie entweder gegen die Norm zu verstoßen scheinen oder charakteristisch für ein gewisses kosmopolitisches Modell sind. Mobilität z.b. ist angeblich ebenso ein Faktor der Moderne wie das Mischen kultureller Quellen, zwei oder mehr Sprachen zu sprechen, religiöse Praktiken aufzugeben oder neue – unabhängig von familiären Traditionen – aufzunehmen usw.

Partner aus „unterschiedlichen Kulturen" sind oft sehr mobil, sie verbringen die Ferien im Land des „verpflanzten" Partners.

Sie scheinen für Kompromisse begabt zu sein. So geben Eltern mit unterschiedlicher religiöser Erziehung beispielsweise oft keine Religion an ihre Kinder weiter oder beziehen eine synkretistische Position.

Sie mischen Kochstile, Dekorationen und Gewohnheiten in ihrem Heim, manchmal auch religiöse Symbole.

Die meisten Eltern wählen für ihre Kinder Namen, die in beiden Ländern „durchgehen", obwohl in manchen Fällen die Namen der Kinder als einziges an die Kultur des Minderheitenelternteils erinnern (z.B. in französisch-algerischen Familien, vgl. Varro/Lesbet 1986).

Schließlich übertrifft der Bi- oder Multilingualismus die Einsprachigkeit manchmal als Familiennorm, aber sie beherrschen meistens – wie im Falle der französisch-amerikanischen Kinder – die Sprache des Landes besser, in dem sie leben[11].

Einige bedeutsame Punkte, die die französisch-deutsche Studie darüber hinaus erhellt und die sich auf sowohl Erwachsenen wie auch auf Kinder beziehen, sind nachfolgend aufgeführt:

---

10 Gabrielle Varro und Gunter Gebauer (Hrsg.): Zwei Kulturen – eine Familie. Paare aus verschiedenen Kulturen und ihre Kinder am Beispiel Frankreichs und Deutschlands. Opladen 1997

11 Es ist immer schwierig, eine „seltene" oder mit „niedrigem Status" behaftete Sprache weiterzuvermitteln, aber der *individuelle Sprachgebrauch in der Familie kann* von den erwarteten Mustern *abweichen*. So hat z.b. eine serbische Frau, die mit einem deutschen Ehemann in Deutschland lebt, ihren Kindern Serbisch beigebracht, die außerdem Englisch und Französisch sprechen (Varro 1995: 187).

1) Das Potential der Erwachsenen für „Modernität" wird durch
   folgende Faktoren eingeschränkt:

Wenn persönliche Konflikte durch angeblich objektive kulturelle oder nationale Gegensätze erklärt werden – wie die Beschuldigungen, „zu deutsch",
„zu französisch", „typisch algerisch" oder „so italienisch" zu sein –, reduziert
sich die Tatsache, ein „gemischtes Paar" zu sein, leicht auf ein Alibi für persönliche Konflikte.

Die politische Vergangenheit der Herkunftsländer kann im negativen
Sinn für die Familie reaktiviert werden. Wenn die rezente Geschichte früher
„verfeindeter Nationen" wie Frankreich und Deutschland oder Frankreich
und Algerien von Erziehern und Politikern nicht in gleicher Weise behandelt
wurde, können Eheleuten gegenüber der gleichen Vergangenheit sehr unterschiedliche Einstellungen entwickeln. Schuldgefühle über die Nazizeit drück-
ten sich selbst bei den deutschen Partnern unserer Paare aus, obwohl alle erst
nach dem Krieg geboren wurden, und Spuren davon ließen sich selbst bei ihren 14- bis 15jährigen in Deutschland lebenden Kindern finden, nicht jedoch
in Frankreich (Jaspers 1947/1961).

Das Bewußtsein, auf ein „interkulturelles Ideal" hinzuarbeiten und damit
der Gesellschaft als ganzes einen Dienst zu erweisen, war in der Gruppe präsent, muß jedoch als nachträglicher Nutzen des Fakts gesehen werden, ein
gemischtes Paar zu sein. Es kann durchaus eine ideologische Option sein, einen Fremden zu heiraten, aber wenige Menschen heiraten jemanden, weil er
Fremder ist, sie rationalisieren ihre Wahl eher im nachhinein[12].

Manche Erwachsene unterstützen die Ansicht, gemischte Ehen seien
außergewöhnlich (Dicks 1993). Sie zeigen sich für die negativen Darstellungen mancher Medien und Politiker empfänglich, internalisieren sie häufig und erlauben ihnen, ihre Selbstwahrnehmung zu beeinflussen. Infolge-
dessen werden sie defensiv, und sie beschäftigen sich mehr mit ihrer nationalen als mit ihrer persönlichen Identität; beide werden untrennbar voneinander.

2) Es besteht ein großer Unterschied zwischen den Meinungen und
   Erfahrungen der Kinder und denen der ersten Generation:

Das Universum des Kindes ist nicht aus einzelnen Kulturen zusammenge-
fügt, sie werden in eine familiäre kulturelle Einheit hineingeboren und entdecken erst später, daß diese aus verschiedenen „nationalen Kulturen" aufgebaut wurde.

---

12 Es kommt selbstverständlich vor, daß ein Fremder aus einer ideologischen Option
    heraus geheiratet wird. Einige französische Frauen aus der Studie von Philippe
    (1991), die mit Staatsangehörigen aus Dritte-Welt-Ländern verheiratet sind, waren
    lange in Dritte-Welt-Organisationen politisch aktiv.

In manchen Fällen muß das Konzept der Muttersprache neu definiert werden, da der Singular nicht mehr anwendbar ist auf Kinder, die von Geburt an zwei Muttersprachen haben (Hamers/Blanc 1983: 80ff.). Die kulturelle Identität aller Kinder, ob binational oder nicht, hängt hauptsächlich davon ab, wo sie aufgewachsen und zur Schule gegangen sind und mit welchem Elternteil sie sich je nach Alter, Zeit und Ort eher identifiziert.

Für die Kinder kann es – möglicherweise unabhängig von der eigenen Familiengeschichte – eine persönliche Option sein, bikulturell zu sein, sie fühlen sich nicht notwendigerweise bikultureller als ihre mononationalen Klassenkameraden.

Dies führt zu der wichtigen Frage, wie dauerhaft oder flüchtig die „neue Kultur" ist, die von einem binationalen Paar kreiert wird: Formen solche Familien tatsächlich ein „System", d.h. schaffen sie eine „neue", „dritte" Kultur? Als ein Indikator hierfür könnte ihre Übertragung auf die nächste Generation gesehen werden. Doch eine Langzeitstudie über vier Generationen von französisch-amerikanischen Familien (Varro 1993) scheint aufzuzeigen, daß eine solche Übermittlung oder Kontinuität alles andere als sicher ist. Die hohe persönliche Investition der ersten Generation, insbesondere der amerikanischen Mütter, in die Zweisprachigkeit ihrer Kinder scheint von diesen nicht fortgesetzt zu werden, wenn sie selbst Eltern werden. Ein Familiensoziologe formuliert hinsichtlich aller Kinder, nicht bikultureller im besonderen: „Bei der Bildung ihrer eigenen Identität greifen Kinder nur auf einen Teil ihres Erbes zurück." (Percheron 1991: 191)

Damit ist nicht gesagt, daß in diesen Familien, selbst wenn die Zweisprachigkeit nach der zweiten Generation verloren geht, keine anderen erlernten Elemente außer der Sprache fortbestehen. Aber wir wissen noch nicht, was diese Elemente sein könnten. Eltern erklären z.B. oft, daß ihre Kinder offener und toleranter seien als ihre monokulturellen Spielkameraden. Dies bleibt noch zu beweisen. Klinische Studien bescheinigen Bilingualen eine gewisse Tendenz zu größerer kognitiver Flexibilität, aber alles hängt von einer großen Zahl sozialer und psychologischer Parameter ab, und nur wenig läßt sich schlüssig nachweisen.

3. Die Notwendigkeit, unsere Vorurteile zu überdenken

Im Leitmotto des IAF-Kongresses lassen sich diese Vorurteile aufzeigen. Dort werden bikulturellen Familien „außergewöhnliche" Charakteristika zugeschrieben wie „neue Kompetenzen", „kreative Lebensstrategien" usw. Wir setzen bikulturelle Familien mit Modernität gleich, weil sie verbesserte Kommunikation, Mobilität und Vielfalt zu beinhalten scheinen, das Einreißen von Grenzen, das Primat der individuellen Tugenden und Werte über kollektive Zwänge, Weltfrieden usw. (siehe dazu jedoch das Beispiel Jugoslawiens und das vorausgegangene Zitat von Krulic). Wir müssen diese Annahmen hinterfragen, um zu sehen, ob sie standhalten. Wir müssen uns auch fragen, warum wir solche Positionen einnehmen. Sind sie nur politische Strategien, um den Rassismus zu bekämpfen? Das wäre in der Tat schon eine ausreichende Rechtfertigung, sollte aber als solche dargestellt werden und nicht als neuer Bekehrungseifer, der Bikulturalismus zu etwas „Besserem" erklärt. Es scheint mir gefährlich, gemischte Familien als die Familien der Zukunft zu deklarieren und damit zu implizieren, „nichtgemischte" Familien – wenn es die überhaupt gibt – seien Teil einer traditionellen, obsoleten Vergangenheit und lieferten nicht ebenso „gute" Resultate.

Einer der Grundsätze des IAF-Ansatzes besagt, daß bikulturelle Familien Modernität repräsentieren und daß Modernität wüschenswert ist. Der Begriff ist natürlich bezüglich Zeit und Ort relativ. Bikulturelle Betrachtungen – die Risiko laufen, einen nationalistischen Beiklang anzunehmen – sind heutzutage allgegenwärtig, so z.B. in Forschungen zum Schulverlauf von Immigrantenkindern. Wie oben zitiert, bleibt das Bildungsniveau der Eltern die beste und verläßlichste Voraussage über den Schulerfolg der Kinder (Queiroz 1991: 204). Dies hat sich auch für Immigrantenkinder bewahrheitet, warum soll man sie also gesondert behandeln? Die unabhängige Variable ist die Armut: Wie alle Studien über gemischte Paare gezeigt haben, zählen Bildungsniveau, Beruf und Einkommen bei der Ausformung unterschiedlicher Familienkulturen. Doch die offensichtliche Schlußfolgerung wird selten gezogen: daß die ethnische Erwägung nur eine Variable unter anderen und im allgemeinen nicht die wichtigste ist. Seitdem das Konzept der „Rasse" wissenschaftlich disqualifiziert wurde, ist es durch Begriffe wie Ethnizität und Kultur ersetzt worden, doch dahinter verbergen sich die alten rassistischen Einstellungen. Denn Grundlage bleibt die unhinterfragte Annahme, daß Fremde anders sind und daß ihre Differenz eine Bedeutung haben muß. Von „den Deutschen" sagt man, sie haben eine tiefe Furcht davor, ihrer eigenen Identität durch Überfremdung beraubt zu werden, und meinen, sich selbst zu schützen, indem sie Barrieren aufbauen (von Thadden 1989, Collet 1992). Wir müssen uns der Frage stellen, ob die Betrachtung bikultureller Familien als seperate Einheiten nicht ausgerechnet dieser Logik folgt – die wir andererseits bekämpfen.

Dient die Unterscheidung von „bikulturellen Familien" hier unseren Zwecken? Wehren sich bikulturelle Familien tatsächlich „gegen die heutigen Ethnisierungen" – wie der IAF-Kongreß ebenfalls erklärte? „Ethnisieren" wir nicht selbst, wenn wir sie zu distinktiven Einheiten erklären? Liefern sie ein besseres Modell für die heutige Familie? Es bleibt zu erweisen, ob solche Familien und ihre Kinder tatsächlich „moderner" sind als andere.

Die Teenager selbst finden sich nicht anders als ihre mononationalen Freunde und Mitschüler. Für sie liegt der einzige Unterschied in dem besseren Zugang zu einem anderen Land, in dem sie Familie haben und in das sie

nicht als Touristen reisen müssen. Manche fühlen sich nirgendwo richtig
hingehörig, andere erklären dagegen, daß es einen größeren Unterschied
macht, auf dem Land zu leben oder in der Stadt, als einer anderen Nationalität anzugehören. Insbesondere beklagen sie die soziale (Falsch-)Darstellung
der idealen „normalen, monokulturellen westlichen" Familie, die oftmals
bewirkt, daß sie sich fremd fühlen und glauben, ihre Eltern und sich selbst
gegen alle möglichen eingefleischten Vorstellungen verteidigen zu müssen.
In allen Fällen erklären sie sich eindeutig nicht verantwortlich für die Entscheidungen ihrer Eltern. Sie müssen sich wie alle Kinder von ihren Eltern
emanzipieren und ihre eigenen Identitäten konstruieren.

Die Eltern hingegen, die ihre Schwierigkeiten nicht ihrer Erziehung, Geschichte und Charakter, sondern ihrer „nationalen Identitäten" zuschreiben,
laufen Gefahr, von stereotypen Gegensätzen besessen zu werden. Der
Wunsch, sich an anderen in ähnlicher Lage zu orientieren, führt oft dazu, daß
sich besonders die Frauen in mehr oder weniger exklusiven Gruppierungen
zusammenschließen. Das ist vielfach belegt worden (Varro 1984, 1989, IAF
1985, Cortrell 1990). Da kulturelle und/oder nationale Unterschiede zweit-
rangig nach der subjektiven Beziehung zwischen Eltern und ihren Kindern
sind, führen solche Tendenzen der Eltern dazu, daß die Kinder nur weiter in
den Stereotypen gefangen bleiben.

4. Weiterführende Forschungsrichtungen

Was ein Heim „gemischt" erscheinen läßt, sind bestimmte Züge der materiellen Kultur einer Familie, die mit dem Land des „verpflanzten" Elternteils
identifiziert werden. Diese Züge sind in unterschiedlichem Ausmaß – diskret
oder sehr offen – vorhanden und zeigen sich z.B. in der Dekoration des
Heims, in bestimmten Ritualen im Jahresablauf, im Gebrauch zweier Sprachen – von doppelter oder einseitiger Zweisprachigkeit bis zur Verwendung
nur weniger Wörter der „anderen" Sprache im Familienkreis –, in Koch- und
Eßgewohnheiten usw. Für die Kinder aber wird in allen Fällen, in Frankreich
und in Deutschland und auch anderswo –, die „nationale „ zur vorherrschenden Kultur, zumindest soweit es die Erscheinung betrifft. Selbst wenn sie
zweisprachig sind, sprechen sie hauptsächlich die Sprache der Mehrheit, und
sie kleiden und verhalten sich wie ihre Schulfreunde. Dies gilt selbst, wenn
die Sprache des Wohnlandes aus geopolitischer Sicht eine Minderheitensprache ist wie Finnisch. Selbst wenn ein Elternteil aus Nordamerika kommt, beherrschen Kinder gemischter Paare in Finnland gewöhlich das Finnische besser (Latomaa 1998).

Untersucht werden sollte vielleicht eher das Gegenteil: wie Fremdes Einfluß auf „nichtgemischte" französische und deutsche Familien gewonnen hat,
wie „französische" oder „deutsche" Familien heute kulturelle Züge tragen,

die vor zwanzig Jahren etwa nicht vorhanden waren. Denn Bikulturalismus verändert nicht nur das Leben der hinzugezogenen Fremden[13], sondern auch die Gastgesellschaft selbst, ihre religiöse Landschaft, ihren Umgang mit Zeit und Geld, das Zusammenleben, die allgemeine Weltanschauung usw. Wir müssen mit anderen Worten „gemischte" und „nichtgemischte" Familien systematischer und weniger ideologisch vergleichen.

Beim Runden Tisch von 1991 (vgl. Anm. 3) wurden 15 Autoren gebeten, ihr Konzept von gemischten Paaren bzw. Familien darzustellen, um zu untersuchen, was ein „gemischtes" von einem „nichtgemischten" Paar unterscheidet. Die Forschung wurde 1995 mit einem Symposium fortgesetzt, anläßlich dessen Wissenschaftler verschiedener Disziplinen den Begriff der Gemischtheit zu theoretisieren suchten (vgl. Anm. 2). Heute sieht man in Gemischtheit als „soziales Problem" ein politisches Thema, dessen Bedeutung entsprechend dem sozialen und politischen Kontext des betreffenden Landes zu- oder abnimmt. Aber ist Bikulturalität unabhängig vom politischen Kontext? Offensichtlich nicht. Doch läßt sich behaupten, daß Bikulturalität auf individueller und familiärer Ebene besteht, unabhängig bis zu einem gewissen Maß von der politischen Situation.

Es gibt Paare, die von Demographen, Linguisten oder Soziologen als in jeder Hinsicht „objektiv bikulturell" erachtet werden, die sich selbst jedoch nicht so sehen. Für manche Paare stellt es einen zentralen Punkt ihrer Existenz dar, sie treten Vereinen bei und erziehen ihre Kinder „als" dieses oder jenes. Für andere ist es das überhaupt nicht oder nur in geringerem Ausmaß, wieder andere sind zögerlich oder unschlüssig. Ich kenne mehrere Paare, die die gleichen politischen Optionen teilen und sich aufgrunddessen „derselben Kultur" zugehörig fühlen. Die Tatsache, daß sie ursprünglich aus verschiedenen Ländern kamen und noch immer verschiedene Sprachen sprechen, ist für sie mehr oder minder unerheblich. Was sollen Forscher mit solchen Paaren anfangen? Ist es legitim, weiterhin von „Mischehe" zu sprechen, wenn sie sich selbst schon lange von ihrer sogenannten „community" entfernt haben? Dieser Gesichtspunkt wurde bereits 1977 von Bensimon/Lautman angesprochen, und Karady (1985) greift ihn bezüglich „interreligiöser" Paare wieder auf. In einem weiteren Schritt wird der Begriff der „community" selbst in Frage gestellt. Eines der Biases in der Forschung ist es, nur Personen zu befragen, die dazu bereit sind. Um zu keiner einseitigen Sicht zu gelangen und um unsere Grundannahmen überprüfen zu können, müssen wir diejenigen interviewen, die nicht einsehen warum.

Die entscheidende Frage lautet, ob Kinder aus „kulturell anderen" Familien tatsächlich eine andere und „bessere", vorurteilsfreiere und weitreichendere Erziehung erhalten als andere Kinder. Dazu liegen noch keine präzisen

---

13 So ist z.B. der Erwerb von Grundeigentum in Frankreich, ein typisch „französischer" Trend seit den sechziger Jahren (Bonvalet 1991: 168), heute auch unter portugiesischen und türkischen Einwanderern weit verbreitet (Villanova 1994).

Untersuchungen vor. Es wäre erforderlich, ihre Einstellungen zu untersuchen, und das ist eine sehr schwierige Aufgabe. Sowohl französische als auch ausländische Forschungen haben gezeigt, daß die Familie die wichtigste Rolle in der Sozialisation der Kinder spielt. Wenn von Familie und Gesellschaft im widersprüchliche Botschaften über Werte ausgehen, trägt die Familie den Sieg davon, wenn sie übereinstimmen, wird der Einfluß der Familie gestärkt (Percheron 1991: 192). Dies setzt voraus, daß die Botschaften in der Familie von Anfang an homogen sind. Studien über gemischte Familien haben bislang hauptsächlich die „Double bind"-Situation betont, der Kinder ausgesetzt sind, die widersprüchliche Botschaften von Mutter und Vater erhalten (Wertedifferenz). Dies ist sicherlich ein fruchtbares Untersuchungsfeld, doch befinden sich Kinder oft in Double-bind-Situationen, ob ihre Eltern aus unterschiedlichen „nationalen Kulturen" kommen oder nicht. Bevor man weitere Schlußfolgerungen über die Auswirkungen ihrer bikulturellen Erziehung ziehen kann, gilt es jedoch, die Veranlagungen, politischen Optionen und tatsächlichen kulturellen Bräuche dieser Kinder zu untersuchen.

Übersetzung aus dem Englischen von Ellen Frieben-Blum und Monika Neitzke

Literatur

Antal, David (1998): A Linguistic Odyssey: one family's experience with language shift and cultural identity in Germany and France. In: *Americans Abroad in a Sociolinguistic Perspective*. Gabrielle Varro/Sally Boyd (Hrsg.). *International Journal of the Sociology of Languages 133*, a.a.O.

Appel, Réné/Muysken, Pieter (1987): Language Contact and Bilingualism. London

Barbara, Augustin (1985): Mariages sans frontières. Paris

Baudelaire, Charles (1860): Le peintre de la vie moderne. IV. La modernité. In: *Oeuvres complètes de Baudelaire*. Paris 1951, 883-887

Bensimon, Doris/Lautman, Francoise (1977): Un mariage, deux traditions. Chrétiens et Juifs. Paris

Bernard, Philippe (1997): Le débat sur le projet de loi Chevènement. L'auteur du ‚rapport Weil' face à une militante du droit des immigrés. Le Monde, 23.09.1997

Bonvalet, Catherine (1991): Le logement. In: *La famille*. Francois de Singly (Hrsg.). a.a.O., 165-172

Boulhabel-Villac, Yeza (1991): Les familles immigrées et l'intégration. In: *La famille*. Francois de Singly (Hrsg.). a.a.O., 301-308

Bozon, Michel/Hèran, Francois (1987): La découverte du conjoint. I. Evolution et morphologie des scènes de rencontre. In: *Population 42/6*, 943-987

Burkart, Günter (1995): Marriage and parenthood in the process of individualization. Vortrag für die Summer School Rational Choice in Demography (Vorabdruck)

Collet, Beate (1992): La construction politique de l'Ausländer. Le modèle allemand de l'immigration en question. In: *Logiques d'Etats et immigration*. Jacqueline Costa-Lascoux/Patrick Weil (Hrsg.). Paris, 139-177

Costa-Lascoux, Jacqueline (1993): Continuité ou rupture dans la politique francaise de l'immigration: les lois de 1993. In: *Revue Européenne des Migrations Internationales 9*, 233-261

Cottrell, Ann Baker (1990): Cross-National Marriages: A Review of the Literature. In: *Journal of Comparative Family Studies 21/2*, 151-170

Delcroix, Catherine/Guyaux, Anne/Rodriguez, Evangelina (1989): Le mariage mixte comme rencontre de deux cultures. In: *Life Stories/Récits de vie 5*, 49-61

Deprez, Christine (1994): Les enfants bilingues: langues et familles. Paris

Dicks, Dianne (1993): Cupid's Wild Arrows. Intercultural romance and its consequences. Weggis

Etcherelli, Claire (1967): Elise, ou la vraie vie. Paris

Girard, Alain (1964/1980): Le choix du conjoint. Paris

Guyaux, Anne/Delcroix, Catherine (1992): Double mixte. La rencontre de deux cultures dans le mariage. Brüssel/Paris

Hamers, Josiane/Blanc, Michel (1983): Bilingualité et bilingualisme. Brüssel

IAF (1985): Gemeinsam über alle Grenzen. Dokumentation des IAF-Kongresses zur Lage binationaler Familien und Partnerschaften in Europa. Frankfurt a.M.

Jaspers, Karl (1947/1961): The Question of German Guilt. New York

Karady, Victor (1985): Vers une théorie sociologique des mariages interconfessionnels. Le cas de la nuptialité hongroise sous l'Ancien régime. In: Actes de la Recherche en sciences sociales 57-58, 47-68

Krulic, Joseph (1990): 1815-1989. Nations, nationalités, nationalismes: un héritage ambigu. In: *L'Europe dans le tourbillon des nationalités. Cosmopolitiques 16*

Latomaa, Sirkku (1998): English in contact with 'the most difficult language in the world': the linguistic situation of Americans living in Finland. In: *Americans Abroad in a Sociolinguistic Perspective.* Gabrielle Varro/Sally Boyd (Hrsg.). International Journal of the Sociology of Languages 133, a.a.O.

Lesbet, Djaffar/Varro, Gabrielle (1995): Discours d'adolescents. In: *Le couple ,mixte' et ses enfants en France et en Allemagne.* Gabrielle Varro (Hrsg.). a.a.O., 155-181

Memmi, Albert (1955/1984): Agar. Paris

Merton, Robert K. (1941): Intermarriage and the Social Structure. In: *Psychiatry 4*, 361-374

Noiriel, Gérard (1988): Le creuset francais. Histoire de l'immigration XIX°-XX° siècles. Paris

Percheron, Annick (1991): La transmission des valeurs. In: *La famille. L'état des savoirs.* Francois Singly (Hrsg.). Paris, 183-193

Philippe, Claudine (1991): Profils de couples mixtes: essai de typologie. In: *Migrations Société*, 40-52

Philippe, Claudine/Varro, Gabrielle (1994): Négociation conjugale et contact des cultures (,couples mixtes'). In: *Contacts de cultures: processus identitaires, appartenances, intégrations, exclusions. Bulletin de Psychologie XXXXVIII 419*, 313-320

Philippe, Claudine/Varro, Gabrielle/Neyrand, Gérard (Hrsg.) (1998): Débat sur la mixité. Réflexions plurielles sur le couple mixte. Paris

Prado de Oliveira, L.E. (1989): Je ne peux pas t'aimer dans ta langue. In: *La communication familiale.* Christine Deprez de Heredia/Louis-Jean Calvet (Hrsg.). 98-115

Queiroz, Jean-Manuel de (1991): Les familles et l'école. In: *La famille.* Francois de Singly (Hrsg.). a.a.O., 201-210

Rollet, Catherine (1991): L'enfance, un bien national? Approche historique. In: *La famille.* Francois de Singly (Hrsg.). a.a.O., 310-319

Romaine, Suzanne (1989): Bilingualism. Oxford/New York

Roussel, Louis (1975): Le mariage dans la société francaise. Paris

Schor, Ralph (1985): L'opinion francaise et les étrangers en France 1919-1939. Paris

Singly, Francois de (1994): La symphonie du nouveau monde familial. In: La famille dans les bouleversements de notre temps. Actes du XVIIIème Contrès International de la Fédération Internationale de l'Education des Parents. Paris, 119-124

Singly, Francois de (1995): La famille et la révélation de soi. Paris

Singly, Francois de (Hrsg.) (1991): La famille. L'état des savoirs. Paris

Streiff-Fenart, Jocelyne (1989): Les couples franco-maghrébins en France. Paris

Tabouret-Keller, Andrée (1992): Pour des cultures de contact. In: *Le plurilinguisme, condition de la démocratie culturelle pour l'Europe*. Centre Mondial d'information sur l'éducation bilingue. Saint-Vincent, 103-124

Thadden, Rudolf von (1989): Allemagne, France: comparaisons. In: *Emigrer, immigrer. Le Genre humain*. 63-72

Tournier, Maurice (1997): A propos du livre de Francesco Siccardo. ‚Intégrist' e ‚intégrisme': Stratigrafia di due vocaboli francesi. In: *Des mots en politique. Propos d'étymologie sociale 2*. Maurice Tournier (Hrsg.). Paris, 153-155

Varro, Gabrielle (1984): La femme transplantée. Une étude du mariage franco-américain et le bilingualisme des enfants. Lille

Varro, Gabrielle (1988): The transplanted woman. A study of French-American marriages in France. New York

Varro, Gabrielle (1993): Couples franco-américains en France: genèse et devenir d'une mixité. In: *Mariages mixtes. Hommes & Migration 1167*, 20-25

Varro, Gabrielle/Lesbet, Djaffar (1986): Le prénom révélateur. In: *Générations issues de l'immigration. Mémoirs et devenirs*. Georges Abou-Sada/Hélène Milet (Hrsg.). Paris, 139-153

Varro, Gabrielle (Hrsg.) (1989): Le mariage franco-allemand, métaphore et réalité. Familles mixtes, bilingualismes et bicultures. Paris

Varro, Gabrielle (Hrsg.) (1995): Le couple ‚mixte' et ses enfants en France et en Allemagne. Paris

Varro, Gabrielle/Boyd, Sally (Hrsg.) (1984): Americans Abroad in a Sociolinguistic Perspective. Probes in Northern and Western Europe. In: *International Journal of the Sociology of Language 133*

Varro, Gabrielle/Gebauer, Gunter (Hrsg.) (1997): Zwei Kulturen, eine Familie. Paare aus verschiedenen Kulturen und ihre Kinder, am Beispiel Deutschlands und Frankreichs. Opladen

Varro, Gabrielle/Philippe, Claudine/Streiff-Fenart, Jocelyne (Hrsg.) (1994): Des mariages et des familles dits mixtes. In: *Cultures ouvertes, sociétés interculturelles. Du contact à l'interaction*. Claudine Labat/Geneviève Vermes (Hrsg.). Paris, 211-289

Villanova, Roselyne (1994): Migrants et... propriétaires. Nomadisme ou sédentarité? In: *Annales de la recherche urbaine 65*, 68-79

Bikulturalität – ein Mosaikstein kindlicher Identität?

Brigitte Wießmeier

1. Einführung in das Thema

Nach gegenwärtigen Schätzungen leben in der Europäischen Gemeinschaft sieben Millionen Familien, deren Mitglieder unterschiedliche kulturelle, religiöse und ethnische Hintergründe haben. Der Anstieg der Eheschließungen zwischen deutschen und ausländischen Partnern ist stetig, damit auch der Anteil der Geburten von Kindern, die unter binationalen/bikulturellen Bedingungen aufwachsen. Zahlen des Statistischen Bundesamtes belegen diese Entwicklung. Danach stieg der Anteil binationaler Eheschließungen in den Jahren 1991 bis 1996 von 9,6 Prozent auf 13,4 Prozent aller Heiraten in Deutschland. Darunter sind selbstverständlich nicht die Eheschließungen von Deutschen im Ausland erfaßt, deren Zahl aufgrund einer zunehmend restriktiven Visavergabe hier zu steigen scheint, ebensowenig wie die nichtehelichen Lebensgemeinschaften und die Heiraten von Menschen mit zwei unterschiedlichen ausländischen Pässen (2,9 Prozent in 1996). Bei den binationalen Eheschließungen ist seit 1993 eine Veränderung in den Zahlen zu beobachten. Seit diesem Zeitpunkt heiraten mehr deutsche Männer eine ausländische Frau, zuvor waren die Ehen zwischen einer deutschen Frau und einem ausländischen Mann immer in der Mehrzahl. Vermutete und in der Öffentlichkeit wahrgenommene Unterschiede in den Konstellationen der Nationalitäten lassen sich aufgrund der vorliegenden Daten rekonstruieren. Danach wählen deutsche Männer seit Jahren in erster Linie Frauen aus Osteuropa und Asien, deutsche Frauen entscheiden sich dagegen vorrangig für Männer, die sich temporär oder seit den Anwerbephasen dauerhaft in Deutschland aufhalten. Die Zahlen für 1996 spiegeln bereits die politische Entwicklung der letzten Jahre wider, denn nie gab es so viele Heiraten von deutschen Männern und Frauen mit Menschen aus dem ehemaligen Jugoslawien.

Für das vorliegende Thema interessiert besonders die Situation in Berlin. Einige Daten sollen die relevanten Hintergründe für die hier untersuchte Gruppe der bikulturellen[1] Kinder veranschaulichen helfen. Im Jahr 1997 lag

---

1 Die Begriffe „binational" und „bikulturell" werden nebeneinander verwendet. Binational verweist auf Staatsangehörigkeiten, bikulturell wird dagegen ohne Rücksicht auf Staatsangehörigkeiten mit Blick auf ein angenommenes Angebot von zwei kulturellen Hintergründen gewählt.

der Anteil binationaler Eheschließungen in Berlin bei mehr als einem Viertel aller Eheschließungen. Hinter dieser allgemeinen Aussage verbirgt sich eine interessante Verteilung zwischen den Berliner Bezirken. Der Anteil binationaler Eheschließungen variiert zwischen acht Prozent in den bürgerlichen und eher überalterten Bezirken und 49 Prozent im multikulturellen Kreuzberg.

Die Untergliederung der binationalen Eheschließungen wird nach kontinentalen Kategorien aufgeschlüsselt. Hierbei mag der mehr als die Hälfte ausmachende Anteil europäischer Heiraten auffallen, was zum einen auf den Fall des Eisernen Vorhangs zurückzuführen ist, zum anderen sich mit der Einbeziehung der Türkei erklärt. Wird im nächsten Schritt die Verteilung von deutschen Männern und Frauen in den nach Kontinenten aufgeschlüsselten Gruppen[2] betrachtet, so fallen besonders die Differenzen in zwei Gruppen auf. In deutsch-asiatischen Familien sind weit mehr deutsche Männer anzutreffen als Frauen. Umgekehrt verhält es sich bei deutsch-afrikanischen Familien, in denen fast doppelt so viele deutsche Frauen als Männer zu finden sind. Auffällig unterschiedlich stellt sich auch die Konstellation der Nationalitäten in deutsch-asiatischen Familien dar, denn die deutschen Männer wählen eher thailändische Frauen, wohingegen die deutschen Frauen eher muslimisch geprägte Männer aus dem Vorderen Orient (z.B. Iran) heiraten.

Die Berliner Zahlen lassen keine zentralen Abweichungen vom bundesweiten Trend erkennen. Grundsätzlich muß aber darauf hingewiesen werden, daß keine genauen Zahlen vorliegen. So verbergen sich dahinter einerseits Partnerschaften zwischen Deutschen und nicht eingebürgerten Migranten der zweiten Generation, die gemeinsam aufgewachsen sind, andererseits werden Ehen mit eingebürgerten Ehepartnern, z.B. bei der Gruppe der Spätaussiedler nicht berücksichtigt. Ebenso wird in Kreuzberg der Anteil an Eheschließungen zwischen eingebürgerten Türken und ihren Partnern mit türkischem Paß nicht unerheblich sein. Statistisch gesehen handelt es sich um binationale Ehen, die aber keineswegs bikulturell sein müssen, es allerdings sein können.

Bei der Darstellung der Situation der Kinder darf der Hinweis nicht fehlen, daß lediglich bei den ehelichen Kindern eine Binationalität erfaßt wird. Die Zahlen der Kinder nicht verheirateter Eltern berücksichtigen ausschließlich die Staatsangehörigkeit der Mütter. Dieser Anteil ist erheblich, denn er beträgt bereits ein Drittel der Geburten in Berlin. Nach den vorliegenden Angaben können wir zwölf Prozent aller 1997 in Berlin geborenen Kinder als Kinder mit einem ausländischen und einem deutschen Elternteil bezeichnen. Hinter allen weiteren Kategorien können sich bikulturelle Kinder verbergen, da sie Eltern aus unterschiedlichen Kulturen haben, aber lediglich eine Nation erhoben wurde. Unter Berücksichtigung eines angenommenen Anteils von ebenfalls zwölf Prozent in den weiteren Kategorien darf geschätzt wer-

---

2 Diese Gruppeneinteilung wird im folgenden beibehalten, wohl wissend, damit keine Kulturzugehörigkeiten thematisiert zu haben.

den, daß 1997 etwa jedes sechste in Berlin geborene Kind Eltern aus zwei Nationen hatte.

Angesichts dieser statistischen Angaben kommt der Bevölkerungsgruppe der binationalen Kinder allein schon wegen ihrer kontinuierlich zunehmenden Größe eine gesellschaftliche Bedeutung zu. Die erhöhte Mobilität von Menschen im Zuge von Globalisierung und Wanderungsbewegungen deutet daraufhin, daß sich diese Gruppe noch vergrößern wird. Diesen Kindern ist gemeinsam, daß ihre Existenz gesellschaftliche Veränderung signalisiert, die oftmals verleugnet werden. Die Dichotomie deutsch – ausländisch wird aufgebrochen, ein Sowohl-Als-auch muß zugelassen werden. So wird der Vorwurf mangelnder Integration von Ausländern besonders aus dieser Perspektive höchst fragwürdig. Der Verlauf der Auseinandersetzung mit dieser Realität ist von großer Bedeutung für die deutsche Gesellschaft, aber auch für die Kinder aus diesen Familien, deren Lebenssituation durch diesen Prozeß mitbeeinflußt wird.

In der deutschen Geschichte gibt es markante und folgenschwere Zusammenhänge zwischen Gesellschaftspolitik und individuellen Folgen. So fielen beispielhaft „Mischlinge" und „Rheinland-Bastarde" Diskriminierung und Rassenwahn zum Opfer. Bis 1975 erhielten Kinder in diesem Land grundsätzlich die Staatsangehörigkeit ihres Vaters, eine deutsche Mutter konnte erst seit diesem Zeitpunkt ihre Staatsangehörigkeit mit ihrem Kind teilen. Zwei gesetzliche Regelungen erscheinen in diesem Zusammenhang erwähnenswert:

Ein ausländischer Ehepartner, der erst durch die Heirat ein Aufenthaltsrecht in Deutschland erhalten hat, kann erst nach mindestens drei Jahren ein eheunabhängiges Aufenthaltsrecht beantragen, was einer Partnerschaft eine brisante Dynamik geben kann[3].

Kinder dürfen bis zu ihrem 18. Lebensjahr zwei Staatsangehörigkeiten besitzen. Erst als junge Erwachsene müssen sie sich für eine der beiden entscheiden, was für die jungen Menschen, aber auch für deren Eltern und Großeltern ein bedeutsames Thema sein kann[4].

Die Rechtsprechung bedient sich des wertfreien Terminus „Kinder mit doppelter Staatsangehörigkeit", allerdings wird damit als Idealfall ein vorübergehender Zustand bezeichnet. Genau an der Stelle der Auseinandersetzung mit aktuellen Realitäten innerhalb einer deutschen Großstadt setzt diese qualitative Studie über bikulturelle Kindheit an, die hier mit zentralen Ergebnissen vorgestellt werden soll.

Im Vorwort dieses Buches wurde bereits durch die Herausgeberinnen darauf hingewiesen, daß wir in Deutschland bisher nur über wenig empirisches Material zu binationalen Familien verfügen. Diesen Familien wird von

---

3   Eine rechtliche Veränderung ist durch den Regierungswechsel im Oktober 1998 angedacht worden.

4   Seit dem Regierungswechsel 1998 wird die doppelte Staatsangehörigkeit sehr kontrovers diskutiert, ohne die Erfahrungen der hier thematisierten Personengruppe ausreichend zu würdigen.

Familiensoziologen keine eigene spezifische Familienform zugestanden, da bisher kein Nachweis einer wirksamen Besonderheit vorliegt. Eine entsprechende Analyse wird möglicherweise nicht vorgenommen aus Angst um erneute Stigmatisierung, angelehnt an alte rassistische Einstellungen. Lediglich die Situation der (Eltern-)Paare ist im Ansatz erforscht. Vorwiegend beschäftigen sich „Betroffene" mit diesem Thema, und es überwiegt die weibliche Perspektive.

Ganz im Trend beliebter Vergleiche „traditioneller" und „moderner" Wertsysteme lag bisher der Schwerpunkt der Studien auf den Verbindungen deutscher Frauen mit Männern aus dem islamischen Kulturkreis. Inzwischen scheint dieser Fokus abgelöst durch den Blick auf die Beziehungen weißer deutscher Frauen mit schwarzen afrikanischen Männern. Bei Bikulturalität wird nach wie vor eine problemorientierte Fokussierung vorgenommen, im Sinne einer Entwicklungspsychologie, die eine eindeutige Identität postuliert. Damit ist auch eine „Kulturalisierung" von Problemen verbunden, wobei eine veraltete Kulturdefinition zugrundegelegt wird, die Kultur im Extremfall als statisches und homogenes Gebilde versteht. Heute wird Kultur eher als ein offener und instabiler Prozeß des Aushandelns von Bedeutungen definiert, der kulturell geprägte, aber kognitiv kompetente Akteure in unterschiedlichen Interessenlagen zueinander in Beziehung setzt und bei einer Kompromißbildung zur sozialen Abschließung und entsprechenden kulturellen Grenzmarkierungen führt. Mit Hilfe dieser Definition sind auch die konstruktiven Seiten und Möglichkeiten, die in einer Sozialisation mit mehreren kulturellen Einflüssen angelegt sein können, darstellbar.

Zum Identitätsbegriff wird auf eine Definition des interaktionistischen Ansatzes verwiesen:

„Identität nennen wir die symbolische Struktur, die es einem Persönlichkeitssystem erlaubt, im Wechsel der biographischen Zustände und über die verschiedenen Positionen im sozialen Raum hinweg Kontinuität zu sichern." (Döbert et al. 1977: 9)

Wie solche kontinuierlichen Identitätsveränderungen aussehen können und wie eine symbolische Struktur von binationalen jungen Menschen in einer Großstadt zu erkennen ist, Fragen dieser Art sollten mit Hilfe einer qualitativen Studie beantwortet werden.

1997 führte die Autorin 30 problemzentrierte Interviews mit Kindern in insgesamt 23 Familien durch. Das Alter der Kinder reichte von sechs bis zu 25 Jahren. Die Geschlechter waren gleich verteilt. Die Berufe der Eltern wiesen auf akademische Abschlüsse in zwölf Familien hin, in den anderen Familien gab es abgeschlossene Fachausbildungen, lediglich vier ausländische Elternteile besaßen keine in Deutschland anerkannte Ausbildung. Etwa die Hälfte der Elternpaare lebte nicht mehr zusammen, der Kontakt zu den Kindern bestanden aber in jedem Fall zu beiden Elternteilen, da dies eine Voraussetzung für die Teilnahme am Interview darstellte. Die Konzeption des qualitativen Interviews umfaßte einen vorangestellten Kurzfragebogen zur

Erhebung der biographischen Daten, eine Tonbandaufzeichnung als Grundlage für die spätere Transkription und ein Interviewprotokoll, in dem der Prozeß des Interviews festgehalten wurde. Die anschließende Interpretation der Daten und eine Erstellung von Kategorien stellten den Kern des empirischen Vorgehens dar (vgl. Flick 1995: 105f.) Im Sinne der Gegenstandsorientierung wurde das Familienbrett[5] einbezogen. Damit sollte besonders den Kindern erleichtert werden, über das Aufstellen von Figuren ihre Familie zu beschreiben. Da sich dies als äußerst hilfreiches Mittel herausstellte und wegen der Beliebtheit dieses Mediums wurde der Kreis auf die Jugendlichen und jungen Erwachsenen erweitert und bis auf ein Interview immer genutzt. Jedes Familienbild wurde mit Hilfe einer Sofortbildkamera fixiert und stand damit einer Analyse zur Verfügung.

2. Zur Situation in den Familien

Familienformen

Zwölf der 23 Familien können durch die Schilderung der Kinder als Kernfamilien eingeschätzt werden, in denen Eltern mit ihren Kindern in einem Haushalt leben. Die Eltern der restlichen Kinder trennten sich, und bis auf Hanako wuchsen alle bei ihren meist deutschen Müttern auf. Die Trennungen der Eltern gestalteten sich sehr unterschiedlich, denn manche nahmen lediglich eine räumliche Trennung vor und sie pflegten regelmäßige Kontakte auf der Elternebene. Andere brachen den Kontakt zum Partner völlig ab, unterstützen aber die Kinder bei der Aufrechterhaltung der Beziehung zum außerhalb lebenden Elternteil. Mike erlebte die Neuverheiratung der Mutter und damit ein Aufwachsen mit einem Stiefvater, und Hanako bekam durch die zweite Ehe des Vaters eine Stiefmutter. Die verbleibenden Kinder leben oder lebten in Einelternfamilien. Nicht selten erfuhren sie die zweite Familiengründung des Vaters und damit die Geburt von Halbgeschwistern.

Familienbilder

Bei der Aufstellung der Familie auf das Familienbrett waren die Positionen aller Familienmitglieder von Interesse. Daneben wurde im Verlauf der Untersuchung die Benutzung der farbigen Figuren[6] beobachtet. Es schien so, als ob Interviewpartner mit einem rationalen Zugang zum Thema die farbigen Figuren

---

5   Das Familienbrett wurde vom Hamburger Institut für systemische Studien e.V. in erster Linie für die therapeutische Arbeit mit Familien entwickelt.

6   Zum Familienbrett gehören neben 20 neutralen Holzfiguren eine weiße, eine braune und eine graue Figur.

eher außer acht ließen, da sie damit nicht die von ihnen gewünschte Egalität darstellen konnten. Andere markierten mit diesen besonderen Figuren auch eine besondere Funktion von Personen. So wurde völlig unabhängig von der Konstellation der elterlichen Nationalitäten die weiße Figur vorwiegend für die Mütter oder Großmütter gewählt, manchmal auch für das bauende Subjekt. Die braune Figur war eher männlichen Familienmitgliedern vorbehalten, meist dem Vater. Ob die Eltern sich getrennt hatten oder nicht, grundsätzlich wurden Vater und Mutter als erste Figuren aufgestellt. Auch Nähe und Distanz zu ihnen spiegelten keine relevanten Unterschiede wider. Die Positionen der Kinder zwischen den Eltern, im Kreis der gesamten erweiterten Familie oder auch abgewandt von den Eltern, schienen bedeutsamer.

Paarkonstellation

Obwohl die Mütter in den Interviews insgesamt selten thematisiert wurden, die Väter dagegen mehr Aufmerksamkeit erfuhren, lassen sich einige Hinweise über diese zahlenmäßig große Gruppe zusammenfassen. Bemerkenswert erscheint die Position der deutschen Mütter, die sich einmal durch ihr Interesse oder gar durch ihre Begeisterung für die zweite Kultur charakterisieren läßt. Die Kinder beschrieben Sprachkenntnisse der Mütter und deren Bemühungen um eine zweisprachige Erziehung der Kinder, auch wenn die Väter nicht den erhofften Einsatz zeigten. Daneben erwähnten die Kinder aber auch die mütterlichen Kochkünste, ihre Musikvorlieben oder den Spaß am Bauchtanz, womit Interesse am väterlichen Kulturhintergrund ausgedrückt wurde. Drei Untergruppen von deutschen Müttern lassen sich grob unterscheiden:

– Frauen, die afrikanische Partner suchten und deren Welt, auch durch die hiesige Community, kennenlernen wollten und nach relativ kurzer Zeit enttäuscht waren, da die Männer diesen Erwartungen nicht entgegen kamen oder ihnen der Zugang zu Afrika aus anderen Gründen verschlossen blieb. Anfänglich wurde in diesen Beziehungen vorwiegend in einer Drittsprache (Englisch oder Französisch) kommuniziert.
– Frauen, die orientalische Partner suchten und die, besonders bei iranischen Männern, durch einen großen Freundeskreis und durch Erlernen des Persischen einen guten Zugang erhielten. Dadurch wurde der Familienalltag entscheidend mit geprägt. Die türkischen Partner schienen den Part der Kulturvermittlung aktiv zu übernehmen. Die Partner verband häufig ein soziales Engagement in der interkulturellen Sozialen Arbeit.
– Frauen, die lateinamerikanische Partner wählten, da sie in vielen Fällen die spanische Sprache mochten, Lateinamerika bereist hatten oder anderweitige Verbindungen zu diesem Kontinent pflegten. Damit konnte die Liebe zum Tango, die Geschichte der Inkas oder auch die politische Solidaritätsaktion gemeint sein.

Neben den Partnerwahlmotiven werden die Hintergründe einer Migration eine große Bedeutung für eine Paarkonstellation haben. Durch die Aussagen der Kinder war aber nur wenig über die Migration des Vaters oder der Mutter zu erfahren. Erst die jungen Erwachsenen interessierten sich für diesen Teil der Geschichte der Eltern. So wurde z.b. politische Verfolgung kaum thematisiert. Die Schichtzugehörigkeit der Ehepartner wird allgemein als verbindender angesehen als die Kulturzugehörigkeit. Problematisch erscheint die Definition über die aktuelle berufliche Situation. Wie zum Beispiel bei den afrikanischen Männern, können die Schichtzugehörigkeit der Herkunftsfamilie und die eigene momentane berufliche Schichtzugehörigkeit weit auseinanderklaffen.

Bedeutung von Geschwistern

In einem Viertel der Familien lebten Einzelkinder. Die Geschwisterkonstellationen in den weiteren Familien zeigten oft erhebliche Unterschiede in den Rollen sowie den Sozialisationsbedingungen. So war bei den älteren Geschwistern fast immer zu beobachten, daß sie eher bilingual erzogen wurden, u.a. auch, weil die Familiensprache wegen der anfänglich geringeren Sprachkenntnisse des ausländischen Elternteils noch nicht deutsch war. Daneben engagierten sich die Eltern hier eher für den Besuch einer Zusatzschule, womit neben dem Spracherwerb auch die Religion kennengelernt werden soll. Bei den jüngeren wird, laut der älteren Geschwister, weniger Druck ausgeübt. Anoosh beobachtete die veränderte Haltung ihrer Eltern zur persischen Schule:

„Die wollten ihn dann auch nich' irgendwie drängeln oder so, und bei mir, die haben eben auch von mir gelernt, weil ich fand das da nich' so toll, und bei meinem Bruder haben sie es dann gelassen."

In anderen Zusammenhängen wird eine fortgeschrittene Integration, wie von Miras iranischem Vater, angedeutet:

„ weil mein Vater eigentlich auch ziemlich modern denkt ... der hat sich auch total angepaßt und so und denkt halt nicht mehr so verklemmt, und er erlaubt auch total viel."

Für die Beobachterin scheinen die Älteren prädestiniert für eine Brückenfunktion zwischen den Familien und auch zwischen den Partnern, was zum internen Machtausgleich notwendig werden kann. Ein Drittel der Kinder lebte mit Halbgeschwistern, meist aus einer zweiten Ehe des Vaters. Interessant erscheint hier die Bedeutung des kulturellen Hintergrunds der zweiten Familie für den Kontakt zwischen den Geschwistern. Es kann hier unterschieden werden zwischen der Zweitfamilie mit einer ähnlichen bikulturellen Zusammensetzung und einer „monokulturellen", nichtdeutschen Zweitfamilie. Zu erstgenannten Familien wurde jeweils Kontakt gepflegt, zu den zweitgenannten dagegen kaum. Es schien so, daß in den monokulturell genannten

Familien die Familiensprache und auch der Erziehungsstil als fremd erlebt wurden, die Kinder also eher Außenseitergefühle entwickelten als in den bikulturellen Familien, deren Muster als vertraut erfahren wurden. Mike erlebte bei seinen Besuchen beim afrikanischen Vater, daß dieser mit seiner zweiten, ebenfalls afrikanischen Frau und den gemeinsamen Kindern Twe sprach, wovon er weitgehend ausgeschlossen war. Sven deutete die neue Familiensituation seines Vaters dagegen als eine ihm bekannte an. Die Halbgeschwister werden wie er von einer türkischen Mutter und dem deutschen Vater aufgezogen.

3. Ausgewählte zentrale Themen

Bereits im Interviewleitfaden fanden sich Fragen nach Religionen, Sprachen, Namensgebung und Familienalltag. Die zentrale Fragestellung bezog sich aber auf Gedanken über und Erlebnisse mit einer von der Interviewerin vermuteten Bikulturalität. Die Eingangsfrage bezog sich in der Regel darauf, welche Gedanken und Gefühle die Befragten hegten, als sie um ein Interview als Kind aus einer binationalen Familie gebeten wurden. „Ich hab mich gefragt, was uns so besonders macht" war nicht selten die Antwort, die dann nach kurzer Überleitung mit ersten Beispielen ergänzt wurde. „Na ja, ich denk' bei uns laufen einige Dinge anders als in nur deutschen Familien." Die 18jährige Anoosh beschrieb dann gleich die Mahlzeiten in ihrer Familie, der neunjährige Pedro verwies dagegen sofort auf seine Zweisprachigkeit. Einige sich wiederholende Themen werden im folgenden ausgeführt.

Mahlzeiten

Essen wurde häufig als *das* Merkmal von Bikulturalität bezeichnet, wie bei der elfjährigen Lena:

„Das Essen ... meine Mutter war ja auch in Afrika und sie kann auch afrikanisch kochen, macht sie auch, und mein Vater kocht jetzt auch afrikanisch."

Sei es, daß die besonderen Tischsitten wie in den deutsch-iranischen Familien durch das Dinieren auf einer Decke am Boden gemeint waren, sei es, daß sich die Speisen wie in der deutsch-koreanischen Familie vor allem durch die vielfältigen Reisangebote auszeichneten, oder sei es durch eine andere Bedeutung des Essens, als sie bei den Deutschen vermutet wurde. Die Kinder hatten trotz der Betonung des Anderen Schwierigkeiten bei Rückfragen, denn es wurde schnell deutlich, daß sie kaum einen Vergleich anstellen konnten, da sie manchmal keine oder aber kaum deutsche Familien kannten. Die einen sahen es als typisch deutsch an, daß die gesamte Familie gemeinsam ruhig am Tisch ißt, die anderen hielten dagegen die Kinder, die sich laufend aus dem Kühlschrank selbständig bedienen, für typisch deutsch erzogen. Lisa hielt die Situation an ihrem Familientisch mit der vermeintlich brasilianischen Küche der Mutter – sie nennt Pizza, Nudeln – und lebendigen Diskussionen auf keinen Fall für deutsch. Möglicherweise bot die deutsche Großmutter für sie das einzige Vorbild für deutsche Tischsitten. Lateinamerikanische und afrikanische Väter beteiligen sich, laut Aussagen der Kinder, überdurchschnittlich oft an der Zubereitung der Speisen aus ihrer Heimat. Bei den Schilderungen der Kinder klang dann jeweils so etwas wie Stolz oder zumindest Zufriedenheit an. In keinem Fall schienen Kinder diesen Fakt unangenehm zu empfinden. Möglicherweise erleben sie genau dadurch auch eine liebevolle Bestätigung der Väter durch die Mütter. Hanako bezeichnete ihren japanischen Vater als Kulturvermittler, weil er die japanische Küche in die Familie einbrachte. Weitere Elemente japanischer Kultur konnte sie, durch ihn vermittelt, nicht nennen.

Sprachen

Pedro ist neun Jahre alt und er antwortet auf meine Eingangsfrage:

„Na ja, als erstes müssen die sich ja kennenlernen, meine Eltern, aber jetzt erkläre ich erst mal von mir ... Als ich geboren bin, hat mein Papa mit mir nur Mexikanisch geredet und meine Mama mit mir nur Deutsch, und nach und nach hab' ich es dann gelernt."

Auf die Bedeutung von Sprachen für die deutschen Frauen wurde bereits hingewiesen, und das besonders in Verbindung mit dem erstgeborenen Kind. Interessant ist ein Blick auf die verschiedenen Sprachen. Auffällig ist es, daß die neun Kinder aus deutsch-lateinamerikanischen Familien und ebenso die drei in den deutsch-iranischen Familien *alle* ihre meist deutschen Mütter in der Zweitsprache kommunizierend erlebten. In diesen Familien war Spanisch oder Persisch nicht selten in der Anfangszeit die Familiensprache. Bereits an dieser Stelle soll der Hinweis nicht fehlen, daß in der Gruppe der Deutsch-Lateinamerikaner auffällig oft Bikulturalität mit Bilingualität gleichgesetzt wurde. In weiteren acht Familien wurde eine europäische Sprache wie Englisch, Französisch oder Italienisch gesprochen. In keiner der deutsch-afrikanischen Familien erlernten die Kinder oder die Mutter die entsprechende afrikanische Sprache, allerdings wurde anfangs eine der genannten europäischen Sprachen als Drittsprache genutzt. Lediglich zu den deutsch-türkischen Familien fehlen entsprechende Informationen über die deutschen Ehepartner. Hintergrund für diese fehlenden Äußerungen kann eine von den Interviewpartnern als gering empfundene Exklusivität der türkischen Sprache in dieser Stadt sein. Das bereits angedeutete soziale Engagement der deutschen Partner läßt aber eher Kenntnisse der türkischen Sprache vermuten.

Zweiundzwanzig von dreißig Kindern gaben an, die Sprache des ausländischen Elternteils zu sprechen oder zu verstehen. In den meisten Fällen wurde sie als zweite gesprochene Sprache aufgezählt, erst danach folgten die in der Schule zu erlernenden Fremdsprachen. Bei den älteren Gymnasiasten waren vier Sprachen daher Standard. Unter den verbleibenden acht Kindern ohne solche Kenntnisse befanden sich die siebenjährige Rosa, die sich gegen das sporadische Spanisch des Vaters wehrte, die neunjährige Sonja, die auf die seltenen italienischen Sätze des Vaters nicht eingehen wollte, und auch der 14jährige Omar, der die persische Sprache in seiner Umgebung ignorierte. Bei den meisten anfangs bilingual aufgewachsenen Kindern war ein Einbruch zu Beginn der Schulzeit zu beobachten. Die Kinder verweigerten dann die zweite Sprache, sie antworteten zunehmend mehr auf Deutsch, und im letzten Schritt gaben es die inzwischen auch besser deutsch sprechenden Väter auf, in ihrer Muttersprache zu reden. In einigen Familien versuchten sich die deutschen Mütter dann als Sprachvermittlerinnen, was aber von den Kindern durchweg abgelehnt wurde. Letztlich kann nur in einigen jungen deutsch-lateinamerikanischen Familien und in einer deutsch-französischen Familie von einer konsequenten bilingualen Erziehung der Kinder gesprochen werden. Fast alle Mütter bedauerten diese Inkonsequenz. Interessant wäre an dieser Stelle die Haltung der Väter dazu. Die Kinder betonten auf Nachfragen, daß ihre Väter wenig Zeit mit der Familie verbrächten. Diese fehlende gemeinsame Zeit wurde in manch einem Fall von den Müttern bestätigt und von ihnen gar als ein Trennungsgrund bezeichnet.

Nicht verschwiegen werden sollen die unterschiedlichen Sprachniveaus. Unter den 22 Kindern waren nicht wenige, die ihre von ihnen als gering eingeschätzte Kompetenz keineswegs durch zweisprachige Erziehung erworben hatten, sondern sich ihre Fertigkeiten mühsam in Sprachkursen aneignen mußten, wie beispielsweise Hanako im Japanisch-Unterricht an der Volkshochschule. Myriam frischte ihr Arabisch im Studium der Islamwissenschaft wieder auf, und Carlos vertiefte sein Spanisch, das er viele Jahre nicht gepflegt hatte. Allerdings bestätigten alle ihren relativ leichten Zugang zu der Sprache, die sie zumindest mehr als andere „im Ohr haben". In diesem Zusammenhang muß wohl kaum hervorgehoben werden, daß Reisen in die jeweiligen elterlichen Heimatländer eine wichtige unterstützende Funktion haben. Am regelmäßigsten werden die Türkei, andere europäische Länder und auch Lateinamerika besucht. Kaum dagegen ist Afrika das Reiseziel, was mit politischen Unruhen, Geldmangel oder auch der elterlichen Trennung begründet wurde. Neben den Auslandskontakten sind auch die Binnenkontakte zwischen Familienangehörigen in diesem Zusammenhang zu beachten, die, wie beispielsweise bei Michael und Sonya, mit den koreanischen Schwestern der Mutter in Berlin weit intensiver waren als zu den völlig unbekannten väterlichen Verwandten. Oder in anderen Fällen, wie in den hier befragten iranischen Familien, leben Familienangehörige weltweit in der Diaspora, so daß die Reisen nach Schweden oder nach Amerika auch als Kontakte zur Heimat galten[7].

7　　Vgl. dazu Varros Beitrag in diesem Band.

Namen

Der Name eines Kindes gilt entweder durch seine Besonderheit oder aber auch wegen seiner fehlenden Besonderheit als Anlaß zum Nachfragen eines „Woher kommst du?" Im Laufe des Lebens lernen alle Kinder, diesen Fragen eine der Situation angemessene Antwort zu geben: je nach Bekanntheitsgrad des Fragenden, des tatsächlich eingeschätzten Interesses, der Zeit zur Antwort und der Lust zur Intimität. Pablo erlebte in seinen 22 Jahren mit seinem indianischen Vornamen unterschiedliche Phasen:

„Früher, sag ich mal so, war ich mit meinem Namen nicht so zufrieden, weil's immer Schwierigkeiten gab, ob mit Aufschreiben, Nachfragen oder Verarschungen ... aber im Moment wird er akzeptiert, ich mag meinen Namen, so heiße ich nun mal und find's auch gut so ... anders als früher in der Grundschule, da dachte ich manchmal, ich will 'nen anderen Namen haben."

Ali erinnert sich ebenso an erste Fragen:

„Das war Grundschule oder so, ich war sieben, acht oder so was ... Kam auch auf die Situation an, ob man jetzt gerade mal irgendwie Bock hatte, irgendwas zu erzählen, und wenn man keine Zeit hatte und auch jetzt nich' so viel Lust hatte, irgendwas zu quasseln, dann hab' ich es eben gelassen."

Besonders unangenehm sind ihm folgende Fragesteller:

„irgendwelche Typen, von denen ich selbst nichts weiß, also die ich selbst nicht kenne oder so ... den ich vielleicht auch nich sehr gut leiden kann ... wenn der einfach Fragen stellt."

Ein Blick auf die Vornamen der befragten Kinder gab zwei Hinweise auf die elterliche Wahl: Je jünger die Kinder waren, desto internationaler, was auch bedeuten kann biblisch, klangen die Namen. Je älter sie waren, desto mehr erschienen zwei Vornamen, wobei einer ausgefallen sein durfte, meist auf Wunsch der deutschen Mutter. Allerdings schien es auch so, daß Kinder mit asiatischem oder afrikanischem Elternteil eher deutsche Namen trugen. Fast alle Kinder kannten bereits ambivalente Gefühle, wenn es darum ging, besonders sein zu wollen oder zu müssen. Der Genuß, besonders zu sein, konnte schnell von einem Unwohlsein abgelöst werden, wenn damit ein Ausschluß verbunden war, der nur schwer wieder Gemeinsamkeit zuließ. So wurden diese Fragen als lästig bis diskriminierend erlebt, aber auch als eine Möglichkeit, sich in Szene zu setzen und damit Vorteile zu verbinden. Die 14jährige Mira möchte gerne zusätzlich einen persischen Namen tragen, so wie sie es sich auch für ihren vierjährigen Bruder wünscht. Sie hat bereits mit ihrem Vater aus dem Iran über die Annahme eines zweiten Vornamens gesprochen, und sie berichtet von der Freude ihres Vaters über diesen Wunsch. Alle älteren Kinder akzeptierten spätestens in der Phase der Adoleszenz ihre auffälligen Namen[8].

---

8   Vgl. dazu Battaglias Beitrag in diesem Band.

Erziehung

Meine Frage nach den Erziehungsvorstellungen der Eltern wurde vorwiegend spontan lächelnd mit einem vagen „Kann ich mir nicht vorstellen, daß sie etwas geplant haben" beantwortet. Den Eltern wurde damit ein Handeln „Aus dem Bauch heraus" unterstellt, scheinbar sehr zur Zufriedenheit der Kinder. Einige reflektierten kurz die angestrebte bilinguale Erziehung. Andere sprachen von unterschiedlichen Einstellungen der Eltern zu Schule und Lernen. Lenas (afrikanischer) Vater wollte immer beste Noten sehen,

„damit er stolz auf uns sein kann ..., er will's auch, damit wir es ein bißchen besser haben als er jetzt".

Oder Laila ging von der elterlichen Überlegung aus, daß ihr Kind *beide* Seiten kennenlernen sollte, und sie erwähnte in diesem Zusammenhang unterschiedliche Haltungen zu Schule und Lernen. In beiden Familien hatte die deutsche Mutter bzw. der deutsche Vater eine eher „lockere" Einstellung zur Schule, während die ausländischen Elternteile auf hervorragende Noten bedacht waren, da für sie Schulzeugnisse eine zentrale Bedeutung fürs spätere Leben hatten. Myriam erinnerte sich an elterliche Auseinandersetzungen über die Prügelstrafe in der Schule in Algier. Ihr algerischer Vater maß dieser Strafe nicht die gleiche Bedeutung bei wie ihre deutsche Mutter.

Jasmin erinnerte sich als einzige an ein Erziehungskonzept der Eltern, denn sie wurde mit drei Jahren alleine zu den syrischen Großeltern geschickt, da sie dort Sprach- und Religionskenntnisse, eingebunden in die familiäre Tradition, kennenlernen sollte. Bei den Kindern mit einem asiatischen Elternteil wurde der sehr wohl akzeptierte, respektvollere Umgang mit Erwachsenen als implizites Erziehungsziel genannt. Insgesamt scheinen die Kinder wenig über die elterlichen Vorstellungen zu wissen, und sie thematisieren kaum Konflikte zwischen den Eltern. Lediglich Jasmin und Myriam deuten belastende Differenzen zwischen den Eltern im Rahmen der oben beschriebenen Beispiele an (vgl. Varro/Gebauer 1997).

Religion

Bereits im Rahmen meiner Paarstudie wurde auf die weitgehend überschätzte Bedeutung von Religionskonflikten in bikulturellen Familien hingewiesen (Wießmeier 1993). Erneut wurde damit die These bestätigt, daß sich Menschen ohne oder nur mit geringer religiöser Prägung eher bikulturell binden als andere. Allerdings weisen solche Ehen eine weit geringere Bireligiosität auf, als dies statistische Daten mit der Erfassung der Nationalität vermuten lassen. So verbargen sich hinter manch einem deutsch-türkischen Paar zwei christlich sozialisierte Menschen. Insgesamt gab ein Drittel der Kinder eine Religionszugehörigkeit an. Pablo weist auf den väterlichen Zwang zur Teilnahme am katholischen Unterricht hin, Lisa bedauert die fehlende Zugehörigkeit zu einer Religionsgemeinschaft, und Mohad akzeptiert die Zugehörigkeit zum Islam durch seinen Vater. Die weiteren acht Kinder sprechen mit zunehmendem Alter von einer persönlichen Entscheidung, wobei elterliche Einflüsse nur eine geringe Rolle zu spielen scheinen. Die Jüngsten fragten im Interview vorsichtshalber die Eltern nach ihrer Religion. Entgegen weit verbreiteten Vorstellungen gaben zehn Kinder mit muslimischem Elternteil an, keiner Religion anzugehören. Manchmal wird von einem Wissen um religiöse Hintergründe gesprochen, aber gleichzeitig auf die noch nicht vorgenommene persönliche Entscheidung hingewiesen. In diesen Fällen werden die Eltern als nicht religiös erlebt. Kemal (13 Jahre) sagte:

„Unsere Mutter und unser Vater, aus meiner Sicht, haben sich eigentlich immer sehr neutral verhalten ... Also unser Vater hat uns nur hingewiesen, daß wir sowieso schon halbe Moslems sind ... Der Islam gefällt mir nicht, die Christen gefallen mir nicht, Buddhisten schon eher, aber das ist auch nicht meine Religion ... Und darum hab' ich auch noch gar keine Religion gefunden, keine spricht meine Gedanken, meine seelischen...“

Lediglich Jasmin (15 Jahre) hebt sich heraus, da sie in der Koranschule eine religiöse Unterweisung erfuhr und sich dennoch im Interview als Mädchen ohne Religionszugehörigkeit darstellt. Sie begründet dies folgendermaßen:

„Ich hab' mich eben einfach für keine Religion so entschieden. Ich glaube zwar an Gott, aber auf meine Weise, würde ich sagen. Also jede Religion ist anders, und ich würde meinen Vater enttäuschen, wenn ich mich für den Evangelismus entscheiden würde, und meine Mutter würde ich enttäuschen, wenn ich Muslimin werde, ... das wollt' ich nicht. Ich wollte dann einfach meinen Weg gehen.“

Damit ist sie die einzige des Samples, die Differenz, eben auch Religionsdifferenz, als ein Problem definierte. Abschließend kann festgehalten werden, daß die deutsch-orientalischen Kinder das Thema Religion weitergehender thematisierten als andere. Ihr Entscheidungsdruck ist möglicherweise größer. Die an sie herangetragene Information, „halb muslimisch" durch die Geburt zu sein, wurde aber, wie Kemal zeigte, nicht notwendigerweise angenommen.

4. Außerfamiliale Sozialisation

Freunde

Alle Kinder erzählten bereitwillig von Freunden und Klassenkameraden, in keinem Fall wurden Hinweise auf Isolation oder Benachteiligung gegeben. Von drei deutsch-afrikanischen Kindern war implizit zu hören, daß sie erstaunt über die weitgehend problemlose Integration in die Schule waren. Aufgrund der elterlichen Bedenken hatten sie scheinbar mit Konflikten we-

gen ihrer Hautfarbe gerechnet. So bemerkte Mathias zu seinem Wechsel zur
Oberschule:

„ich wurde sofort eingebunden ... *sofort,* nach zwei Wochen hab ich wieder einen ganz
großen neuen Freundeskreis auf der Schule gehabt."

Auch seine Schwester Lena wußte um ihre Position als beliebte Klassenkameradin, ihr fiel gar ein Zeugniszitat ein. Etwas allgemeiner äußerte sich
Kemal:

„Ich mein', wir hatten bis jetzt deswegen noch nie Problem gehabt ... ich kann mir zwar
vorstellen, daß es da andere gibt, die damit irgendwo nicht so gut klarkommen, ... hab'
das schon bemerkt."

Die jüngsten Kinder stellten immer wieder fest, daß bei der Wahl von Freunden die kulturellen Hintergründe der Eltern keine Rolle spielten, noch daß
man ihnen das Gefühl gab, auffällig zu sein. Da sie selbst aber kein Interesse
an den familiären Hintergründen ihrer Freunde hatten, fanden sie diesen Zustand „ganz normal". Der siebenjährige Alex äußert sich dazu:

„Ach, die tun einfach damit gar nix, ... die tun so, als wenn ... das sie nix angeht. Das geht
die auch nix an, und das machen die auch."

Während der Phase der Pubertät stellte sich das anders dar. Die eigene Position wurde genau beobachtet, und fehlende Anerkennung wurde ggf. nach-
gebessert durch den Wechsel der Freunde. Es wurde zunehmend wichtig, beliebt zu sein, Neid oder auch Zurückweisung wurden registriert und Freundschaften leidenschaftlicher diskutiert. Nicht selten gestaltete sich der Freundeskreis dann bikultureller, wobei der Phänotyp eine zentrale Bedeutung erhielt. Durch die zunehmende Zahl von Europaschulen haben Eltern in Berlin
heute eine größere Chance, ihre Kinder gezielt mit Kindern aus ähnlichen
Familienkonstellationen zusammenzubringen. Bikulturalität wird dann zur
Selbstverständlichkeit. Darüber hinaus entstand der Eindruck, daß die Jungen
ihre Beziehungen zu Gleichaltrigen offensiver über Positionskämpfe ausagie-
ren als die Mädchen.

Schule

Die Befragten formulierten selten – aus ihrer Sicht – gravierende Probleme
aus der Schulzeit. Übliche Nachfragen durch auffällige Namen, Sprachen
oder ein unübliches Aussehen konnten sie scheinbar weitgehend auf ihre Art
befriedigend beantworten. Beim 15jährigen Mathias klang sein Erstaunen
über die Unkompliziertheit der Schulzeit an, die bisher lediglich von kleinen
Reibereien durchbrochen wurde, wenn er „schon mal als Nigger beschimpft
wurde" und er dies über Prügelei bis zu einer klärenden Entschuldigung be-
reinigen mußte. Seine Kränkung, seine berechtigte Wut und auch seine Be-
friedigung über die Versöhnung schwingen in seiner Schilderung mit:

„Ja, dann kann ich ziemlich böse werden, also wenn ich diss Wort höre, ich mag dies überhaupt nicht, wenn mich jemand so nennt ... dann will ich schon auf ihn losgehen ... das ist nur *einmal* passiert bisher. Der hat sich auch entschuldigt dann bei mir, und dann war es wieder o.k. .... Ich mein', ich sag' ja auch nicht zu denen irgendwelche Ausdrücke, die sie verletzen würden."

Der 19jährige Michael betrachtete rückblickend die Kämpfe um seine Position, die er – auch durch Schulwechsel bedingt – bezüglich seines asiatischen Äußeren austragen mußte. Er hatte seit der Kindergartenzeit Hänseleien erlebt, häufig ausgelöst durch Schimpfworte wie „Pappchinese". Er beschrieb seine direkte Wut und Kampfbereitschaft, da er lange nichts mit diesem Namen anfangen konnte und sich blind wehrte. Später reagierte er sofort auf die Erniedrigung und versuchte, durch Prügel seine Macht zu demonstrieren. Anschließend gab es eine Zeit des Experimentierens mit Außenseitercliquen. Hier erhielt er selbstverständlicher einen Platz, der für ihn aber bald eine Einengung darstellte. Seine Positionskämpfe waren aus seiner heutigen Sicht nicht immer erfolgreich, da er sich dadurch oft mit den nur scheinbar Stärkeren der Klasse solidarisieren mußte, was seinen schulischen Leistungen zeitweise eher geschadet hat. Er hat nie Unterstützung von Erwachsenen gesucht, weder von den Eltern noch von den Lehrern. Die Idee, seine koreanische Mutter damit zu belasten, schien ihm absurd. Rückblickend erlebte er die Schulzeit als Kampfzeit. Sein Äußeres war Anlaß für seinen auch körperlich ausgetragenen Kampf um Anerkennung:

„Auch wenn so'n kleines Kind sagt ‚Guck mal 'n Chinese' und so, dann mach' ich auch die Eltern an ... ja und dann hab' ich mich natürlich vom Deutschen so abgewendet zum Koreanischen hin."

Heute interpretiert er sein Verhalten als Scham:

„Weil ich mich geschämt habe oder so ... weil, ich war ja auch anders. Hab' ich ja selber gemerkt und so, vielleicht wollt' ich dies nichtwahr haben oder so, vielleicht wollte ich auch blond und blauäugig sein und schön, wie alle anderen so ..., daß ich nicht aufgefallen wär' ..."

Er schloß sich vorübergehend Koreanern an, und es wurde ihm schnell klar, „unter 1.60-Meter-Menschen, dann will ich auch nicht die ganze Zeit als Riese leben". Michael konnte sich auch nicht an Klassenkameraden anschließen, die „rechte Sprüche über Hitler und Faschismus" äußerten:

„Daran merkt man eben so, daß man nicht dazugehört ... aber ich kann auch nicht damit belastet werden ... also ich fühl' mich da völlig draußen ... aber ich *will* gar nicht dazugehören. Keine Verantwortung, aber auch keine Pflicht, keine Verantwortung, aber auch keine Privilegien."

Mira thematisierte ähnlich wie Michael ihre Position im Klassenverband. Allerdings spielten für sie die Lehrer eine entscheidende – ihr unangenehme – Rolle, da sie Mira ihren Platz zuwiesen. Sie wurde mehrfach aufgrund ihres dunkelhaarigen Typs den türkischen Mädchen zugeordnet, bis sie diesen Platz letztlich im Kreise orientalischer und bikultureller Mädchen einnahm.

Ihr schien es so, als haben die Lehrer Angst vor diesem Typ, was sie zumindest anfangs irritierte:

„die denken irgendwie, wenn man mit dunklen Haaren in die Klasse kommt ... wir sind total aggressiv und böse, kam wirklich so rüber bei mir ... Ja, die sprechen anders mit einem ..."

Im Falle konflikthafter Schulerlebnisse fällt auf, daß die Schwierigkeiten ausschließlich mit der äußeren Erscheinung in Verbindung gebracht werden. Die erfahrene Fremdbestimmung kann tiefgreifende Gefühle, wie die von Hilflosigkeit und Wut, hervorrufen. Der einsetzende Wille zur Selbstbehauptung ist individuell sehr unterschiedlich ausgerichtet, wie bereits die dargestellten Beispiele veranschaulichen[9].

Umfeld

Wie bereits oben angesprochen, wurden vor allem Kinder mit unüblichem Phänotyp auf diskriminierende Äußerungen oder entsprechendes Verhalten der Menschen ihrer Umgebung durch die Eltern vorbereitet. Einige Mütter berichteten von rassistischen Vorfällen, die sie veranlaßten, in Gegenwart der Kinder zu handeln. War in einem Fall der Ruf nach der Polizei notwendig, um eine offensichtliche Diskriminierung der Mutter besonders auch als Zeichen für die Söhne zu ahnden, so wurde in anderen Situationen eine freundliche Richtigstellung als Weg gewählt. Die Kinder berichteten in keinem Fall von diesen Vorfällen, es waren die Mütter, die sich mit Empörung erinnerten. Ebenso war über die Mütter von einer Ablehnung der Kinder zu hören, mit der S- oder U-Bahn durch den Ostteil Berlins zu fahren, der als rassistischer oder fremdenfeindlicher galt.

Von den Kindern wurden andere Beispiele von Irritationen aus ihrem sozialen Umfeld genannt, nämlich solche aus der subkulturellen Community, auf die diese Kinder scheinbar weit weniger vorbereitet waren. So beschrieb Lena die Zurückweisung durch Gleichaltrige der ihr bekannten afrikanischen Gruppe, da sie die Landessprache des Vaters nicht verstand, geschweige denn sprach. Aber auch andere Kinder fühlten sich gekränkt, wenn sie zum Beispiel „als nicht richtig" türkisch, persisch oder arabisch kritisiert wurden. Sie reagierten mit Rückzug, und die Eltern wurden nicht als potentielle Helfer ins Gespräch gebracht. Bei Mathias schien die Enttäuschung besonders deutlich. Er beschrieb die Treffen der afrikanischen Familien als „dumme Situation", weil er kein Kreol sprach und sein Vater aus seiner Sicht „immer Ausflüchte" gebraucht hat, warum er seinen Kindern diese Sprache nicht beigebracht hat. Mathias zog sich zurück, er glaubte auch, daß sein Vater dies gar nicht registriert hat. „Ich freß' das irgendwie in mich rein." Nach seiner Mutter gefragt antwortete er:

---

9   Vgl. dazu Segals Beitrag in diesem Band.

„Tja, das ist, das ist irgendwie, kann ich mit ihr irgendwie nicht so drüber sprechen, was mich bedrückt und so, ich weiß auch nicht, das geht irgendwie nicht."

Auch wenn die seltene Erwähnung von Diskriminierung überraschend sein mag, so soll doch nicht unerwähnt bleiben, daß die Kinder mit dunklerer Hautfarbe möglicherweise präventiv eine Idee von einem Leben ohne solche inneren oder äußeren Auseinandersetzungen haben. Ein zukünftiges Leben in den USA wurde in dieser Gruppe als potentielle Chance betrachtet und entsprechend ausgeschmückt.

5. Identitätskonstruktionen

Begriffswahl

Um weitere Mosaiksteine von Identitätskonstruktionen sammeln zu können, erscheint ein Blick auf den Umgang mit Begriffen für eigene und fremde Zuordnungen sinnvoll. Identitätsbildung verlangt nach einer Verarbeitung von Fremdzuschreibungen. Es ist davon auszugehen, daß alle Befragten eine je nach Alter mehr oder weniger breite Palette von Begriffen kennengelernt haben. Für welche Begriffe entschieden sie sich, mit welchen Begründungen?

In allen Altersstufen äußerten einige Kinder bzw. Jugendliche Ablehnung bezüglich einer Verwendung oder Kreierung eines speziellen Begriffs für binationale oder bikulturelle Personen. So fragte Kemal, wozu er selbst denn solch einen Begriff bräuchte. Für andere hingegen findet er den Begriff Afrodeutsche akzeptabel, um sie bezeichnen zu können. Mario ist mit 21 Jahren strikt gegen eine Kategorisierung, vielleicht im Sinne von Sven (25 Jahre), der eine Bezeichnung für Menschen grundsätzlich ablehnt, da nur Dinge eine Bezeichnung bräuchten. Lediglich zwei Mädchen (Jasmin, 15 Jahre, und Anoosh, 18 Jahre) fänden einen Namen sinnvoll oder interessant. Anoosh konnte auf etliche Experimente im In- und Ausland zurückgreifen und damit auch begründen, daß vielleicht ein geläufiger Begriff ihr Dilemma hätte verringern können. Sie benutzte den Begriff Mischling und sagte: „Ich wüßte jetzt auch keinen besseren Begriff." Sie fände es aber manchmal gut, einen anerkannten Begriff zur Verfügung zu haben: „Kann ich zwar nicht so erklären, ... die ganzen Erklärungen fallen dann irgendwo weg." Jasmin, die in der Gruppe der Bikulturellen allgemein Spannungen annahm, suchte vermutlich durch einen eigenen Namen Anerkennung für das aus ihrem Erleben schwierige Ausbalancieren dieser Konflikte.

Die befragten Kinder experimentierten damit, wie sie ohne zuviel weitere Nachfragen ihre Herkunft darlegen könnten. Ihre Pragmatik dabei ist beeindruckend. Der 14jährige Omar bezeichnete sich als Deutscher „bei amtlichen Sachen". Als „Deutschiraner" benannte er sich eher selten, zum Beispiel, wenn Lehrer ihn fragten. Und weiter:

„Also, zu Freunden, die mich fragen: Bist du Türke, da sag' ich: Nein, ich bin Iraner. Weil, die würden mir nicht abkaufen, daß ich irgendwie Deutscher bin oder so, weil ich nicht so aussehe. Ach so, ich fühle mich aber irgendwie etwas mehr zur iranischen Seite hingezogen, aber das kann ich doch halt nicht so sagen."

Mit zunehmendem Alter wird die Begriffspalette breiter. In den meisten Fällen benutzten die Befragten im Verlauf des Gesprächs verschiedene Begriffe für bikulturelle Menschen. Einige betonten bei Nachfrage, daß sie sich eigentlich deutsch fühlen, da die Umgebung mehr präge als elterliche Einflüsse. Lediglich zwei Jugendliche gingen selbstverständlich mit dem von der Interviewerin benutzten Begriff der Bikulturellen um. Andere verwiesen darauf, daß sie aber noch nie Probleme gehabt hätten, was einen eigenständigen Begriff überflüssig erscheinen lassen sollte. Laila lächelte und stellte fest, daß heute ja wohl alles möglich sei, warum dann nicht auch der Begriff bikulturell.

Eine kleine Auswahl von Begriffen, die während des Interviews benutzt wurden, soll die Vielfalt belegen: mein Vater ist Italiener, meine Mutter Deutsche (Sonja, 9 J.), Mischling, Afro-Deutsche hört sich an wie Außerirdischer (Lena, 11 J.), Halbsein – richtige Kinder (Laila, 13 J.), deutsch-arabisch, hat zwei Seiten (Mohab, 15 J.), in Berlin Halbtürke, in der Türkei Halbdeutscher (Ali, 15 J.), Schwarzer Deutscher (Mathias, 15 J.), eigentlich bin ich gar nichts, halber Deutscher, bin gemischt (Michael, 19 J.), Deutsche und auch Japan zugehörig (Hanako, 23 J.).

Es entstand der Eindruck, daß nur wenige Kinder Klarheit in der Begrifflichkeit suchten. Sie übernahmen teilweise die von den Eltern benutzten Begriffe. So scheint z.B. in deutsch-iranischen Familien der Begriff des Mischlings nicht die negative Bedeutung zu haben ,wie in der deutschen Geschichte. Andererseits ließen sich die Kinder aber auch nicht zu jeder Bezeichnung überreden, denn selbst wenn die Mutter „Afrodeutsch" passend fand, gestand sich Kemal Zweifel oder Ablehnung zu. Sein jüngerer Bruder Timo nahm sie dagegen an, so wie es seine Freundin tat.

Ebenso fanden sich in jeder Altersgruppe Kinder, die unter Bikulturalität Zweisprachigkeit verstehen. Auffällig ist aber, daß diese Kinder ausschließlich aus Familien mit lateinamerikanischem oder orientalischem Elternteil stammen, womit nochmals an den Stellenwert von Sprachen speziell bei deren deutschen Müttern erinnert sei.

Interessant war ein Versuch der Abgrenzung gegenüber anderen Bikulturellen, bei denen mehr Probleme und dadurch auch eine stärkere Relevanz dieses Themas angenommen wurden. Sechs Kinder vermuteten bei deutsch-türkischen oder deutsch-orientalischen Kindern größere Konflikthaftigkeit und damit auch eine größere Notwendigkeit für einen Begriff. Sie gingen von der gesellschaftlichen Stellung der Türken in Deutschland aus, verwiesen auf kritisierte türkische Jugendgangs und begründeten damit ihre Vermutung von mehr Ablehnung oder auch konkrete Schwierigkeiten der deutsch-türkischen Kinder.

„Typen" oder Umgangsweisen mit Bikulturalität?

Mit qualitativen Methoden zu arbeiten heißt Interpretieren der Daten, Erstellen von Kategorien und Typenbildung mit dem Ziel einer Theorieentwicklung. An dieser Stelle soll der Versuch unternommen werden, unterschiedliche „Typen" zu beschreiben. Dabei interessierte besonders die Art und Weise der Auseinandersetzung mit der thematisierten Bikulturalität in Gegenwart und Vergangenheit. Die Grundlage dazu bildeten der Gesamteindruck von der Gesprächsatmosphäre, die in einem Verlaufsprotokoll festgehalten worden war, der Interviewtext und das fotografierte Familienbild. In jeder Altersstufe sind mehrere Umgangsweisen oder „Typen" vertreten. Lediglich der erste, als „Abwehrer" bezeichnete „Typ", befindet sich ausschließlich in der Gruppe der Jüngsten.

Die Abwehrer

Die drei Kinder, die hier als Abwehrer bezeichnet werden sollen, gehören zu den jüngsten, denn sie sind alle zwischen sieben und neun Jahren alt. Sie lassen sich dadurch kennzeichnen, daß sie in erster Linie in Ruhe gelassen werden wollen. Sie haben familiäre Spannungen oder gar aktuelle Trennungen zu überwinden, sie wehren das Thema als nachrangig und für sie irrelevant ab. Im Hinblick auf ihre bikulturelle Identität muß, der Schmerzhaftigkeit wegen, ein Teil ausgeblendet werden. Dies kann sich im Gespräch oder auch im anschließend aufgestellten Familienbild zeigen. So mögen Sonja und Alex nicht über ihre Väter sprechen, die sie verlassen haben. Sie erscheinen aber in exponierter Stellung auf dem Familienbrett, wie die folgende Biographie veranschaulicht. Zwei der drei Familienbilder wurden in der Auswertung der Kategorie „Trennung, verbunden mit Sehnsucht" zugeordnet.

Alex, ein siebenjähriger Junge
Mama, wir sind jetzt auch Deutsche!

Alex lebt seit wenigen Monaten mit seiner Mutter in einer Siedlung in einem Außenbezirk. Die Ehe der Eltern scheiterte aus Sicht der Mutter an ihrer notwendigen Veränderung/Emanzipation seit ihrer Migration. Seit der deutsche Vater in einer neuen Familie lebt, hat der Kontakt zum Sohn sehr abgenommen. Die heute etwa 30jährige Mutter ist Kind türkischer Eltern der ersten Generation und wurde in Deutschland geboren, wuchs aber in der Türkei in einer christlichen Minderheitengruppe auf. Sie studierte Fremdsprachen und lernte ihren wenig älteren deutschen Mann in der Türkei kennen. Nach Heirat und Migration wurde bald der Sohn geboren. Ihr Kontakt zu den Schwiegereltern war durch ihren Mann, der in ihrer Sicht noch nicht abgenabelt war, sehr eng. Sie sagte, daß die Ehe gescheitert sei, weil sie als Paar Kinder dieser Eltern geblieben seien und eine Ablösung für *beide* notwendig war. Beide Partner begannen eine zweite Ausbildung. Alex' Mutter schloß ihre gerade unter großem psychischen und finanziellen Druck ab. Bitterkeit schwang mit, wenn sie sich an das vermutete Heiratsmotiv des Mannes erinnerte: Er wollte sich eine typische Klischeetürkin aus der Türkei „kaufen". In Berlin erwartete die Schwiegerfamilie völlige Anpassung, allerdings förderte sie eine bilinguale Erziehung des Kindes. Doch sollte die Mutter Englisch mit dem Kind sprechen, da Englisch größere Vorteile für das Kind böte als Türkisch.

Alex denkt, daß alle in der Kindertagesstätte und in der Schule über seine Eltern Bescheid wüßten, und auf deren Umgang damit angesprochen, äußert er:

„Ach, die tun einfach damit gar nix ... die machen so, als wenn das sie nix angeht, das geht die auch nix an und das machen sie auch."

Er betont die Normalität in seiner Umwelt, und auf meine Frage nach seinem Interesse an unserem Gespräch, d.h. seiner spontanen Zusage, erklärt er ebenso spontan:

„Einfach nur so: Da hab' ich endlich mal irgend etwas anderes zu reden als nur am Telefon oder mit Mama dauernd."

Auch nach meiner Rückfrage auf die von ihm zu Beginn angegebenen gesprochenen Sprachen Deutsch und Türkisch reagiert er freimütig: „Ja, eigentlich spreche ich nur Deutsch, Türkisch sehr wenig," und später schätzt er seine Englischkenntnisse höher ein als die türkischen. Vielleicht geht er pragmatisch vor, denn in der Türkei scheint er bei seinen Verwandten mit Deutsch zurechtzukommen; auch seine Großmutter spricht etwas Deutsch. Vielleicht ist aber auch die großelterliche und väterliche höhere Bewertung der englischen Sprache prägend, wie es die Mutter sieht.

Alex geht spielerisch und damit altersgemäß an unser Gespräch heran. Er erzählt gerne von seinen Erlebnissen und freut sich, eine Zuhörerin gefunden zu haben. Als er auf dem Familienbrett seine Familie bauen darf, steht er schnell neben seiner Mutter, dem Vater und dessen Eltern gegenüber. In seinem Rücken steht in größerer Entfernung am Brettrand die mütterliche Familie. Zwei getrennte Welten? Sein Blick ist direkt auf den Vater gerichtet, den er mit keinem Wort im Gespräch erwähnte. Hinsichtlich seiner Beziehung zum Vater scheinen Identitätsfragen eine brisantere Bedeutung zu haben als die zur Bikulturalität.

Ist Alex ein bikulturelles Kind? Sicher ist er verschiedenen kulturellen Einflüssen ausgesetzt, aber ist er damit als deutsch-türkisch zu bezeichnen? Die erlebte Minderheitenposition der mütterlichen Familie spiegelt sich in der Haltung der Mutter wider: „Na ja, ich hab' die deutsche Staatsangehörigkeit, ich bin ein Mensch, ich war Armenierin, dann Türkin." Von ihrem Sohn erwartet sie Achtung gegenüber türkischen Frauen, da sie in seinem Verhalten die Verachtung der väterlichen Familie auch ihr gegenüber durchschimmern sieht.

Der Wanderer

In dieser Studie trat nur ein Kind als binational, bikulturell und bilingual auf. Pedro kann sich gut vorstellen, wieder in das elterliche Haus in Mexiko zurückzuziehen. Allerdings kündigt sich bei diesem jungen „Wanderer" ein gewisser Wunsch nach Seßhaftigkeit durch die zunehmende Bedeutung seiner Schulfreunde an. Kein anderes Kind sprach so vorbehaltslos über die Möglichkeit des Lebens in der einen oder anderen Heimat. Selbst seine auf dem Familienbrett aufgebaute Szene beschäftigte sich mit Abflug und Ankunft und symbolisierte „Geborgenheit".

Pedro, ein neunjähriger deutsch-mexikanischer Junge
... ich bin mexikanischer Bielefelder

Pedro sprach als erstes über seine Bilingualität. Seit seiner Geburt sprachen die Eltern in ihrer jeweiligen Muttersprache mit ihm. Heute schätzt er sein Deutsch besser ein als sein Spanisch, und er spricht auch manchmal mit seinem Vater Deutsch. Er ist begeistert davon, zwei verschiedene Sprachen sprechen zu können: Pedro erzählte von seinen Reisen nach Mexiko, von dem Haus der Eltern dort und seinen monatelangen Aufenthalten vor seiner Einschulung. Er spricht manchmal von seinen zwei Heimaten, wovon Mexiko die schönere ist, denn dort wachsen Palmen. Pedro würde gerne nach Mexiko ziehen, wie es seine Eltern vorhatten, allerdings würde er dann seine Freunde aus Berlin vermissen. Er hat viele Freunde im Haus und in der Schule.

Pedro glaubt nicht, daß seine Freunde anders leben als er, doch seine Mutter weist auf die mexikanischen Gerichte hin, die der Vater kocht. Diese Besonderheit kann Pedro bestätigen, doch daß sie zu Hause Musik machen, findet er nicht ungewöhnlich, das könne auch in anderen Familien so sein. Pedro erkennt die von seiner Mutter aufgezeigten Unterschiede nicht an. Später bekräftigte er, daß außer dem Aufwachsen mit zwei Sprachen und zwei Kinderzimmern gar nicht so viel anders sei in seinem Leben. Für Außenstehende könne sich das anders darstellen: Er vergleicht sich mit Klassenkameraden, die arabisch sprechen und denken, das sei nicht schwer. Er dagegen findet Arabisch schwierig. Zum Vergleich mit Kindern deutscher Eltern führt er an:

„Die haben's doch auch gut. Nur halt, die könn' nicht Spanisch, aber die können doch auch noch lernen."

Er findet es problematisch, wenn Kinder mit ihren Eltern nach Berlin kommen und erst in der Schule Deutsch lernen müssen. Laut Pedros Mutter soll es in seiner Klasse viele bikulturelle Kinder geben. Für Pedro ist das etwas ganz Normales; darüber wird nicht weiter gesprochen, außer wenn der Lehrer auffordert, zu erzählen oder etwas Typisches mitzubringen. Pedro mag das nicht besonders, er findet das „eher lästig". Allerdings interessiert er sich für die Geschichten der anderen.

Nach der Erfüllung von drei offenen Wünschen befragt, möchte er erstens „fast alle Sprachen können", zweitens „ganz viele Glückstage haben", an denen er Wettbewerbe gewinnt, und drittens will er „berühmt werden, im Fußball, im Singen". Als Pedro seine Familie auf dem Familienbrett aufbaut, stellt er zunächst – zum Entsetzen seiner Mutter – auf der einen Seite nur sich selbst auf, zwischen der weißen Figur für seine Mutter und der braunen Figur für seinen Vater, gegenüber einer immer größer werdenden, ausschließlich mexikanischen Familie. Als die Mutter interveniert, baut Pedro um. Zuletzt steht er gemeinsam mit seinen Eltern da, die deutsche Familie im Rücken, mit Blick auf die mexikanische Familie. Er erklärt, daß er gerade in Mexiko ankomme.

Die Pragmatiker

Drei der interviewten Kinder, alle im Alter von elf bis 14 Jahren, können als Pragmatiker bezeichnet werden, da sie sich sehr flexibel im Umgang mit ihrer Bikulturalität zeigten. Sie stellten sich im Gespräch und in dem von ihnen beschriebenen Alltag als sehr offen dar, ebenso wie im Umgang mit den an sie herangetragenen Fragen. Gleichzeitig machten sie deutlich, daß für sie andere Themen wichtiger sind. Sie sprachen auch Konflikte an, ließen sich aber nicht mehr darauf ein, als für sie unbedingt nötig war. Ihre Familienbilder können als Ausdruck von „Geborgenheit" gelesen werden.

Lena, ein elfjähriges deutsch-afrikanisches Mädchen
Zu mir sagen einfach immer alle Lena.

Obwohl die Mutter Lena nicht gefragt hatte, ob sie Lust auf ein Gespräch mit mir habe, ließ sie sich nach anfänglicher Empörung darauf ein. Im Gegensatz zu ihrem älteren Bruder wirkte sie quirlig und mitteilsam. In ihrem Alltag spielt die Schulklasse eine zentrale Rolle. Sie gehört in ihrer Klasse zu den beliebten Schülerinnen, und

„daher habe ich – also bei meinen Mitschülern – keine Probleme *damit*. Manchmal wird man auf der Straße von *irgendwelchen* angesprochen, aber dann denke ich *normal*, dann geh' ich einfach weiter und tu so, als ob ich *es* nicht gehört habe."

Sie erklärt nicht, was sie mit „damit", „irgendwelchen", „normal" und „es" meint. Lena setzt mein Wissen um Reaktionen auf Schwarze Deutsche voraus. Sie kommt zurecht in ihrer Welt, notfalls schreibt sie in ihr Tagebuch, „wenn bei mir so was ist". Sie registriert ihre Wirkung auf die Jungen und stellte schon fest, wie Jungen sich „das typische Mädchen" vorstellen: Das „hat braune Haare bis hier, so 'n bißchen gelockt und ist auch dünner als ich".
    Lena erlebt sich als kontaktfreudig, auch in einer Umgebung, die sie verunsichern könnte. Sie erzählt von den Treffen im EURAFRI[10], von den Kin-

---

10   ein Begegnungszentrum für Afrikaner in Europa/Berlin

dern, die sie in Kreol ansprechen, was sie leider nicht beherrscht, und von ihrer Bitte um Übersetzung, der auch gefolgt wird. Auch im süddeutschen Heimatdorf der Mutter sieht sie genauer in die neugierigen Gesichter. Sind das nette Kinder, läßt sie sich gerne ein, haben die „kalte Gesichter", wendet sie sich ab. Eigentlich ist es ja schön, etwas Besonderes zu sein, aber wenn „die Leute immer ganz blöd" gucken, findet sie das unangenehm. Sie erklärt sich das so, „weil das was Besonderes für die ist, wenn jemand braun oder (mit leiser Stimme hervorgebracht) schwarz ist, aber wenn man dann in Heidelberg ist, da läuft jeder dann vorbei, da sind wir in der Großstadt".

Die Unterschiede zwischen Vater und Mutter macht sie in Übereinstimmung mit dem Bruder am jeweiligen Freundeskreis fest. Sie registriert nicht nur wie der Bruder das „lautere, gröbere" Verhalten der afrikanischen Freunde des Vaters, sie beobachtet zum Beispiel bei einer Beerdigungsfeier, daß die Menschen bunter gekleidet sind und im Verlauf der Feier dann gar laut gesungen und getanzt haben. Sie kommt zu einem Vergleich mit deutschen Beerdigungsritualen und entscheidet sich, „wenn man tanzt, dann ist es eigentlich besser", obwohl sie nicht weiß, ob sie das bei großer Trauer jemals tun würde. Ähnlich vergleicht sie Stil und Geschmack der beiden Eltern. Sie findet, ihr Vater und seine Freunde, „die haben immer alle so geschmacklose Wohnungseinrichtungen". In ihrem deutschen Umfeld sieht sie die „schönen Möbel von IKEA und so schöne Sofas". Sie vermißt in der väterlichen Wohnung die Gemütlichkeit aus der Wohnung der Mutter, in der sie mit ihrem Bruder lebt. Schnell lenkt sie ein, in dem sie feststellt, daß es ja auf *seinen* Geschmack ankomme. Sicher ist sie sich, daß dieser Geschmack nicht afrikanisch zu nennen ist, davon scheint sie eine konkrete andere Vorstellung zu besitzen. Auch im Erziehungsstil hat sie Unterschiede festgestellt. Der Vater achte immer auf die Schulnoten und will, daß sie die Beste in der Klasse ist, obwohl sie doch bereits gut ist, vielleicht die Zweitbeste. Der will stolz auf seine Kinder sein und möchte, daß sie es einmal besser haben soll. Es klingt Verständnis für den Vater an, doch seinen Druck lehnt sie ab.

Als Zeichen von Bikulturalität hebt Lena das Essen hervor. Nicht nur der Vater kocht afrikanisch, auch die Mutter lernte es in Afrika. Darüber hinaus findet sie ihr Leben nicht sehr bikulturell, wofür sie sofort eine Erklärung bietet:

„Das liegt wahrscheinlich daran, daß unser Vater schon ziemlich lang in Deutschland ist und eigentlich nichts mehr mit den ganzen Sachen in Afrika zu tun hat ..."

An ihrem Leben gefällt ihr, daß sie sagen kann,

„ich bin keine Deutsche, mir muß das nicht peinlich sein, ich würde so was (z.B. Ausländerfeindliches) nicht sagen, ich bin Afrikanerin, würd' ich einfach sagen, und wenn's andersrum wäre, ich bin Deutsche."

Sie strahlt große Zufriedenheit aus. Stolz war sie auf ihre musikalische Begabung, die sie glaubt vom Vater zu haben, „ja, aber ein bißchen auch gelernt" ist. Sie beobachtet, spielerischer als ihre Freunde zu lernen, und führt nach dem Interview ohne Hemmungen ein Stück auf ihrem Saxophon vor.

Das Thema Sprache greift sie nicht von selber auf. Sie geht aber bei Nachfragen sofort darauf ein. Sie wollte ja auch gerne Englisch vom Vater lernen und die zweisprachige John-F.-Kennedy-Schule besuchen. Der Vater begründete seine Ablehnung dieses Wunsches mit der Angst der Mutter, daß Lena in diesem Alter dadurch verwirrt werden könnte. Die Mutter, eine Erzieherin, erklärte dies dem Kind gegenüber damit, daß der „Vater nie da war und nie Zeit hatte und mir dies wenig beibringen würde". Am Ende des Gesprächs definiert sie Zugehörigkeit über Sprache, denn

„wenn du Kreol sprichst und Deutsch, dann gehörst du eigentlich so zu beiden, aber ... wenn du jetzt nicht sprechen kannst und dann zum Beispiel ... auf so im Fest bist, dann denkt man, wo gehör' ich eigentlich hin, weil ich kann es nicht sprechen, gehör' ich denn überhaupt noch dazu irgendwie, oder bin ich jetzt nur noch Deutscher."

Lena hätte gerne Kreol von ihrem Vater gelernt. Eindeutiger für sie ist ihre familiäre Zugehörigkeit über ihre beiden Namen, die jeweils von einer väterlichen und einer mütterlichen Großmutter stammen. Die Bedeutung ihres afrikanischen Namens stellte sie gerne vor, denn sie lautet „die Hübsche".

Über religiöse Fragen wurde bisher nicht in der Familie gesprochen. Die Kinder gingen zeitweise mit ihren Freunden in deren Religionsunterricht. Auch an dieser Stelle schimmert ein Bedauern durch, daß der Vater dazu nichts erzählt, zumal sich einige Dinge für sie spannend anhörten. So weiß Lena von einem zweiten Namen des Vaters, den er durch einen Kampf mit einem Drachen erhalten haben soll. Doch wenn sie mehr darüber hören wollte, schwieg er und die Mutter versuchte zu vermitteln, denn „sie denkt, daß er darüber nicht so sprechen darf".

Auf Bezeichnungen wie bikulturell hin angesprochen, entscheidet der Bruder sich klar für afrodeutsch. Lena aber zögert, „ich weiß nicht, Mischling oder irgend so was". Sie spricht manchmal von sich als Mischlingskind, überdenkt den Klang des einen Wortes und dann des anderen und sinniert:

„Zu mir hat noch nie jemand afrodeutsch oder Mischlingskind gesagt, weiß ich nicht. Zu mir sagen einfach alle immer Lena,"

was sie auch besser findet, denn „ich meine, das ist ja ganz normal. Wenn jemand zu dir Afrodeutscher sagt, dann hört sich das so an, als ob du ein Außerirdischer wärst."

Lena war noch nie in Afrika. Schon mehrfach waren Reisen geplant, „aber es ging dann immer nicht". Sie weiß vom Bürgerkrieg in dem kleinen westafrikanischen Land, wo auch eine Halbschwester lebt. Anders als der Bruder hat sie Verständnis für den überforderten Vater, der eine so große Familie zu haben scheint, daß er ja auch nicht alle kennen kann. Der Großvater hatte vier Frauen, und damit gibt es entsprechend viele Tanten und Cousinen. Sie fände es gut, wenn der Vater über seine afrikanische Familie mehr erzählen würde, aber sie „kann damit leben", da sie es am nächsten Tag sowieso wieder vergessen hätte. Doch für die Schule wäre es gut, mehr zu wissen, könnte sie doch dort als quasi Insiderin glänzen.

Lena freut sich über drei Wünsche an die Fee und begann gleich:

„Als ich klein war, hätte ich mir bestimmt gewünscht, daß ich lange blonde Haare hab, ich wollte früher mal lange blonde Haare haben, aber jetzt?... Ich glaube erstens, daß meine Mutter im Lotto gewinnt .... Und dann, daß es keinen Krieg und keine Diskriminierung mehr gibt und daß ich ein bißchen größer werde."

Später wollte sie gerne den letzten Wunsch zurückstellen, da ihr ein wichtigerer eingefallen war, nämlich daß sie das erreiche, was sie will, wobei sie die zukünftige Rechtsanwältin in Amerika mit Swimmingpool vor Augen hat.

Lena würde gerne einiges aus ihrer Familiengeschichte entschlüsseln, sie fand ihr Leben aber augenblicklich scheinbar auch so interessant. Es gelang ihr vieles, und Enttäuschungen gewannen nicht die Oberhand. In diesem Sinne ignorierte sie bisher auch unangenehme Erlebnisse von mehr und weniger deutlicher Ablehnung aufgrund ihres Phänotyps. Es gab weit mehr positive Erfahrungen, die ihr Selbstbewußtsein stärkten.

Die Experimentierer

Vier junge Menschen der Studie können als Experimentierer charakterisiert werden. Sie gehören in Ansätzen noch zu den Pragmatikern, lassen sich aber durch ihre, vielleicht auf Grund des Alters, konkreten Beschreibungen ihrer Auseinandersetzung genauer charakterisieren. Sie stellen ihre Auseinandersetzung über die verschiedenen Entwicklungsstufen hinweg recht plastisch dar. Hier sind eher Kinder mit einem orientalischen Vater einzuordnen, wie Mohab mit seinem syrischen Vater, Anoosh mit ihrem iranischen und Myriam mit ihrem algerischen Vater. Ihre Familiendarstellungen sind keineswegs homogen. So werden in einem Falle zwei separaten Familien auf das Brett fixiert. Außerdem gab es ein Beispiel, bei dem der Befragte sich in einer Verbindungsfunktion zwischen den Familienhälften darstellte. Desweiteren waren zwei sich auflösende Familien zu sehen, die deutlich durch die Ablösung der befragten jungen Erwachsenen geprägt schienen.

Myriam, eine 23jährige deutsch-algerische Studentin
Ich hab' es jedenfalls nie als etwas Negatives empfunden!

Myriam begrüßt dieses Forschungsinteresse, denn sie erlebt sich in einer Lebensphase, in der sie sich gerne mit sich und ihrer Familiengeschichte auseinandersetzt. Für Myriam war der Umzug von Algerien nach Deutschland der erste wesentliche Einschnitt in ihrem damaligen achtjährigen Leben.

„Bis ich acht war, war ich eigentlich ein algerisches Mädchen, hab' mich auch so gefühlt, also mit Vor- und Nachnamen, der arabisch ist."

Mit dem Umzug war die Trennung der Eltern verbunden, denn der Vater blieb vorerst in Algerien. Zu Hause wurde damals Französisch gesprochen, das Deutsche war „nicht so Thema" für sie. Dennoch erlernte sie in Deutschland schnell die Sprache der Mutter, der Umgebung und vor allem auch der vielen Cousinen: „ich hatte es irgendwie auch im Ohr." Mit diesem Ortswechsel war eine Infragestellung ihrer Identität verbunden, die durch ein Kind aus der Schule ausgelöst wurde, von dem sie „Mischling" genannt wurde. Diesen Ausdruck hatte sie bis dahin nur mit Hunden in Verbindung gebracht. Ihre Mutter wies sie darauf hin, „das ist etwas sehr Schönes ... eine Bereicherung".

Später wurde ihr arabischer Name immer wieder zum Anlaß genommen, sie nach ihrer Herkunft zu fragen, und zuletzt waren es ihre Sprachkenntnisse. In diesem Zusammenhang spricht sie davon, „es jedenfalls nie als etwas Negatives empfunden" zu haben. Im „es" scheinen Sprachkenntnisse und Bikulturalität hier ineinander aufzugehen. In der Pubertätsphase entwickelte sie sich dann „in die andere Richtung". Sie erklärt diesen Wechsel mit ihrer Schulsituation. Auf dem deutsch-französischen Gymnasium lernte sie viele Mitschülerinnen in einer ähnlichen Situation kennen, trotzdem hat sie sich „nach dem Deutschen ausgerichtet", denn, fügt sie ein, der Vater lebte nicht mehr in der Familie. Sie scheint bis jetzt erstaunt über diesen Wandel, denn all die Jahre seit der Trennung vom Vater besuchte sie ihn in den Ferien. Sie verhielt sich bei seiner „ziemlich strenggläubigen Familie" gezwungenermaßen anders, schlüpfte in verschiedene Rollen, je nach Kontext. Sie erinnert sich, daß sie diese Rollen zwar einnahm, sich aber nicht damit beschäftigte, denn in der Pubertät interessierte sie sich für anderes.

Als sie mit 17 Jahren für ein Jahr per Schüleraustausch nach Australien ging, begann sie sich Fragen zu stellen, wie: „Wer bin ich eigentlich" und „Wie kann ich meine Beziehung zu meinem Vater z.B. verbessern" oder „Wie kann ich ihn besser verstehen und er mich?" Neben diesen zu Beginn des Austauschs gestellten Fragen gesellten sich bald Fragen aus dem australischen Umfeld nach ihrer Herkunft. Sie begann mit der Antwort: Deutsche, was aber scheinbar nicht befriedigte, so daß sie sich auf „Halbdeutsche", danach auf „Halbalgerierin" verlegte und zuletzt sogar ausführte: „in Algerien geboren und dann nach Deutschland gezogen". In Australien mußte sie sich erklären, und in der Ferne stellte sie fest, wie sehr sie Nachrichten aus Deutschland *und* Algerien interessierten oder auch wie sehr sie „blöde Witze über Deutschland" verletzten. Der algerische Bürgerkrieg hatte bereits begonnen, und sie erfuhr dann von der Emigration des Vaters nach Deutschland, wo er wenig später eine zweite deutsche Frau heiratete. Dieses Verlassen Algeriens war für sie ein Abschneiden ihrer Kindheit, da sie damit ihr Zimmer in der alten Wohnung verlor, „und da hatte ich das Gefühl, das ist jetzt zu Ende".

Diese nachdenkliche Stimmung behielt sie bis zum Abitur, bis sie erneut nach Australien reiste und darüber nachdachte, was sie eigentlich studieren möchte. Sie entschied sich für das Erlernen der arabischen Sprache, für eine Auseinandersetzung mit dieser Kultur, und schrieb sich nach ihrer Rückkehr bei den Islamwissenschaftlern ein. Trotz der neuen räumlichen Nähe zum

Vater gestaltete sich für das Lieblingskind des Vaters die Kontaktaufnahme schwierig, denn von der Heirat und der Geburt einer Halbschwester erfuhr sie durch andere, nicht durch den Vater. Auch seine Reaktion auf ihr begonnenes Studium verletzte sie.

„Ja, das war eine sehr wichtige Sache für mich, wie er reagiert hat. Ich glaube ..., es war mir so wichtig, weil ich dachte, es würde ihm gefallen. Aber es hat ihm nicht gefallen. Er sagte zu mir, du hast ein gutes Abitur gemacht, warum machst du nicht Medizin, warum machst du nicht Jura, oder du interessierst dich doch für Sprachen, mach doch Englisch."

Er unterstützte sie keineswegs, sondern er scheint sich eher vor Freunden zu schämen, daß seine Tochter kein prestigeträchtiges Studium aufnahm. Allerdings stellt sie inzwischen fest, daß er sich sehr freut, wenn sie arabischen Nachrichten folgen kann. Sie bemüht sich weiterhin um ein Verständnis der väterlichen Reaktionen, und sie entschuldigt sie mit seiner französischen Erziehung, die strikt gegen das Arabische gerichtet war. Parallel zu ihren Erlebnissen mit dem Vater konnte sie Erfahrungen im Umgang mit arabischen Frauen sammeln. Im Rahmen eines Praktikums reaktivierte sie arabische Seiten in sich. Sie strahlt bei der Erinnerung an ihre Erfahrung im Sprachkurs:

„Dieses kleine Mädchen in mir lacht so oft, weil es einfach Wörter erkennt und den Klang, und es ist sehr glücklich. Also, dieses Studium macht mir daher, denk' ich, auch besonders Spaß, weil es mich erinnert, aber auch herausfordert."

Eine vorerst letzte Herausforderung der eigenen Identität durchlebte sie bei einer Sprachreise in Ägypten. Bereits bei Grenzübertritt wurde ihre deutsche Zugehörigkeit ignoriert. Mit diesem Namen und diesem Geburtsort war sie eine von ihnen, eine Moslima. Sie lernte dort „reine Ägypterinnen" kennen,

„die wirklich so leben, wie ich es nicht mehr könnte, ... dann hab' ich doch den europäischen Teil viel zu stark in mir, als daß ich mir so einiges gefallen lassen könnte."

Myriam wurde in einer Lebensphase angesprochen, in der sie sich voller Hingabe einem Studium widmet, das sie wieder in Kontakt mit ihrer sehr glücklich erlebten Kindheit in Algerien bringt. Sie hat den Kontakt zum Vater wiederbelebt und schafft neue Gemeinsamkeiten, besonders durch die arabische Sprache.

Die Solidarischen und Suchenden

Acht Kinder, gleichmäßig auf alle Altersgruppen verteilt, fallen unter die Gruppe der Solidarischen und aus diesem Grund oft Suchenden. Es besteht Solidarität mit einem geliebten Elternteil und im Zusammenhang mit altersgemäßer Ablösung entsprechend auch eine Suche nach einem eigenen Platz. Dabei kann die Wahl, oder einstweilig auch Phantasie, eines dritten Weges notwendig sein, um einen Loyalitätskonflikt zu vermeiden. Hier sind eher Deutsch-Afrikaner zu finden als Deutsch-Lateinamerikaner. Ein ähnliches Bild ergeben die Familienbilder, die zu drei Vierteln unter die Kategorie

„Geborgenheit und Verantwortung" fallen. Bei dem letzten Viertel der Suchenden fällt eine „Einsamkeit" am Rande der Familie auf.

Kemal, ein 13jähriger deutsch-afrikanischer Junge
...ich kann mir sicher vorstellen, daß da was anders ist, aber was?

Anders als sein jüngerer, begeisterter Bruder ging Kemal an dieses Gespräch
eher zurückhaltend und skeptisch heran. „Ich fand das irgendwie komisch, ...
ich fragte mich eigentlich, warum man so ein Thema aufgreifen soll. ... Ich
mein', wir hatten bis jetzt deswegen noch nie Probleme. ... Ich weiß nicht,
wie die anderen aufgewachsen sind, aber für mich, ich kenn's nicht anders."
Dennoch blieb er über 90 Minuten konzentriert in der heimischen Küche, mit
der Mutter im Nebenzimmer.

Nachdem ich klargestellt hatte, daß mich keineswegs nur Probleme interessierten, lachte er und ergänzte:

„Ich kann mir zwar vorstellen, daß es da andere gibt, die damit irgendwo nicht so gut
klarkommen ..."

Kemal überläßt seinem lebhaften Bruder häufig den Vortritt, allerdings verbessert und erklärt er immer wieder, besonders wenn es um Ägypten/Nubien
geht, denn da ist er der Fachmann. Er war schon oft mit seinem Vater in dessen Heimatland, und er findet es wichtig zu sehen, „wie andere leben, nicht
nur die Reichen". Er kennt die Werbeplakate für Ägypten und das ganz andere Wohnviertel seiner Großmutter. Sein besonderes Interesse aber gilt der
Geschichte des alten Nubiens, der ursprünglichen Heimat seiner väterlichen
Vorfahren. Kemal weiß auch, daß sein Vater wegen des drohenden Militärdienstes über England nach Deutschland kam.

Den Erziehungsstil seiner inzwischen geschiedenen Eltern schätzt er als
„sehr neutral" ein. Obwohl ihm die Teilnahme am Religionsunterricht freigestellt wurde, beschäftigt er sich mit Religionen, die aber alle nicht seinen
Vorstellungen entsprechen. Sein Vater wies beide Söhne darauf hin, daß sie
„sowieso schon halbe Moslems sind", was Kemal aber nicht davon abhält,
kategorisch anzugeben, *keine* Religionszugehörigkeit zu haben. Sie kennen
einige Regeln der Muslime, praktizieren sie aber nicht. Hinsichtlich der
Spracherziehung stellt er lakonisch seine eigene Faulheit fest. Er vermutet,
daß seine Mutter gerne gesehen hätte, wenn ihre Söhne Arabisch gelernt
hätten, was die Mutter im anschließenden Gespräch nicht bestätigte. Auch
ohne Zweisprachigkeit sieht Kemal sich als bikulturelles Kind, denn

„wenn man unseren Vater anguckt und unsere Mutter, sieht man das ganz klar ... Unser
Vater hat wirklich verdammt dunkle Haut, und wir haben so 'ne Art Mischung, ich würd'
mal sagen so'n Sierrahellbraun."

Sein Bruder fügt hinzu, daß sich stumme Kinder doch auch selbstverständlich bikulturell fühlen würden.

Bisher hat ihn noch nie jemand nach seiner Lebenssituation gefragt, lediglich sein Familienname löst Nachfragen aus, da er sich bayerisch anhört, allerdings arabisch ist. Kemal weiß nicht, wofür ein Begriff wie bikulturell nützlich sein könnte. Für andere mag afrodeutsch sinnvoll sein, er selber weiß nicht, wozu er diese Bezeichnung nutzen könnte. Er sieht es als Vorteil an, Kulturen und Religionen aus zwei Ländern kennenlernen zu können. Nachteile kennt er nicht. Er weiß nicht, ob Bikulturelle anders sind als andere: „Ich kann mir sicher vorstellen, daß da was anders ist, aber was?" Lediglich bei deutschtürkischen Kindern vermutet er Unterschiede, denn sie würden anders erzogen. Befragt nach drei offenen Wünschen, äußert sich Kemal spontan:

„Viel Geld, mit zwanzig eine Managerstelle in einem Pharmakonzern ... und eine bis ins 12. Jahrhundert zurückgehende Ahnentafel."

Kemal lebt mit seiner Mutter und dem Bruder in einem bürgerlichen Wohnbezirk, und er erkennt keinen bedeutsamen Unterschied zwischen seinem und dem Leben seiner Freunde. Die Kontakte zum Vater hängen von den vielen Terminen der Kinder, aber auch des Vaters ab, der aufgrund seiner Tourneen häufig im Ausland lebt. Kemal möchte mehr vom Hintergrund seines Vaters erfahren. Bei seinem Eintauchen in die Geschichte wurde er lebendig, wohingegen die Alltagserfahrungen ihn eher zu langweilen schienen.

Die Gelassenen

Elf bikulturelle Kinder, Jugendliche und Erwachsene aus allen vier Altersstufen fallen unter den Typ der Gelassenen. Manchmal geht die Gelassenheit schon in den Genuß eines besonderen Status über. Bei den elf- bis 14jährigen findet sich eine Konzentration dieses Typs, denn fünf von zehn Kindern lassen sich in dieser Lebensphase so einordnen, womit sie etwa die Hälfte der Gruppe der Gelassenen ausmachen. Desweiteren ist auffällig, daß unter diesem Typ besonders oft deutsch-lateinamerikanische junge Menschen zu finden sind, denn gleich sechs von insgesamt neun Deutsch-Lateinamerikanern äußerten sich entsprechend. Auf einen möglichen Zusammenhang zur familiären Situation wurde schon an anderer Stelle hingewiesen. Hier scheint der Hinweis wichtig, daß unter den Gelassenen etwa gleich viele Kinder aus einer Kernfamilie wie aus einer Einelternfamilie stammen. Allerdings sind unter den Gelassenen mehr Mädchen zu finden. Von den zehn vorliegenden Familienbildern wurden sieben der Kategorie „Geborgenheit und Verantwortung", drei der von „Ablösung" zugeordnet.

Lisa, ein 14jähriges deutsch-brasilianisches Mädchen
Der Traum vom großen Glück

Das Gespräch findet in der kleinen Wohnung der Mutter statt, in der sie weitgehend aufgewachsen ist. Lisa ließ sich spontan auf dieses Interview ein,

obwohl sie die Fragestellung nicht besonders interessant fand. Sie und ihre
Mutter wurden vor einigen Jahren bereits dazu befragt. Mir tritt eine strah-
lende, höchst aktive Jugendliche gegenüber, deren Leben möglichst „locker"
sein soll. Sie weiß mit dem Begriff Bikulturalität etwas anzufangen und
kommentiert gleich

„das hört sich so besonders an, aber ist eigentlich gar nicht besonders ... Ich kenn kaum
deutsche Kinder und ... so richtige deutsche Eltern."

Ihr familiäres Umfeld ist weitgehend durch die Mutter und ihre Sprachen
Portugiesisch und Spanisch geprägt. In ihrer Realschulklasse kennt sie kaum
deutsche Klassenkameraden, sie weiß auch nicht wieso.

Meine Frage nach ihrem bikulturellen Leben beantwortet sie lachend:

„Also, ich nehme immer die besseren Ideen ... Also, mit der Pünktlichkeit versuch ich's
wie mein Vater ... aber es ist auch manchmal angenehm, so wie meine Mutter unpünktlich
zu kommen und dann halt irgendwie 'ne Geschichte auszudenken ..."

Die Lockerheit der Brasilianer gefällt ihr grundsätzlich, allerdings beim Beispiel Schule versucht sie es „wie die Deutschen zu machen, halt richtig sitzen
und lernen und lernen, lernen ..." Bei der Eßkultur schätzt sie die Vielfalt,
gesteht aber, gar nicht so recht zu wissen, was deutsche oder auch brasilianische Küche bedeutet: Spaghetti, Klöße... Etwas sicherer ist sie sich bei den
Tischsitten. In deutschen Familien hat jeder

„so seinen Teller und sitzt ganz brav und hat sein Trinken vor sich stehen, und dann ißt
jeder ... wie man essen muß, und es wird nichts geredet, bei uns wird halt diskutiert am
Tisch."

Neben den so verstandenen Chancen einer Wahl benennt sie einen Nachteil:
„daß dadurch halt bei mir keine Religion gekommen ist". Ihre Eltern wollten
sie eigenständig entscheiden lassen, weder Mutters katholische noch Vaters
evangelische Zugehörigkeit spielten in ihrem Leben eine Rolle. Sie besucht
seit der ersten Klasse den evangelischen Religionsunterricht und hätte sich
eine klare Zugehörigkeit gewünscht:

„Dann muß man richtig katholisch sein oder richtig evangelisch, denn 'ne Mischung ist
wieder Humbug."

Auch beim Thema Sprache hält sie wenig vom Vermischen, denn „wenn
man 'ne gemischte Muttersprache hat", dann kann es zum Beispiel nach den
Ferien vorkommen, daß Portugiesisch, Deutsch und Englisch in einem Satz
vermischt werden: „Das war halt nicht so gut." Sie hat noch eine weitere
Kritik am bikulturellen Leben:

„Die ganzen Kinderlieder von Brasilien habe ich zum Beispiel nicht mitgekriegt ... halt
die ganzen Sachen so."

Heute kauft sie begeistert Kinderbücher in Brasilien. Einmal im Jahr fährt Lisa nach Brasilien oder Portugal, und sie findet „Brasilien viel besser als
Deutschland", da es dort nicht so wahnsinnig kalt ist und viel mehr Feste ge-

feiert werden. Sie ahnt, daß das auch etwas mit Urlaub zu tun haben könnte, deshalb möchte sie gerne einmal ein Jahr in Brasilien leben und ihre Erfahrungen überprüfen. Außerdem hätte sie gerne mehr Kontakt zu ihren dortigen Verwandten, die sie als herzlicher empfindet, auch wegen des selbstverständlicheren Körperkontaktes.

Ihre Eltern lassen sich erst jetzt scheiden, obwohl sie bereits lange getrennt leben, sporadisch aber auch gute Kontakte hatten. Lisa pflegte ihre Beziehung zum Vater als Kind recht intensiv, als Jugendliche erlebt sie die aktuellen Scheidungsstreitigkeiten mit, und sie scheint sich distanziert zu haben. Sie weiß zu berichten, wie die Eltern sich kennengelernt haben, was sie recht originell beschreibt. Danach trafen sich der deutsche Vater als Brasilienexperte und ihre brasilianische Mutter als interessierte Zuhörerin in Berlin. Die Eltern heirateten recht bald, nicht zuletzt wegen des Touristenstatus der Mutter. Bald darauf wurde Lisa geboren. Zwei unabhängige Haushalte blieben scheinbar zur Sicherheit beider Elternteile bestehen. Die sehr unterschiedliche finanzielle Situation der Eltern blieb bis zuletzt ein Konfliktpunkt. Lisas Mutter arrangierte sich recht schnell in Berlin, trotz Schwierigkeiten mit der deutschen Sprache. Sie muß für ihr Geld härter arbeiten als ihr Mann. Beide nahmen Abschied von ihren akademischen Karrieren, der Vater wandt sich dem Künstlerischen zu, die Mutter dem Pädagogischen.

Interessant sind ihre drei Wünsche:

„Ein Jahr in Brasilien leben, ... alle meine Freunde in einem Land versammelt haben, ... und wunschlos glücklich sein, ... vielleicht auch alle Verwandten so in einem Land irgendwie versammelt zu haben, also so in der Nähe."

Im Anschluß an die formulierten Wünsche baute Lisa ihre Familie auf dem Familienbrett auf, und es verwundet nicht, daß sie sich gut gelaunt im Kreis ihrer Lieben aufbaut. Der Familienkreis stellt sich hier als Kreis mütterlicher und auch väterlicher Verwandten dar, was laut Lisas Kommentierung nicht ganz so unkompliziert ist. Sie will insbesondere die Cousinen nicht weglassen, denn zu ihnen pflegt sie einen eigenständigen Kontakt. Sie sieht sich „im Zentrum", was sie schnell lachend aufhebt:

„Nein, nein, ich bin auch ein Mitglied von dieser Familie ... Ja, alle gucken sich an, na ja, und alle behüten dich oder so... Ja, weil es sind ganz schön viele, und irgendwie jeder ... kümmert sich um den anderen."

6. Spezifische Bedeutung von Geschlecht, Alter und kontinental-kultureller Zugehörigkeiten

Geschlecht

Einen zentralen Unterschied zwischen den befragten Jungen und Mädchen stellte der Umgang mit dem Status als Besondere dar. Bereits im Kapitel zur schulischen Situation gab es erste Hinweise auf selten benannte Unterschiede. Die Mädchen schilderten eher erlebte Akzeptanz, die Jungen erinnerten sich dagegen auch an körperlich ausgetragene Positionskämpfe. Im Kapitel über die sechs „Typen" fielen die Mädchen besonders bei den Gelassenen auf, die Jungen dagegen häufiger bei den Suchenden und Solidarischen. Danach beschrieben Jungen eher ihre Suche nach einem eigenen Platz in der Gesellschaft, Mädchen schilderten lieber ihren gelassenen bis lustvollen Umgang mit ihrer Position als Bikulturelle. Diese Differenz machte sich besonders zwischen Geschwistern bemerkbar. Als erstes Beispiel sollen die Erzählungen eines deutsch-koreanischen Geschwisterpaares dienen:

Michael wurde schon im Kindergarten mit Ausdrücken wie Pappchinese gehänselt. Er sah sich gezwungen, wenn nötig mit Gewalt Position zu beziehen. Seine zunehmende Wut ließ die anderen Kinder verstummen. In der Schule sollte er sich dann mit Kung Fu und anderen asiatischen Größen messen. Er identifizierte sich jeweils phasenweise aktiv mit den Deutschen oder mit den Asiaten. Erst als junger Erwachsener fühlte er sich unabhängig vom Identitätszwang und entsprechenden Fremdzuschreibungen. Sanya, seine jüngere Schwester, erinnerte sich an keinerlei Probleme, es sei denn, daß Kinder in Korea hinter ihrem Rücken tuschelten, da sie nicht typisch koreanisch aussah, was sie genauso empfand. Fragen nach ihrer Herkunft interpretierte Sanya als Interesse an ihrer Person.

Die deutsch-afrikanischen Geschwister Lena und Mathias bieten sich als zweites Beispiel an: Mathias reagierte allergisch auf Schimpfwörter wie Nigger und andere. Er scheute notfalls auch nicht vor körperlichen Auseinandersetzungen zurück, um sein Gegenüber in seine Schranken zu verweisen. Bisher war er damit erfolgreich, er hat einen großen Freundeskreis. Lena kannte solche Beschimpfungen nicht. In ihrer Integrationsklasse wußte sie um ihre besondere Position als beliebte Klassenkameradin. Sie wurde von ihrer Lehrerin bereits auf eine damit verbundene Verantwortung hingewiesen, was sie ein wenig lästig fand. In der Öffentlichkeit schien sie ein Augenmerk auf die jeweilige Atmosphäre zu haben, denn wenn sie sich merkwürdig angesehen fühlte, wich sie lieber aus.

Insgesamt wird der Druck auf die Mädchen geringer eingeschätzt. Als Grund dafür können fehlende oder zumindest weniger zur Verfügung stehende und damit abzuarbeitende kulturelle Identifikationsmodelle für die Altersstufen bis zum Erwachsenenalter angenommen werden. Oder sind Modelle weiblicher

Identifikation kompatibler in den diversen Kulturen? Welche Bedeutung kann insbesondere der in diesem Sample zu beobachtenden Anpassungsbereitschaft der Mädchen beigemessen werden? Bieten lediglich die Mütter Modelle zur Identifikation im Unterschied zu den oft abwesenden Vätern, die somit keine Geschlechtermodelle einbringen? Oder führen die Jungen eher eine Auseinandersetzung auf der Sachebene im Gegensatz zu den Mädchen, die eher auf der Beziehungsebene agieren? Fragen, die vorerst unbeantwortet bleiben müssen. Interessant wäre auch eine Auswertung der Bedeutung der Geschwisterposition. In beiden oben vorgestellten Beispielen sind die Brüder auch die Älteren, worauf im folgenden Abschnitt näher eingegangen wird.

Alter

In den oben vorgestellten Beispielen wurde gefragt, ob möglicherweise die älteren Kinder den Weg für die jüngeren Geschwister bereiten. In den beobachteten Geschwisterbeziehungen schien die Auseinandersetzung der Älteren mit den Eltern konkreter. Dies kann mit dem Alter, aber auch mit der spezifischen Rolle in der Familie zusammenhängen. Die jüngeren Geschwister wirkten insbesondere dem Vater gegenüber verständnisvoller. Hierbei könnte die Altersdifferenz insofern eine Rolle spielen, als die Älteren den Vater länger im Familienkreis erlebt haben und damit ihre Enttäuschung über die Trennung tiefer gegangen sein kann. Desweiteren fiel bereits an anderer Stelle auf, daß sich die Familiensituation über die Jahre verändert hat. Erinnert sei hier an die Familiensprache, das spezielle kulturelle Interesse der deutschen Partner, den Freundeskreis, die fortschreitende Integration. Insgesamt erlebten ältere Geschwister möglicherweise ein mehr in sich geschlossenes Familiengebilde, das auch mit größerem Anpassungsdruck verbunden war. Die emotionalen Bindungen können vor diesem Hintergrund unterschiedlich gestaltet worden sein. Entsprechend korrespondiert die Toleranz der Jüngeren mit der Öffnung der Familie, den durchlässigeren Grenzen, dem geringeren Anpassungsdruck.

Die oben angedeuteten besonderen Erwartungen sind in Verbindung mit dem anfänglich größeren Engagement für die Integration eines Dritten in die Paardyade zu sehen. An dieser Stelle sei an die Positionen der Ältesten und Einzigen zwischen den Eltern auf dem Familienbrett erinnert und an die Bedeutung der bilingualen Erziehung bei den Erstgeborenen. Die Biographie Myriams verdeutlichte die emotionale Bedeutung von geteilter Sprache zwischen Vater und (hier allerdings jüngster) Tochter.

Das Lebensalter der Kinder spielte im Zusammenhang mit Zweisprachigkeit eine zentrale Rolle, da viele von einer Veränderung zum Zeitpunkt des Schulbeginns sprachen. Es entstand der Eindruck, daß zwischen sechs und sechzehn Jahren elterliche Wünsche nach Zweisprachigkeit hinter den kindlichen Wünschen nach Integration und Akzeptanz in einer Peer-Gruppe zurückgestellt wurden. Haben die Jugendlichen ihren Platz in der Gemeinschaft gefunden, können neue Zugänge zu den Interessen der Eltern eröffnet werden. Viele Eltern mußten sich dann sogar Vorwürfe wegen ihres zu geringen Durchhaltevermögens anhören.

Kontinental-kulturelle Zugehörigkeiten und drei mögliche Interpretationsebenen

Die bisher ausgeführten Ergebnisse wurden mehrfach hinsichtlich ihrer verschiedenen kontinental-kulturellen Kontexte unterschieden. Zweifellos stellt dies ein fragwürdiges Unternehmen dar, wenn damit Aussagen über kulturelle Differenzen erhofft werden. Im Rahmen dieser kleinen, keineswegs repräsentativen Studie sollen mit Hilfe dieser Kategorien die gesellschaftlich relevanten stereotypen und phänotypischen Bilder aufgegriffen werden. Ihre Zulässigkeit wird durch das vorliegende Material eher in Frage gestellt als bestätigt, wie individuelle Biographien und auch die folgenden Interpretationsebenen belegen.

Hier soll der Versuch gemacht werden, die kulturell oder national/kontinental definierten Zugehörigkeiten entsprechend dieser groben Einteilung zu bündeln und hinsichtlich ihrer Bedeutung für kulturelle Identität zu hinterfragen. So fielen insbesondere Kinder mit einem afrikanischen, einem lateinamerikanischen oder einem orientalischen Elternteil bei verschiedenen Themenschwerpunkten mit speziellen Ergebnissen auf.

Kinder aus deutsch-afrikanischen Familien

Alle Kinder wuchsen mit Vätern auf, die getrennt von ihnen lebten. Als besonderes Merkmal ihrer Familie beschrieben sie, die – oft vom Vater zubereiteten – afrikanischen Gerichte. Nicht selten teilten die Kinder die Enttäuschung ihrer deutschen Mütter über die geringen Einblicke in die afrikanische Kultur und Familie. In dieser Gruppe sind Reisen in die väterlichen Heimatländer selten möglich. Die Kinder hatten eher westliche Namen und setzten sich aufgrund ihres Phänotyps mit zwei Kulturen/Gesellschaften auseinander. Ihr Familienbild drückte Ablösung aus, sie werden zu Suchenden und Solidarischen.

Kinder aus deutsch-orientalischen Familien

Die deutschen Mütter brachten großes Interesse an Kultur und Sprache mit, pflegten einen entsprechenden Freundeskreis oder entsprechende berufliche Kontakte. Die Kinder gaben trotz väterlicher Weitergabe der Religionszugehörigkeit zum Islam an, ohne Religion zu sein. Sie trugen eher nicht-westliche Namen, oft auf Wunsch der Mutter, und reisten gerne in die Türkei. Außenstehende vermuteten Identitätskonflikte bei deutsch-türkischen Kindern, die diese aber keineswegs bestätigten. Andere Deutsch-Orientalen wurden häufig als Türken angesprochen und/oder zugeordnet. In dieser Gruppe fielen besonders viele Experimentierer auf, ebenso stellten sie sich häufig als Mittler zwischen Eltern und Familien dar.

Kinder aus deutsch-lateinamerikanischen Familien

Deutsche Mütter hatten auf vielfache Art bereits einen Bezug zum Land des Mannes und zu seiner Sprache. Zweisprachigkeit war ein zentrales Erziehungsziel, oftmals wurde Bikulturalität mit Bilingualität gleichgesetzt. Exotische Namen waren beliebt, ebenso Reisen nach Lateinamerika. Das Essen – vielfach von den Vätern gekocht – wird als Besonderheit erwähnt. Der Status des Besonderen durch Äußeres, Namen oder Sprache wird mit zunehmendem Alter als angenehm empfunden, ihr Umgang mit Bikulturalität wird dem der Gelassenen zugeordnet. Ihre Familie stellen sie als Kreis, bestehend aus allen Familienmitgliedern, dar.

Drei Interpretationsansätze

– Eine schnelle kulturalistische Interpretation (vgl. Huntington 1997) böte für die erste Gruppe Hinweise auf die Unvereinbarkeit von deutschen und afrikanischen Werten und Normen, wonach die Kinder zwangsläufig alleine auf die Suche gehen müssen. Oder es würde in der zweiten Gruppe zwar das Interesse am Orient auf deutscher Seite registriert, die gesellschaftliche Abwertung des Türkischen/Islamischen aber als Spannungsmoment eingeführt werden. Die Kinder agieren als Vermittler, da sie die Spannungen auszubalancieren haben. Die dritte Gruppe böte wenig Anlaß zur Annahme von Kulturkonflikten. Der hierarchielose Familienkreis, das herausragende Kulturinteresse an einer akzeptierten gemeinsamen christlichen Kultur ließen mehr Gleichheit als Unterschied erkennen.
– Mit einem soziologischen Blick[11] auf gesellschaftspolitische Bedingungen lassen diese Gruppenskizzen schnell erkennen, wie einschneidend gesellschaftliche Strukturen die Konstruktion von Identität beeinflussen. Ausländische Eltern, die ihren Kindern eine prestigeträchtige Sprache vermitteln können und dazu interessante Reisen ins Heimatland, können es den Kindern leicht machen, ihre persönlichen Lebenswege erfolgreich zu beschreiten. Wenn dies nicht so einfach möglich ist, da politische Unruhen, beschränkte finanzielle Mittel oder innerfamiliäre Spannungen den Alltag prägen, benötigen diese jungen Menschen Mittel und Wege, die mit sehr viel Eigenständigkeit erworben werden müssen, da weder Vater noch Mutter sie in dieser Hinsicht bei ihrer Identitätsbildung unterstützen können.

---

11 Vgl. hierzu den Beitrag von Katz

– Schließlich drängt sich eine individuell psychologische Deutung auf.
Ausgehend von zwei zentralen Axiomen Stierlins, dem der bezogenen
Individuation und dem des Bindungsmodus, kann in der ersten Gruppe
von einer Gefahr der Überindividuation ausgegangen werden. Da desweiteren die Bindung – im Zusammenhang mit diffuser Sehnsucht der
Mütter –, die Angst der Eltern hinsichtlich einer Ausgrenzung und vor
möglichen Loyalitätskonflikten aufgrund der elterlichen Trennung bedeutsam sind, laviert das Kind zwischen starker Bindung, aber auch einem Gefühl von Alleinsein. In der zweiten Gruppe kann von einer bezogenen Individuation gesprochen werden, allerdings mit der Gefahr einer
Triangulation. Das Kind erhält eine möglicherweise zu bedeutsame Position als Ausgleicher von Spannungen. In der dritten Gruppe scheinen
Familiensinn und Homogenität eher starke Bindungen mit einer Gefahr
der Unterindividuation hervorzurufen. Die Idealisierung von diversen
Werten kann besonders als Über-Ich-Bindung bezeichnet werden.

Ausblick

Zur eingangs gestellten Frage nach der Bikulturalität als einem Mosaikstein
kindlicher Identität müssen die anfangs aufgeführten Definitionen von Kultur
und Identität nochmals herangezogen werden. Denn wenn Kultur als offener,
instabiler Prozeß des Aushandelns von Bedeutungen verstanden wird und im
zweiten Schritt Identität als die symbolische Struktur gesehen wird, die im
Wechsel biographischer Zustände Kontinuität sichern hilft, dann verliert das
im Rahmen dieser Studie fokussierte bikulturelle Element an Bedeutung.
Damit ist definiert, daß diese Kinder – ähnlich wie alle anderen – ihre individuelle Identität an einem Ort wie Berlin über die verschiedenen Positionen
im sozialen Raum hinweg sichern. Sie treten als kompetente Akteure in unterschiedlichen Interessenlagen zusammen und verhelfen damit, mit anderen,
zu neuen Kompromißbildungen und kulturellen Grenzmarkierungen.

Gemäß diesen Definitionen interessieren dann eher die Kompetenz der
Akteure, desweiteren die Kompromißbildung wie auch feststellbare Grenz-
markierungen. An dieser Stelle gewinnt das „bikulturelle" Element wieder an
Bedeutung. Als ein Ergebnis dieser Studie ist festzuhalten, daß die befragten
Kinder und Jugendlichen in den verschiedenen Altersstufen Auseinanderset-
zungen zu führen hatten, die kennzeichnend für Bikulturelle sein können.
Darunter sind vor allem Reaktionen aus dem sozialen Umfeld zu verstehen
wie die Kommentierung eines untypischen Aussehens, die Fragen nach der
Herkunft und Zuordnung, der elterliche oder gesellschaftliche Druck hin-
sichtlich einer Bilingualität und der unsichere Umgang mit Begriffen[12]. Ihre

---

12 Natürlich können Kinder aus Familien anderer Konstellationen solche Erfahrungen
teilen, was als weiterer Beweis für eine heterogene Gesellschaft gesehen wird, keineswegs aber zu einer völligen Relativierung führen darf.

erlernten Verhaltensweisen im Umgang mit den oben angesprochenen Reaktionen müssen als Kompetenz betrachtet werden. Wie Beispiele dieser Studie belegen, ist im Rahmen dieser Kompetenz bereits eine Fähigkeit zur Kompromißbildung zu erkennen, die sich u.a. in der Auseinandersetzung mit den an sie herangetragenen stereotypen Bildern von deutschen, asiatischen oder anderen Kindern zeigte.

Eine spezifische Struktur von Bikulturellen ist aber damit nicht auszumachen, da die einzelnen Biographien in erster Linie Hinweise auf höchst individuelle Lebenswege geben. So war zu beobachten, daß sich eines der Kind ausschließlich wegen seines Äußeren als bikulturell betrachtete und ein anderes trotz Zweisprachigkeit und regelmäßigen Kontakten zur türkischen Familie keine Unterschiede zu seinen Klassenkameraden feststellen konnte, die sich, wie er auch, deutsch nannten. Diese Differenziertheit scheinen die Befragten zu berücksichtigen, wenn sie einen Begriff für die in dieser Studie als bikulturelle Bezeichneten weitgehend unnötig finden. Sie möchten nicht vereinheitlicht oder auch stereotypisiert werden. Damit greifen sie, vorwiegend unwissentlich, die Forderungen Schwarzer Deutscher auf, die ein Recht auf Selbstbezeichnungen reklamieren. Ihr Ansinnen kann darüber hinaus als zukunftsweisend bezeichnet werden, denn Biographien wie ihre werden in Kürze auch in Deutschland zur Normalität gehören.

Zusammenfassend ist festzuhalten, daß emotionale Bindungen eine zentrale Bedeutung haben. National-kulturelle Bindungen entstehen ausschließlich über emotionale Beziehungen zu Menschen, die entsprechend heterogene und flexible Werte und Normen vermitteln. Mit dieser Aussage kann Bikulturalität ein Mosaikstein kindlicher Identität sein; zwei verschiedene Pässe der Eltern sind aber kein Garant dafür. Die Bedeutungen von Familienstrukturen, der Anerkennung im Familien- und Freundeskreis und mit zunehmendem Alter einer Anerkennung als Subjekte[13] dieser Gesellschaft können nicht genug betont werden. Einseitigen Interpretationen soll damit der Boden entzogen und ein Plädoyer für interdisziplinäres und zirkuläres Denken gehalten sein.

Literatur

Döbert, Rainer/Habermas, Jürgen/Nunner-Winkler, Gisela (Hrsg.) (1977): Zur Einführung. In: Döbert, Rainer et al. *Entwicklung des Ich*. Köln 1977

Flick, Uwe (1995): Qualitative Forschung. Reinbek

Hecht-El Minshawi, Béatrice (1988): „Wir suchen, wovon wir träumen". Zur Motivation deutscher Frauen, einen Partner aus dem islamischen Kulturkreis zu wählen. Frankfurt a.M.

Stierlin, Helm et al. (Hrsg.) (1986): Das erste Familiengespräch. Stuttgart

---

13   Vgl. dazu P. Mecherils Beitrag in diesem Band.

Huntington, Samuel P. (1997): Kampf der Kulturen. München/Wien
Varro, Gabrielle/Gebauer, Gunter (Hrsg.) (1997): Zwei Kulturen eine Familie. Paare aus verschiedenen Kulturen und ihre Kinder, am Beispiel Frankreichs und Deutschlands. Opladen
Wießmeier, Brigitte (1993): Das „Fremde" als Lebensidee. Eine empirische Studie bikultureller Ehen in Berlin. Hamburg/Münster
Wimmer, Andreas (1997): Die Pragmatik der kulturellen Produktion. In: Brocker, Manfred/Nau, Heino (Hrsg.). *Ethnozentrismus. Möglichkeiten und Grenzen des interkulturellen Dialogs*. Darmstadt

Rassenidentität in „gemischten" Familien

Ilan Katz

1. Einleitung

Die Beziehungen zwischen den Rassen treten in der britischen Gesellschaft zunehmend ins Bewußtsein, insbesondere bei den Sozialen Diensten. Hauptsächlich betroffen sind die Bereiche der Kinderfürsorge, insbesondere bei der Pflegevermittlung und der Adoption. Hier haben sich spezielle Veränderungen im Laufe der Jahre aufgrund des wechselnden gesellschaftlichen und politischen Klimas ergeben (Gill/Jackson 1983; Cheetham et al. 1981; Rhodes 1993). Trotz der Konzentration auf Adoptionen wurden einige der Argumente auf gemischtrassige Familien angewandt, besonders auf Familien, in denen eine alleinerziehende weiße Mutter ein „schwarzes" Kind aufzieht.

Vor 1960 gab es in den Sozialen Diensten wenig Wissen über ethnische Besonderheiten. Man folgte der verbreiteten und anerkannten Philosophie, daß alle Menschen gleich behandelt werden sollten und daß Dienstleistungen unabhängig von der Hautfarbe angeboten werden. Mitte der sechziger Jahre wurde deutlich, daß eine große Zahl schwarzer Kinder in Heimen verblieb, während weiße Kinder in Ersatzfamilien untergebracht werden konnten. Zu dieser Zeit wurde die Unterbringung schwarzer Kinder in weißen Familien als fortschrittlich verstanden. Sozialarbeiter glaubten, daß die Unterbringung farbiger Kinder in weißen Familien gegenseitiges Verständnis fördere und der weiteren Gesellschaft ein Beispiel geben könne, daß Menschen unterschiedlicher Rassen zusammenleben können. Tatsächlich haben spätere Nachuntersuchungen gezeigt, daß diese Adoptionen bemerkenswert erfolgreich waren:

„Bezüglich der vier Punkte, die als kritische Maßstäbe für eine Bewertung herangezogen werden können, nämlich die Beziehungen innerhalb der Familie, die Peergroup, das Ausmaß an Selbstachtung und Verhaltensstörungen, deuteten die Forschungen darauf hin, daß nur eine kleine Zahl dieser Adoptionen als problematisch erachtet werden kann." (Gill/Jackson 1983: 131)

Johnson et al. berichten von amerikanischen Studien unter Vorschulkindern, in denen festgestellt wurde, daß Kinder aus gemischten Adoptionen sogar ein positiveres Konzept vom Schwarzsein und von sich selbst entwickelt hatten als schwarze Kinder, die von schwarzen Familien adoptiert worden waren (Johnson et al. 1987: 46). Ungeachtet dieser positiven Ergebnisse äußerten sich kritische Stimmen zu gemischten Adoptionen, die häufig von der wachsenden Zahl schwarzer Experten formuliert werden. Die Kritik fällt in zwei Kategorien, die zueinander in Wechselbeziehung stehen.

Politische Kritik

Die politische Kritik betrifft die historische und ausbeuterische Beziehung zwischen Schwarzen und Weißen. Aus dieser Sicht sind Kinder noch immer eine weiteres Mittel, mit dem die weiße Gesellschaft sich auf Kosten der schwarzen Gesellschaft bereichert. Die schwarze Gesellschaft werde auf diese Weise eines besonderen Reichtums ihrer Zukunft beraubt – ihrer eigenen Nachkommen. Die Kritik weist darauf hin, daß gemischte Adoptionen einseitig sind: Schwarze Kinder kommen in weiße Familien, nicht umgekehrt. Die Kritik ist besonders vernichtend gegenüber dem „farbenblinden" Ansatz der sechziger und siebziger Jahre (Penny/Best 1990).

Psychologische Kritik

Kritiken an gemischten Adoption unterstellen, das Aufwachsen in weißen Familien beeinflusse schwarze Kinder dahingehend, daß sie ein tiefes Gefühl der Trennung empfänden, welches sie vertrauter Bindungen beraube, die für ihr psychisches Wohlbefinden fundamental seien. Daher sei es wahrscheinlich, daß die Kinder introvertiert und isoliert würden. Diese Isolation werde sich auch über das außerfamiliäre Milieu erstrecken, weil dieses unvermeidlich „weißes" Sozialverhalten widergespiegelt. Außerdem führe das Aufwachsen in einem weißen Umfeld für die Kinder dazu, isoliert von der schwarzen Gemeinschaft zu sein, die normalerweise eine Quelle der Unterstützung für sie wäre. Folglich werde ihr Gefühl der Isolation noch weiter verstärkt. Es werden auch Gründe dafür angeführt, daß schwarze Kinder in weißen Familien mit einer unklaren Rassenidentität groß werden. Chestang, der von amerikanischen Erfahrungen spricht, sagt:

„Ein in einer weißen Familie großgezogenes Kind wird den Kontakt zu der schwarzen Lebenserfahrung verlieren... Mit der weißen Lebenserfahrung in großem Umfang sozialisiert worden zu sein, wird voraussichtlich dazu führen, daß ein solches Kind sein Leben hindurch Identitätskrisen erfährt, also wird es tatsächlich gespalten sein." (Chestang 1972: 103)

Für England hat Samuels folgende Behauptung aufgestellt:

„Ein Kind aus einer gemischten Adoption muß zwangsläufig schwere psychologische und emotionale Identitätsprobleme durchmachen. Von schwarzer Rasse und in kultureller Hinsicht weiß, was ist sein kulturelles Erbe?" (Samuels 1979: 238)

Die Kinder seien nicht nur verwirrt, sie würden außerdem unter einem niedrigen Selbstwertgefühl leiden, weil ihre weißen Familien unfähig seien, ihnen im Umgang mit dem Problem des Rassismus in der Gesellschaft zu helfen.

„Alle schwarzen Kinder in England sind beständig von dem Risiko begleitet, ihr Selbstwertgefühl zu untergraben, bedingt durch das Bild, das sie als Schwarze von sich selbst in einer Gesellschaft haben, in der die weiße Kultur und weiße Werte vorherrschen. Für das schwarze Kind, das in einer weißen Familie aufgezogen wird, nimmt dieses Risiko zu, weil es keine schwarzen Rollenmodelle gibt, die unmittelbar zur Verfügung stehen, und es sind keine schwarzen Familienmitglieder zur Hand, die sich mit negativen Erfahrungen, die das Kind möglicherweise durchlebt, auseinandersetzen." (Mullender/Miller 1985: 34)

Diese Argumente werden mit anekdotenhaften Beweisen untermauert, die darstellen, daß Kinder oft versuchen, ihre schwarze Haut zu verbergen, indem sie z.b. ihre Haut kräftig schrubben, um den „Schmutz" loszuwerden und Talkumpuder auflegen (Penny/Best 1990; Maximé 1993).

2. „Gemischte" Familien

Die oben angeführte Debatte bezieht sich in erster Linie auf die Bedingungen in weißen Adoptivfamilien. Doch viele dieser Argumente passen auch auf rassisch gemischte Familien, besonders wenn die Mutter weiß ist. Seit Jahrhunderten wird Rassenmischung verurteilt, und oft wurde mit einer verwirrten Identität der Kinder argumentiert (Henriques 1974; Benson, 1981). Diese Argumente stammen historisch von dem „Anrecht" der Weißen, die fürchten, daß ihre „höhere" Rasse von einer „geringeren" Herkunft befleckt wird. Gemischte Familien sind seit vielen Jahren Bestandteil der Dynamik von Rassenbeziehungen in Großbritannien. Ihnen voraus ging eine lange Geschichte des Kolonialismus, in der britische Männer sexuelle Beziehungen zu schwarzen Frauen außerhalb dieses Landes hatten (Henriques 1974). Gemischte Familien tragen einen wichtigen Teil zu dem allgemeinen Verständnis von Rassenbeziehungen bei. Viele Menschen sehen diese Familien in gewisser Weise als repräsentativ für die Beziehungen der Rassen in der gesamten Gesellschaft an. So meint Bensons:

„Gemischte Verbindungen sind vor allem die Ausnahme, die die Rolle ethnischer Unterschiede beweisen, das Ergebnis der Abweichungen von einer statistischen und kulturellen Norm... Das alltägliche Leben von gemischten Familien zu untersuchen bedeutet dann, das Wesen der britischen Rassenbeziehungen zu untersuchen und wie sich dies auf das Leben der Individuen auswirkt." (Bensons1981: 1)

Diese Familien werden deshalb als ein Mikrokosmos gesehen, der die gesamte Gesellschaft in ihrem Umgang mit Rassen widerspiegelt. Man kann sie einerseits als Beispiel für Rassenharmonie verstehen oder als eine Bedrohung der britischen Tradition, aber auch als einen Diebstahl der Mitglieder von Minderheiten durch die dominante Kultur (Banks 1992). Diese Familien sind in dem Sinne „natürlich", als sie sich, im Gegensatz zu Adoptivfamilien, von selbst bilden, ohne Voraussetzung der Zustimmung von Experten. Weil Rassenzugehörigkeit ein so wichtiger Aspekt von beidem ist, den sozialen

Beziehungen und der persönlichen Identität, werden vermutlich sowohl die Rassenidentität als auch die Einstellungen dazu diese Familien in subtiler Weise in ihren Interaktionen beeinflussen. Milner betont, daß „Rasse" zwar ein abstrakter Begriff ist, um eine Gruppe von Menschen zu kennzeichnen, aber dennoch nicht zu vergessen sei:

> „Rassisches Verhalten und Identität...werden in der gleichen Umgebung und zur gleichen Zeit eingeleitet...wie Entwöhnung, Sauberkeitserziehung usw." (Milner 1983: 53).

2.1. Untersuchungsergebnisse

Im folgenden werden die Ergebnisse einer Untersuchung, die zwischen 1986 und 1993 in „gemischten" Familien durchgeführt wurde, zusammengefaßt. Die Familien können als „gemischt" bezeichnet werden, da ein Elternteil weiß und ein Elternteil „schwarz" ist, d.h. asiatischer, afrikanischer oder afrokaribischer Herkunft. Die Untersuchung wurde in drei Phasen unterteilt:

– intensive Beobachtung im Zeitraum von einer Stunde pro Woche von zwei Kindern und deren Müttern in ihrer Wohnung;
– Interviews mit weißen Müttern in fünf Familien;
– Tiefeninterviews zur Lebensgeschichte mit beiden Eltern in insgesamt neun Familien.

Für ein umfassenderes Verständnis der Methode und der Erkenntnisse verweisen wir auf Katz (1996). In diesem Kapitel werden die wichtigsten Erkenntnisse aus allen drei Phasen der Studie dargestellt und zu der Ausgangsfrage nach dem Wesen der frühen Entwicklung von Rassenidentität in Zusammenhang mit der Mutter-Kind-Beziehung in Bezug gesetzt.

Die Beobachtungen haben bekräftigt, wie wichtig die frühkindliche Beziehung zwischen Müttern und Kindern bei der frühen Identitätsentwicklung ist. Sie zeigten auf, wie die Mütter ihre Vorstellungen und Gefühle aus ihrer Vergangenheit in die Beziehung einbrachten und wie diese den Umgang mit ihren Kinder beeinflussten. Doch diese Phantasien und Vorstellungen schienen sich schon früh nach der Geburt der Kinder zu verändern, sobald die Mütter das Kind als reale Person erlebten. Diese Veränderungen gehen schneller voran als die Individualitätsentwicklung der Kinder, die nicht nur eine Reaktion auf die Mutter ist, sondern auch Ausdruck der eigenen Persönlichkeitsentwicklung und der Mitgestaltung der Beziehung selbst. In der Familie A hat sich die Mutter auch in der Reaktion auf ihren Partner und ihre älteste Tochter verändert. Die früheren Erfahrungen der Mütter bildeten daher nur einen Aspekt davon, wie sie über ihre Kinder und deren Identität dachten.

In beiden untersuchten Familien waren „Rassenfragen" ein zentraler Teil der Familiendynamik und somit Teil des Kontextes, in dem die Kinder aufwuchsen. Für diese beiden Familien machte sich Rasse im weitesten Sinn an der Hautfarbe fest, obwohl auch einige kulturelle Elemente von Bedeutung waren. Eine Mutter bemühte sich bewußt darum, zu Hause die „schwarze Kultur" zu integrieren, während die afrokaribische Präsenz in der anderen Familie durch die Anwesenheit des Vaters viel unmittelbarer gegeben war. In dieser Familie wurden Konflikte oft als „Rassenkonflikte" ausgetragen, und die Mutter übermittelte den Kindern manchmal negative Botschaften, in denen sie „schwarze Menschen" entwertete. Im Gegensatz dazu schien die andere Mutter die „schwarze Kultur" und „schwarze Menschen" zu idealisieren, die für sie Spontaneität und Freiheit symbolisierten.

Beide Familien waren dabei, Wege im Umgang mit Unterschieden zu entwickeln und Grenzen zu verhandeln, und dies nicht nur in bezug auf Rasse und Kultur, sondern auch im Umgang zwischen den Geschlechtern, den Generationen und Individuen. Während des Heranwachsen eines jeden Kind stand eine bestimmte „Thematik" im Vordergrund, die sich im Laufe der Zeit herausbildete und veränderte. Im Fall des ersten Kindes, einer Tochter, drehte sich das Thema um ihre Reaktionen auf das Chaos in der Familie und um die anfängliche Feindseligkeit der Mutter ihr gegenüber. Für den kleinen Jungen, Wilf, behandelte die Thematik sein Bemühen, sich von seiner Mutter zu unterscheiden und sich von ihr abzusetzen. Beide Kinder entwickelten unterschiedliche „Selbstbilder" für ihren Weg ins Leben. Diese unterschiedlichen „Selbstbilder" manifestierten sich in verschiedenen Situationen, und wir können annehmen, daß sie eher mit unterschiedlichen Selbstbildern von „Rasse" verbunden sein werden als mit unterschiedlichen „interpersonellen" Selbstbildern. Es wurde festgestellt, daß Entwicklungsverläufe sehr unterschiedlich und von äußeren Ereignissen abhängig sind, wie z.B. wenn der Vater die Familie verläßt, sowie von den Gefühlen der Eltern und der Kinder, so daß keine Voraussagen gemacht werden können.

Der erste Zyklus der Interviews führte zu der Erkenntnis, daß die Wahl eines „schwarzen" Partners häufig Bestandteil einer größeren „Thematik" im Leben der Mutter war. Die meisten Mütter beschrieben ihren Hintergrund als behütet oder eingeschränkt, und sie hatten als Teenager oder junge Erwachsene mit ihren Eltern gebrochen. Die Begegnung mit einem „anderen" Partner gehörte zu diesem Prozeß. Alle sahen darin einen positiven Aspekt ihrer Beziehung und eine Herausforderung darin, die Unterschiedlichkeit in ihre Beziehung zu integrieren. Doch waren die Unterschiede nicht allumfassend, und die Partner waren sich in ihrer Persönlichkeit, Klassenzugehörigkeit und Bildung ebenbürtig. Die „schwarzen" Partner hatten sich meist ebenfalls von ihrem Hintergrund entfernt, und mehrere Mütter merkten an, daß ihre Partner mit ihrer Familie besser zurechtkämen als mit ihrer früheren Familie.

Kinder zu haben hat einen paradoxen Effekt. Einerseits steigt die Aufmerksamkeit für die Unterschiede und die Notwendigkeit, die Kultur von Minderheiten in das alltägliche Leben zu integrieren. Andererseits bringen Enkelkinder die erweiterte Familie zusammen und ermöglichen, emotionale Distanzierungen zu überwinden. Mit Rasse und Kultur wurde in den verschiedenen Familien sehr unterschiedlich umgegangen. In einigen Familien standen „Rassenkonflikte" im Vordergrund, und der kulturelle Anteil spielte nur eine kleine Rolle. In anderen Familien war die Kultur wichtiger als die „Rasse" oder Hautfarbe, und manche Mütter empfanden, daß keiner dieser Streitpunkte von Wichtigkeit wäre. Es scheint, daß eher die Klassenzugehörigkeit als die Rassenzugehörigkeit eine tragende Rolle in der „Familienkultur" spielte, und für die Eltern war die Weitergabe klassenspezifischer Werte als geistige Errungenschaften das wichtigste. Diese Werte wurden oft unausgesprochen gemeinsam anerkannt, viel mehr als die Themen über die in der Familie verhandelt wurde. Die Kinder waren sich von klein auf kultureller und rassenspezifischer Themen bewußt, ohne deshalb verwirrt oder verstört zu sein.

Es wurden keine generellen Zusammenhänge zwischen dem früheren Leben der Mütter, der Partnerwahl oder dem Erziehungsstil gefunden, obgleich jede Mutter in der Lage war, solche Zusammenhänge zu benennen. Dies scheint sich vor allen Dingen als Folge späterer Ereignisse, dem gegenwärtigen Familienleben und der Umgebung der Mutter entwickelt zu haben und ist zu individuell geprägt, um eine „Theorie" zur Identitätsentwicklung oder der Beziehung zu früheren Ereignissen im Leben der Mutter zu konstruieren.

Der zweite Zyklus der Interviews, in dem die narrative Methode zur Lebensgeschichte angewandt wurde, offenbarte große Variationen im Verständnis von „Rasse", „Kultur" und „Identität" in den Familien. Die Interviews bestätigten, daß diese Themen in allen Familien bereits vor der Geburt der Kinder behandelt wurden, aber jede Familie anders damit umging. Es zeigte sich auch, welche Bedeutung frühere Ereignisse für die Eltern hatten, um die Situation in ihrer gegenwärtigen Familie zu verstehen. Die Interviews des ersten Zyklus besagten, daß diese Zusammenhänge nicht vorhersagbar waren oder generalisiert werden können. In den narrativen Interviews erschienen sie eher plausibel als unter kausalen Bedingungen. So glaubten alle Eltern, daß sie ihren Kindern etwas geben, was sie in ihrer eigenen Kindheit vermißten, aber daß sie gleichzeitig auch positive Erfahrungen aus ihrer Ursprungsfamilie weitergeben. Es gab sowohl bewußte als auch unbewußte Zusammenhänge in den Schilderungen. Der Erziehungsstil war also nicht nur mit früheren Erfahrungen verknüpft, sondern auch mit aktuellen Anliegen in der Familie und ihrem sozialen Kontext.

Alle Eltern wünschten ihren Kindern eine positive, „gemischte" Identität. Diese „Mischidentität" wurde als wandelbar und offen für Wahlmöglichkeiten der Kinder verstanden. Alle Familien brachten die Kinder auch bewußt in Kontakt mit der Kultur des „schwarzen" Elternteils, aber dieser Kontakt differierte. In einigen Familien hatte sich der betreffende Elternteil schon selbst von seiner Kultur entfernt, während in anderen die erweiterte Familie leichten Kontakt dazu ermöglichte. Die Kultur selbst wurde nicht als einheitliches Ganzes von Sitten und Gebräuchen verstanden, sondern ihre Eigenart wurde in den Familien fortwährend konstruiert und verhandelt. Die Verhandlung von „Gleichheit" und „Differenz" wurde als der fundamentale Prozeß gesehen, durch den Identität in der Familie hergestellt wird. Folglich wurde die zukünftige Identität der Kinder als nicht vorhersagbar gesehen. Die Familien betrachteten Identität als abhängig von den Entscheidungen, die die Kinder treffen würden, wo die Familie leben würde und welche speziellen Erfahrungen die Kinder machten.

Die drei Untersuchungsphasen bestätigten einige der Ausgangshypothesen:

– „Rassenidentität" beginnt im frühkindlichen Alter;
– die Mutter-Kind-Beziehung ist bedeutend;
– frühere Erfahrungen sind von Bedeutung;
– der gegenwärtige sozialen Zusammenhang ist wichtig;
– der Stellenwert der „Rassenidentität" muß innerhalb der erweiterten Identität gesehen werden.

Diese Hypothesen wurden jedoch erst durch einen weiteren Blickwinkel auf „Identität" und „Entwicklung" bestätigt und eher durch narrative Verbindungen denn durch kausale. Es wurde festgestellt, daß die Beziehung zum Vater und die Beziehungen in der Ehe in diesem Prozeß nahezu so wichtig waren wie die Beziehung zur Mutter. Dies nicht einfach nur als Funktion von „Rollenmodellen", sondern als integrale Bestandteile von Verhandlungen, die sich um Verschiedenheiten drehten. „Kultur" wurde eher als in der Familie konstruiert verstanden als durch die Generationen übermittelt. Ähnlich wurde das „Selbst" eher als instabiles Konstrukt gesehen denn als eine Ansammlung bestimmter Charakteristika und Vorstellungen. Das Verhältnis zwischen „Rassenkultur", Geschlecht und Klasse wurde entsprechend als interaktiv „frakturiert" und fließend erachtet und weniger als primäre oder sekundäre Identitäten oder als nebeneinander bestehende „Selbste".

2.2. Gleichheit und Differenz

Die verblüffendste Ähnlichkeit zwischen allen Eltern war, daß sie sich als Erwachsene in einem beständigen Prozeß der Verhandlung von Differenz befanden. Faktisch in jedem Einzelfall – vielleicht mit Ausnahme einer Familie, in der dieser Prozeß bereits eine Generation vorher stattgefunden hatte – hatten die Eltern begonnen, sich mit Unterschieden zwischen sich selbst und ihren Familien oder zwischen sich selbst und ihrer eigenen Gesellschaft zu befassen, bevor sie einen Partner aus einer anderen ethnischen Gruppe trafen. Sie tendierten dazu, ihre eigene Kindheit als angenehm, aber eingeschränkt zu beurteilen und ihre Jugend oder ersten Jahre als junge Erwachsene als eine Zeit der Ablösung und Exploration. Eine Beziehung zu einer „verschiedenartigen" Person aufzunehmen, bedeutete eher eine Bestätigung bereits etablierter Lebensthemen als ein Bruch mit ihrer Vergangenheit und dies, obwohl ihre eigenen Eltern diese Verbindungen teilweise nicht akzeptierten und sie als Bruch von Kontinuität empfanden.

Sowohl in den „schwarzen" wie in den „weißen" Ursprungsfamilien wurden Feindseligkeiten erlebt, aber die Paare selbst tendierten dazu, die Feindschaft der „weißen" als bedrohlicher zu erleben. In all diesen Familien führte die Geburt der Kinder zu einer Art Aussöhnung, und es entwickelte sich wieder ein dauerhafter Kontakt. Bis auf diese allgemeinen Punkte gab es keine anderen erkennbaren Charakteristika oder Erfahrungen, die die Erwachsenen miteinander teilten. Selbst die, die ähnliche Erfahrungen wie Auswanderung teilten, schrieben ihnen unterschiedliche Bedeutungen zu.

Die gemeinsame Thematik dieser Geschichten – eine glückliche, aber eingeschränkte Kindheit, der Bruch mit dieser Kindheit, die Beziehung zu einer „verschiedenartigen" Person, die den Bruch bekräftigte, und dann, nach der Geburt der Kinder, die Rückkehr zu den „Wurzeln" –, dies alles kann nicht als Zusammenhang von Ursache und Wirkung gesehen werden. Es mag sein, daß die Eltern ihre Erzählungen auf ähnliche Weise rekonstruierten, da sie sich in einer Interviewsituation befanden, in der sie einem Fremden einen chronologischen Ablauf ihres Lebens gaben. Es mag ebenfalls sein, daß diese Thematik für viele Erwachsene in London eine Rolle spielt, wo es eine große Anzahl von Leuten gibt, die aus allen möglichen Gründen ihre „Wurzeln" verlassen haben, aber nicht alle von ihnen haben gemischte Familien gegründet.[1] Die Interviews mit den „schwarzen" Eltern bestärkten, daß sich diese Verhaltensweisen nicht auf weiße Frauen beschränken, und schwarze wie weiße Eltern, die emigriert waren, hatten Erfahrungen mit speziellen Problemen im Umgang mit ihrer Abgrenzung zu ihren Eltern und ihren kulturellen „Wurzeln" gemacht.

Die zweite Ähnlichkeit zwischen all den Familien besteht darin, daß die Eltern aus ähnlichen Bildungsschichten oder Klassen stammen oder sich dahin orientiert haben. Das bedeutet, daß die Partner häufig schon in vielerlei Hinsicht zu dem Kreis zählten, aus dem ein möglicher Partner in Betracht gezogen werden kann und daß sie sich allein in ihrer „Rassenzugehörigkeit" unterschieden. Somit gab es ebenso viele Ähnlichkeiten wie Unterschiede im Lebenshintergrund der Paare, und sie empfanden oft eine spiegelbildliche Gleichheit zwischen sich, manchmal sogar in unerwarteten Bereichen. Dies bedeutet, daß diese Beziehungen nicht nur durch „Unterschiede" charakterisiert sind, „Gleichheit" spielt eine ebenso wichtige Rolle.

Interessanterweise sahen viele Eltern, schwarze wie weiße, ebenso positive Möglichkeiten wie Herausforderungen darin, sich am Rande konventioneller Ethnizität zu bewegen. Obwohl einige Eltern das Fehlen von Rollenvorbildern und die Abwesenheit jeglicher Berichterstattung in den Medien

---

1   Meine eigene Lebensgeschichte hat viele Gemeinsamkeiten mit dem Leben der Menschen dieser Studie; dennoch bin ich mit einer Frau verheiratet, die aus sehr ähnlichen Verhältnissen kommt wie ich.

über gemischte Familien ansprachen, betonten andere, daß das Fehlen von Stereotypen aber auch bedeute, daß sie selbst in der Lage seien, ethnische und kulturelle Aspekte in einer Weise zu verhandeln, wie es mit Mitgliedern ihrer eigenen Gruppe nicht möglich sei. Sie haben nahezu bewußt eine „postmoderne" Identität für ihre Kinder entworfen. Die Familienkontakte überschritten in den meisten Fällen ständig nationale Grenzen. Alle Elternpaare hatten nahe Verwandte in anderen Ländern. Darum fühlten sie sich nicht an alle Klassifizierungen von Nation und Rasse gebunden, wie sie sich im britischen Zeitgeist finden, sondern erachteten sie eher als zufällig denn als essentiell. Dies befähigte sie, ihren Kindern Wahlmöglichkeiten anzubieten, wodurch der fließende Charakter der „postmodernen" Identität ihrer Kinder weiter gestärkt wurde.

Kulturelle Probleme spielten im Gegensatz zu Rassenproblemen zu Beginn der jungen Liebe nur eine geringe Rolle, hauptsächlich weil sich der „schwarze" Partner durch die Emigration oder durch seinen Bildungsgang schon etwas von seiner Ursprungskultur entfernt hatte. Es gab eine große Bandbreite darin, für wie unvermeidlich diese Partnerschaft gesehen wurde. Einige weiße Männer und Frauen fühlten sich nur zu schwarzen Menschen hingezogen und hatten nie ernsthaft erwogen, sich einen weißen Partner zu suchen. Andere sahen ihr Liebesverhältnis als reinen Zufall. Diese Muster waren bei den schwarzen Partnern ähnlich, die in ihren Motivationen ebenso weit differierten. Die meisten Partner betonten eher die Persönlichkeit und die physische Attraktivität ihres Partners als soziale Faktoren.

Der erste Zyklus von Interviews bestätigte keine großen Anfeindungen seitens der Familie der Mütter wegen der Partnerwahl. Im zweiten Zyklus gab es viele Variationen, in denen einige Paare Erfahrungen mit heftiger Feindseligkeit sowohl von seiten der „weißen" als auch der „schwarzen" Familien gemacht haben. Die Geburt der Kinder führte die Familie oft wieder zusammen und half, die Differenzen mit der Herkunftsfamilie zu überwinden statt sie zu verschlimmern. Wenn auch in einigen Familien, besonders beachtenswert in Familie A, die Geburt der Kinder die Rassendifferenz versinnbildlichte, so verkörperten sie in anderen Familien Versöhnung und die Gemeinschaft der Familie. Diese Ergebnisse widersprechen der Annahme der Psychoanalyse, daß „schwarze" Kinder unvermeidlich die Schattenseite der Persönlichkeit der weißen Mütter darstellen und Opfer eines unbewußten Rassismus werden.

Die dritte bedeutende Ähnlichkeit bestand darin, daß die Themen „Rasse", „Kultur" und „Ethnizität" im Leben einer jeden Familie eine Rolle spielten. Obwohl es große Unterschiede in der Behandlung dieser Themen gab, wurden die Kinder alle schon sehr früh einbezogen. Diese Probleme waren in allen Familien Teil eines allgemeineren Aushandlungsprozesses um „Gleichheit" und „Differenz", der dann mit anderen Unterschieden wie Alter, Geschlecht und Klasse verknüpft wurde. Sie waren auch in allen Familien Teil der Aushandlung von Familienwerten. Die eingeschränkte Frage nach der „Rassenidentität" im Kontext schwarzer und weißer Identifikation war nicht für alle Familien ein Thema. Manche verneinten diese Frage ganz und gar. Familien, die sich direkt mit dem Konzept der Rasse befaßten, verbanden dieses mit Konflikt und Machtbeziehungen, während Kultur eher mit Begehren, Erinnerungen und einem Zugehörigkeitsgefühl assoziiert wurde.

Die Klassenzugehörigkeit war in allen Familien ein wesentlicher Faktor, besonders in der Frage, was die Eltern für ihre Aufgaben hielten und ob sie in der Lage waren, darüber zu reden. Obwohl einige Eltern in der Klassenhierarchie aufgestiegen waren, war die Familie immer fest in einer bestimmten Klasse verwurzelt. Die Klassenzugehörigkeit beeinflußte den Lebensstil der Familie mehr als Rasse und Kultur, teilweise sicher weil Klassennormen das Denken der Eltern viel unbewußter – und deswegen veränderbar – beherrschen, als Kultur oder Rasse. Nie fragten sich die Eltern: „Welche Aspekte der Mittelschichtskultur sollen wir zu Hause einführen?" Diese Kultur war Bestandteil ihres Lebens. In vielen Fällen gab es eine verschwommene Vorstellung von Kultur und Schicht. Zum Beispiel betonten alle Eltern den Wert von Bildung und daß ihre eigenen Eltern sie angefeuert hatten. Im Fall „schwarzer" Eltern wurde dies oft den kulturellen Erwartungen der asiatischen, afrikanischen oder afrokaribischen Eltern zugeschrieben. Aber weiße Eltern berichteten von ähnlichem Erwartungsdruck, ohne dies mit Kultur oder Ethnizität in Verbindung zu bringen. Die Klassenzugehörigkeit schien auch die bewußten Wahlmöglichkeiten der Eltern für ihre Kinder zu beeinflussen. In jeder Mittelschichtsfamilie wurden die Kinder so aufgezogen, daß sie die Freiheit hatten, eigene Identifizierungen zu wählen. In der Familie A, die als einzige zur Arbeiterklasse gehörte – eher noch Unterschicht –, wurde den Kindern diese Wahl nicht angeboten. Es ist möglich, daß das Angebot der „postmodernen" Identität nur auf die Kinder der Mittelschicht anwendbar ist. Diese Erkenntnis liegt auf derselben Linie wie die von Walkerdine (1985), der sprachliche Unterschiede im Erziehungsstil bei Mittelschichts- und Arbeitermüttern beobachtete. Walkerdine fand heraus, daß es bei Mittelschichtsmüttern wahrscheinlicher ist, daß sie ihren Kindern Gelegenheit zur Wahl geben. Doch Tizard/Phoenix (1993) fanden keine zwingende Beziehung zwischen der Klassenzugehörigkeit und der Rassenidentifikation bei gemischten Heranwachsenden, obwohl Wilson (1987) herausgefunden hatte, daß Mittelschichtskinder stärker als Kinder der Arbeiterklasse im Puppentest zu falschen Identifizierungen tendierten.

Die Strategie der Mittelschichtsfamilien ist allerdings mit einem Risiko verbunden. Antirassistische und Randgruppentheorien besagen, daß Mischlingskinder so aufwachsen, daß sie sich als Weiße wahrnehmen, und daß sie in eine „Identitätskrise" kommen, wenn sie bemerken, daß die Gesellschaft sie als Schwarze behandelt. Außerdem werden Kinder, die sich selbst als „gemischt" sehen oder davon ausgehen, die Wahl zu haben, ähnlich unter Identitätsproblemen leiden, wenn sie mit der polarisierenden Aufspaltung der Gesellschaft in „schwarz" und „weiß" konfrontiert werden. Die Theorien unterscheiden sich in ihren Annahmen über das Alter, in dem die Krise auftaucht. Maximé (1993) sieht die Probleme in der Kindheit, Small (1986) bei Jugendlichen und Stonequist (1937) bei jungen Erwachsenen. Untersuchungen von Wilson (1987) und Tizard/Phoenix (1993) haben geringe psychologische Störungen oder Identitätsprobleme bei Mischlingskindern und Erwachsenen aufgezeigt, die in der Lage sind, eine „situative Ethnizität" zu entwickeln. Es scheint, daß diese Strategie funktionieren kann und daß die Eltern nicht nur eine Illusion der Wahlmöglichkeit anbieten. Vielleicht ist es die Absicht der Eltern, bewußt diese Probleme in ihre Familien einzubringen, solange die Kinder noch klein sind, um der von so vielen Theorien vorausgesagten „Identitätskrise" vorzubeugen.

Fast alle schwarzen Eltern der Studie hatten unter irgendeiner Form des Rassismus gelitten, wobei das Ausmaß differierte. Für viele war Rassismus und der Kampf dagegen ein wichtiges Thema in ihrem Leben. Einige weiße Partner haben wegen ihrer Partnerschaft mit einer schwarzen Person gelitten, und manche Paare haben ebenso Diskriminierungen von seiten schwarzer Menschen erfahren. Doch die weißen Partner waren sich selten darüber im klaren, wie stark ihr Partner unter rassistischen Bedrohungen hat leiden müssen, und manche von ihnen waren davon sogar sehr überrascht.

Es konnte kein ursächlicher Zusammenhang zwischen institutionellem und individuellem Rassismus, der sich sowohl innerhalb wie außerhalb der Familie als auch bei der Identitätsentwicklung auswirkt, bestätigt werden. Dieser Zusammenhangs basiert auf antirassistischen Theorien, in denen weiße Mütter als unbeabsichtigte Überlieferer von gesellschaftlich anerzogenen rassistischen Überzeugungen gelten. Die Interviews und die Beobachtungen zeigten eine umfassende Spannweite von Überzeugungen und Einstellungen über Rasse. Es entbehrt nicht einer gewissen Logik, daß zwischen Rassismus und Identität ein Zusammenhang besteht – wenn eine schwarze Person daran glaubt, daß alle schwarzen Menschen weniger wert seien, dann muß sie selbst deshalb weniger wert sein. Dies trifft nur dann zu, wenn ihre primäre Bezugsgruppe insgesamt aus „schwarzen" Menschen besteht. In der Realität können sich Kinder mit ihrer Familie, mit Freunden, dem Jugendklub, ihrer Schule oder anderen individuellen Gruppen identifizieren, was die Auswirkungen von Rassismus auf die persönliche Identität mildern kann. In dieser Untersuchungsgruppe wurde Rassismus in unterschiedlichster Weise interpretiert, und diese Interpretationen von Rassismus waren ausschlaggebend. Ereignisse, die in einigen Familien zu einer großen Krise führten, wurden in anderen Familien als unwichtig angesehen.

Für die Kinder schien es wichtig zu sein, daß ihre Eltern mit den Themen Rassismus und Kultur entspannt und zugleich wachsam umgingen und daß die Kinder dazu ermutigt wurden, diese Probleme mit Unterstützung der Eltern für sich selbst zu erforschen. Die Familien unterschieden sich in der Art, wie sie Stellung zu den Bedingungen von Rassismus bezogen. Einige Familien nahmen sich selbst als einen sicheren und toleranten Zufluchtsort inmitten einer feindlichen, rassistischen Umgebung wahr, während andere die Familie selbst als ein Forum für die Auseinandersetzung mit Rassendifferenzen sahen. Alle Eltern waren sich dessen bewußt, daß Rassismus im Leben ihrer Kinder ein wichtiger Faktor sein würde, und alle hatten Strategien entwickelt, die Kinder zu befähigen, mit Rassismus umzugehen. Die Strategien unterschieden sich nach der Klassenzugehörigkeit der Familien. Alle Mittelschichtsfamilien glaubten, daß Bildung, Selbstbewußtsein und ein hohes Selbstwertgefühl ebenso wie eine positive Sicht der eigenen gemischten Identität und der „schwarzen" Kultur die effektivste Strategie wäre. Familie A hingegen benutzte rassistische Ausdrücke, damit sich die Kinder daran gewöhnten und sich angesichts rassistischen Spotts, der unvermeidlich scheint, nicht zu sehr erschreckten.

Trotz der großen Herausforderung für die Kinder, „Mischlinge" zu sein, waren alle Mütter optimistisch in bezug auf die Chancen ihrer Kinder, als „Mischlinge" eine positive Identität zu entwickeln. Sie sahen alle eine Herausforderung darin, gute Eltern für Mischlingskinder zu sein, und betonten, daß der Zugang zu einer anderen Kultur ihren Horizont erweitert hätte. Die meisten Kinder beschrieben sich verbal als in irgendeiner Weise „gemischt". Das bedeutete nicht, daß sie verwirrt waren, obwohl ihr Verständnis manchmal konfus war. Die Eltern sahen dies als Teil eines Prozesses, in dem sie ihre eigene Identität erforschten. Nur ein Kind hat „schwarz" mit „schlecht" assoziiert. Die meisten Kinder sahen ihre Mischlingsidentität eher als kulturelle denn als rassische Bedingung, z.B. nannten sie sich eher „Halbindianer" als „Halbweißer". Eine interessante Ausnahme hiervon waren die Kinder aus zwei Familien, in denen die schwarzen Partner afrokaribischer Herkunft waren. Dies bestätigt die Tatsache, daß für Afrokariben der Begriff „schwarz" spontan benutzt wird, um sich selbst zu beschreiben. Diese Bezeichnung wird aber nicht mit anderen „schwarzen"Gruppen geteilt wie Asiaten oder selbst Afrikaner, die dazu neigen, kulturelle, religiöse oder nationale Beschreibungen zu benutzen.

Der erster Teil dieser Untersuchung zielte darauf ab, einen Zusammenhang zwischen den frühen Erziehungserfahrungen der Mutter, ihrem Heranwachsen und eigenem Erziehungsstil aufzuzeigen. Da dies nicht möglich war, mußte eine neuer Ansatz entwickelt werden. Der zweite Zyklus von Interviews bestätigte, daß es für manche Eltern eher einen Zusammenhang zwischen der Wahrnehmung ihrer eigenen Erziehung gab, als eine direkte kausale Verbindung. Für viele Eltern weckte die Erfahrung der Elternschaft Erinnerungen an ihre Kindheit. Andere sahen selbst, daß sie auf Aspekte ihrer eigenen Erziehung reagierten, die ihnen gefehlt hatten. Viele sagten, daß sie emotional involvierter bei ihren Kindern seien als ihre Eltern es bei ihnen waren. Alle hatten auch positive Erinnerungen an ihre eigene Erziehung, und diese übertrugen sie auf ihren Erziehungsstil. Die Beschreibung der eigenen Erziehung schwarzer wie weißer Eltern waren sich bemerkenswert ähnlich, und sie wurden eher in persönlichen als in kulturellen Begriffen ausgedrückt.

Im zweiten Zyklus der Interviews war es möglich, sich auf die Themen aus den Erzählungen der Eltern zu konzentrieren und somit die subtile Art und Weise aufzuzeigen, in der die Eltern wesentliche Bestandteile ihrer eigenen Erziehung unbewußt wiederholten. Wie auch immer ihre eigenen Eltern sie behandelt hatten, es veranlaßte sie weder, eine besondere „Sorte" von Eltern zu werden, noch determinierte ihre frühere Erziehung die spezifische Identität ihrer Kinder. Dies muß in Abhängigkeit von zahlreichen unterschiedlichen Faktoren gesehen werden, einschließlich der Beziehung zwischen den Partnern, der eigenen Persönlichkeit des Kindes, sowie seinen Anlagen und dem Milieu, in dem sie leben. Alle Familien hatten entschieden, in einer multirassischen Gegend zu leben, und alle Kinder hatten Kontakt mit Kindern vielfältigster Hintergründe, wobei das Ausmaß der Kontakte unterschiedlich war.

Es stellte sich heraus, daß der Erziehungsstil sich auf weit mehr bezieht als nur auf die Erfahrungen in der eigenen frühen Kindheit. Hierfür wäre ein Beispiel, daß Eltern oft gegenseitig auf ihre Erziehungsstile reagieren und sich anpassen, indem sie komplementäre Erziehungsstile für ihr Kind entwickeln. Ein weiterer wichtiger Einfluß resultiert aus den zeitgenössischen Theorien (oder anerkannten sozialen Ideologien) über Erziehung, und auch der Einfluß antirassistischer Theorien ist nicht zu unterschätzen. Durch diese wurden einige Eltern ermutigt, multirassische Gegenden auszuwählen und damit bewußt die „Wurzeln" der Kinder in ihrem Wohnort einzubetten. Nur ein Elternpaar meinte, bei seinen Kindern eine vornehmlich „englische" Identität zu beobachten und niemand legte Wert darauf, die Kinder in den kulturellen *mainstream* zu integrieren. Sie sahen ihre wichtigste Aufgabe eher darin, „Wahlmöglichkeiten" anzubieten. Ich glaube, daß sich diese Haltung aufgrund des Zeitgeistes gebildet hat und daß sie eher auf Eltern aus der Mittelschicht der frühen neunziger Jahre beschränkt bleiben wird, als ein ahistorisches Charakteristikum gemischter Familien zu sein.

Die Erkenntnis, daß eher eine narrative als eine kausale Beziehung zwischen der eigenen Erziehung und der eigenen Elternschaft zu bestehen scheint, wirft die Frage auf, welche Verbindung zwischen der frühen Erziehung und der späteren Identitätsentwicklung bei den Kindern besteht. Einige dieser Probleme wurden angesprochen, aber ich glaube, daß die beobachteten Ergebnisse in gewisser Hinsicht paradox sind. Einerseits wurde herausgefunden, daß Erziehung von großer Wichtigkeit bei der frühen Identitätsentwicklung ist. Die Beobachtungen zeigten, wie Kinder ihre Persönlichkeiten in Form einer Gestalt oder des „Selbst" durch den Prozeß der Interaktion mit den Eltern organisieren. Die Interviews bestärkten, daß sehr subtile Interventionen von seiten der Eltern tiefe Wirkungen auf die Kinder haben. Die Interviews bestätigten auch, daß das „Selbst" im späteren Leben bestehen bleiben und „rassifiziert" oder „ethnisiert" werden kann. Manche Eltern empfanden und verhielten sich in verschiedenen Situationen bezüglich des „Rassenaspekts" durchaus unterschiedlich. Aber es war nicht notwendigerweise so, daß die älteren Aspekte des „Selbst", die sich chronologisch früher entwickelt hatten, als authentischer oder „wahrer" erfahren wurden. Es kann also nicht daraus geschlossen werden, daß diese „Selbste" eine direkt kausale Beziehung zur späteren Identität oder auch nur zu Identifikationen aufweisen. Die Beziehung ist eher eine narrative als eine kausale. Ich glaube daher, daß die späteren Identifikationen der Kinder nicht allein von der Kontinuität ihrer Erziehung abhängig ist, sondern ebenso stark von den sozialen Kontexten, in denen sie sich wiederfinden. So mag es sie z.b. beeinflussen, ob die schwarze Gemeinde in England zum Zeitpunkt ihrer Teenagerjahre eine totale oder synthetische „schwarze" Identität entwickelt hat, wie Gilroy (1987) vermutet, oder ob sie „Bindestrich-Identitäten" wie „Moslem-Engländer" und „Afrikaner-Engländer" entwickelt wie Modood (1988) sie beschreibt. Diese Ergebnisse stellen eine Herausforderung für die Begriffe von „Rasse", „Identität" und „Entwicklung" dar, die alle auf eingeschränkten und konventionellen sowie unüberprüften Annahmen aus der Psychoanalyse und der antirassistischen Theorien gründen.

2.3. Rasse

Zu Beginn der Studie wurde der Begriff „Rasse" so benutzt, daß er sich ausschließlich auf „schwarz" oder „weiß" bezieht. Der Einfluß, den Kultur, Klasse und Geschlecht innerhalb der Familie haben, wurde nicht als zentrales Problem verhandelt. Ein Grund dafür ist erstens in den vorherrschenden sozialen Theorien zu sehen, die Rasse als separate Dynamik betrachten, die bei den einen der Klassenzugehörigkeit untergeordnet ist oder bei anderen die Klassenschranken überschreitet. Kultur wird dabei als Subkategorie von Rasse gesehen[2]. Der zweite Grund liegt darin, daß auch die beiden von mir beobachteten Familien Rasse unter diesen Gesichtspunkten betrachteten. Dies mag damit zusammenhängen, daß in beiden Familien die „Schwarzen" afrokaribischer Herkunft waren und daß sie Rassenidentität mit den Bezeichnungen „schwarz" und „weiß" verbanden. Eine der beiden Frauen erweiterte im ersten Interviewzyklus diese Definition von Rasse, indem sie die komplizierten Beziehungen zwischen Rasse, Klasse, Kultur und Geschlecht in den Identifikationen ihrer Kinder und der gesamten Familie hervorhob.

Die Interviews bestätigten daher, daß Rassenidentität nicht lediglich als eine Folge von Identifikationen mit einer Reihe von „rassischen" Aspekten des Selbst oder der Gesellschaft gesehen werden kann. Es wurde ebenfalls ersichtlich, daß die Kinder nicht über eine Reihe rassischer oder kultureller Wurzeln verfügen, die mehr oder weniger effektiv in jeder Familie weitergegeben werden. Jede Familie verhandelte die Themen von Rasse und Kultur in

---

2   Siehe Gilroys (1987) Ausführungen, warum antirassistische Theorien diesen Standpunkt vertreten.

unterschiedlicher Weise, beides innerhalb der Familie, sowohl in der erweiterten Familie als auch in der Gesellschaft. Somit wurde klar, daß das Thema der „Rassenidentität" bedeutend umfassender war als das Problem des Rassismus. Das Konzept einer „positiven Identität" wurde eher als ein Werturteil denn als eine Beschreibung gesehen.

Aufgrund der halb-strukturierten Interviews und der Tatsache, daß sie nur mit den Müttern geführt wurden, sowie der Hypothesen, die durch sie getestet werden sollten, konnte nur ein begrenztes Bild von der Familiendynamik und der Bedeutung von Identität in den Familien erfaßt werden[3]. Obwohl die ersten Interviews die Heterogenität von Identitäten bestätigten, folgten sie dennoch der Annahme, daß es eine „Kern"-Identität gibt, die ein grundlegendes und stabiles Charakteristikum des Individuums ist und daß diese „Kern"-Identität chronologisch den sekundären Selbsten, die sich entwickeln können, vorausgeht. Im zweiten Teil wurde dies in Frage gestellt. Insbesondere die Geschichte der schwarzen Eltern zeigt, daß die Vorstellung einer „primären" und „sekundären" Identität zu eingeschränkt ist und daß Identität von der aktuellen Situation und ihrer Bewältigung abhängt.

Die Beobachtungen zeigten eindeutig, daß ungeachtet dessen, was die psychoanalytischen Theorien postulieren, der Vater eine zentrale Rolle bei der Identitätsentwicklung spielt. Die Ausführungen der Mütter bekräftigten die Bedeutung des Vaters, aber sie reichten nicht aus, die eigene Sichtweise der Väter zu vermitteln. Die Interviews im dritten Zyklus unterstrichen außerdem, daß meine Annahme – die Aufgaben einer weißen Mutter seien fundamental andere als die schwarzer Mütter – falsch war. Die Interviews mit schwarzen Müttern zeigten, daß sich „weiße" wie „schwarze" Frauen im Umgang mit der Identität ihrer Kinder unterschieden, aber es gab auch Ähnlichkeiten. Über die Väter kann eine ähnliche Aussage gemacht werden. Alle Väter meinten, daß es Fragen zu Kultur, Rasse oder Geschlecht in der Familie gebe, die gelöst werden müßten. Alle teilten eine gewisse Verantwortung, um ihre Kinder mit kulturellen Impulsen zu versorgen. Niemand sah dies als die exklusive Aufgabe der Mutter an. Dennoch gab es Unterschiede, und in einigen Familien tendierten die Mütter dazu, die größere Last auf ihre Schultern zu nehmen.

In den zweiten Interviews lag der Schwerpunkt weitestgehend darauf, wie die Familien mit Differenz umgingen. Dieser erweiterte Blickwinkel verhalf zu reicheren Informationen und deutlicheren Zusammenhängen als der eingeschränkte auf Rasse und Rassismus. Die zweiten Interviews erweiterten die Definition von Identität und vertieften sie durch die Berücksichtigung von Religion und Nation in Interaktion mit Rasse, Geschlecht, Klasse, Hautfarbe und Kultur im Prozeß der Herausbildung von „Rassenidentität".

Einige Familien zeigten die Tendenz, der Rassenfrage eine überzogene Bedeutung zuzumessen. Besonders in den Beobachtungen wurde deutlich,

---

3   Eine der Hypothesen lautete, daß es eine kausale Verbindung zwischen früheren Erfahrungen der Mutter und der Identität der Kinder gebe.

wie dies die Familiendynamik beeinflußt. Dennoch wäre es falsch, hieraus zu schließen, daß diese Spannungen immer die Beziehungen in der Familie dominierten, und es wäre besonders falsch, sie als Problemfamilien zu sehen, die die größeren Probleme der Rassenpolitik in der Gesellschaft widerspiegeln. Wenn auch Forscher und Sozialarbeiter davon begeistert sind, Pathologien zu suchen, führt die Anschauung, daß es sich um „Problemfamilien" handelt, zur Diskriminierung und nicht dazu, diese Familien besser zu verstehen. Die Familien als einen Mikrokosmos zu betrachten, gründet auf einer Vorstellung von Rassismus, die sich auf individualisierte Studien über „Rassisten" bezieht. Außerdem folgt sie der Ansicht, daß Rassismus wie eine Epidemie in der Gesellschaft verbreitet und jeder Weiße daher ein Rassist sei. Die Pathologisierung dieser Familien ist unfair, erlogen und theoretisch nicht stichhaltig.

2.4. Identitätsentwicklung

Diese Studie folgte zunächst den anerkannten Ansichten der Psychoanalytiker, Entwicklungspsychologen und Rassenforscher denen zufolge die Entwicklung einer Rassenidentität ein linearer und kumulativer Prozeß ist, in dem kognitive und emotionale Strukturen durch den Prozeß der Internalisierung und Identifikation mit den Vorstellungen und Verhaltensweisen der Mutter ausgestattet werden. Das sich entwickelnde „Selbst" wird als eine Sammlung von Dispositionen, Charakteristika, Verhalten und Vorstellungen gesehen, die mehr oder weniger mit der „gesellschaftlichen" Wahrnehmung von Individualität übereinstimmen sollten. Ursprünglich wurde Identität so verstanden, daß sie durch die Eltern als Vermittler sozial anerkannter Werte vermittelt wird. Diese Sichtweise ist nun umfassend verändert worden, weil sie eine bestimmte Sicht vorschreibt, statisch ist und nicht das dynamische und fließende Wesen von Entwicklung widerspiegelt, welches Elemente von Diskontinuität, Abweichung und Konflikten sowie Kontinuität und Stabilität enthält. Jetzt wird Identitätsentwicklung als Aushandlungsprozeß innerhalb der Familie, zwischen Individuen und der Welt draußen sowie der Familie und der sich verändernden und widersprüchlichen Welt draußen gesehen.

Die Ergebnisse sind in gewisser Weise paradox – sie bestätigen, daß die frühe Erziehung eine entscheidende Rolle in der frühen Gestaltung der kindlichen Identität spielt und daß diese Rolle subtil und stark ist. Die beobachteten Kinder bestätigten, daß die Entwicklung eines sinnhaften Selbst weitestgehend eine Reaktion auf die Erziehung war. Andererseits determinieren die Eltern nicht ihre zukünftige Identität. Das heißt daß die von den Psychoanalytikern und in den Identitätstheorien zur Rasse benutzte Analogie nicht korrekt ist. Die Rolle der Familie ist nicht analog dem Zielscheibenschießen. Sie ähnelt mehr der eines Autors, der das erste Kapitel eines Buches schreibt und es den Kindern überläßt, die weitere Geschichte zu vollenden. Familien bereiten die Bühne für spätere Entwicklungen, die beständig auf sie zurückverweisen mögen, aber sie determinieren die Geschichte nicht. Wenn diese Analogie akzeptiert wird, ist es im Prinzip unmöglich, zukünftige Entwicklungen vorauszusagen. Die Ergebnisse bestätigen jedoch nicht die weitverbreitete postmoderne Behauptung, daß Identität eine Erfindung des Individuums ist, die dazu dient, entstehende Risse von diskuontinuierlichen und widersprüchlichen Erfahrungen zu verdecken, ohne Referenzen auf das „wirkliche Leben". Die spätere Identität ist nicht einfach durch Individuen kreiert, sondern gründet auf früheren Erfahrungen. Diese Erfahrungen werden häufig von den Eltern neu gedeutet. Ein gutes Beispiel hierfür sind ihre Berichte über ihre eigene frühe Erziehung. Viele Eltern sagten, daß sie, nachdem sie selbst Kinder hatten, ihre eigene Erziehung viel verständnisvoller einschätzten, während andere Eltern entschieden waren, ihren Kindern eine bessere Erziehung angedeihen zu lassen, als die, die sie selbst erfahren hatten.

2.5. Identität

Identität wird vom Standpunkt des Antirassismus und der Psychoanalyse im wesentlichen als eine Reihe von festen Vorstellungen, Charakteristika und Verhaltensweisen gesehen und als die Wahrnehmung eines Individuums von sich selbst in bezug auf eine einheitliche, etablierte „Gesellschaft". Jetzt wird Identität als eine Reihe von Erfahrungen, Erinnerungen und Varianten des „Ichs" gesehen, die alle in ständiger Veränderung und unverbunden widerstreitend als eine Geschichte wiedererzählt werden, so daß die Person das Gefühl eines kohärenten Selbst entwickeln kann, obwohl jede Erzählung unterschiedlich ist. Die „Selbste", die während der Beobachtungen beschrieben wurden, können als Strategien der Kinder verstanden werden, um mit „Differenz" in ihrem Leben umgehen und sowohl „Gleichheit" und „Unterschiede" in ihrem Umgang mit der Welt aufnehmen zu können. Sie können als die zwei „Themen" gesehen werden, die in den Erzählungen über die Identitätsentwicklung dieser Kinder auftreten.

3. Theoretische Streitfragen

Nachdem die Ergebnisse der Untersuchung diskutiert wurden, will ich nun die theoretischen Annahmen, die im ersten Teil der Studie über die Entwicklung von Identität und Rassenidentität gemacht wurden, aufs neue hinterfragen. Ich konzentriere mich hierbei auf die aktuelle antirassistische Literatur in der Sozialarbeit und der Psychologie, die sich mit der Frage von Identitätsentwicklung bei schwarzen Kindern und Mischlingen beschäftigt.

Diese Theorien zur Entwicklung von Identität und Rassenidentität werden im Licht der postmodernen Theorien, neuer antirassistischer Theorien und Forschungen auf diesem Gebiet überprüft. Das Konzept der „narrativen Identität" wird vorgestellt und diskutiert, und es werden Gründe dafür angeführt, warum es einen erheblich angemesseneren Rahmen liefert, um sich der Frage der Rassenidentität zuzuwenden, als die „strukturellen Entwicklungstheorien", auf denen diese Studie ursprünglich basierte. Es werden einige Schlußfolgerungen für die Sozialpolitik und die praktische Arbeit mit rassisch gemischten Familien gezogen.

3.1. Narrative Identität

Zunächst möchte ich kurz die Hauptstoßrichtung der postmodernen Argumente zu Identität wiedergeben. Im Postmodernismus werden die Grundlagen einer „strukturellen Entwicklungsperspektive" von Identität, wie sie von Erikson, Piaget und Winnicot vertreten werden, abgelehnt. Statt dessen wird betont, daß persönliche Identität nicht aus einem festen Satz von Vorstellungen oder Dispositionen besteht, die sich im Laufe der Zeit zu einer stabilen Struktur entwikkeln. Der Postmodernismus bestreitet auch unveränderliche, ursächliche Zusammenhänge zwischen der Vergangenheit und der Zukunft und konzentriert sich eher auf die unterschiedlichen Konstruktionen der Wirklichkeit, die Individuen oder Gruppen unter verschiedenen Umständen formulieren, um die Illusion einer Übereinstimmung aufrechtzuerhalten. Folglich werden das Selbst und die persönliche Identität als eine labile und konfliktreiche Serie von Bedeutungen und Gefühlen gesehen, welche von Erzählungen zusammengehalten werden, die Brüche von Widersprüchen und Diskontinuität verdecken. Der Postmodernismus konzentriert sich insbesondere auf die Konstruktion von „Differenz" und „Anderssein" und verzichtet auf bipolare Vorstellungen zugunsten von Vielfältigkeit. Letztendlich verzichtet der Postmodernismus auf den Versuch, teleologische Metatheorien der Entwicklung zu kreieren und betont statt dessen das Partikulare und Lokale.

Welche Alternative kann der Postmodernismus anbieten, wenn das „strukturelle" Entwicklungsmodell aufgegeben wird? Eine mögliche Alternative ist der Begriff der „narrativen Identität", den Ricoeur (1991, 1992) offeriert. Auf den ersten Blick scheint das Konzept Ricoeurs keine vielversprechende Alternative zu sein. Jedenfalls handelt es sich dabei keineswegs um eine psychologische Theorie der Identitätsentwicklung. Es wurde entworfen, um das philosophische Problem von „Identität" und „Gleichheit" zu behandeln. Ricoeur vertritt, daß die Antwort auf die Frage „Wer bin ich?" in Wirklichkeit aus zwei Fragen besteht. „Wem bin ich ähnlich?" und „Was ist das Meinige?"

Narrative Identität zeigt also eher einen Weg auf, zu konzeptualisieren, wie Menschen ihre eigene Identität konstruieren. Eine narrative Sicht von

Identität heißt zu akzeptieren, daß Identität auf einer kontinuierlichen Basis konstruiert und umgestaltet wird. Die Erzählung kann sich im Laufe der Zeit und unter verschiedenen Umständen verändern und entfalten. Obwohl die Erzählung auch dazu dient, ein Gefühl der Einheit aufrechtzuerhalten, wird diese Einheit dazu benutzt, grundlegende Diskontinuitäten und Konflikte zu verdecken.

„Alle Erzählungen müssen die Illusion einer imaginären Lösung von realen Widersprüchen erzeugen." (Jameson 1984: 19)

Alle Erzählungen werden von jemandem über etwas jemandem mitgeteilt. Die Geschichte kann sich auch abhängig vom Gesprächspartner verändern, so daß die Konstruktion des Selbst bei unterschiedlichen Leuten und in unterschiedlichen Situationen unterschiedlich sein kann. Die Erzählung wird von einer Metaerzählung begleitet, durch die sie „legitimiert" wird. Die Erzählung kann durch eine offen ausgedrückte Theorie, eine implizite Theorie oder den Verweis auf kulturelle und soziale Normen legitimiert sein. Die Frage „Warum bin ich, wie ich bin?" wird also von der – normalerweise unausgesprochenen – Frage begleitet „Warum gibt es Menschen wie mich oder wie uns?"

Obwohl Erzählungen veränderbar sind, sind sie doch innerhalb eines Rahmens existent und nur bestimmte Geschichten sind für einzelne Individuen legitimiert. Wenn die Erzählung die „Spielregeln" bedroht, können mächtige Kräfte entstehen, um die Erzählung in eine annehmbare Geschichte zurückzuzwingen. Das können innere Kräfte sein wie z.B. ein Schuldgefühl oder Angst vor Spaltung oder externe wie Bedrohung und die Vorenthaltung von Informationen. Besonders die Metaerzählung wird beeinflußt von den legitimierenden Mächten, mit denen die Gesellschaft auf die Erzählungen der Individuen einwirkt.

Ein wichtiges Element der narrativen Identität und Metaerzählung ist ihre ungleichzeitige und gleichzeitige Natur. Erzählungen haben archäologische und teleologische Elemente, sie beantworten die Fragen „Wie bin ich hierhergekommen?", „Was tue ich hier?" und „Wohin gehe ich?" Narrative Identität wirkt nicht nur auf der individuellen Ebene. Familien, ethnische Gruppen, Kulturen und Nationen können alle über narrative Identitäten verfügen, die von legitimierenden Metaerzählungen begleitet werden, und alle beinhalten Ungleichzeitigkeiten und Gleichzeitigkeiten. Angesichts der Ergebnisse dieser Studie kann man durchaus zu dem Schluß gelangen, daß Identität auch auf psychologischer Ebene als narrative behandelt werden kann, in der sich Fragen langsam verändern. „Wie kann ich mir selbst einen Sinn geben?", „Wie geben andere mir einen Sinn?", „Wie wurde ich zu der Person, die ich jetzt bin?"

Mit dieser Perspektive von Identität wird ein gereiftes Individuum jemand sein, der sich Widersprüchen und Diskontinuitäten in seinem eigenen Leben stellt, der mit der Unsicherheit und dem Getrenntsein in einer sich verändernden Welt leben kann, der versucht, die Dinge zu verstehen, und sich mit den Kräften auseinandersetzt, die beim „Schreiben seiner Geschichte" eine Rolle spielen. Um die Analogie zu erweitern, wird die gereifte Person jemand sein, der beides sein kann, „ironisch" und „seriös" im Sinne von Foucault. Reife wird hier nicht als Entwicklungsphase der Identität beschrieben, sondern eher als eine Haltung oder Einstellung, die Individuen, Familien, Kulturen und Gesellschaften sich selbst gegenüber sowie zu ihren Ursprüngen, ihren aktuellen Positionen und ihren zukünftigen Ambitionen einnehmen können.

Ich glaube, daß der Ansatz der narrativen Identität einen viel produktiveren und reicheren Weg für Studien über Mischlingskinder und gemischte Familien aufweist, als es der strenge Rahmen der Psychoanalyse oder der Kindheitsentwicklung erlaubt. Der Forscher wird davon befreit, die „wesentliche" Natur gemischtrassiger Beziehungen oder Mischlingsidentitäten herauszufinden oder einen neuen Weg zu entdecken, über den die Phasen der Identitätsentwicklung bestimmt werden können. Die biographische Methode wird von der „kritischen" Sozialwissenschaft häufig benutzt, um den stimmlosen Mitgliedern der Gesellschaft eine Stimme zu geben (Hammersley 1993). Einige Veröffentlichungen aus der Sozialarbeit, z.B. Rees (1991), benutzen Biographien als Ausgangspunkt, um *empowerment* in die Praxis der Sozialarbeit einzuführen.

3.2. Rasse und Rassenidentität

In meiner Argumentation habe ich mich auf die generelle Diskussion der Identitätsentwicklung und die Kritik der modernistischen Theorie von Identität beschränkt. Jetzt möchte ich darauf eingehen, welchen Einfluß die postmodernen Theorien auf das Denken über Rasse, Rassismus und Rassenidentität ausüben. Der moderne Antirassismus begann in den sechziger Jahren mit einem „farbenblinden" Ansatz. Dieser Ansatz sah die Notwendigkeit, daß sich „schwarze" Menschen in die englische Gesellschaft integrieren, und die Rolle der Sozialarbeit und anderer Experten bestand darin, diese Integration zu unterstützen. Die nächste Phase, die sich in den siebziger Jahren vollzog, war multikulturell. Im multikulturellen Ansatz wird anerkannt, daß Individuen über unterschiedliche Kulturen und Sitten verfügen. Anstatt einen Schmelztiegel von Individuen zu schaffen, in dem alle zu Engländern werden, stellt sich der multikulturelle Ansatz einen Schmelztiegel der Kulturen vor, dessen Ideal in einer Gesellschaft besteht, in der Menschen unterschiedlicher Kulturen zusammenleben und sich gegenseitig tolerieren. Folglich wird die Aufgabe von Lehrern und Sozialarbeitern so verstanden, daß sie die Individuen dabei unterstützen, andere Kulturen zu verstehen und mit ihnen zu leben.

Als Reaktion hierauf beklagt hingegen der Antirassismus, daß beide Haltungen die unterdrückenden Kräfte außer acht lassen, die allen schwarzen

Menschen in der englischen Gesellschaft entgegenwirken. Aus antirassistischer Perspektive wird die Trennung schwarzer Menschen in kulturelle und ethnische Gruppen als Verleugnung ihrer gemeinsamen historischen Unterwerfung unter Kolonialismus und Rassismus verstanden. Es ist auch gleichzeitig eine Verleugnung der institutionellen Natur des Rassismus in der Gesellschaft (Dominelli:1988; Husband:1991). Der Antirassismus sieht die Rolle der Experten darin, rassistische Ideen und Praktiken sowohl auf individueller Ebene wie auch in den Institutionen der Gesellschaft aufzuspüren und anzugreifen. Antidiskriminierungstheorien neueren Datums sehen Rassismus als eine der zahlreichen Äußerungen von Unterdrückung, wie z.b. Sexismus, Behindertenfeindlichkeit, Diskriminierung älterer Menschen usw. (Thompson 1993). Somit war der Begriff „multiple Unterdrückung" oder Hierarchien der Unterdrückung entwickelt worden, der z.b. schwarze Frauen unterdrückter als schwarze Männer, behinderte schwarze Frauen unterdrückter als schwarze Frauen beschreibt.

Auf den ersten Blick wirkt der Antirassismus selbst wie eine postmoderne Attacke auf die modernen britischen liberalen Ideale. Antirassismus attakkiert die Gesamtheit von „Britishness" und zeigt auf, daß die Vorstellungen von „Britishness" rassistisch sind (Husband 1991). Der Versuch, schwarze Menschen in die britische Gesellschaft zu integrieren, geht von der Annahme aus, daß die britische Kultur besser sei als deren eigene Kultur, und daß jeder vernünftige Mensch, der in diesem Land lebt, vollständig zum nationalen und kulturellen „Briten" werden möchte. Ähnlich attackiert der Antirassismus die Teleologie und deren grundlegende Vorstellungen von „Britishness". Die Antirassisten zeigen auf, wie die britische Kultur und Gesellschaft schwarze Menschen immer als die „Anderen" behandelt hat, und selbst liberale und radikale weiße Aktivisten haben sie ausgeschlossen und im heimlichen Einverständnis ihre Unterdrückung gutgeheißen (Dominelli 1988; Harris 1991). Der Begriff des „institutionellen Rassismus" kann als ein Beispiel für die „Dezentrierung des (britischen) Subjekts" gesehen werden. Das heißt, Rassismus wird nicht als individuelle Pathologie gesehen, sondern eher als Teil eines Netzes von kulturellen, politischen und institutionellen Handlungsweisen (Ballard, 1989; Husband, 1991). Letztendlich sind die Vorstellungen über „schwarze Identität" und die „schwarze Familie", die die Antirassisten so gerne hochhalten, nah an der „Inkommensurabilität" der Diskurse, wie sie die Postmodernisten postuliert.

Postmoderne Antirassisten wie Rattansi, Cohen und Gilroy führen aus, daß anstatt rassistische Ideologien und Praktiken zu analysieren, moderne antirassistische Sozialarbeit diese einfach nur umgekehrt hat. So gebe es statt eines Weges, britisch zu sein, nun zwei Wege, den schwarzen und den weißen. *Post*moderne Antirassisten betonen außerdem, daß der *moderne* Antirassismus „Kultur" und „Rasse" in essentialistischen Begriffen faßt und damit seine eigene Teleologie aufdrängt. So haben schwarze Kinder für die *modernen* Antirassisten ein Recht auf ihre „Wurzeln" und ihre „Kultur", die ihnen

durch die „schwarze Familie" vermittelt werden. Die „schwarze Familie"
selbst wird so gesehen, daß sie über Stärken verfügt, die es ihr ermöglicht haben, den Prüfstein des Rassismus zu überleben. Den *post*modernen Antirassisten zufolge sind diese essentialistischen Begriffe selber Vereinfachungen.
Sie merken an, daß die Beziehungen zwischen Rasse, Kultur, Klasse und Geschlecht eher komplex und gebrochen sind als hierarchisch (Brah 1992).
Auch Rassismus wird als ein viel komplexeres Phänomen gesehen, als multikulturelle oder moderne Antirassisten bereit sind anzuerkennen. Ihre Sicht ist
eher die von verschiedenen Arten des Rassismus, die lokal, kontextgebunden
und zeitlich befristet auftreten, statt eines völlig einheitlichen institutionellen
Rassismus, der mit der Gesellschaft verstrickt ist. Darum sollte sich der Antirassismus auf einer lokalen und angemessenen Ebene mit dem Rassismus
auseinandersetzen (Cohen 1992). In seinen Abhandlungen über den Antirassismus führt Rattansi aus:

„Rasse kann vereinfachte Interpretationen komplexer sozialer, ökonomischer und kultureller
Beziehungen erzeugen, für Antirassisten ebenso wie für Rassisten." (Rattansi 1992: 29)

Gilroy (1987) betont, daß Antirassismus und Rassismus den gleichen Diskurs
von Totalität und Exklusivität miteinander teilen. Er zeigt auf, daß die im
modernen Antirassismus benutzte Definition von „schwarz" andere Gruppen
wie Juden und Iren aus der antirassistischen Analyse ausschließt. In Ergänzung dazu sind individuelle schwarze Menschen nur unter dem Gesichtspunkt, schwarz zu sein, darin enthalten, andere Aspekte ihrer Identität finden
keine Beachtung. Gilroy hält dagegen aufrecht, daß schwarze Menschen in
England ihre eigene normale Identität eher durch „Straßenkultur" und lokale
politische Aktionen entwickeln sollten und dies auch tun, statt sich von antirassistischen Theorien eine „schwarze" Identität aufzwingen zu lassen. Gilroy ersetzt die alte Betonung des schwarzen „nationalen Mythos", der besagt,
daß die schwarzen Menschen durch die Geschichte des Kolonialismus und
Rassismus sowie ihre aktuelle Position in der britischen Gesellschaft verei-
nigt seien, durch einen teleologischen Nachdruck darauf aus, daß die schwarzen Menschen sich in einem Prozeß der Entwicklung einer „nationalen"
Identität befänden, aber noch weit davon entfernt seien.

Gilroys Kritik zeigt einige der Schwierigkeiten des modernen Antirassismus hinsichtlich der schwarzen Identität auf, insbesondere bezüglich der
„positiven" schwarzen Identität. Die *moderne* Sicht ist, obwohl sie größten-
teils aus antirassistischen Diskursen zu Erziehung verdrängt worden ist, immer noch Teil der konventionellen Sozialarbeit, sowohl in England als auch
in den Vereinigten Staaten. Die Anhänger dieser Richtung sehen weiterhin
die schwarze Identität als unabdingbar für alle schwarzen Menschen, und
schließen Mischlingskinder mit ein. Aus der Sicht dieser Autoren setzt sich
eine positive schwarze Identität aus positiven Identifikationen, Selbstwertgefühl und Stolz zusammen. Etliche dieser Autoren betonen wie auch Dominelli (1988), daß auch Weiße dazu fähig sind, ihre eigene Identität zu hinter-

fragen, anzuzweifeln und zu problematisieren. Somit wird weiße Identität als gespalten, widersprüchlich und umstritten gesehen, wohingegen schwarze Identität stolz, einheitlich und unabdingbar sei. Maximé führt aus:

„Rassische Identität repräsentiert die ethnische/biologische Dimension einer Person." (1993: 177)

Dies läßt deutlich werden, daß die modernistische Sichtweise von schwarzer Identität die einer essentialistischen, fundamentalistischen und genetischen Eigenheit von schwarzen Menschen ist. Die „positive Identität" wird eher zur Vorschrift, als daß sie eine Beschreibung sich wohl fühlender schwarzer Menschen wäre, und die, die als „schwarz" definiert werden und deren Identität sich von diesen „positiven" Vorschriften unterscheidet, werden pathologisiert. Ihr Slogan „Liebe ist nicht genug", der zu verdeutlichen sucht, daß die Identität schwarzer Kinder genährt werden müsse, verrät ihre eigenen Vorstellungen, daß alle schwarzen Eltern etwas Zusätzliches anbieten, wer auch immer sie sind oder über welchen Hintergrund sie verfügen. Diese zusätzliche Dimension schwarzer Eltern bleibt undefiniert und damit auch unanfechtbar. Ironischerweise wiederholt Maximés und Smalls (1986) Konzeption von Rassenidentität den biologischen Ansatz der Rassisten des frühen 20. Jahrhunderts, gegen die Park und Stonequist in ihren Studien zur Marginalität Einwände erhoben haben. Schwarzen Menschen wird eine (moderne) Identität zugeschrieben, die keine Metaerzählungen enthält, in der eine schwarze „innere Natur" den oberflächlichen kulturellen Unterschieden zugrundeliegt. Im Gegensatz dazu sind Weiße durch eine postmoderne Identität privilegiert, die unterschiedliche Metaerzählungen und verstreute Bedeutungen enthält.

Es ist genau diese verallgemeinerte Sicht der schwarzen Identität, die von postmodernen Antirassisten kritisiert wird. Maximé unterscheidet nicht zwischen der schwarzen Identität eines Kindes, das in einer geschlossenen, eng verbundenen Gemeinschaft lebt und Englisch nicht als erste Sprache erlernt, und einem schwarzen britischen Kind, das in einer multiethnischen Umgebung lebt. Allen schwarzen Kindern wird dieselbe schwarze Identität zugeschrieben, ungeachtet ihres Geschlechts, ihrer Klasse, Kultur und Familie. Rattansi und Gilroy glauben insbesondere, daß die schwarze Gemeinde in England an einen Punkt gelangt ist, an dem die postmoderne oder „gereifte" Identität nicht nur möglich, sondern unabdingbar für schwarze Menschen in diesem Land geworden ist, um ihre eigene Lage zu verstehen und dem Rassismus zu begegnen.

3.3. „Mischlingsidentität"

Wie wirkt sich die antirassistische Debatte zwischen Modernisten und Postmodernisten auf die Analyse der Identität von gemischtrassigen Kindern aus? In den modernen antirassistischen Texten werden Mischlingskinder entweder durch Vereinnahmung ignoriert, indem sie z.B. einfach als Schwarze mit den gleichen Problemen wie jedes „schwarze" Kind gesehen werden, oder sie werden pathologisiert. Aus Sorge um eine positive schwarze Identität werden gemischte Identitäten pathologisiert. Beispiele dafür geben die Artikel von Maximé und Banks.

Die zwei Artikel von Banks (1992a, 1992b) veranschaulichen auf ähnliche Weise seine Methode der kognitiven Ebonisierung. Im ersten Artikel wird sie als eine Methode zur Arbeit mit „ethnisch gemischten" Kindern und ihren Müttern beschrieben. Im zweiten Artikel wird sie als Methode zum unmittelbaren Umgang mit der Identität schwarzer Kinder beschrieben. Obwohl er in seinem ersten Artikel zwischen gemischter Ethnizität und schwarzen Kindern unterscheidet, sieht er in Wirklichkeit gar keinen Unterschied. Er betrachtet seine Methode als allgemeingültig anwendbar auf schwarze Kinder mit „verwirrter" Identität. In ähnlicher Weise nimmt Banks eine ambivalente Haltung zum Konzept der Rasse ein. Indem er Small (1986) zitiert, verneint er nachdrücklich, daß das Konzept der Rasse überhaupt eine „wirkliche" Bedeutung habe:

„... die soziale und biologische Idee über Rasse repräsentiert eine Ansammlung pseudologischer Rationalisierungen, die auf einer Vermischung von Emotionen, Vorurteilen und verwirrten Werten basieren. Aus diesem Grund bevorzuge ich eher den Terminus ethnisch gemischt als rassisch gemischt, um Kinder mit einem gemischten Hintergrund zu beschreiben."

Selbst wenn man akzeptiert, daß „gemischte Ethnizität" auch jüdisch-irische, englisch-französische und pundschabisch-jamaikanische Kombinationen mit einschließt, ist es schwierig zu verstehen, warum Banks einerseits den Terminus „Rasse" insgesamt verwirft, andererseits aber eine therapeutische Technik entwickelt hat, die Kinder befähigt, auf genau den Aspekt ihrer Existenz stolz zu sein, dessen Existenz er negiert. Faktisch scheint jeder antirassistische Text darauf aufmerksam zu machen, daß Rasse eine soziale Konstruktion ist und daher kein biologisch gerechtfertigter Begriff. Die Überlegungen der Superstrukturalisten zeigen, daß diese Ausführungen aus drei Gründen falsch sind. Erstens ist in den angelsächsischen biologistischen Annahmen verwurzelt, daß das Biologische vorrangig ist und daß biologische Unterschiede realer als soziale Unterschiede sind. Zweitens wird impliziert, daß es andere Kategorien gibt, die eine „stichhaltige" Basis für Diskriminierungen darstellen. Aber theoretische Überlegungen zum Feminismus (Walkerdine 1985; Nice 1992) und zum Umgang mit Behinderungen (Oliver 1990) zeigen auf, daß „biologische" Unterschiede wie Geschlecht und Behinderung gesellschaftlich konstruiert werden. Drittens stimmen alle Theoretiker darin überein, daß es legitim ist, politische Überzeugungen wie Nazismus, die offensichtlich nicht biologisch bestimmt sind, als Basis zur Beurteilung einer Person anzuwenden. Die Behauptung, daß „Rasse" in Wirklichkeit nicht existiert, ist somit eher als rhetorische Ausführung zu verstehen und nicht als Teil eines kohärenten antirassistischen Arguments.

Außerdem behauptet Banks, daß alle schwarzen Menschen „Mischlinge" seien, weil alle weiße Vorfahren haben, und deswegen die Gruppe, über die wir diskutieren, „unmittelbar gemischt" sei. Gemeinsam mit Small (1986) und Maximé verwechselt er hier die biologische mit der sozialen Bedeutung von Rasse und wiederholt damit die Argumente der Eugeniker. Banks gründet seine Sicht von der Identitätsentwicklung auf Erikson, den er den „Pionier des Identitätskonzepts" nennt. Er erhebt Einwände gegen die Sicht von Tizard/Phoenix (1989), daß Mischlingskinder z.b. ein Spektrum von Identitäten aufweisen können. Der Vorwurf des „Eurozentrismus" gegenüber psychologischen Theorien ist im modernen Antirassismus alltäglich (Dominelli 1988; Ahmad 1991). Doch ist es schwierig, Eurozentrismus zu definieren. Warum wird die Sicht von Tizard/Phoenix als eurozentristisch erachtet und die von Erikson nicht? Hier handelt es sich um eine doppelte Ironie. Eriksons Theorie basiert auf der Psychologie des Ego, die von europäischen Theoretikern wie Lacan (siehe Sarup 1991 und Lovlie 1993) als ein westliches, insbesondere angel-sächsisches Produkt der Konzeption vom Selbst und Identität angegriffen wurde. Folglich benutzt Banks eine „angelsächsische" Theorie,um die eurozentristischen Theorien anzugreifen und ihnen seine Theorien entgegenzusetzen. „Eurozentrismus" ist für Banks ein Begriff ohne viel Inhalt geworden, der nicht viel mehr besagt, als daß er mit Theorien nicht übereinstimmt. Er benutzt ihn als eine Art akademisches Schimpfwort.

Weitere Schwierigkeiten werden deutlich, wenn Banks Verfahren zur „kognitiven Ebonisierung" genauer betrachtet wird. Dieses Verfahren beinhaltet z.B.

„...imaginäre Geschichten,..die sich um eine unterschwellige Umkehrung der negativen Bedeutungen von Schwarzheit und schwarzen Menschen bemühen. Ein kurzes Beispiel dafür wäre: ‚Basil war ein wunderschöner, strahlender, schwarzer Käfer. Alle anderen Tiere wollten so aussehen wie er.' ‚Wir lieben deinen glänzenden schwarzen Panzer', sagte der weiße Pelikan. ‚Ich wünschte, ich hätte auch so einen schönen wie du.' Basil war natürlich sehr stolz, kein anderes Tier war so schön wie er, und er war sehr glücklich, daß er so hübsch war'."(Banks 1992b:22)

In diesem Beispiel ist das traditionelle Bild der Bedeutung von „schwarz", das in der Kinderliteratur häufig beschrieben wird, vom Negativen ins Positive umgewandelt worden. Wie unterbewußt diese Geschichte ist, bleibt eine offene Frage, aber sie ist ein gutes Beispiel für eine moderne antirassistische Strategie. Obgleich an der Oberfläche der Geschichte beabsichtigt wird, der negativen Bedeutung von Schwarzheit entgegenzuwirken, enthält die Erzählung eine „verdeckte Ordnung": Das wichtigste Attribut der Menschen ist ihre Hautfarbe. Menschen sollten nach einer Hierarchie beurteilt werden, in der die Hautfarbe der entscheidende Faktor für ihre Stellung innerhalb der Hierarchie ist. Die Hautfarbe wird mit Stolz und Neid assoziiert.

Cohen (1992), Rattansi (1992) und Troyna/Hatcher (1992) haben alle aufgezeigt, daß eine simple Umkehrung des Rassismus in Geschichten und didaktischen Methoden in antirassistischen Schulungen weitgehend uneffektiv ist. Rattansi (1992: 35) führt aus:

„Sowohl die multikulturellen als auch die antirassistischen Kritiken ignorieren die aktuellen Empfehlungen aus Literatur und Pädagogik zur Erarbeitung von Subjektpositionen für Kinder in Schultexten. Sie vernachlässigen, *wie* Texte Bedeutungen konstruieren im Gegensatz zu dem, *was* sie bedeuten sollen. All zu oft gehen die Protagonisten von zu vereinfachten Annahmen aus, wie Subjektivität in rassistischen oder antirassistischen Texten hergestellt wird."

Andere Aspekte der „kognitiven Ebonisierung" beziehen sich auf Bücher mit schwarzen Helden und die positive Etikettierung schwarzer Eigenschaften. Indem Banks (1992a:22) Piaget zitiert, rät er Eltern:

„Hüten Sie sich davor, einem Kind, das dieses Wort zurückweist, die Bezeichnung schwarz aufzudrängen, bis es eine angemessene Entwicklung durchgemacht hat, um die abstrakte politische Bedeutung des Begriffs zu verstehen...Manchen Eltern ist nicht bewußt, daß die Zurückweisung des Begriffs ‚schwarz' sich eher auf das wörtliche oder konkrete Verständnis der Farbbezeichnung beziehen kann als auf die Zurückweisung einer Gruppenidentität oder die Verweigerung einer politischen Gemeinsamkeit."

Daher empfiehlt er:

„Schwarzheit als ein positives Ziel zu erstreben, kann auch mit folgenden Erklärungen unterstützt werden: ‚Wenn du mehr über die Welt verstehst, wirst du gerne schwarz sein' oder ‚Wenn du herausgefunden hast, wie viele gute Dinge schwarze Menschen getan haben, wirst du sehr glücklich darüber sein, daß du schwarz bist'." (Banks 1992a:23)

Selbst wenn wir bedenken, daß dies eher eine Bevormundung der Kindern ist und von ihnen mit Mißtrauen und Ärger betrachtet werden kann, gibt es noch bedeutendere Schwierigkeiten mit solchen Aussagen. Erstens ist die Tatsache, daß Banks Piagets Theorie zur Erläuterung einer falschen Identifizierung durch Kinder anführt, eher arglistig. Sofern er nicht von sehr jungen Kindern unter vier Jahren spricht, ist er einfach im Irrtum. Selbst die Rassenentwicklungstheorien, die wir im ersten Teil der Studie kritisiert haben, erkennen an, daß Kinder mit vier Jahren eine gewisse Vorstellung von Rassenidentität haben. Diese und andere Studien haben aufgezeigt, daß dieses Alter noch bis zum dritten Lebensjahr oder gar früher zurückgestuft werden kann. Zweitens sprechen selbst einige Teenager-Probanden aus Banks' eigenem Bericht von sich selbst eher als „braun" statt „schwarz". „Braun" hat nicht dieselbe abstrakte politische Bedeutung wie „schwarz", und dennoch spricht Banks davon, daß diese Teenager noch kein abstraktes Verständnis von diesen Begriffen entwickelt haben.

Nach der Definition von Banks müssen die Kinder meiner Stichprobe, die sich als „Halbindianer" oder „Halbghanese" bezeichnen, unter einem falschen Bewußtsein leiden, einer Verwirrung oder irgendeiner anderen Psychopathologie, weil diese halben Identitäten unhaltbar und ein Zeichen rassischer Verwirrung seien. All diese Ausführungen zielen auf eine vereinfachende Sichtweise von schwarzer Identität, die allen schwarzen Kindern unabhängig von ihrem Hintergrund zu eigen sei und welche von einem Identitätsexperten gefördert werden müsse. Alle Definitionen der Kinder ihrer selbst, die der Sicht des Identitätsexperten widersprechen, werden entweder als Resultat einer Identitätsverwirrung oder als Unreife gesehen. Inwieweit sich kulturelle, geschlechtsspezifische oder Klassenidentitäten sich mit der wesentlichen schwarzen Identität überschneiden, wird bei Banks oder Maximé nicht beschrieben. Vermutlich sieht ein Identitätsexperte diese anderen Identitäten als unproblematisch und unerheblich an.

„Kognitive Ebonisierung" und andere ähnliche Therapien können als potentielle Verkörperung dessen gesehen werden, was Lyotard „Terror" nennen würde:

„Unter Terror verstehe ich die Wirkung, die man erreicht, indem man den Spieler aus dem Spiel der Sprache, die man mit ihm teilt, ausschließt oder vom Ausschluß bedroht. Er wird dadurch zum Schweigen oder zur Zustimmung gebracht, nicht weil er widerlegt worden wäre, sondern weil seine Fähigkeit teilzunehmen bedroht wurde. (Es gibt zahlreiche Wege, jemanden daran zu hindern, sich am Spiel zu beteiligen.) Die Arroganz dessen, der die Entscheidungen fällt...bringt zum Ausdruck ‚Passe deine Ambitionen unserem Ziel an – oder sonst!' " (Lyotard 1984: 63-64)

Ich frage mich, ob Banks seine Methode zur „kognitiven Verweiblichung" erweitern würde für Mädchen, die Feuerwehrmänner oder Richter werden wollen. Man könnte ihnen ebenso gut Geschichten von Hausfrauen als Heldinnen erzählen oder ihnen sagen, daß sie Sekretärinnen werden möchten, wenn sie älter sind. Tatsache ist, daß Banks eine Sicht schwarzer Identität präsentiert, die das Spiegelbild einer angeblich positiven weißen Identität darstellt, einem Handbuch für „selbständige Jungen" entnommen, vervollständigt durch Helden, Schurken usw. Dies repräsentiert genau die Art von Antirassismus, den Gilroy, Cohen, Rattansi, Modood und Brah überschreiten möchten.

Owusu-Bempah (1994) kritisiert die gesamte „Identitätsarbeit". Er behauptet, daß alle Verfechter des Antirassimsus selbst Rassisten sind, weil die Grundlage ihrer Arbeit auf der Annahme beruht, daß alle schwarzen Kinder den fundamentalen Wunsch haben, weiß zu sein. Er führt aus, welche schlimmen Folgen diese Annahme bei Interventionen der Sozialarbeiter und ihren Entscheidungen haben kann. Daher fordert er, nicht nur die Theoretiker der Sozialarbeit, die diese Methoden befürworten, zur Verantwortung zu ziehen, sondern die gesamte Tradition der Forschung, die der Vorstellung wissenschaftlichen Glauben verleiht, daß schwarze Kinder unausweichlich eine geringe Selbstachtung haben.

Meine Absicht, der Kritik an Banks' und Maximés Theorien Rechnung zu tragen, ist nicht von dem Glauben getragen, daß sie vollständig falsch oder inadäquat sind. Stolz und positive Gefühle sind sicher für alle gereiften Identitäten wichtig. Ich glaube aber, daß Richtlinien für eine gesunde Identität nicht von „Experten" definiert werden sollten. Ich habe versucht, die Konsequenzen der modernen Sicht von Rassenidentität und ihre potentiellen

Wirkungen auf Mischlingskinder und gemischte Familien aufzuzeigen. Seit Park und Stonequist wurden Randgruppen und Hybridisierungen in unterschiedlicher Weise als pathologische Zustände mit entsetzlichen psychologischen Folgen für alle Betroffenen verstanden oder alternativ als Zelebration von Differenz und als Zeichen für das Einreißen von Barrieren hochgejubelt. Ich glaube, daß beides nicht zutrifft.

Diese Studie hat gezeigt, daß gemischte Familien sich mit bestimmten Problemen und Wahlmöglichkeiten beschäftigen müssen. Die Familien gehen unterschiedlich mit diesen Themen um, und es gibt ebensowenig die „Mischlingsfamilie" wie es die „schwarze Familie" gibt. Gemischte Familien können harmonisch, konfliktreich oder beides sein. Wenn ein Konflikt entsteht, kann er sich auf Rasse, Kultur und Werte beziehen, oder es kann sich um persönlichen Streit handeln. Es ist wahrscheinlich, daß es um eine komplexe Kombination all dieser Faktoren geht. Konflikte können offen und einfach oder subtil und indirekt ausgedrückt werden. Es ist unmöglich vorherzusagen, in welchem Umfang Kinder Schaden erleiden. Wenn Kinder Zeichen senden, daß sie leiden, dann ist dieses Leid wahrscheinlich durch die vielen Wechselwirkungen verursacht, so wie es bei den meisten psychischen Schäden von Kindern ist. Es zeigt auch, daß alle Theoretiker einschließlich Benson und Tizard/Phoenix, die die gemischte Familie als einen Mikrokosmos von Rassenbeziehungen sehen, sich nur für einen Aspekt eines facettenreichen Phänomens öffnen. Rasse und Ethnizität sind keine einheitlichen Grundzüge der Gesellschaft, die in Familien reproduziert werden, und Rassismus läßt sich nicht auf die Interaktionen in der Familie reduzieren. Er wird ebenso stark durch gesellschaftliche Institutionen gebildet wie er sich in der Psyche einzelner Rassisten manifestiert.

Gilroy (1987) glaubt, daß die schwarzen Menschen in England davon Abstand gewinnen, sich selbst bloß als Opfer zu definieren, und daß sie sich in politischen und kulturellen Aktivitäten engagieren. Dies ist eher eine positive und bestätigende Haltung für schwarze Menschen als eine Reaktion auf die weiße Kultur. Opfer werden daran gehindert, „Reife" zu erreichen. Für Opfer ist Selbstzweifel eine Schwächung, welche nur die Macht unterdrückerischer Kräfte stärkt und ihnen zu teilen und zu herrschen erlaubt. Die von Maximé und Banks präsentierte Identität ist unter bestimmten Bedingungen durchaus angemessen, muß es aber nicht generell sein. Schwarze und gemischte Familien sehen sich nicht lediglich als Opfer schwarzer oder weißer Feindschaft, obwohl Feindschaft in ihrem Leben gegenwärtig ist. Sie sind aktiv mit dem Vorgang beschäftigt, neue Identitätskonzepte zu entwickeln, die über die alten verallgemeinernden Kategorien von Rasse, Klasse und Nation hinausgehen.

Die Familien haben gezeigt, daß dies keine leichte Aufgabe ist. Marginalität oder Hybridität ist nicht einfach nur eine Zelebrierung der Differenz. Die Kinder und Familien werden mit wirklich schmerzhaften Entscheidungen konfrontiert. Es kommt vor, daß sie dabei traumatische Phasen durchlaufen müssen, in denen das Zusammenspiel innerer und äußerer Kräfte ihre Stabilität untergraben kann. Bhabha beschreibt:

„Kulturelle Differenz sollte nicht als freies Spiel von Polaritäten und Pluralismen in einer homogenen und leeren Zeit der nationalen Gemeinschaft verstanden werden. Sie bezieht sich auf widerstreitende Bedeutungen und Werte, die zwischen den Variationen und Unterschieden der kulturellen Vielfalt erzeugt werden. Sie repräsentiert den Prozeß kultureller Interpretation, der in der Verworrenheit des Lebens und in dem trennenden und abgrenzenden Raum der nationalen Gesellschaft gebildet wird. Durch die Auslöschung der harmonischen Gesamtheit von Kultur verdeutlicht kulturelle Differenz die Unterschiede zwischen Darstellungen des sozialen Lebens, ohne den Raum unvergleichbarer Bedeutung und Beurteilungen zu überwinden, die im Prozeß transkultureller Aushandlungen erzeugt werden." (Bhabha 1990b: 316)

Und ähnlich weiter:

„Randgruppen oder Minderheiten sind nicht der Ort für eine beweihräuchernde oder utopische Selbstmarginalisierung. Sie bedeuten einen viel wesentlicheren Eingriff in die Rechtfertigungen der Moderne – wie Fortschritt, Homogenität, kulturelle Körperschaft, die starke Nation und die lange Geschichte –, welche den autoritären „Normalisierungs'-tendenzen in Kulturen im Namen nationaler Interessen oder ethnischer Vorrechte rationalisieren...Die kulturellen Grenzen einer Nation...können als Bedeutungsschwellen anerkannt werden, die im Prozeß kultureller Produktion überschritten, ausgelöscht und übersetzt werden müssen." (Bhabha 1990a: 4)

Bhabha verdeutlicht hier das vielleicht größte Problem des modernen Antirassismus. Dies liegt in der Annahme, daß alles, was für das „schwarze" Kollektiv für gut befunden wurde, auch für jedes „schwarze" Individuum gut sein muß. Diese Annahme erklärt, warum alle modernen Beschreibungen von Rassenidentität in einen totalisierenden und bevormundenden Diskurs abgleiten, der ihre eigenen essentialistischen Sichtweisen von Identität überstülpt.

3.4. Die Mütter

Kinder aus gemischtrassigen Familien stehen ganz am Rand. Sie stehen marginal zu Schwarzen und Weißen, und darum fordert ihre entblößte Position alle festen Begriffe von Identität und Kultur heraus. Nachdem aufgezeigt wurde, wie der moderne Antirassismus sich mit gemischtrassigen Kindern befaßt, möchte ich nun zur Darstellung ihrer Mütter zurückkehren. In der Literatur treten zwei Sichtweisen auf. Auf der einen Seite steht die Ansicht, daß diese Mütter Rassisten sind, mit der Implikation, daß in ihnen die Ursache für die psychopathologische Entwicklung ihrer Kinder liegt (Banks 1992 a; Maxime 1993). Einige Theoretiker, die sich in einem psychoanalytischen Rahmen bewegen, erklären diesen Rassismus zusätzlich mit ihrer frühkindlichen Beziehungen zu ihren Vätern und ihrer gedanklichen Gleichsetzung von „Schwarzsein" mit „Schlechtsein" (Holland/Holland1984; Henriques 1974). Aus diesem Blickwinkel resultiert das geringe Selbstwertgefühl der Mütter aus ihren dürftigen Bindungen zu ihren Vätern. Sie fühlen sich weißen Männern, wie ihrem idealisierten Vater, gegenüber unwürdig, und die Beziehung zu einem schwarzen Mann symbolisiert ihren doppelten Zorn auf ihre Väter und sich selbst. Kinder seien ein konkretes Symbol für diesen Zorn und die Ambivalenz, so daß der Zorn auf den schwarzen Partner auf die Kinder projiziert wird.

Auf der anderen Seite sehen einige Theoretiker diese Mütter als „gereift", zivilisiert oder rational in ihrer Fähigkeit, mit Unterschieden umzugehen. Rustin (1992) meint dazu:

„Rationalität und die Fähigkeit, Unterschiede zu genießen, beruhen auf einem fortwährenden Entwicklungsprozeß bei einzelnen Individuen und in sozialen Gruppen."

Diese Dichotomie reproduziert die antirassistische Debatte und ihre vereinnahmende Verherrlichung von Homogenität oder Heterogenität. Keine dieser beiden Positionen räumt ein, daß sowohl die Vorliebe für wie auch die Angst vor Unterschieden die Mütter motiviert haben können. Holland/Holland zum Beispiel, sehen ihre Patientinnen als depressive Frauen, die von ihren Eltern, Ehepartnern und Kindern zurückgewiesen werden. Alle weißen Mütter werden unter ähnlichen motivationalen und pathologischen Aspekten gesehen, mit ähnlichen Konsequenzen für sie selbst und ihre Familien. Keiner dieser Aufsätze zeigt auf, wie eine erfolgreiche Beziehung zwischen den Rassen erreicht werden könnte. Sie unterstellen, daß das „Schwarzsein" des Partners der einzig signifikante Faktor an ihm ist und daß der Umgang damit entweder in idealisierter oder entwertender Weise gestaltet wird. Gleichfalls vernachlässigen sie, daß der Partner oder ein Kind viele andere Dinge symbolisieren kann außer „Schwarzsein" und „Schlechtsein".

Diese Betrachtungen haben noch eine weitaus beunruhigendere Botschaft als nur die Pathologisierung der Situation zwischen den Rassen. Sie implizieren, daß die Probleme der Kinder einzig und allein in der Verantwortung der Mütter liegen. Weiße wie schwarze Väter glänzen durch Abwesenheit in den Betrachtungen von Banks, Maximé oder Holland/Holland, mit gelegentlicher Ausnahme als „Rollenmodelle". Die Bedeutung wird hier darin gesehen, daß Väter, solange sie anwesend und schwarz sind, per Definition positive Rollenmodelle für ihre Kinder darstellen. Auf der anderen Seite unterliegen Mütter dem scharf prüfenden Blick, der die „Wurzeln" ihres Rassismus aufdeckt. Weiße Väter werden überhaupt nicht für wichtig gehalten, weil alle Theorien und insbesondere Objektbeziehungstheorien die Mutter als die vorrangige Versorgerin sehen und dem Vater wenig Verantwortung für die Identitätsentwicklung seiner Kinder zuschreiben. Schwarzen Müttern werden die angemessenen Fähigkeiten zur Elternschaft zugeschrieben – sie sind gebende Mütter und positive Rollenmodelle, sie haben alles, was ein Kind braucht.

Walkerdine (1985) zeigt, wie schädlich diese Annahmen für Frauen sind, deren Rolle darin gesehen wird, Kinder zu produzieren und aufzuziehen, um die natürlichen „Anlagen" der Kinder zu unterstützen, damit sie produktive, autonome, rationale und glückliche Erwachsene werden. Auf diese Weise werden Mütter als „irrational" gesehen, und ihre eigenen Gefühle und Wünsche werden unterdrückt und nicht berücksichtigt. Dies bezieht sich besonders auf Mütter der Arbeiterklasse, deren disziplinierender Erziehungsstil als schädlich und pathologisierend verstanden wird. Diese Sicht von Mutterschaft ist bei den modernen Antirassisten verbreitet, die die Rolle der Mütter darin sehen, für die natürliche „schwarze Identität" ihrer Kinder Sorge zu tragen. Da die Wahl der Mutter für einen schwarzen Partners bereits ein Zeichen ihrer Pathologie ist, kann sie schon deshalb keine Kinder mit einer positiven schwarzen Identität hervorbringen. Nice (1992) zeigt auf, wie schwarze Mütter durch moderne soziale Theorien in ähnlicher Weise pathologisiert werden, indem sie entweder als herrisch gesehen werden oder so, daß sie ohne jegliche Unterstützung unbegrenzte Kapazitäten für die Elternschaft mitbringen.

Die hier vorgestellten Beschreibungen zeigen zusammen mit denen von Alihbai-Brown/Montague (1992), daß der Blickwinkel der modernen Antirassisten auf Eltern in gemischtrassigen Familien beschränkt ist. Es ist offensichtlich wahr, daß einige Mütter rassistisch sind, und die meisten werden einige rassistische Vorstellungen oder Gefühle haben, aber ihre Motivationen sind vielfältig, manchmal konfliktreich, aber vor allem unterschiedlich. Wahrscheinlich tragen Konflikte dazu bei, Rassifizierungen zu produzieren, aber selbst dieser Zusammenhang bestätigt sich nicht überall. Im Laufe der Zeit verändern sich Motivationen, Individuen mögen unterschiedliche, vielleicht konfliktreiche Motivationen und Gefühle haben, die von ihren jeweiligen Situationen abhängen. Ihre Partnerwahl auf ein einziges Motiv zu reduzieren, bedeutet beide Partner zu entmenschlichen. Etliche ihrer Motive bei der Wahl sind vermutlich nicht anders als bei „normalen" Motivationen für die Partnerwahl, also eine Kombination von Irrationalität und Reife. Alle Frauen dieser Untersuchung, wie auch in dem Buch von Alihbai-Brown/ Montague, wählten Partner mit ähnlichem Bildungsgang und ähnlicher Klassenzugehörigkeit. In dieser Studie ist dies darauf zurückzuführen, daß sie sich an der Universität oder am Arbeitsplatz kennengelernt haben. Aber warum sollte diese Wahl von „Gleichheit" nicht weniger natürlich oder rational sein als die Wahl von „Differenz" im kulturellen oder rassischen Hintergrund?

Bei diesen Autoren ist Rationalität gleichgestellt mit ihrer – ich wage zu sagen, eurozentrischen – Version von „Normalität", die gleichbedeutend mit „Konformität" ist. Diejenigen, die die natürliche Ordnung bedrohen, werden pathologisiert. Bhabha (1990) tritt dieser Sicht entgegen. Für ihn zweifeln Hybridbildungen orthodoxe Kulturvorstellungen an. Diejenigen, die es als ihre Aufgabe ansehen, kulturelle Werte aufrechtzuerhalten, versuchen jene, die Grenzen überschreiten, zu pathologisieren und weiterhin zu marginalisieren. Bhabha verklärt Unterschiedlichkeit nicht einfach. Seine Position ist kein naiver Diskurs von „Schmelztiegel", Assimilation oder Multikulturalismus. Differenz ist eine Form von Trennung, Störung und Bruch, ebenso wie eine Zelebration.

Interessanterweise verweisen Holland/Holland genau wie Banks speziell auf Frauen der Arbeiterklasse. Die Stichprobe dieser Studie besteht vorwiegend aus der Mittelschicht, und es kann gut möglich sein, daß die soziale Situation und die daraus resultierenden Wahlmöglichkeiten für Mischlingskinder aus der Arbeiterklasse eingeschränkter sind4. Ich bezweifle, daß alle weißen Frauen der Arbeiterklasse in dieser Lage Rassisten sind oder daß ihr Rassismus eine einzige gemeinsame Ursache hat. Die psychoanalytische Betrachtungsweise des Rassismus tendiert dazu, Rassismus als die Manifestation einer psychotischen Verteidigung, einer gespaltenen und projizierenden Identität zu verstehen, so daß Rassisten schwarzen Menschen das negative Merkmal „gespalten zu sein" zuschreiben. Aber wenn Rassismus facettenreich sowie regional und kontextspezifisch ist, warum sollte er dann an einen speziellen psychologischen Prozeß gebunden sein?

Ein anderes Problem mit der Betrachtungsweise insbesondere der psychoanalytisch orientierten Modernisten, stellt sich insofern als der analytische Diskurs darauf abzielt, ein objektives Bild von den Vorgängen signifikanter Ereignisse und Interpretationen, die der Pathologie vorausgingen, und in denen Ursache und Wirkung determiniert werden, sicherzustellen. Folglich sehen Adorno, Holland/Holland und Rustin die Wurzeln des Rassismus in frühen Phasen des Lebens, ebenso wie Stonequist, Park und Maximé die Ursache für Pathologie von Menschen gemischter Herkunft in der frühen Erziehung sehen. Nie wird erwogen, daß spätere Ereignisse ihrerseits die Rekonstruktion des früheren Familienlebens beeinflussen können, wie z.B. ein Faschist zu werden oder ein „gemischtes" Kind zu bekommen, und daß der Kontext, in dem die Erzählung präsentiert wird, einschließlich der Frage, wer der Ansprechpartner ist, eine ebenso wichtige Rolle spielt.

Narrative Analysen sehen Ursächlichkeiten in einer zirkuläreren Weise, als die Psychoanalyse dies tut, so daß Ursache und Wirkung schwieriger voneinander getrennt werden können. Wenn die narrative Realität die Priorität über die „Wahrheit" gewinnt, dann verliert die Psychoanalyse und mit ihr faktisch alle Sozialwissenschaften das Recht auf „wissenschaftliche" Validität. Berechtigterweise können psychoanalytische Betrachtungen zusammen mit anderen modernen Psychologien beanspruchen, bedeutungsvoll zu sein, aber sie können nicht für sich die absolute Wahrheit in Anspruch nehmen.

Interessant ist bei allen – selbst bei einigen postmodernen Betrachtungen des Antirassismus, daß ihre Diskussionen über Rasse und Rassismus Metaphern über Krankheit enthalten. Wie die eugenischen und Kulturrassisten, die die Einwanderung von Schwarzen als „Krankheit" betrachteten, die sich auf die Bevölkerungspolitik auswirkte, behandeln diese Antirassisten den Rassismus, als ob er eine Krankheit der Gedanken sei (Dominelli 1988; Ahmad 1990) oder eine Art von Psychose (Frosh 1989; Holland/Holland, 1984; Ru-

---

4   Maximé (1993) hingegen lehnt diese Überlegung ab, da er meint, daß alle schwarzen
    Kinder mit denselben Identitätsproblemen konfrontiert sind.

stin 1992; Wolfenstein 1992). Es ist diese Metapher, die zu einer Pathologisierung gemischter Familien führt und die die meisten Autoren dazu verleitet, die Haltung eines sozialen „Arztes" einzunehmen, dessen Job darin besteht, die Gesellschaft von dieser Infektion zu heilen. Aber Cohen, Gilroy, Troyna/Hatcher und van Dijk zeigen auf, wie unangemessen diese Metapher ist und wie irreführend sie sich als Basis für antirassistisches Handeln erweist. Foucault und Lyotard zeigen gleichfalls auf, daß „Macht" und „Differenz" als kompliziertere und facettenreichere Phänomene verstanden werden können denn als „soziale Krankheiten".

3.5. Rassenüberschreitende Pflegschaften und Adoption

Dieses Kapitel beschäftigt sich nicht unmittelbar mit gemischten Adoptionen und Pflegeverhältnissen. Obwohl Antirassisten gemischte Adoptionen und gemischte Familien gleich behandeln, weil in beiden Fällen schwarze Kinder von weißen Eltern aufgezogen werden, von denen angenommen wird, daß sie nicht die notwendigen Fähigkeiten besitzen, um die Kinder vor Rassismus zu schützen (Bagley 1991; Banks 1992a, 1992b; Small 1986, 1991; Tizard/ Phoenix, 1993). Einige Antirassisten gehen noch weiter und behaupten, daß weiße und schwarze Kinder in so unterschiedlichen Welten leben, daß selbst die Konzepte von Sicherheit und Bindung in westlichen Vorstellungen für „schwarze" Kinder nicht angemessen seien. Dies führt das Postulat der Unvereinbarkeit an seinen extremsten Punkt, indem selbst die Möglichkeit einer bedeutsamen Eltern-Kind-Beziehung zwischen schwarzen und weißen Menschen verneint wird. Harris (1992: 143) beschreibt:

„...das schwarze Kind kann nur in einer schwarzen Familie Bindung erfahren. Das Phänomen dieser Erfahrung von schwarzen Kindern in weißen Familien ist lediglich ‚schamhafte Bindung', die sich schon bald verflüchtigt, sobald das Problembewußtsein von Farbe und Rasse ein Faktor für das Kind wird."

Er äußert sich nicht dazu, ob er rassisch gemischte Familien als „schwarze" oder „weiße" Familien versteht – diese Kategorien werden für selbstevident gehalten.

Rhodes' (1993) Studie zur Einführung „gleichrassiger" Unterbringung von Pflegekindern in einem Londoner Bezirk verdeutlicht den Prozeß, der dieses Vorgehen zur anerkannten Praxis machte. Barn (1993) untersuchte alle schwarzen Pflegekinder in einem ähnlichen Bezirk und konzentrierte sich auf ihre Aufnahme, Unterbringung und die Ergebnisse. Beide stellten fest, daß trotz des Grundsatzes der Unterbringung in der „gleichen Rasse" die Praxis hinter diesem Grundsatz zurückbleibt. Beide Autoren benutzten den modernen Antirassismus als theoretische Basis, und keiner von beiden hinterfragte seine Annahmen.

Rhodes weist darauf hin, wie leicht die Politik der Unterbringung bei gleichrassigen Pflegeeltern angenommen wurde. Sie sieht dies als eine Folge

der politischen Einstellung der Fachleute, die dieses Vorgehen ins Leben ge-
rufen haben. Sie nimmt allerdings nicht wahr, daß ein weiterer Grund bei den
überwiegend dem rechten Flügel nahestehenden Politikern der achtziger Jahre liegen könnte und daß diese Politik mit dem Widerstand der Rassisten gegen Rassenmischung übereinstimmte. Außerdem übernimmt sie kritiklos die
antirassistische Definition von „Schwarzheit" und marginalisiert Kinder gemischter Herkunft, indem sie sich auf Small (1986) bezieht.

Barn befaßt sich ebenfalls fast ausschließlich mit Afrokariben und geht
nur kurz auf die Situation von Kindern gemischter oder asiatischer Herkunft
ein. Obwohl sie einräumt, daß Kinder gemischter Herkunft in Pflegestellen
überrepräsentiert sind5 und betont, daß ihre Stichprobe fast ausschließlich
aus weißen Müttern und schwarzen Vätern besteht, gibt sie keine Erklärung,
warum das so ist. Es gab überhaupt keine Kinder aus asiatisch-weißen Verbindungen. Barn fand heraus, daß die Unterbringung bei Eltern einer anderen
Rasse ausnahmslos traumatisch gewesen sei und ursächlich für die Identitätsprobleme der Kinder.

Postmoderne Antirassisten sind weniger begeistert von der Politik der
„gleichrassigen" Unterbringung. Gilroy stellt diese Orthodoxie stark in Frage.

„Gleichrassige Adoptionen und Pflegestellen für ethnische Minderheiten werden als un-
bestrittener und anscheinend unbestreitbarer Nutzen für alle Beteiligten dargestellt. Das
besorgniserregendste hieran ist ...,wie die pathologischen Vorstellungen einfach nur umgekehrt wurden, so daß sie zu einem seelsorgerischen Blick führen, der die Stärke und
Beständigkeit des schwarzen Familienlebens bestätigt und sich nicht der unbequemen Fa-
ge stellt, warum gerade schwarze Kinder in erster Linie Pflegestellen brauchen. Der Inhalt
der rassistischen Pathologie und die wirtschaftlichen Verhältnisse, mit denen dies in Beziehung gebracht werden kann, bleiben somit unberührt. Die Greifarme des Rassismus
sind überall, nur nicht im sicheren Hafen der umsorgenden schwarzen Familie, die fein-
fühlige, flügge werdende rassische Identitäten aufzieht." (Gilroy 1992: 58)

Bagley (1993a; 1993b) leitete eine Langzeitstudie über adoptierte Kinder in
England und Kanada. Die Stichprobe umfaßte Kinder, die der gleichen Rasse
wie ihre Pflegefamilien angehörten, aus anderen Ländern kamen oder in Familien einer anderen Rassenzugehörigkeit aufgenommen worden waren, sowie eine Kontrollgruppe von leiblichen Kindern. Bagley fand keine Unterschiede in der seelischen Gesundheit adoptierter Kinder, außer bei Eskimo-
kindern, die in Kanada adoptiert worden waren. Etwa 20 Prozent der adop-
tierten Kinder hatten Identitätsprobleme, aber alle Messungen haben widerlegt, daß Kinder aus gemischten Adoptionen häufiger Identitätsprobleme haben als Teenager, die innerhalb der gleichen Rassenzugehörigkeit adoptiert

---

5   Rowe et al. (1989) fanden in einer Untersuchung von sechs Kommunalbehörden her-
    aus, daß Kinder „gemischter" Abstammung deutlich häufiger in Pflegestellen unter-
    gebracht werden als schwarze oder weiße Kinder (asiatische Kinder waren insgesamt
    unterrepräsentiert), und daß sich das Gesamtbild ihrer Pflegeunterbringung beacht-
    lich von dem anderer Kinder unterscheidet. Wie Barn geben sie jedoch keine Erklä-
    rungen dafür.

wurden. Hayes (1993) betont, daß in der Fachliteratur keine Beziehung zwischen dem Verhalten und der Einstellung von Adoptiveltern und Identitätsproblemen nachgewiesen werden kann, was von Bagley bestätigt wird, der meint, daß Schwierigkeiten eher zufällig auftreten. Ein interessantes Phänomen in den Studien über Identitätsprobleme bei gemischten Adoptionen findet sich in der Bestimmung des Alters, in dem sich die Probleme verfestigen sollen. Für Banks und Maximé tauchen die Probleme in der frühen Kindheit auf. Barn und Rhodes sehen sie im Jugendalter, und für Small beginnen sie wie bei Stonequists „marginal man" im frühen Erwachsenenalter.

Bagley betont, daß Adoptionen zwischen den Rassen und zwischen Ländern zwar als persönlich erfolgreich für die Betroffenen angesehen werden müssen, aber daß sie trotzdem Minderheitengruppen bedrohen können, die darin einen Angriff auf ihre Integrität sehen. Obgleich Bagley und Gilroy den Schlußfolgerungen von Barns und Rhodes zur Unterbringung von Kindern in rassisch verschiedenen Pflegefamilien widersprechen, gibt es dennoch Konsens darin, daß afrokaribische Kinder im Pflegewesen überrepräsentiert sind und Kinder gemischter Abstammung noch häufiger vertreten sind, während asiatische Kinder unterrepräsentiert sind. Alle machen auf den einseitigen Charakter der gemischten Adoptionen aufmerksam und betonen wie Ahmad (1991), daß die Schwierigkeiten der Sozialarbeiter in der Zusammenarbeit mit den Herkunftsfamilien diese Überrepräsentation verursachte und daß sich an dieser Praxis etwas ändern muß.

Ungeachtet des Versuchs einen Konsens über gemischte Adoptionen zu formulieren, sind die beiden Positionen in der Debatte noch weit voneinander entfernt, und die Rhetorik ist auf beiden Seiten noch immer sehr hart. Am 3. November 1993 äußerte Virginia Bottomley bei der Einführung eines Informationspapiers zur Adoption:

> „Wir sollten die allgemeinen Empfehlung der Behörden und Vermittlungsstellen unterstützen, verheiratete Paare als Adoptiveltern vorzuschlagen...Bei Adoptionen sollte es keinen Raum für Ideologien geben. Wir wünschen Beurteilungen nach dem gesunden Menschenverstand, keine Stereotypisierungen. Es gibt zum Beispiel keine guten Gründe, um prinzipiell gemischte Adoptionen abzulehnen..." (Department of Health Press Release 3/11/93)

Barnardos kritisiert dieses Informationspapier mit den Worten:

> „Recht schwarzer Kinder auf eine schwarze Adoptivfamilie anzuerkennen, ist gescheitert." (Dyer 1993)

So wird der „gesunde Menschenverstand" gegen die „Rechte der Kinder" gesetzt ohne daß die eigenen ideologischen Wurzeln erkannt werden. Nur Bagley ist in der Lage die Konsequenzen der Realität zu erkennen, daß nämlich individuelle Erfolge mit kommunalen Rechten in Konflikt geraten können. Wir sind mit einem klassischen Dilemma der Postmoderne konfrontiert: Adoptionen zwischen den Rassen sind für Individuen erfolgreich, aber als Institutionen spiegeln sie Rassismus und Kolonialismus wider, wodurch die ungleichen Machtverhältnisse zwischen den Gemeinschaften reproduziert werden.

Die tatsächliche sozialpolitische Frage stellt sich nicht hinsichtlich der Konsequenzen für die betroffenen Kinder, sondern lautet, in welchem Maße Institutionen eher auf individuelle als kollektive Bedürfnisse eingehen sollten, wenn diese im Widerstreit liegen. Wenn sozialen Prozessen der Vorzug gegeben wird, kann es sein, daß individuelle Kinder darunter leiden müssen. Doch wenn nur die persönliche Ebene gesehen wird, werden soziale Verhältnisse nicht angezweifelt. Ich glaube, daß ein biographischer Ansatz, der die Geschichte von Individuen und Gruppen im Zusammenhang sieht, ein Ausgangspunkt für eine neue Phase in der antirassistischen Sozialarbeit auf diesem Gebiet sein könnte.

Das erste konzeptuelle Problem ist die Annahme beider Seiten, daß die Frage der Identität für alle Gruppen „schwarzer Kinder" gleich sei. Alle Untersuchungen zeigen jedoch, daß die Verhaltensweisen in den Familien für unterschiedliche Gruppen „schwarzer Kinder" letztendlich genauso variabel sind wie die Unterschiede zwischen den Aggregaten „schwarze" und „weiße" Kinder. Die Kategorie „weiße" Kinder wird nie aufgeschlüsselt, so daß es nicht möglich ist, Aussagen über die Verhaltensweisen in unterschiedlichen Gruppen von weißen Kindern zu machen. Zweitens wird die Bedeutung von „Rasse" und Ethnizität selten untersucht, sondern es wird der Annahme der Modernisten gefolgt, daß die Rasse oder Ethnizität eines Kindes von einer Generation zur anderen übertragen wird. Ethnizität wird nicht als eine sich wandelnde Reihe von Bedeutungen und Vorstellungen gesehen, die sich jedes Kindes konstruiert. Das bedeutet, daß die Begriffe von „gleicher Rasse" oder „gleicher Ethnizität" nie überprüft oder eher als ein beschreibendes denn konzeptuelles Problem verstanden werden. Beide Seiten verwechseln die Ursachen und Wirkungen des Rassismus mit den Konzepten von Kultur und Ethnizität, woraus verwickelte und verwirrende Rechtfertigungen entstehen. Das dritte konzeptuelle Problem besteht darin, daß der reflexive Charakter sozialer Theorien in der Debatte nicht beachtet wird. So können Kinder, die in den sechziger Jahren adoptiert wurden, andere Erfahrungen gemacht haben als Kinder, die in den neunziger Jahren adoptiert wurden, schon allein deshalb, weil sich die Institution der Adoption selbst im Laufe der Jahre beträchtlich gewandelt hat. Dies bedeutet, daß keine wissenschaftliche Untersuchung – die immer nur eine Momentaufnahmen ist – für sich in Anspruch nehmen kann, definitiv darüber zu entscheiden, ob Adoptionen zwischen den Rassen „erfolgreich" sind, unabhängig davon, wie umfassend das Forschungsdesign sein mag.

3.6. Die Kinder

Tizard/Phoenix (1993) untersuchten 56 Teenager, die einen afrokaribischen und einen weißen Elternteil hatten. Die Probanden waren 15 Jahre alt und kamen aus London und Umgebung. Außerdem wurden 16 Eltern interviewt.

Die Interviews mit den Kindern und den Eltern waren datenschutzrechtlich gesichert, so daß es ihnen nicht möglich war, das Verhalten bestimmter Eltern mit dem ihrer Kinder in Verbindung zu bringen. Tizard/Phoenix fanden heraus, daß sich weniger als 50 Prozent ihrer Probanden als „schwarz" bezeichneten, die meisten von ihnen sahen sich als „gemischt" oder „braun". Die meisten hatten unter Rassismus gelitten und Strategien entwickelt, um damit umzugehen. Die meisten Kinder verfügten über ein hohes Selbstwertgefühl und eine positive Identität, obgleich eine kleine Zahl deutliche Identitätsprobleme zeigte. Es gab keinen Beweis dafür, daß die Einstellung, eine „schwarze" Identität zu haben, mit einem „positiven" Selbstverständnis oder einem hohen Selbstwertgefühl korrelierte. Die Eltern haben sie mit Strategien unterstützt. Aber es fanden sich keine Beweise, daß schwarze Eltern einflußreicher als weiße Eltern bei der Entwicklung von Identität oder von Strategien waren. Die Strategien weißer und schwarzer Eltern waren sich ähnlich. Interessanterweise waren die Eltern in ihrer Stichprobe deutlich unpolitischer als die in meiner Untersuchung. Viele betrachteten Rasse nicht als Problem, und nur zwei Paare verstanden Rasse als politischen Begriff.

Trotz der unterschiedlichen theoretischen Grundlage, Methodik und Stichprobe weisen die Ergebnisse von Tizard/Phoenix bemerkenswerte Ähnlichkeiten mit meiner Untersuchung und mit der von Wilson (1987) auf. Dies ist besonders deswegen interessant, weil in den drei Untersuchungen die drei Altersgruppen, in denen üblicherweise Identitätsverwirrungen auftauchen, abgedeckt sind, und niemand hat einen Beweis dafür gefunden, daß dieses Phänomen weitverbreitet ist. Es gibt auch keinen Beweis dafür, daß diese Familien deutliche Pathologisierungen oder Marginalisierungen zeigen. Die drei Untersuchungen zeigen, daß gemischte Familien manchmal mit besonderen Problemen konfrontiert sind, vor allem aufgrund von Feindseligkeiten beider Gemeinschaften und seitens Mangel an Rollenmodellen in den Medien, mit denen sie sich identifizieren könnten. Nichtsdestoweniger gibt es keine „typische" gemischte Familie, und die Familien sind eher verschieden als einander ähnlich. Die Klassenzugehörigkeit und die Nationalität sind die Hauptfaktoren dabei, wie sich diese Familien selbst sehen und wie sie ihr Leben bewältigen.

Andere Forschungen wie die von Bennet u.a. (1992) und Troyna/Hatcher (1992) bestätigen, daß die Muster von Rassismus und Identität bei Kindern und Erwachsenen nicht direkt und offen sind. Weder stimmen sie mit den Kategorien der modernen Antirassisten überein noch sind sie für einfache belehrende Lösungen geeignet. Wie auch diese Studie zeigt, fanden sie heraus, daß Rassismus für viele ihrer Probanden eine fortwährende Bedrohung darstellt. Die schmerzhaften Auswirkungen des Rassismus auf Kinder gemischter Herkunft sind in dem Videofilm „Coffee Coloured Children" (1988) dramatisch dargestellt und bestätigen, daß Selbstverstümmelung und Selbsthaß von gemischtrassigen Kindern in ihren eigenen Familien vorkommen können. Dennoch wird mehr und mehr anerkannt, daß „eine Mischung zu sein" für die meisten Menschen zu einem Aspekt ihrer Identität gehört, und daß viele Familien mit Unterschieden und Diskriminierungen kämpfen müssen, nicht nur die, die willkürlich als „schwarz" oder „gemischtrassig" definiert werden. Gemischte Identitäten können für sich genommen positiv sein und nicht nur als Summe zweier Hälften von unterschiedlichen Kulturen.

3.7. Folgerungen für Experten

Ich verfechte hier nicht, daß die modernen Theorien zu Entwicklung, Rassismus und Rassenidentität zugunsten der postmodernen Theorien verworfen werden sollten. In einer Zeit, in der rassistische Angriffe zunehmen, wäre es fahrlässig und moralisch inakzeptabel, nicht die antirassistischen Kräfte zu unterstützen, die bemüht sind, schwarze Menschen zu vereinigen, und ein weißer Mensch hat nicht das Recht, schwarzen Menschen vorzuschreiben, wie sie ihren Widerstand organisieren sollen. Dennoch glaube ich, daß die Solidarität mit dem Antirassismus nicht mit einer unkritischen und kniefälligen Akzeptanz gleichzusetzen ist. Ich hoffe, daß der Antirassismus durch die Aufnahme neuer Konzepte der antirassistischen Pädagogik in die Sozialarbeit eher gestärkt als geschwächt wird. Rassismus und rassistische Diskurse haben eine entnervende Kraft, die wir nutzen können, um uns weiterzuentwickeln und zu befähigen, den Herausforderungen einer Welt im Wandel entgegenzutreten. Ich glaube, wenn vom Antirassismus nicht dasselbe ausgeht, wird er seinen gewonnenen Einfluß verlieren.

Ich sehe ein, daß dies als Teil eines rassistischen statt eines antirassistischen Diskurses verstanden werden kann. Tatsächlich wurde der Postmodernismus beschuldigt, den Status quo zu feiern. Einige dieser Schlußfolgerungen können wirklich von Rassisten genutzt werden. Ich glaube, daß es wert ist, dieses Risiko einzugehen. Dieses Risiko teilen alle antirassistischen Diskurse, denn viele ihrer Argumente sind vermeintlichen Gegensätzen sehr ähnlich. Gilroys oben zitierte Ausführungen werden durch die Debatten über alleinerziehende Eltern, Erziehung und Kriminalität verdeutlicht, in denen die traditionelle Familie und Kultur als Allheilmittel für alle sozialen Verderben und als durch fremde Mächte bedroht dargestellt werden. Die traditionelle Familie und Kultur werden von der neuen Rechten in nahezu identischen, fast mystischen Begriffen beschrieben wie die „schwarze" Familie und die „schwarze" Kultur der Antirassisten. Dabei wird Variationen wenig Raum gelassen und Beschreibung mit Vorschreibung verwechselt.

Die Gefahr einer nachdrücklichen Betonung von „Gleichheit", die zu recht von allen Antirassisten kritisiert wird, bildet ein Gegengewicht zu der Gefahr einer Betonung von „Differenz", weil es die Rassisten dazu einlädt zu argumentieren, daß „andere" Menschen „exotisch" und zu verschieden seien, um in diese Gesellschaft zu passen. So birgt jede Dekonstruktion rassistischen Denkens die Gefahr in sich, selbst dekonstruiert zu werden, und es gibt keine richtige Antwort. Trotzdem glaube ich, daß die alten Spaltungen zwischen schwarz und weiß nicht länger so herausragend sein werden, wie sie es einst waren, und daß politische Allianzen nicht mit persönlicher Identität verwechselt werden sollten.

Der Artikel wurde von Ellen Frieben-Blum und Heidi Nielsen aus dem Englischen übersetzt.

Literatur

Ahmad, B. (1990): Black Perspectives in Social Work. Birmingham
Alibhai-Brown, Y./Montague, A. (1992): The Colour of Love. In: *Mixed Race Relationship*. London
Bagley, C. (1993a): Transracial Adoption in Britain: A follow up Study with Policy Considerations. In: *Child Welfare, 22: 3*; 285-299
Bagley, C. (1993b): International and Transracial Adoptions. A Mental Health Perspective. Avebury Aldershot
Ballard, R. (1989): Social Work with Black People: What's the Difference? In: *The Haunt of Misery. Critical Essays in social work and helping*. Rojek, C./Peackock, G./Collins, S., (Hrsg.), London, 123-147
Banks, N. (1992a): Techniques for Direct Identity Work with Black Children In: *Adoption and Fostering, 16: 3*; 19-25
Banks, N. (1992b): Some considerations of „Racial" Identification and Self Esteem when Working with Mixed Ethnicity Children and their Mothers as Social Services Clients. In: *Social Services Research 3*, 32-41
Barn, R. (1993): Black Children in the Public Care System. London
Bennet, M./Dewberry, C./Yeels, C. (1991): A Reassessment of the Role of Ethnicity in Children's Social Perception. In: *Journal of Child Psychology and Psychiatry, 32: 6;* 969-982
Benson, S. (1981): Ambiguous Ethnicity. Interracial Families in London. Cambridge
Bhabha, H. K. (1990): Narrating the nation. In: *Nation and Narration*. Bhabha, H. K. London, 1-7
Bhabha, H. K. (1990): DissemiNation: time, narrative and the margins of the modern nation. In: *Nation and Narration*. Bhabha, H. K. (Hrsg.), London, 291-322
Brah, A. (1992): Difference, diversity and differentiation. In: *‚Race', Culture and Difference*. Rattansi, A./Donald, J. (Hrsg.), London, 126-148
Cheetham, J./James, W./Loney, M./Mayor, B./Prescott, W. (Hrsg.) (1981): Social & Community Work in a Multi- Racial Society. London
Chestang, L. (1972): The Dilemma of Biracial Adoption In: *Social Work 17: 2;* 100-105
Cohen, P. (1992): ‚Its Racism what dunnit': Hidden narrative in theories of racism. In: *‚Race' Culture and Difference*. Rattansi, A./Donald, J. (Hrsg.), London, 62-103
Dominelli, L. (1988): Anti-Racist Social Work. London
Erikson, E. H. (1963): Youth: Fidelity and Diversity. In: *Youth: Change and Challenge*. Erikson, E. (Hrsg.), New York
Frosh, S. (1989): Psychoanalysis and racism. In: *Crises of The Self Further Essays on Psychoanalysis and Politics*. Richards, B. (Hrsg.), London, 229-241
Gill, O./Jackson, B. (1983): Adoption and Race. London
Gilroy, P. (1987): There Ain't no Black in the Union Jack. London

Gilroy, P. (1992): The end of Antiracism. In: „Race", Culture and Difference. Rattansi, A./Donald, J., (Hrsg.), London

Hammersley, M. (Hrsg.) (1993): Social Research: Philosophy, Politics and Practice. London

Henriques, F. (1974): Children of Caliban. London

Holland, R./Holland, K. (1984): Depressed Women: Outposts of Empire and Castles of Skin. In: Capitalism and Infancy Essays on Psychoanalysis and Politics. Richards B. (Hrsg.), London, 92-101

Husband, C. (1991): ‚Race', Conflictual Politics and Anti-Racist Social Work: Lessons from the past for action in the 90's. In: Setting the Context for Change. Anti-Racist Social Work Education, 1. Curriculum Development Project Steering Group (Hrsg.): Leeds, 46-73

Jameson, F. (1984): Foreward to Lyotard, J-F. The Postmodern Condition: A Report on Knowledge. Manchester, vii-xxi

Johnson, P./Shireman, J. F./Watson, K. W. (1987): Transracial adoption and the development of black identity at age eight. In: Child Welfare, 66: 1; 45-55

Katz, I (1996): The construction of Racial Identity in Children of Mixed Parentage. London

Kvale, S. (1992): Postmodern Psychology: A Contradiction in Terms? In: Psychology and Postmodernism. Kvale, S. (Hrsg.), London, 31-57

Løvlie, L. (1992): Postmodernism and Subjectivity. In: Psychology and Postmodernism. Kvale, S. (Hrsg.), London, 119-134

Lyotard, J.-F. (1984): The Postmodern Condition: A Report on Knowledge. Manchester

Maximé, J. M. (1993):
The Importance of Racial Identity for the psychological Well-being of Black Children In: ACPP Review and Newsletter, 15: 4; 173-179

McMahon, A./Allen-Mears, P. (1992): Is Social Work Racist? A Content Analysis of Recent Literature. In: Social Work, 3: 6; 533-539

Milner, D. (1983): Children and Race. Ten Years On Ward Lock Educational, London

Modood, T. (1988): „Black" Racial Equality and Asian Identity. In: New Community, 14: 3; 397-404

Mullender, A./Miller, D. (1985): The Ebony Group: Black Children. In: White Foster Homes. Adoption and Fostering, 9: 1; 33-40

Nice, V. E. (1992): Mothers and Daughters. The distortion of a Relationship. Basingstoke

Oliver, M. (1990):
The Politics of Disablement: Critical Texts in Social Work and the Welfare State. Basingstoke

Owusu-Bempah, C. (1994): Race, Self-Identity and Social Work. In: British Journal of Social Work, 24; 128-136

Park, R. E. (1964): Race and Culture. New York

Penny, P./Best, F. (1990): How the Black family is Pathalogised by the Social Services Systems ABSWAB. London

Rattansi, A. (1992): Changing the subject? Racism, culture and education. In: ‚Race', Culture and Difference. Rattansi, A./Donald, J. (Hrsg.), London, 11-48

Rees, S. (1991): Achieving Power Practice and Policy in Social Welfare. Sydney

Rhodes, P. J. (1993): ‚Racial Matching' in Fostering. Avebury Aldershot

Ricoeur, P. (1991): Narrative Identity. In: On Paul Ricoeur. Wood, D. (Hrsg.), London, 188-200

Ricoeur, P. (1992): Oneself as Another. Chicago

Rowe, J./Hundleby, M./Garnett, L. (1989): Child Care Now: a survey of placement patterns. In: British Agencies for Adoption and Fostering Research Series. London

Rustin, M. (1987): Psychoanalysis, philosophical realism and the new sociology of science. In: *Free Associations 9;* 102-136

Samuels, A. (1979): Trans-racial Adoption. Adoption of the Black Child. In: *Family Law, 9: 8;* 237-239

Sarup, M. (1992): Jaques Lacan. Harvester Wheatsheaf

Sass, L. A. (1992): The Epic of Disbelief: The Postmodernist turn in Contemporary Psychoanalysis. In: *Psychology and Postmodernism.* Kvale, S. (Hrsg.), London

Small, J. M. (1986): Transracial placements: conflicts and contradictions. In: *Social Work with Black Children and their Families.* Ahmed, S./ Cheetham, J./Small, J. (Hrsg.), London, 81-99

Stonequist, E. V. (1937): The Marginal Man. A Study in Personality and Culture Conflict. New York

Tizard, B./Phoenix A. (1989): Black Identity and Trans- Racial Adoption. In: *New Community, 15: 3;* 427-38

Tizard, B./Phoenix, A. (1993): Black, White or Mixed-Race? Race and Racism in the Lives of Young People of Mixed Parentage. London

Troyna, B./Hatcher, R. (1992): Racism in Children's Lives. A study of Mainly-White Schools. London

van Dijk, T. A. (1987): Communicating Racism Ethnic Prejudice in Thought and Talk. Newbury Park, CA

Walkerdine, V. (1985): On the Regulation of Speaking and Silence: Subjectivity, Class and Gender in Contemporary Schooling. In: *Language, Gender and Childhood.* Steedman, C./ Urwin, C./Walkerdine, V.

Wilson, A. (1987): Mixed Race Children. London

Wolfenstein, E. V. (1991): On the uses and abuses of psychoanalysis in cultural research. In: *Free Associations, 2: 24;* 515-547

„Aber ich verstand es nicht. Ich war erfüllt von einem schrecklichen Staunen, das mir Schmerzen in der Brust verursachte und meine Zunge lähmte. Weil du schwarz bist. Ich versuchte zu denken, doch es gelang mir nicht. Ich sah immer nur diese Polizisten, diese Hände, deren Berührung wie die Berührung von Ungeziefer war, diese mordlustigen Augen. Waren das Menschen? „Caleb", fragte ich, „sind Weiße auch Menschen?"

James Baldwin, Tell me how long the train's been gone

Weiße Mütter – Schwarze Kinder
Über das Leben mit rassistischen Konstruktionen von Fremdheit und Gleichheit[1]

Gotlinde Magiriba Lwanga

Vorbemerkung

Zentrales Thema im vorliegenden Artikel ist die Hautfarbe. Ausgehend von Interviews mit Weißen Müttern Schwarzer Kinder versuche ich einzelne Aspekte der Konstruktion von Schwarzer und Weißer Hautfarbe zu beschreiben. Die Interviews entstanden im Rahmen eines Forschungsprojekts zum Thema „Rassismus und Antisemitismus als Faktoren der Sozialisation", das Dagmar Schultz 1993 an der Alice-Salomon-Fachhochschule für Sozialpädagogik (Berlin) initiiert hatte. Insgesamt wurden Mütter sechs verschiedener Herkunfts- oder Zugehörigkeitskonstellationen befragt. Die Beschränkung auf Mütter hatte zunächst zweierlei Gründe. Zum einen folgten wir damit der traditionellen geschlechtsspezifischen Arbeitsteilung von Erziehung, zum anderen war dies ein pragmatisches Zugeständnis an die Realisierbarkeit des komplexen Vorhabens. Mit der Frage nach den Wirkungsweisen von Rassismus und Antisemitismus in der Sozialisation betraten wir Neuland in der Forschungslandschaft Deutschlands. Die Interviews hatten daher in erster Linie explorativen Charakter. Die in diesem Beitrag vorgestellten erkenntnistheoretischen Ausführungen sind überwiegend Ergebnisse der Untersuchung.

Die Ausgangsüberlegung bestand also nicht darin, ob und wenn, welche kulturellen Besonderheiten Schwarz-Weiße Familien aufweisen. Stattdessen gingen wir davon aus, daß Rassismus in *allen* Familien *jeder* Herkunft und Zugehörigkeit ein Thema ist und es ging darum festzustellen, in welcher

---

1 Dieser Artikel ist erschienen in: Castro Varela, Maria del Mar/Schulze, Sylvia/Vogelmann, Silvia/Weiß, Anja (Hrsg.): Suchbewegungen. Interkulturelle Beratung und Therapie. Tübingen 1998, dgtv-Verlag, 187-212. Wir danken dem Verlag für die Genehmigung des Nachdrucks.

Weise. Wir befragten sowohl Angehörige von Minderheiten, als auch Angehörige der dominanten Mehrheit, gleichzeitig waren diese Positionen auch in der Forschungsgruppe vertreten. Diese Kombination gewährleistete einerseits eine Vielzahl unterschiedlicher Perspektiven, andererseits stellten wir uns ein gemeinsames Problem: Wie nehmen die Befragten in bezug auf ihre Kinder Rassismus wahr und wie gehen sie mit diesen Herausforderungen um. Ziel der Untersuchung war es, zur Verbesserung bestehender (psycho-)sozialer Angebote beizutragen.

Für mich persönlich war bei der Wahl der Weißen Mütter als Interviewparterinnen ein weiteres Argument ausschlaggebend. Mich interessierte die (selbst-)kritische Hinterfragung dieser sozialen Position einer Angehörigen der Dominanzkultur. Eine Befragung der Väter erschien mir zu diesem Zeitpunkt, sowohl in Anbetracht des Standes der Forschung in Deutschland (Schwarze als Objekte, nicht Subjekte der Forschung), als auch meines persönlichen Erkenntnisstandes für problematisch.

Bei Themen wie „Schwarze in Deutschland" oder „Partnerschaften zwischen Schwarzen und Weißen" ist es üblich von interkulturellen Fragestellungen auszugehen. Ein sehr verbreiteter Ansatz arbeitet mit Begriffen wie Fremdheit und Gleichheit. Ich greife diese Begrifflichkeiten auf, werde aber zeigen, daß ein von vornherein interkulturell angelegter Ansatz, der von einem Kulturkonflikt zwischen „eigener" und „fremder" Kultur ausgeht, den Herausforderungen von Weißen Müttern und ihren Schwarzen Kindern nicht gerecht wird. Für die Weißen Mütter, die ich im folgenden vorstelle, sind die Schwarzen Kinder keine ‚Fremden'. Im Gegenteil – sie sind sich so nah, daß sie eher Schwierigkeiten haben, die verschiedenen Erfahrungs- oder Lebenswelten, in die sie qua Hautfarbe eingebunden und ausgegrenzt sind, wahrzunehmen. Es handelt sich hier nicht im herkömmlichen Sinn um inter- oder bikulturelle, sondern sozusagen um *inner*kulturelle Phänomene, die sich unter bestimmten Bedingungen zu Konflikten entwickeln können – oder auch nicht. Beide – Weiße Mütter und ihre Schwarzen Kinder – werden mit unterschiedlichen Zuschreibungen konfrontiert. Einige dieser Fremdbilder mögen sie verinnerlicht haben bzw. verinnerlichen, andere wehren sie ab oder setzen ihnen durch die eigene Erfahrungswelt geprägte Selbstbilder entgegen.

Meiner Ansicht nach muß man das spezifische Verhältnis zwischen jedem einzelnen Mitglied der Schwarz-Weißen Familie, der dominanten deutschen Gesellschaft und der interkulturellen Community berücksichtigen, wenn man die Beziehungsdynamiken innerhalb der Familie verstehen lernen will. Ihre Themen sind Themen der Gesamtgesellschaft. Die Frage nach der sozialen Konstruktion von Hautfarbe ist eines von ihnen. Wenn der vorliegende Beitrag die Position Weißer Mütter ins Zentrum rückt, wirft er deshalb auch ganz grundsätzlich die Frage nach der Konstruktion Weißer Hautfarbe auf und reicht weit über den Kreis der sogenannten Betroffenen hinaus.

Einleitung

Ich gehe davon aus, daß die sozialpolitischen und sozialpsychologischen Bedeutungen von Hautfarbe keine von vornherein feststehenden, quasi naturgegebenen Konstanten sind. Niemand ist in wörtlichem Sinne weiß oder schwarz und es ist auch nicht festgelegt, ob damit dunkle oder helle Haut–, Haar- und Augenfarbe gemeint sind oder einzelne dieser Merkmale. Es ist also bereits mehrdeutig, auf welche körperlichen Merkmale Farbzuschreibungen wie Schwarz und Weiß bezogen werden und es gibt dabei sowohl zwischen, als auch innerhalb von Gesellschaften, zum Teil große Unterschiede: Meine Großmutter bezeichnete beispielsweise bereits Menschen südländischen Typs als „schwarz", unser Sohn wird im Herkunftsland seines Vaters als *muzungu* (Europäer = Weißer = Reicher[2]) bezeichnet, in den USA würde er als Schwarzer gesehen und in Deutschland als Ausländer.

Um also kenntlich zu machen, daß es sich bei den Begriffen Schwarz und Weiß um Konstruktionen handelt, wähle ich als Hilfsmittel die Großschreibung[3]. Mit dieser Begriffswahl riskiere ich, selbst zum Fortbestand der kritisierten Zuschreibungen beizutragen. Da es aber zum jetzigen Zeitpunkt in Deutschland keinen kritischen Diskurs über Hautfarbe gibt, halte ich es für verfrüht, alternative Begriffe vorzuschlagen. Dies würde eher die bestehende Vermeidung stützen, als eine Konfrontation mit emanzipatorischer Zielsetzung bewirken.

Die Bedeutungen von Hautfarbe entwickelten sich im Kontext von Rassismus. Das heißt es gab und gibt in den verschiedenen Gesellschaften einen historischen Prozeß, in dem Hautfarbe *rassifiziert* wurde und wird. Neben Nation, Religion, Sprache und Ethnizität ist Hautfarbe eine der Ebenen geworden, auf der ‚das Fremde' und ‚das Eigene' definiert werden. Um das Spektrum von Schwarz-Weiß-Konstruktionen umfassend verstehen zu lernen, wäre es daher wichtig, auch diese Ebenen zu berücksichtigen und zu fragen, zu welcher Melange sie sich im Leben einzelner Individuen verdichten. Dies würde allerdings den Rahmen dieses Beitrags sprengen – es soll an dieser Stelle genügen, daß ich auf diese Beschränktheit aufmerksam mache.

---

2 Es handelt sich hier um eine Art Klassenbegriff. Damit werden Aussagen über den sozialen Status getroffen, nicht über Zugehörigkeit. Diese wird anhand anderer Kriterien festgemacht, z.B. der Verwandtschaft/Nichtverwandtschaft, die nicht nur innerhalb der Familie Geltung erfährt, sondern auch gesellschaftlich.

3 Das Darstellungsmittel der Großschreibung ist eine Notlösung. Das großgeschriebene Schwarz ist ursprünglich ein politischer Begriff Schwarzer Bewegungen. Wenn ich Weiß durch Großschreibung hervorhebe, intendiere ich damit ein Projekt der Demaskierung der sozialen Zuschreibungen an Weiße Hautfarbe durch Angehörige von Weißen Dominanzkulturen. Eine Analogie zum politischen Begriff Schwarz wäre aufgrund der Asymmetrie von Machtverhältnissen politisch reaktionär.

Im Alltagsverständnis der (mehrheits-)deutschen Gesellschaft sind zwei Umgangsweisen mit Hautfarbe verbreitet. Die eine könnte man als „Farbenblindheit" bezeichnen. Diese Haltung ist eine antirassistisch intendierte Strategie, die meiner Ansicht nach ihr Ziel verfehlt, weil sie die bestehenden Ungleichheiten und gesellschaftlichen Machtverhältnisse ignoriert. Adrienne Rich (1979) bezeichnete sie als „white solipsism": zu denken und zu handeln, als würde Weißsein die Welt beschreiben. Ich schlage in diesem Zusammenhang den Begriff *Blankozentrismus* vor, weil darin in meinem Sprachempfinden der Mangel an Vorstellungsvermögen besser aufgehoben ist. „Blanko" verstehe ich in doppeltem Sinne: englisch „blank" – Lücke, Leere, Öde, Nichts – im Zusammenhang von Worten, Buchstaben und Gedanken und französisch „blanc" – weiß. Ein anderer Umgang mit unterschiedlicher Hautfarbe besteht in der dichotomen Wertung von Unterschieden im Sinne eines „besser als/schlechter als". Handelt es sich um eine Negativzuschreibung an Schwarze, wird sie unschwer als Rassismus erkannt. Ist es aber eine Positivzuschreibung, wird häufig übersehen, daß die Exotisierung oder Idealisierung auf derselben Matrix beruht, wie die offensichtlich rassistische – sie ist ihr Spiegelbild.

Im Verhalten einzelner Individuen treten beide Umgangsweisen – die hierarchisierende Wertung von unterschiedlicher Hautfarbe und die Farbenblindheit – meist nebeneinander auf. Je nach Situation rückt das eine oder das andere Muster in den Vordergrund. Die Mühe, die wir damit haben, Unterschiede und Gleichwertigkeit widerspruchsfrei zu denken und entsprechend zu handeln zeigt, daß wir immer noch weit von einer Entrassifizierung von Hautfarbe entfernt sind.

Über die Schwierigkeiten, Kindern Rassismus zu erklären

Wie kann man Kindern Rassismus erklären, ohne dadurch selbst wieder Rassismus zu reproduzieren? Diese Frage sollten sich nicht nur Weiße Mütter Schwarzer Kinder stellen, sondern grundsätzlich alle, die mit Kindern oder Jugendlichen zu tun haben und nicht- bzw. antirassistische[4] Ansprüche haben. Bestimmte Situationen sind allerdings auf Weiße Kinder in Deutschland nicht

---

4   Ich ziehe nichtrassistische Konzepte den antirassistischen vor. Die dem Antirassismus zugrundeliegenden Richt- oder Orientierungslinien erscheinen mir zu sehr auf ein *re*agieren zugespitzt zu sein, während der nicht-rassistische Anspruch durch seinen visionären Charakter im Idealfall eine Transformation anstrebt. Wichtiger als die Wortwahl ist jedoch welcher Rassismusbegriff den Bezeichnungen zugrundeliegt. Ich würde mit Paul Gilroy (1995) argumentieren, daß Rassismus weit mehr ist als ein Tick „ewig Gestriger" oder eine Oberflächenerscheinung moderner Gesellschaften. Im Gegenteil – er reicht bis ins Zentrum, nicht nur der britischen, sondern auch der deutschen Politik.

analog übertragbar. Eine charakteristische Situation ist die erhöhte Aufmerksamkeit in der Öffentlichkeit, die im folgenden näher beschrieben werden soll.

Sichtbarkeit Schwarzer Kinder in der Öffentlichkeit: „Mama, warum kucken die mich so an?"

„Ich kann mich an einige Fragen erinnern, als Muriel vier Jahre alt war, also als sie so richtig quatschen konnte. Die Leute haben sie natürlich angekuckt in der U-Bahn oder im Bus. Daß sie mich gefragt hat: ‚Mama, warum kucken die mich so an?' "

Eine Erfahrung, mit der wohl die meisten Schwarzen Kinder in Deutschland von klein auf umgehen lernen müssen, ist die erhöhte Sichtbarkeit, die umso größer ist, je weniger Schwarze in der Umgebung wohnen, zur Schule gehen, am jeweiligen Arbeitsplatz arbeiten. Die Aufmerksamkeit an sich ist mehrdeutig – sie mag wohlwollend oder feindselig sein. Wichtig daran ist zunächst, daß sie nicht freiwillig gewählt oder provoziert wurde, z.B. durch Aufmerksamkeit erregendes Verhalten. Während manche Weiße viel Mühe darauf verwenden, die Blicke der Öffentlichkeit auf sich zu ziehen, um sich von der Masse abzuheben, kann es für Schwarze in Deutschland ein Anliegen sein, in der Masse unterzutauchen und nicht – vor allem nicht permanent – auf dem Präsentierteller zu sitzen.

Im oben genannten Beispiel geht es darum, daß ein Schwarzes Kind seine Sichtbarkeit registriert und die Mutter um eine Erklärung bittet. Monika antwortete ihrer Tochter:

„Dann hab' ich gesagt, dein Vater ist schwarz und ich bin weiß und du bist die Mischung davon. Wenn man in einen schwarzen Kaffee Milch tut, dann ist er nicht mehr schwarz und nicht mehr weiß."

Monikas Antwort bewegt sich auf zwei Ebenen. Zum einen enthält sie einen Wechsel der Perspektive: Monika antwortet nicht aus der Sicht der Schwarzen Tochter, die sich angestarrt fühlt, sondern aus der Sicht der Weißen Schauenden. Indem Monika das „Warum" der kindlichen Frage auf Muriels Hautfarbe bezieht, statt auf die Aufdringlichkeit der Leute, bekräftigt sie die Relevanz des Blicks von außen und damit die Bedeutung von Fremdbildern anstelle von Selbstbildern. Im Grunde genommen antwortet sie auf eine Frage, die das Kind gar nicht gestellt hat. Zum anderen enthält die Antwort eine Botschaft über Muriels Hautfarbe: „nicht mehr schwarz und nicht mehr weiß". Diese doppelt verneinende Umschreibung signalisiert, daß mit dieser Hautfarbe etwas nicht stimmt. Sie ist nicht ganz, sie ist unvollständig, irgendetwas fehlt. Die gutgemeinte, scheinbar harmlose Erklärung vermittelt an das Kind eine negative Bedeutung seiner Hautfarbe. Sie konstruiert sich über das dichotom konstruierte Koordinatensystem Schwarz-Weiß, in dem das Kind mit seiner Hautfarbe des *Sowohl-Als-Auch* nicht vorgesehen ist. In einer Welt des Entweder-Oder hat es keine autonome Existenz, die eigene Hautfarbe gerät zur Komposition von Defiziten.

Diese Botschaft war von der Seite der Mutter mit Sicherheit nicht intendiert. Trotzdem transportiert ihre Antwort in der *Wirkung* auf das Kind Rassismus. Sie ist zwar nicht intentional – also nicht in Absicht oder Zielsetzung, jedoch funktional rassistisch. Diese Unterscheidung zwischen intentionalem und funktionalem Rassismus ist mir sehr wichtig. Häufig scheitern Auseinandersetzungen und Diskussionen am erklärten moralischen Anspruch, nicht rassistisch sein zu *wollen*. Diesem Ideal entsprechen Weiße Mütter Schwarzer Kinder ebensowenig in jeder Situation, wie Personen anderer Sozialisationsinstanzen auch.

Eine andere Interviewpartnerin, die ich hier Carola nenne, äußert sich ebenfalls zum Thema erhöhte Aufmerksamkeit in der Öffentlichkeit:

„Warum soll ich meinem Kind sagen, wenn dich jetzt jemand anguckt, mußt du immer damit rechnen, daß er dich anguckt, weil du ein Mischling bist. Das ist doch Quatsch. Da belaste ich das Kind so negativ. ... Das finde ich schlecht, weil dann geht das Kind nämlich auf die Straße, und wenn es angeguckt wird, dann ist das erste im Kopf – ‚ah, der guckt mich an, weil ich eine andere Hautfarbe habe‘. Aber daß der vielleicht guckt, weil das Kind was Hübsches anhat oder ... weil sie ein hübsches Gesicht hat ... oder was weiß ich. Dann wird das Gucken sofort immer, das ist ja schon Rassismus wieder in sich, daß er mit dem Gefühl auf die Straße geht, Menschen hassen mich, weil ich anders aussehe."

Carola erklärt die Aufmerksamkeit der Leute nicht unter Bezugnahme auf die Hautfarbe ihres Kindes, sondern rekurriert auf schöne Kleidung oder hübsches Aussehen als mögliche Auslöser. Sie versucht die Mehrdeutigkeit der Sichtbarkeit des Kindes ins Zentrum zu rücken. Ihr explizites Ziel besteht darin, das Kind vor negativer Belastung zu schützen. Dieses Anliegen ist wichtig. Das Kind hat ein Recht auf Schutz und Unbeschwertheit. Die Erwachsenen sollten, soweit dies möglich ist, vermeiden, das Kind mit Rassismus zu konfrontieren – unvermeidliche Konfrontationen stellen sich ohnehin ein. Eine antirassistisch intendierte „Aufklärung", die das Kind in eine Auseinandersetzung mit Rassismus zwingt, die gar nicht ansteht, legt ihm unnötig Steine in den Weg.

Im nächsten Schritt wäre zu fragen, wie Carola ihr Anliegen, das Kind zu schützen, umsetzt. Sie nimmt eine Wertung der Blicke vorweg, indem sie unterstellt, sie seien durch etwas Positives ausgelöst. Ihre Intervention arbeitet also mit einer Dosis Manipulation – die Aufmerksamkeit wird als Bewunderung gedeutet. Dieser „Trick" kann angemessen sein, wenn dies in der Situation einigermaßen stimmig ist und nicht als Methode überstrapaziert wird. Ich würde ihn in Zusammenhang von Alter, Situation und Häufigkeit betrachten. Vorsicht vor Faustregeln. Denn grundsätzlich ist die Wahrnehmung und das Empfinden des Kindes ausschlaggebend. Seine Sicht braucht Raum und Anerkennung – auch und gerade für Interpretationen und (situative) Schlußfolgerungen, die von der Sicht der Mutter abweichen. Denn eine Schwarze Sicht kommt in der Weiß dominierten Welt in der Regel zu kurz. Der Trick, den Carola einsetzt, folgt schließlich immer noch dem Blick der fremden Leute und verortet so den Anlaß für das Schauen am Kind. Sie *lenkt* ihn zwar von der Hautfarbe auf andere Äußerlichkeiten *um*, aber sie wirft ihn vom Standpunkt des Kindes aus nicht auf die Anderen zurück.

Stigmatisierung: „Iiih, du bist ja schwarz"

Der Wunsch, Schwarze Kinder vor negativer Belastung zu schützen ist eine Sache. Doch früher oder später geraten sie in offen rassistische Situationen und das Umfeld nimmt keine Rücksicht auf das Alter, ob das Kind ein ausgeprägtes Selbstbewußtsein entwickeln konnte oder nicht, ob es in der Familie emotionalen Rückhalt hat oder nicht. Stigmatisierungs- und Diskriminierungserfahrungen sind nicht vermeidbar. Die Frage ist, welche Angebote, welche Anregungen die Kinder dabei unterstützen könnten, diese Erlebnisse zu verarbeiten.

„Da gab es schon mal die eine oder die andere, die gesagt hat ‚iih, du bist ja schwarz' oder so. Dann habe ich mal nachgefragt, wer das ist oder ich habe mir dann ein Bild zeigen lassen von dem Kind auf dem Klassenfoto. Dann habe ich nur gesagt, überleg mal, warum so ein Kind sowas zu dir sagt. Das mußt du mal sehen, wie die zuhause ausgestattet sind... Das (Kind) weiß das nicht, das hat das von zuhause nie gelernt, das mußt du ihm eben vermitteln können. Und wenn du dir mal die Mutter oder den Vater auch angeguckt hast, dann ist es eigentlich deine Pflicht, das Kind aufzuklären."

In diesem Beispiel ist die Situation eindeutig – Kind und Mutter können die Abwertung der Hautfarbe klar erkennen. Carolas Antwort enthält diesmal – anders als im oben genannten Beispiel – die Zurückweisung der Botschaft nach dem Motto ‚nicht du bist das Problem, sondern dieses Kind hat ein Problem'. Die Defizitzuschreibung geht an den Absender zurück und das Schwarze Kind erhält die Bestätigung, daß es selbst völlig in Ordnung ist. Außerdem erfährt es, daß rassistische Diskriminierung keine naturwüchsig gegebene menschliche Eigenschaft ist, sondern unter bestimmten Bedingungen gelernt wird.

In diesem ersten Schritt ist Carolas Intervention insofern antirassistisch, als sie den Rassismus erkennt und an den Aggressor und sein Umfeld zurückweist. Im nächsten Schritt kippt die Argumentation jedoch in das um, was ich Blankozentrismus nennen würde: die Mutter gibt dem Schwarzen Kind vor, was es dem stigmatisierenden Kind gegenüber empfinden und wie es sich verhalten soll. Die Gesprächsstruktur ist damit monologisch, nicht dialogisch. Sie eröffnet dem Kind weder den Raum, sich über seine Gefühle klarzuwerden, noch welche Art von Handeln aus seiner Sicht angemessen wären. Ein weiteres Zitat mag das deutlicher illustrieren:

„Du, wenn jemand was dagegen (gegen deine Hautfarbe) sagt, versuch es ihm zu erklären und sei nicht gleich sauer. Das ist eigentlich deine Pflicht, nicht weil du eben anders bist, sondern das ist ja mein Anspruch an die Menschheit ... . Das ist meine Pflicht als Mensch unter Menschen. Und das habe ich versucht, meinen Kindern rüberzubringen."

Carola vertritt ihren Schwarzen Kindern gegenüber radikal den Wert der Gleichheit, ausgedrückt im Anspruch, antirassistisch aufklärerisch zu wirken. Aber welche Farbe hat „der" Mensch unter welchen Menschen? Was würde sich an der Situation ändern, wenn Carola zu einem Weißen Kind sprechen würde?

Ein Weißes Kind in Deutschland wird – wenn überhaupt – sehr selten in die Situation geraten, daß es unter Bezugnahme auf seine Hautfarbe beleidigt wird. Selbst wenn das passiert, wären die Bedingungen ganz anders gelagert: Nicht nur, weil es hier in einer Weißen Mehrheit lebt, sondern auch, weil diese die Produktion der sozial relevanten Bilder besetzt hält, in denen Weißsein die Norm darstellt. Dies wirkt sich auf die emotionale Relevanz der Situation aus. Die Voraussetzungen, sich als *Mensch* zu erfahren, sind an die Körperlichkeit und damit an die Hautfarbe geknüpft. Aus der Abwandlung der Situation wird deutlich: die Häufigkeit, mit der Schwarze und Weiße mit derlei Erfahrungen konfrontiert sind, ist anders und die Position, in der sie sich in dieser Gesellschaft befinden, ist anders.

Die Beschwörung der Farbenblindheit unterstellt Weiß-Sein als universal menschliche Daseinsform und Perspektive, „Gleichheit" gerinnt zur Vereinnahmung. Vereinnahmung bedeutet Ausgrenzung eigener Sicht- und Erlebnisweisen. Schwarze (Kinder) werden von Weißen immer wieder an ihre ‚andere' Hautfarbe erinnert, gerade *weil* Schwarze Lebenserfahrung in der Vorstellung vom Menschen in der blankozentrischen Sichtweise eine Leerstelle darstellt. Und nicht nur das. Auch die Beschränktheit oder Relativität der durch Weiße Hautfarbe umschriebenen Erlebniswelten bleibt ausgeblendet. Die ‚menschliche Pflicht' zur Aufklärung über Schwarze Hautfarbe würde für Schwarze in einer mehrheitlich Weißen Gesellschaft zu einer Dauerbeschäftigung mit dem absurden Ziel, „als Menschen" überhaupt Anerkennung zu finden. Selbstverständlich auf eigene Kosten, denn die Dienstleistung, diese Lücken im blankozentrischen Weltbild zu füllen, müßten einseitig aus dem eigenen Energiehaushalt erwirtschaftet werden: 1. emotionale Distanzierung von Beleidigung und Ausgrenzung, 2. sozialpsychologische Fallanalyse des Gegenübers, 3. auf den Einzelfall bezogene Konzeptentwicklung und 4. Durchführung von Bildungsangeboten. Universalität ist kein Gut, das der eine besitzt und die andere nicht, sondern ein Wert, ein Ideal, das permanenter *allseitiger* Anstrengungen bedarf. Universalität erfordert den nach allen Seiten hin offenen, auf Gleichberechtigung zielenden Dialog, der Ungleichheit anerkennt.

Mit der verschiedenen, qua Hautfarbe zugeschriebenen Position in einer von Rassismen durchwirkten Gesellschaft, unterscheiden sich auch die Gefühlsqualitäten und die individuell zu treffenden Entscheidungen. Vielleicht kann ich das so veranschaulichen: Wenn ich in meinem Alltag immer wieder in Situationen gerate, in denen ich über meine Hautfarbe verunglimpft werde, brauche ich einen eigenen Sortiermechanismus, um zu entscheiden, ob ich sauer bin oder nicht, ob ich mein Gegenüber belehren will oder nicht. Der emotionale Maßstab für den Sortiermechanismus meiner Gefühle, Aktionen und Reaktionen, kann nur bei mir selbst liegen. Er wird sich sowohl aus meinen konkreten Erlebnissen entwickeln, als auch aus den verschiedenartigsten Anregungen, die ich aus meinem Umfeld zu dieser Herausforderung erfahre. Umgang mit Personen zu haben, die meiner Erfahrungswelt als Schwarzer Mensch möglichst nahe sind, ist deshalb sehr wichtig. Die Vielfalt der Verhaltensweisen anderer Schwarzer zeigen mir Modelle, aus denen ich lernen kann – ob in Form von Nachahmung oder in Abgrenzung dazu. Die Weiße Welt kann hierzu – zur Zeit – sehr wenig bieten. Ihre Vorstellung „vom Menschen" ist unter den vorherrschenden Bedingungen (noch) defizitär.

Aufgrund der Leerstelle, die Schwarze und Weiße Lebenserfahrung im blankozentrischen Welt- bzw. Menschenbild darstellt, sind Schwarze bzw. all die, die sich von der herrschenden Norm unterscheiden, *strukturell* in die Rolle gedrängt, die „normalen Anderen" zu belehren, sie aufzuklären, sich ihre Probleme anzuhören, sich auf ihre Logik einzustellen, sich aus ihrer Perspektive in ihrer Terminologie verständlich zu machen. Trotz gleicher Muttersprache kann es dann sehr leicht zu Verständigungsschwierigkeiten kommen.

Und was ist, wenn die strukturell immer wieder eingeforderten Bemühungen um Aufklärung erfolglos bleiben? Wie verarbeite ich als Schwarzer, wie als Weißer Mensch solche Kommunikationsfehlschläge, wie gewinne ich Distanz? Denn Ungeduld und Ärger werden oft als Überempfindlichkeit, als emotionale Unreife interpretiert. Liegen die Ursachen für derartiges Scheitern in meiner unzureichenden Erklärungsweise oder sind sie in der Pathologie meines Gegenübers begründet? Und wenn nicht, was dann? Das eigene Mensch-Sein beweisen müssen zu sollen ist absurd. In einer absurden Welt zu leben ist anstrengend.

Folgen von Rassismus

Im folgenden möchte ich anhand eines Beispiels zeigen, wie komplex es sein kann, wenn verschiedene Erfahrungswelten im Konfliktfall aufeinandertreffen. Es geht dabei um die unterschiedlichen Erfahrungen, die Mutter und Kind mit Rassismus machen – den Rassismus, den ein Schwarzes Kind erfährt und den Rassismus, den die Weiße Mutter erlebt.

Die Mutter und die etwa 10-jährige Tochter befinden sich in einem Ferienlager. Delia und ein Junge, in den sie ein bißchen verliebt ist, kommen aus irgendeinem Grund in Streit. Da fällt der Ausdruck ‚Negerfresse' oder ähnliches. Schnitt. Die Mutter wird zum Schauplatz gebracht. Delia sitzt weinend auf der Straße, fuchtelt mit einem Taschenmesser herum und droht, sie wolle sich umbringen. Als sie ihre Mutter sieht, schreit sie: „Warum hast du mit Papi geschlafen?" Die Mutter antwortet: „Ich hab deinen Vater geliebt." Die Situation liegt Jahre zurück. Während die Mutter erzählt, kämpft sie mit den Tränen.

Interpretation der Erfahrungswelt des Kindes

Der Junge, der Delia rassistisch beschimpft, ist für sie nicht irgendwer, den sie einfach links liegen lassen könnte. Sie fühlt sich offensichtlich zu ihm hingezogen, er ist ihr wichtig. Ihre Sympathie, Zuneigung, Liebe weist der Junge mit einer massiven Verunglimpfung ihrer Schwarzen Hautfarbe zurück. Diese, auf ihre Hautfarbe bezogene Herabsetzung entwertet, verunstaltet ihr ganzes Sein. Sie ist in dieser Schärfe, in dieser Totalität nicht umkehrbar – selbst wenn Delia wollte, sie könnte den Jungen nie so treffen. Rassismus ist auch Liebesentzug, Vorenthaltung von Zuwendung und Anerkennung. Delia ist dieser emotionalen Bedrohung durch die Weiße Welt mit Haut und Haar ausgeliefert. Rückzugsmöglichkeiten in eine Welt, in der sie als Schwarze bedingungslose Anerkennung finden könnte, hat sie nicht. Im Extremfall kann Rassismus zu existenzieller Verzweiflung führen. Delia hat gelernt, daß sie aufgrund ihrer Hautfarbe in der Weißen Welt nichts gilt: ‚weil du schwarz bist', ‚weil du weder schwarz noch weiß bist'. Sie richtet ihre Aggression also folgerichtig gegen sich selbst, gegen ihre eigene Hautfarbe, nicht gegen den Aggressor. Daran wird deutlich, daß sie die negative Zuschreibungen an Schwarze Hautfarbe als Ursache von Diskriminierung zu diesem Zeitpunkt verinnerlicht hat – ihre Hautfarbe macht sie zum ‚Monster', als ‚Monster' ist sie nicht liebenswert. Die Androhung von Selbstmord zeigt, daß der Leidensdruck bereits sehr groß gewesen sein muß; die Beschimpfung des Jungen ist der Tropfen, der das Faß zum Überlaufen bringt.

Delia hat aber nicht nur gelernt, daß ihre Hautfarbe Ablehnung, Abweisung, Ausgrenzung verursacht, sondern auch, daß die Ursache für ihre Hautfarbe bei einer bestimmten Person liegt, nämlich der Mutter. Daran wird deutlich, daß Hautfarbe (auch) eine biografische Geschichte hat.[5] Hätte die Mutter einen Weißen, statt einen Schwarzen Partner gewählt, bestünde für Delia das Problem Hautfarbe nicht – sie fände bedingungslose, uneingeschränkte Anerkennung. Ihre Autoaggression findet als einziges, nach außen gerichtetes Ventil eine Person, die in Hinblick auf ihre Hautfarbe offenbar Handlungsspielraum hatte: „Warum hast du mit Papi geschlafen?"

Interpretation der Erfahrungswelt der Mutter

Die Not der Tochter ist für Magdalena hochgradig schockierend. Sie liebt ihr Kind mit Haut und Haar und trotzdem geht dabei etwas schief. Aber was? Das Kind scheint ihr vorzuwerfen, daß sie es (Schwarz) auf die Welt ge-

---

5   Die Zuspitzung meiner Interpretation stellt sicherlich nur einen Bruchteil des Gesamtkonflikts dar. Mein Anliegen beschränkt sich hier darauf zu zeigen, daß die soziale Konstruktion von Hautfarbe überhaupt einen ernstzunehmenden Faktor darstellt.

bracht hat. Sie antwortet auf der Ebene, auf der das Kind sie verbal konfrontiert und berührt dabei auch das Thema, um das es im Kern wohl auch geht: Liebe über die ‚colorline'. Magdalena signalisiert der Tochter, daß sie ihren Schwarzen Vater liebenswert empfand. Die verschiedenen Botschaften über Hautfarbe, die mit ihr und der Tochter ganz konkret zusammenhängen, bleiben implizit.

Ich habe mir diese Situation oft durch den Kopf gehen lassen, weil sie mich sehr bewegt und habe schließlich folgende Schlüsse gezogen: Der mögliche Handlungsspielraum dieser Situation erschließt sich aus den Botschaften, die Delia indirekt und unterschwellig an die Mutter richtet: Die eine Metabotschaft könnte heißen: „Ich komme mit der Zurückweisung durch Weiße nicht klar – Hilf mir." Die andere hieße: „Du bist schuld an meiner Not bzw. Hautfarbe." Schließlich enthält der Ausbruch auch Andeutungen über das Verhältnis des Kindes zum Vater, gegen den sie – für die Mutter und gegen sich – Partei ergreift.

Die Antwort auf der ersten Metaebene würde bedeuten, dem Kind einerseits deutlich zu zeigen, daß es so, wie es ist, liebenswert und schön ist. Andererseits ginge es darum, die Richtung von Delias Wut auf den eigentlichen Aggressor zu lenken, ihr zu zeigen, daß die Wut/Verletzung von der Mutter und den weiteren Anwesenden geteilt oder verstanden wird, und daß daraus weitere Handlungsschritte folgen, indem der Junge für sein Verhalten zur Verantwortung gezogen wird. Voraussetzung wäre, erstens, daß die Mutter selbst Klarheit darüber hat, daß der Junge – auch als Kind – lernen muß, für sein Verhalten Verantwortung zu übernehmen, zweitens bräuchte sie dabei die Unterstützung der anderen Weißen. Denn die Definitionsmacht, die der Junge gegenüber Delia ausübt, hat er *nicht* als Individuum. Um dieser Macht, die Delia bereits unbewußt bewußt ist, entgegenzutreten oder sie gar zu brechen, bedarf es einer *kollektiven* Anstrengung. Der andere Ton müßte als gesellschaftlicher Konsens, als soziale Norm auftreten, um für Delia mittelfristig glaubwürdig zu werden.

Die Antwort auf der zweiten Metaebene hätte zur Voraussetzung, daß Magdalena mit ihren eigenen Gefühlen im Reinen ist, um mit Delia über die Bedeutung von Zuschreibungen und Schuldzuweisung sprechen zu können. Die Auseinandersetzung mit Ausgrenzung und Stigmatisierung ist – wenn die Unterschiede Teil der Reflexion sind – eine potentielle Quelle für die explizite Solidarisierung zwischen Mutter und Kind.

Delias „Ausrasten" trifft Magdalena jedoch an einem der empfindlichsten Punkte ihrer Biographie. Sie hatte, als sie mit Delia schwanger wurde, Schritt für Schritt die emotionale Geborgenheit ihrer Eltern, die Respektabilität im sozialen Umfeld, und die Verläßlichkeit ihrer moralischen Bezugspunkte verloren (siehe nächster Abschnitt). Vielleicht gibt oder gab sie sich an diesen Verlusten selbst die Schuld. Delias Konfrontation – „Warum hast du mit Papi geschlafen" – aktiviert die Erinnerung und die damit verbundenen Gefühle wie schmerzhafte Hilflosigkeit, Ohnmacht, Fassungslosigkeit.

Delias Not ist in gewisser Weise Magdalenas eigene überwältigende Geschichte – Liebesentzug im Angesicht der colorline. Delias aktuelles Trauma ist Magdalenas Retraumatisierung. Daß Magdalena letztendlich ihr Kind mit seinen Nöten und Ängsten im Kontext ihrer Lebensgeschichte alleinläßt, weil sie selbst alleingelassen wurde und wird, ist unter diesen Umständen ebenso verständlich wie Delias Ausbruchsversuch.

Magdalena hat auch heute noch das Gefühl, ihre damalige Reaktion Delia gegenüber sei unzureichend, sie hätte mehr sagen, mehr tun sollen – aber was? Sie ringt um Worte, sie sucht nach einer angemessenen Sprache, sie ringt mit den zu engen Grenzen des Verstehens und einem tiefen Schmerz.

Relevanz des sozialen Kontextes

Die psychologische Dimension offensiv rassistischer Äußerungen – ob von Kindern oder Erwachsenen – hängt also damit zusammen, welche (emotionale) Bedeutung diese Personen für das Schwarze Kind einerseits, die Mutter andererseits, haben. Sie hängt aber auch ganz wesentlich davon ab, ob es ein soziales Netz gibt, das die emotionale Brisanz abfedern kann.

Das geschilderte Ereignis spielt sich nicht zuhause in der Abgeschiedenheit ab, sondern in aller Öffentlichkeit. Es gibt sogar qualifizierte Begleitung, denn mit von der Partie waren ErzieherInnen, SozialarbeiterInnen und ein Psychologe. Magdalena schildert deren Verhalten folgendermaßen:

„Sie waren einfach betroffen. Es kam zuerst 'ne absolute Betroffenheit und Sprachlosigkeit. Und sie wußten nicht damit umzugehen. ... Vielleicht hab ich sie überfordert mit dieser Fragestellung. So. Und komisches Mitleid in dem Sinne, das kann man nicht brauchen und das war auch nicht angesagt. Aber sie waren einfach nicht in der Lage, mich zu unterstützen, war nicht drin."

Magdalena hätte dringend der qualifizierten Unterstützung bedurft. Um ihre Tochter stabilisieren zu können, hätte sie stabilisiert werden müssen. Es wäre zu erwarten, daß die Professionellen in diesem Fall keine ‚flash-backs' von eigenen Ausgrenzungserfahrungen haben. Auf diese Situation sind diese aber nicht vorbereitet und so verfehlen sie ihre Aufgabe. Und nun gerät Magdalena in die nächste Falle. Sogar im Rückblick ist sie noch bereit, die Verantwortung für den offensichtlichen Kompetenzmangel der Professionellen auf sich zu nehmen: „vielleicht hab ich sie überfordert ...". Aus ihrer Stimme sprechen Zweifel und Trauer, aber kein an die Mitverantwortung anderer Personen verweisender Ärger. Auch daraus spricht die Tendenz, Schuld/Verantwortung[6] schwerpunktmäßig bei sich zu verorten. Nun, die Expertinnen und Experten für Soziales begehen keinen bewußten Akt von unterlassener

---

6   Obwohl es interessant wäre, will ich hier nicht in eine differenzierende Diskussion von Schuld und Verantwortung einsteigen. Wichtig erscheint mir hier die Verteilung – die einen nehmen zu viel auf sich, die anderen zu wenig.

Hilfeleistung – sie stoßen selbst an die Grenzen ihrer Weißen Vorstellungswelt und sind irritiert, sprachlos und vor allem, betroffen unbetroffen. Daß es
in dieser Gesellschaft Rassismus gibt, wie man sich dazu verhalten kann, wie
man die Verarbeitung rassistischer Erfahrungen unterstützen kann, beschreibt
für sie unbekanntes Territorium. Dieser Teil der menschlichen Existenz ist in
ihrem Arbeitsalltag ganz offensichtlich nicht vorgesehen. Für Delia und
Magdalena hat diese professionelle Ignoranz, die an dieser Situation punktu-
ell sichtbar wird, Konsequenzen. Bald nach dem Vorfall fanden die Ju-
gendarbeiterInnen mit Spielen wie „Wer hat Angst vor'm Schwarzen Mann"
und Liedern wie „Zehn nackte Neger" wieder zur Feriennormalität zurück.
Delia brach ein zweites Mal zusammen. Nach der Reise war Magdalena mit
Delia schließlich wieder allein zuhause und für die VertreterInnen der Öffentlichkeit war die Welt wieder in Ordnung. Magdalena und Delia haben
dann wieder ein privates, innerfamiliäres Problem. Oder?

Bezieht man das öffentliche Setting und die Krisensituation von Mutter
und Tochter um Hautfarbe aufeinander, wird folgendes deutlich: Bei beiden
sind die kollektiven Bezüge gebrochen. Beide treffen auf die Beschränktheit
der Weißen Vorstellungswelt und erleben die dabei auftretenden Konflikte
als *persönliche* Unzulänglichkeit, als *individuelles* Scheitern. Magdalena ist
als Weiße Mutter eines Schwarzen Kindes in hohem Maß auf sich allein gestellt, Antworten auf die Fragen zu finden, die sie in ihrem Alltag bewegen.
In dem umfangreichen Theorie- und Praxisangebot zu Fragen der Sozialisation erhält sie weder diskursive Anregungen, noch erfährt sie unterstützende
Interventionen, gerade wenn sie sie am dringendsten braucht. Parallel dazu
wird Delia dem stigmatisierten Kollektiv „Schwarze" zugeordnet. Von diesem Makrokollektiv erfährt sie aus dem Weißen Umfeld verzerrte Phantas-
men oder Leerstellen. Zugang zu realen Schwarzen Personen, die ihr über ihr
Sprechen und Handeln Modelle vorleben und sie auf diese Weise in der Entfaltung ihrer Individualität unterstützen könnten, hatte sie (zu diesem Zeitpunkt) nicht. Schließlich erhält die einige Jahre zurückliegende Trennung
von Mutter und Vater und das Tochter-Vater-Verhältnis durch den alltäglichen Rassismus, eine zusätzliche Portion emotionaler Sprengkraft. Der All-
tagsrassismus trägt dazu bei, daß der abwesende Vater und die mit ihm zu-
sammenhängenden Gefühle immer und immer wieder aktualisiert wird; und
zwar bei beiden – der Tochter und der Mutter. Die emotionale Verabschie-
dung des Vaters/Partners kann also durch bestimmte gesellschaftliche Verhältnisse blockiert sein. Der Schwarze Vater/Partner erhält eine Schicksals-
macht zugeschrieben, die mit ihm persönlich nicht mehr viel zu tun hat. Wird
dieser Kontext ignoriert, besteht die Gefahr einer rassistisch gefärbten Dä-
monisierung.

Die Auswirkung von gebrochenen kollektiven Bezügen sind für Mutter
und Tochter ähnlich. Beide sind extrem auf sich alleingestellt und müssen für
ihr soziales Überleben sehr viel mehr an individueller Schöpfungskraft auf-
bringen, als es für Weiße und Schwarze zutrifft, die an kollektives Wissen

und an Solidaritätsbezüge anknüpfen können. Für die Entwicklung von Individualität ist es daher von nicht zu unterschätzender Bedeutung, ob man dies im Schutze einer Mehrheit (oder wenigstens einer Minderheits-community) tun kann, zu der man dann z.b. selbstbewußt Abstand nehmen kann, oder ob man unfreiwillig in ein Einzelkämpferdasein gezwungen ist. Ist letzteres der Fall, kann Dazugehören die Brisanz einer Existenzfrage annehmen, weil das Nichtdazugehören als persönliche Abnormalität bzw. Pathologie, als persönliches Versagen erlebt werden kann. Gleichzeitig sind diese Erfahrungen auch eine Quelle von Erkenntnis, Wissen und Kompetenzen. Diese Ressource mag verschüttet sein, es käme darauf an, sie freizulegen.

Zusammenfassung

Weiße Mütter und Schwarze Kinder leben qua Hautfarbe in zwei innerkulturell verschiedenen Erfahrungswelten. Die Weiße Gesellschaft beruht auf Diskursen und Praktiken, die Rassismus zum Teil intentional, zum Teil funktional als Problematik der Ausgegrenzten konstruiert, ohne den eigenen Anteil an der Produktion des Problems in Erwägung zu ziehen.

Ich habe hier zwei Muster vorgestellt. Das erste besteht darin, die Diskriminierung des Kindes auf seine Hautfarbe zurückzuführen und Schwarzen Kindern durch dichotome Schwarz-Weiß-Konstruktionen zu vermitteln, sie seien defizitär. Das zweite besteht da-rin, durch eine blankozentrische Anspruchshaltung die Erlebnis- und Gefühlswelt der Kinder zu vereinnahmen und die Begrenztheiten der eigenen (Weißen) Position auszublenden.

Im dritten Beispiel habe ich gezeigt, daß die psychische Dimension offensiv rassistischer Äußerungen davon abhängt, welche emotionale Bedeutung die diskriminierende Person für das Kind hat und ob es Selbstbilder entwickeln konnte, die es stabilisieren. Hat es die stigmatisierenden Fremdbilder verinnerlicht, kann das Kind in Konfliktsituationen sehr krisengefährdet sein. Von großer Bedeutung – sowohl für die positive Selbstbildentwicklung, als auch für etwaige Kriseninterventionen – ist ein emotional tragfähiges soziales Netz.

Ein wichtiges Thema für die Situation Weißer Mütter und Schwarzer Kinder ist damit die Bedeutung kollektiver Bezüge. In dem Beispiel, das ich erläutert habe, standen (unfreiwillig) gebrochene kollektive Bezüge im Vordergrund. In solchen Situationen sind die Anforderungen an individuelle Leistungen der Problemverarbeitung besonders hoch. Das heißt umgekehrt aber auch, daß sowohl dem Halten, als auch dem Neuknüpfen von sozialen Netzen Aufmerksamkeit geschenkt werden sollte, für die es sicherlich auch Beispiele und Vorbilder gibt, wenn man danach sucht.

Von zentraler Wichtigkeit erscheint mir, daß die Mütter, die mit der Hautfarbe verbundenen, unterschiedlichen Erfahrungswelten anerkennen. Denn gerade in der Anerkennung der Verschiedenheit, mit dem Verstehenlernen der individuellen und strukturellen Weißen Position, könnten neue Berührungspunkte, gemeinsamer Stoff für Erkundungen und neue Horizonte gewonnen werden. Dieses Thema – die (strukturelle) Position Weißer Mütter – will ich im nächsten Abschnitt etwas vertiefen.

Der rassistische Mythos 'schwarzer Körperlichkeit'

Die Diskriminierung der Weißen Mutter

Um zu verdeutlichen, warum es für die Mütter wichtig ist, sich über die eigene Position klar zu werden, schildere ich ein weiteres Beispiel. Claudia wird in Anwesenheit ihrer Kinder von einem älteren Mann als „Schlampe", die sich „mit Negern einläßt", beschimpft. Ihre etwa sechs Jahre alte Tochter reagiert mit großer Empörung auf die Beleidigung und fragt sie, warum der Mann so etwas sage. Claudia erinnert folgende Antwort: „Daß manche Leute Andere nur nicht mögen, weil sie eben braun sind."

Um den zitierten Satz verstehen zu können, muß man wissen, daß Claudia ihre Kinder als „braun" bezeichnet, ihren Mann umschreibt sie dagegen mit Begriffen wie Schwarz, afrikanisch oder nennt seine Nationalität. Der Begriff braun bezieht sich also auf ihre Kinder. Wie problematisch eine Kausalbegründung von Diskriminierung mit Schwarzer Hautfarbe ist, habe ich bereits beschrieben. In diesem Beispiel geht es jedoch um weit mehr, denn die diskriminierende Bemerkung war nicht gegen die Kinder gerichtet, sondern gegen die Weiße Mutter: Obwohl der Mann die Weiße Mutter beschimpft, bezieht sie seine Äußerungen auf die Kinder.

Daran wird deutlich, daß sich die Mutter als Weiße aus der rassistischen Situation völlig ausklammert. Zwar spielen ihre Schwarzen Kinder für den Aggressor eine Rolle, aber sie fungieren aus seiner Sicht als Symbolträgerinnen für die sexuellen Beziehungen der Weißen Mutter. Insofern enthielt Claudias Antwort einen richtigen Kern: sie wird über die Hautfarbe der Kinder für den Mann als „Schlampe" sichtbar. Zielscheibe des Rassismus sind aber nicht die Kinder, sondern Claudias Verhalten als Weiße Frau. Weil sie diese Systematik des Rassismus selbst nicht begreift, leitet sie den rassistischen Affront bei ihrer Erklärung gegenüber den Kindern weiter.

Die Zuschreibung „Schlampe" oder noch deutlicher – „Negerhure" – ist für alle Frauen, die ich interviewt habe, Thema. Zugleich ist sie der kleinste gemeinsame Nenner der sonst sehr unterschiedlichen Biographien und Persönlichkeiten. Teil dieses Stigmas sind essentialistische Phantasien über „schwarze Körperlichkeit". Diese Phantasien sind auch dann vorherrschend, wenn das Werturteil positiv gefällt wird, wie folgendes Zitat verdeutlicht:

„Ich hab' auch so Fälle auf Parties schon erlebt, daß so deutsche Frauen gesagt haben, – nu tanz doch mal oder nu mach doch mal. Das find' ich auch wieder so daneben, so den afrikanischen Mann als Schaustück oder so als wildes Objekt – er ist hoffentlich noch schön exotisch."

Hier wird der Schwarze Partner exotisiert und erotisiert, d.h. die rassistischen Zuschreibungen bleiben im Kern die gleichen, nur werden sie ‚positiv' – sozusagen philorassistisch – bewertet. Als Person wird der Schwarze Partner unsichtbar, ein Eigenleben hat er nur in Relation und Abhängigkeit zur Weißen Partnerin: „als wildes Objekt" der Begierde, als Schmuckstück.

Die Auseinandersetzung mit dem Phantasma „schwarze Körperlichkeit" ist ein Schlüsselthema – nicht nur auf der Suche nach der individuellen Positionierung Weißer Frauen mit einem Schwarzen Partner – sondern auch für das Verständnis der Konstruktion von Weißer Hautfarbe. Im folgenden werde ich zunächst anhand einer biographischen Sequenz zeigen, worin systematische Muster gegenüber Weißen Partnerinnen Schwarzer Männer bestehen, welche Konsequenzen die Position der Mutter für das Kind haben kann und wie die interviewten Mütter mit ihrer Lage emotional umgehen. Danach werde ich kurz Aspekte der Exotisierung diskutieren.

„Das gefallene Mädchen"

Magdalena schildert die Reaktion ihrer sehr religiösen Eltern auf ihre Schwangerschaft:

„Meine Mutter brach zusammmen, mein Vater sagte zu mir: Wir schaukeln das Kind schon. Meine Mutter hat's bis heute nicht verkraftet. Und dann kam man in die übliche Klischeekiste, die Frau, die überwältigt wurde von einem potenten Schwarzen Mann – also alles in Anführungsstrichen – das arme gefallene Mädchen – oder ganz negativ – die Negerhure."

Anders, als man es bei einer religiösen Familie erwarten würde, machen die Eltern Magdalena weniger den Verstoß gegen die Sexualmoral zum Vorwurf, als die Tatsache, daß der Vater des Kindes Schwarz ist. Ein uneheliches Kind zu erwarten, ist ein Verstoß gegen Regeln, einen Schwarzen Partner zu wählen der Bruch eines Tabus. Jetzt werden sämtliche Register der Doppelmoral gezogen: Die religiösen Eltern verlassen den eigenen Moralkodex und legen der Tochter – über Dritte – eine Abtreibung im Ausland nahe. Die Institution Kirche, vertreten durch einen Pfarrer, an den sich Magdalena hilfesuchend wendet, schlägt vor, das Kind ins Heim zu geben.

Beide „Lösungsvorschläge" laufen darauf hinaus, das werdende Kind aus der Familie zu *entfernen*, obwohl die junge Mutter sich für das Kind entschieden hat, obwohl keine ökonomische Notlage vorliegt. Warum soll das Kind weg? Das Schwarze Kind wird zum Symbolträger einer Grenzüberschreitung der Weißen Mutter, zum sichtbaren Ausdruck der Schande, unschön ausgedrückt, von „Rassenschande" (auch wenn es nicht offen ausgesprochen wird und in den Ohren weh tut). Mit anderen Worten: es geht um den Verlust der Stellung der Weißen Frau im Weißen Zentrum der Gesellschaft. Die Eltern, der Pfarrer, verhalten sich keineswegs vulgärrassistisch, sondern aus ihrer eigenen Sicht wahrscheinlich liberal. Ihre Vorschläge zielen nicht auf unmittelbare Ausgrenzung der jungen Mutter, z.b. durch Verleugnung und Beziehungsabbruch, sondern darauf, ihren sozialen Status als Weiße Frau zu „retten". Aus Sicht der Eltern kommen eigene Ängste vor Statusverlust hinzu – das Schwarze Enkelkind würde auch ihre gesellschaftliche Position mit einem Makel markieren.

Dahinter steht ein klassischer, aber nach wie vor aktueller rassistischer Mythos: Sexuelle Beziehungen zwischen Weißen Frauen und Schwarzen Männern beruhen entweder auf Vergewaltigung oder auf Prostitution. Als Opfer von Verführung oder Vergewaltigung können sich Weiße Frauen einen Rest an Weißer Solidarität zusichern, als Prostituierte werden sie zu Mittäterinnen und damit gänzlich zu Geächteten. Beide Bilder enthalten die Vorstellung der Hypersexualität von Menschen afrikanischen Ursprungs[7]. Körperlichkeit, Sexualität von Schwarzen Männern wird deshalb als besonders bedrohlich stilisiert, weil sie die Rolle Weißer Frauen als biologische Reproduzentinnen des Weißen Kollektivs potentiell bedroht. Diese Zuschreibung an ihr „schwarzes" Wesen ist in klassischem Sinne rassistisch. Dadurch werden Schwarze in der Weißen Vorstellungswelt in essentiellem Sinne von sozialer Respektabilität ausgeschlossen. Die soziale Respektabilität einer Weißen Frau dagegen wird unmittelbar an ihr Partnerwahlverhalten geknüpft.

Mutter und Tochter im Labyrinth gebrochener Zugehörigkeiten

Magdalena widersetzte sich der Trennung von ihrer Tochter und erlebte dabei tiefe Brüche – den Vertrauensverlust in alle, bis dahin für sie relevanten Bezugspersonen einerseits, den Zusammenbruch ihres religiösen Weltbildes als Orientierungsrahmen andererseits. Rückblickend sagt sie heute, sie habe damals ihr Urvertrauen verloren.

Die Stellung des Enkelkindes im Familienverband entwickelte sich zu einem permanenten Spannungszustand zwischen öffentlicher Schande und privater Scham: Magdalenas Mutter hatte z.B. große Schwierigkeiten, ihre Enkeltochter vorzustellen oder über sie zu sprechen. Fotos hängte sie nur

---

7   Auch bei anderen Formen des Rassismus spielen sexuelle Zuschreibungen und Bilder eine Rolle. Es ist jedoch wichtig zu fragen, welche inhaltlichen Akzente diese Bilder (z.B. gegenüber Juden, Orientalen etc.) setzen, in welchen historischen Kontexten sie sich herausbilden, wie sie sich über Zeit entwickeln und über welche regionalen Entfernungen sie Verbreitung finden. Körperlichkeit und Sexualität von Menschen afrikanischen Ursprungs stehen mittlerweile seit Jahrhunderten im Mittelpunkt rassistischer Diskurse.

dann auf, wenn sie zu Besuch kamen. Magdalena beschreibt die Stimmung mit Worten wie: „es war kein offener Umgang", „sie wußten nicht mit mir umzugehen", „über allem lag eine Atmosphäre von komischer Verlegenheit". Magdalenas Energie war damals darauf ausgerichtet, diese Spannungen zu überspielen oder – wie sie selbst mit sehr selbstkritischem Unterton sagt – zu normalisieren. Mein Eindruck ist jedoch, daß sie mit ihren intuitiven Normalisierungsversuchen im Grunde genommen die emotionalen Defizite ihrer Eltern gegenüber ihrem Kind, deren Enkelkind, zu kompensieren suchte. Zwar spielt sie das Spiel der verheimlichenden Scham mit und vermeidet es, die Eltern mit ihrem unsozialen Verhalten zu konfrontieren, aber aus meiner Sicht tut sie das nicht nur, um ihnen „die Bürde der Schande" zu erleichtern, sondern auch um für sich und die Tochter das Unerträgliche erträglich zu machen. Emotional steht sie vor dem Dilemma, daß die Liebe, die die Großeltern der Enkeltochter vorenthalten an Magdalenas eigenen Sturz aus der Geborgenheit der Weißen Welt rührt, in der sie jetzt den Status einer Geduldeten besitzt und in der sie Grenzgängerin geworden ist – wider Willen und ohne diese neue Position verstehen zu können.

Für Delia bedeutete diese Situation, daß ihre familiale Zugehörigkeit von den Großeltern von klein auf in Frage gestellt wird. Während ihre Mutter geduldet wird, ist sie, überspitzt ausgedrückt, Zerstörerin der heilen Welt der Großeltern. Ihr Menschsein, ihre Person rückt im Kontext von Scham und Schande in den Hintergrund – im Vordergrund steht ihre Funktion im Beziehungsgeflecht von Mutter und Großeltern. Ich stelle mir vor, daß sie dieses Spannungsverhältnis als Vexierbild von Zwei- und Mehrdeutigkeiten erlebt, bis sie sich einen eindeutigen, gegen sich und die Mutter gerichteten Reim darauf macht. Es wäre auch denkbar, daß sie den prekären, aus Angst vor Liebesverlust gesteuerten Balanceakt ihrer Mutter als Verrat, als Mittäterschaft an ihrer Ausgrenzung und Stigmatisierung erlebt.

Nach Abraham Maslow[8] gehört die Zugehörigkeit (belonging) neben den physischen Bedürfnissen wie Nahrung und Schutz/Obdach (shelter) zu den fundamentalsten menschlichen Bedürfnissen. Helena Jia Herschel (1995) knüpft an diese These an und setzt Zugehörigkeit in Zusammenhang mit phänotypischen Merkmalen. Sie argumentiert, daß in rassistisch strukturierten Gesellschaften die Anerkennung der Zugehörigkeit dann entzogen wird, wenn das Kind durch seine Hautfarbe einer anderen „Rasse"[9] zugeordnet wird. Auf diesem Hintergrund zeigt sich, daß die soziale Konstruktion von Hautfarbe existenzielle Reichweite hat. Einem Kind abzusprechen, daß es, z.B. durch seine Hautfarbe zur Familie gehört, kann deshalb von einem Kind

---

8 Widergegeben nach Helena Jia Herschel (1995)
9 Ich verwende den Begriff „Rasse" dann, wenn er zur Verdeutlichung von Konstruktionszusammenhängen beiträgt. Als analytischen Begriff, also als Gegenstand von Rassismus (wie dies z.B. in der anglophonen Literatur verbreitet ist), halte ich „Rasse" für irreführend. Dadurch wird der Facettenreichtum der Konstruktionen, von denen Hautfarbe/Phänotyp nur einer unter vielen ist, verdeckt.

die Brisanz der Bedrohung seiner Existenz annehmen, vor allem dann, wenn weitere erschwerende Bedingungen hinzukommen.

Zur Bedeutung körperlicher Merkmale im Prozeß der Nicht-/Anerkennung möchte ich ein Beispiel aus meiner Erfahrung einflechten, um zu verdeutlichen, daß – trotz Rassismus – paradoxer Weise auch konstruktives Verhalten möglich ist: Als ich mit meinem vier Wochen alten Sohn zum ersten Mal meine Großmutter besuchte, die den Kontakt zu mir abgebrochen hatte, setzte sie sich stundenlang neben das Kind und begutachtete jedes Körperteil nach dem Motto „dieses Merkmal ist von uns und jenes ist nicht von uns". Auf diese Weise gelang es ihr jenseits von Hautfarbe ein auf die Dauer emotional tragfähiges Zugehörigkeitsverhältnis zu ihrem Enkelkind herzustellen. Sie hatte ihre Abwehr sozusagen ausagierend verarbeitet.

Die Zugehörigkeit zum erweiterten Familienverband hat nach Hershel zentrale Bedeutung im Prozess der Identitätsentwicklung, der das ganze Leben hindurch in persönlichen und öffentlichen Beziehungen andauert. Im Fall von Delia und Magdalena hat der Weiße erweiterte Familienverband ganz offensichtlich aus rassistischen Motiven heraus versagt, während der Schwarze erweiterte Familienband, der ja auch nach einer Trennung soziale Bezüge bieten könnte, nicht präsent war. Dieser Aspekt – die fehlenden oder eingeschränkten Kontakte zu Großeltern, Tanten, Onkeln, Cousinen etc. der erweiterten Familie des Schwarzen Vaters (oder der Mutter) ist übrigens ein – zur Zeit noch – wichtiges Charakteristikum für die Sozialisationsbedingungen Schwarzer Kinder in Deutschland. Auch die Bedeutung des erweiterten Familienverbandes ist für Schwarze Kinder in Relation zur umgebenden Gesellschaft zu sehen. Je stärker die gesellschaftlichen Impulse sind, die Zugehörigkeit von Mutter und Kind in Frage zu stellen, umso größer ist die Bedeutung der erweiterten Primärfamilie, dem Kind soziale Zugehörigkeit zu bestätigen. Und umgekehrt: Je weniger die Primärfamilie ihrer Aufgabe nachkommt, dem Kind Zugehörigkeit zu versichern, desto wichtiger wird die Anerkennung des Kindes im sozialen Umfeld. Damit ist aber auch angedeutet, daß die Kleinfamilie mit Sozialisationsaufgaben tendenziell überlastet sein kann. Die Mitverantwortung und Kreativität der öffentlichen Sozialisationsinstanzen ist gefragt[10].

Denn die sogenannte primäre Zugehörigkeit zum (erweiterten) Familienverband wird, so schildern es Weiße Mütter und Schwarze Kinder immer wieder, auch in der Öffentlichkeit angezweifelt. Das geschieht z.B., indem unterstellt wird, die Mütter hätten das Kind adoptiert. Wie stark die damit unter Umständen ausgelösten Irritationen für das Kind sind, hängt davon ab, wie oft es solche Situationen miterlebt und ob bzw. wie stark es in seinen

---

10 Hier bestände eine Vielzahl von Möglichkeiten, z.B. die Sensibilisierung des Personals in allen sozialen Institutionen, die ausländerrechtliche Förderung von Familienbesuchen, Steuererleichterungen für Besuchsreisen, Kinder- und Jugendaustauschprogramme, Aufbau und Förderung Schwarzer/Schwarz-Weißer Kinder- und Jugendgruppen, „Großelterndienste" u.v.a.m.

primären Zugehörigkeitserfahrungen Anerkennung findet. Darüberhinaus ist es von Bedeutung, wie es der Mutter gelingt, Stellung zu beziehen. Denn die implizite Botschaft der Frage nach der Adoption rührt immer auch an ihre Stellung in der Weißen Gesellschaft, an die Frage ihrer sozialen Respektabilität. Hat sie das Kind adoptiert, steigt ihr Prestige, denn dann tut sie ein gutes Werk für die „armen Anderen". Ist es ihr eigenes, steht sie unversehens im sozialen Zwielicht.

„Ich bin doch keine Amimieze"

Magdalena lernte im Laufe der Zeit die in der Frage nach der Adoption subtil übermittelten Botschaften offensiv zu kontern:

„Wenn Sie nichts dagegen haben, habe ich's selbst gemacht."

Schwieriger wird es, wenn der Affront direkt ist „Iiih, die hat mit einem Neger geschlafen" oder als nonverbale soziale Distanzierung ausgedrückt wird (geschnitten werden, abschätzige Blicke etc.). Claudia rekurriert in ihren Erzählungen auf derartige Situationen mit betontem Gleichmut und spielt ihre emotionale Betroffenheit herunter, wenn sie sagt:

„also das fand ich nicht so schlimm", „das hat mir nicht so viel ausgemacht", „eigentlich ist mir das egal".

Magdalena schwankt bei direkten Beleidigungen zwischen ausblenden und verletzt sein. Zuerst sagt sie „das hat mir ganz schön zugesetzt" und zwei Sätze später: „Ich denke, diese Bauarbeiter haben mich nicht fertig gemacht. Ich hab' nur so gestutzt, ich denke merkwürdige Reaktion, ja. Da hat's mich nicht so getroffen."

Beide Frauen reagieren auf die rassistische Beleidigung mit Relativierung überwiegend mit sich dumm stellen und Leugnung. Das Eingestehen der Verletzung und vielleicht gerade deswegen auch die offensive, innerlich distanzierte Entgegnung, fällt offensichtlich schwer. Es tut weh, ausgegrenzt zu werden. Ausgrenzung ist im Grunde genommen dumm. Aber aus einem Reflex der Scham über die öffentliche Bezugnahme auf ihr sexuelles Verhalten, wird die Wirkung der Grenzüberschreitung der Bauarbeiter im Inneren versenkt und begraben. Rassismus ist Demütigung, Erniedrigung, Bloßstellung und hat nichts, aber auch gar nichts Heroisches, nichts, was ein Opfer moralisch in irgendeiner Weise adelt, wie von Weißer, mehrheitsdeutscher Seite auch unterstellt wird. Wer so denkt, hat nichts begriffen. Rassismus entehrt, entwürdigt, ist Scham und Schande, verklumpt zu einem Stein in den Eingeweiden. Die Leugnung der Verletzung ist daher zwar ein verständlicher, aber fehlgeleiteter Versuch, die eigene Würde zu behaupten. Um Erkennen zu können, daß Rassismus ein Angriff auf die Würde ist, braucht es den Schmerz vielleicht als Durchgangsstadium und in der Folge dialogisches Reflektieren, Differenzieren und innere Distanzierung. Souveränität dieser Art könnte ein Lernziel sein – sie fällt nicht vom Himmel und wird nicht in die Wiege gelegt, sie ist ein Produkt der sozialen Kultur. Während Claudia und Magdalena sich durch defensive Leugnung gegen Rassismus zu schützten versuchten, setzte Carola eine offensive Variante ein:

„Ich gehöre einfach nicht zu dieser Sorte Mensch. Wenn ich mit meinem Mann durch die Straßen gelaufen bin, dann hat bestimmt keiner gesagt: ‚Aha, die geht mit einem Schwarzen‘ – oder es hätte ja auch ein farbiger Amerikaner sein können – ‚die Amimieze‘. Das hat keiner gesagt. Weil ich das eben auch nicht ausgestrahlt habe, weil ich das nicht signalisiere. Das habe ich nicht und das hat mein Mann nicht."

Carola weicht der rassistischen Stigmatisierung als Weiße „Schlampe" aus, indem sie sie an andere Frauen weiterreicht. Ihre Botschaft läuft auf eine Variation des Sprichwortes „Jeder ist seines Glückes Schmied" hinaus: Wer diskriminiert wird, ist selbst dran schuld. Sie schützt sich durch Arroganz vor möglicher Verletzung und Auseinandersetzung. Aber auch die Grenzen von dieser Art Abwehrmechanismus werden gegenüber den eigenen Kindern deutlich.

Einer ihrer Söhne wurde von einem Lehrer als Sündenbock für alle in der Klasse auftretenden Übel ausgewählt. Ihr Gespräch mit dem Lehrer kommentiert sie:

„Also der hat bestimmt gedacht, ich bin auch eine – wie wir immer so schön sagen – Amimieze. Und als er mich dann sah, war das eigentlich geklärt. Und dann komme ich schon wieder darauf zurück, weil das hat immer was mit persönlicher Ausstrahlung zu tun, das ist einfach so."

Das was Carola mit dem Begriff „Ausstrahlung" beschreibt, ist das in-Szenesetzen des Klassenhabitus einer Angehörigen der Oberschicht: resolutes Auftreten und Einschüchterung des Gegenübers durch gezieltes Ausspielen seiner Autoritätshörigkeit. Die Instrumentalisierung der eigenen strukturell dominanten Position als Weiße mag – in Abhängigkeit von der Persönlichkeit – ein wichtiges Mittel der antirassistischen Intervention sein. Weiße Mütter im besonderen, Weiße im allgemeinen sind sich oft über diesen Spielraum an Handlungsmöglichkeiten nicht bewußt. Wahrscheinlich sollten solche Verhaltensmöglichkeiten regelrecht trainiert werden, denn nicht jede/r wurde von zuhause mit unerschütterlichem Selbstvertrauen „ausgestattet" und gehört der ‚richtigen‘ Klasse an.

Gleichzeitig sind die Grenzen dieser Intervention nicht zu übersehen: ohne die Weiße Mutter wäre der Schwarze Sohn dem Lehrer ausgeliefert gewesen. Denn wenn Carola in ihrer Argumentaton konsequent wäre, müßte sie schlußfolgern, es fehle ihm an „persönlicher Ausstrahlung". Der Status des Schwarzen Kindes steigt und fällt mit dem, was sie als Weiße Mutter an Klassenstatus inszenieren kann – sonst wäre das Lehrergespräch schließlich nicht notwendig geworden. Diese Inszenierung von Oberschichtsangehörigkeit trifft an der colorline (und an der cultureline) eine noch schwer überwindbare Grenze: Weiße, Mehrheitsdeutsche werden als Individuen mit ei-

nem bestimmten Klassenstatus wahrgenommen, real oder vermeintlich
Fremde als kollektives Phantasma ihrer ethnischen, nationalen etc. Gruppe.

Verführung zu Komplizinnenschaft:
Der Schwarze Mann/die Schwarze Familie als Weißes Statussymbol

Ich hatte bereits angedeutet, daß zum Mythos Schwarzer Körperlichkeit auch
die Exotisierung gehört – das philorassistische Spiegelbild. In diesem Zusammenhang hatte ich Claudia zitiert, deren Ausführungen ich an dieser
Stelle fortsetze:

> „Das ist so dieses Muster, das sich so manche vorstellen: alle Afrikaner sind Volkskünst-
> ler, virtuose Köche oder irgendwas Spezielles. Aber daß das dann so ganz normale
> Durchschnittstypen sind, ist dann, na ja, für manche vielleicht enttäuschend." Ihr Mann
> entspricht diesen Erwartungen nicht: „er ist kein besonders begabter Musiker oder Sän-
> ger, er trommelt nicht, er singt nicht, er tanzt auch durchschnittlich."

Claudia empfindet diese Erwartungshaltung irritierend, belastend, jedenfalls
bereitet sie ihr deutliches Unbehagen. Aber was ist denn „so daneben"? Die
Weißen „Freaks" machen Claudia ein verführerisches Angebot: wenn dein
Mann unseren Erwartungen entspricht, kriegst du unsere Anerkennung, Bewunderung, dann entsprichst du dem Geschmack unserer Szene, dann gehörst du dazu. Das heißt, Claudias Status hängt hier davon ab, ob ihr Partner
(scheinbar) den rassistischen Stereotypen entspricht oder nicht. Als Unter-
haltungskünstler für gelangweilte Weiße ist er interessant, erhält er Anerkennung und Aufmerksamkeit – schließlich verhielte er sich dann „wesensge-
mäß". Und an diesem „Glorienschein" dürfte Claudia partizipieren, sozusagen als Dompteuse im Zirkus.
   Was ich ausgehend von diesem Beispiel zeigen will ist, wie problematisch Bewunderung für die Weiße Frau durch andere Weiße sein kann, sofern
sie auf der Funktionalisierung des Schwarzen Partners und/oder der Kinder
beruht. Dazu zwei weitere Interviewbeispiele:

> „Wir waren eigentlich immer so eine Vorzeigefamilie. Es gab also immer Leute, schon
> damals, schon vor Jahren, also da war das ja schick: ‚Ach, wir kennen eine gemischte
> Ehe, und da sind so entzückende Kinder, und die Frau ist so nett und der Mann und das
> Niveau – die laden wir ein.' Immer waren wir so repräsentativer Durchschnitt für Misch-
> ehen. Und dann gehört man dazu, und dann denkt man, was soll's."

Philorassismus ist ein Integrationsangebot – man wird eingeladen, man wird
gemocht, man wird sogar bewundert: das gemischte Paar gilt als „schick".
Und wenn frau ihre Familie zum „repräsentativen Durchschnitt" erklärt,
macht sie gleichzeitig antirassistische Lobbyarbeit – auch eine Art des positiven Denkens. Der Preis besteht darin, den Schwarzen Partner als gesichtslo-
ses Statussymbol zu funktionalisieren. Für die Weiße Frau gerät die Partizipation an der Exotik zur Unterstreichung ihrer Individualität:

„Ich war ja so die Exotin im Amt, die Frau, die alles kann, die auch noch Kinder hat und noch einen Mann hat, der eine dunkle Hautfarbe hat und keine Probleme hat im großen und ganzen."

Carola geht in der Rolle der Macherin – „die Frau, die alles kann" – auf. Aber wofür wird Carola denn eigentlich bewundert? Dafür daß ihre Kinder so schön sind, ihr Mann so viel Niveau hat? Ich denke nein. Die Bewunderung ist deshalb so laut und grell, weil im Grunde genommen erwartet wird, eine sogenannte Mischehe sei problematisch. Es wird Carola als besondere Kompetenz angerechnet, daß sie die qua Hautfarbe der Kinder und des Mannes scheinbar vorgegebenen Probleme überwinden, lösen oder umschiffen kann. Daß ihr Mann ganz wesentlich daran beteiligt ist, die Schwierigkeiten des Lebens gemeinsam zu bewältigen, bleibt völlig außen vor.

Auch in diesem Beispiel wird deutlich, daß es die Weiße Hautfarbe ist, die scheinbar zur Rolle der Akteurin qualifiziert. Der Schwarze Partner wird von der Umwelt in seinem Handeln als Gefährte und Vater ignoriert, übersehen, nicht wahrgenommen. Sein bloßes Vorhandensein unterstreicht Carolas herausragende Leistungen und damit *ihre* soziale Anerkennung.

Dieses Weiße Gesellschaftsspiel zeigt aber auch, daß nicht nur Klassen–, sondern auch traditionelle Geschlechterrollen an der colorline relativ werden: Der gesellschaftliche Status der gesamten Familie wird – gewürzt mit einer Prise Exotik – von der Person, dem Habitus, der Klasseninszenierung der Weißen Ehefrau abgeleitet. Solange beide, Mann und Frau zumindest *nach außen* hin mitmachen und das soziale Umfeld nicht mit ihrem liberalen Rassismus konfrontieren, werden sie akzeptiert und geschätzt. Für Carola bedeutet die tendenzielle Umkehrung der Geschlechterrollen in der öffentlichen Wahrnehmung eine Ausdehnung ihres (traditionellen) Handlungsspielraumes, für den Mann wird sie zur Beschränkung seiner ‚Männlichkeit' auf Privaträume oder allenfalls soziale Kontakte im Abseits der Mehrheitsgesellschaft. D.h. er wird in der modernen Weißen patriarchalen Gesellschaft strukturell entmündigt.

Diese Umkehrung von Rollenzuschreibungen in der Öffentlichkeit kann unter Umständen ein wichtiger Faktor sein, wenn es darum geht, mögliche Konfliktdynamiken in Schwarz-Weißen Partnerschaften verstehen zu lernen:

„Also ich denke mal so, ich bin ja immer stärker geworden, und er ist immer bequem schwächer geworden. Das denke ich schon, weil der hat ja eine Frau, auf die kann man sich absolut verlassen, in jeder Beziehung, egal was."

Von Weißen Frauen, die mit Schwarzen Partnern leben, wird häufig mit negativem Unterton gesagt, sie seien besonders dominant. Ich habe hier angedeutet, daß es strukturelle Bedingungen im gesellschaftlichen Umfeld sind, die die öffentliche Position der Frau auf Kosten der des Mannes aufwerten. Auf diesem Hintergrund wäre es wichtig zu fragen, wie sich die beiden selbst ihre Rollen erklären, ob und inwiefern sie dabei auf rassistische Klischees zurückgreifen oder nicht und welche sozialen Strukturen sie suchen und aufbauen können, um das Koordinatensystem dieser Fremd- und Zerrbilder zu verlassen oder wenigstens zu kompensieren.

Schlußfolgerungen und Ausblick

Ich habe gezeigt, daß Hautfarbe eine Art Markierung für die An- bzw. Aberkennung von Zugehörigkeiten darstellen kann. Außerdem habe ich verdeutlicht, daß Zugehörigkeit zur Palette der menschlichen Grundbedürfnisse zählt. Deshalb ist es wichtig, die verschiedenen sozialen Zusammenhänge, private und öffentliche, daraufhin zu betrachten, wie hier Zugehörigkeit anerkannt oder vorenthalten wird und wie diese Sphären zusammenwirken. Am Beispiel eines konflikthaften Sozialisationsverlaufs habe ich verdeutlicht, daß die erweiterte Familie für Kind und Eltern von zentraler Bedeutung ist. Einerseits bietet sie die Möglichkeit, in der Umwelt erlebte Ausgrenzungen zu kompensieren – vorausgesetzt es gelingt hier, ein emotionales Fundament für Zugehörigkeit zu vermitteln. Andererseits kann die Familie aber gerade in dieser Funktion ausfallen oder völlig versagen.

Zum Verständnis der Position der Mütter gegenüber ihren Kindern ist der rassistische Mythos „schwarzer Körperlichkeit" von zentraler Bedeutung. Er markiert das Koordinatensystem der asymmetrischen Zuschreibungen an Weiße und Schwarze Hautfarbe. Schwarze Hautfarbe wird über das Phantasma des Wesens rassifiziert, wohingegen Weiße Hautfarbe über das Einhalten von „Rassegrenzen" in Hinblick auf die biologische Reproduktion konstruiert ist: Schwarze sind sozusagen passiv, Weiße (die sich nicht an die Regeln halten) aktiv „minderwertig". Deshalb erscheint Weiß-Sein in Deutschland paradoxerweise als Nicht-Farbe, Nicht-„Rasse" im Sinne von Nicht-Zielscheibe sein für (Weißen) Rassismus. Dieser Logik folgte z.B. Claudia, als sie ihre Beschimpfung als „Schlampe" unbewußt an die Kinder weiterreichte: „Weil ihr braun seid". Der rassistische Unterbau von Weiß-Sein als handelnde Norm wird durch die asymmetrische Konstruktion der Gegenüberstellung verschleiert und nur die Abweichung von dieser Norm, das Schwarz-Sein, wird als „Rasse" sichtbar. Daher richtet sich im Weißen Alltagsverständnis Rassismus ausschließlich gegen Schwarze (und sonstige Andere), während es im Kern um die Bewahrung und Aufrechterhaltung einer Weißen (kulturell mehrheitsdeutschen) Gesellschaft geht. Dieser Wagenburgmechanismus wird nicht mehr durch Zwang – offensive Propaganda und Gesetze – aufrechterhalten, er ist ein Teil der vorherrschenden Hegemonie[11], die Weiß als universale Norm des Menschseins konstruiert.

Die Asymmetrie der Rassifizierungen von Hautfarbe kompliziert meiner Auffassung nach die Entwicklung geeigneter Umgangsweisen in der Interak-

---

11   vgl. Ruth Frankenberg (1996: 55): „Sehr häufig, besonders jedoch in Zeiten und an Orten, wo eine rassistische Ordnung relativ stabil ist, wird sie für ihre weißen BürgerInnen-Subjekte häufiger durch Hegemonie als durch Zwang aufrechterhalten; wie männliche Privilegien werden weiße Privilegien eher als gegeben hingenommen als benannt, und für ihre NutznießerInnen sind sie eher unsichtbar als sichtbar. Vom Standpunkt der Begünstigten aus wird rassistische Dominanz nur dann bewußt, wenn sie in Frage gestellt wird."

tion zwischen Weißen Eltern und Schwarzen Kindern. Warum? Weil die Analogiebildung der Diskriminierungserfahrungen zwischen Schwarzen Kindern und Weißen Müttern nicht funktioniert. Die Ausgrenzung der einen ist die zur Disposition stehende Eingrenzung der anderen. Asymmetrisch heißt also auch: die Diskriminierungserfahrungen und ihre emotionale Verarbeitung von Weißen Müttern und Schwarzen Kindern können nicht analog entschlüsselt werden, sondern bedürfen der Übersetzung, des Dialogs, des breiten Diskurses über die colorline. Die colorline beruht also nicht auf unterschiedlichen Kulturgütern, die den Menschen in die Haut gebrannt sind, sondern auf Machtverhältnissen. In diesem Sinne wäre die Dynamik zwischen Weißen Eltern und Schwarzen Kindern im Kontext innerkultureller bzw. innergesellschaftlicher Machtkonstellationen zu betrachten.

Weißer Rassismus[12] gegenüber Schwarzen richtet sich in seinem Kern gegen das menschliche Sein, das heißt er hat eine essentielle Qualität. Weißer Rassismus gegenüber Weißen wird in der nachkriegsdeutschen Verdrängungskultur erst beim Regelbruch von Weißen Frauen sichtbar und bezieht sich auf ihr Handeln, wie es in ihrer Partnerwahl zum Ausdruck kommt: Schwarze SIND und Weiße TUN.[13] Weiße und – trotz der sexistischen Reduktion auf sexuelles „Wohlverhalten" – auch Weiße Frauen, werden dem Universum sozialen Handelns zugeordnet und gelten als Mitglieder der Gesellschaft – ihre Stellung wird in Abhängigkeit zu ihrem An-Stand gesehen. Schwarze werden dagegen auf ihr „Wesen" reduziert, d.h. ihre Stellung wird als unabhängig von ihrem Verhalten betrachtet und dadurch werden sie jenseits der Weißen Gesellschaft verortet (z.B. Tierwelt – Animalität).

Auf diese Weise werden zwei Kollektive konstruiert, die einander gegenseitig ausschließen. Weiße Frauen werden über ihr Sexualverhalten zu Bewahrerinnen oder (potentiellen) Zerstörerinnen der Schnittstelle zwischen zwei als unvereinbar gedachten Kollektiven. Weiße Frauen mit Schwarzen Partnern und/oder Schwarzen Kindern sitzen, stehen, balancieren auf dieser Barrikade, die die Weiß konstruierte Welt des Handelns von der Schwarz konstruierten Welt des Seins trennt – zumindest in einem abstrakten, strukturellen Sinne. Schwarze, die in einer Weiß konstruierten Gesellschaft leben,

---

12 Ich stelle damit nicht in Abrede, daß es es auch Schwarzen Rassismus gegen Weiße und Schwarze gibt – aber auch hier ist Vorsicht vor Umkehrschlüßen und Analogien geboten. Zum Verständnis gehört als systematischer Kontext die Asymmetrie von Machtverhältnissen.

13 Auf der Grundlage meiner Untersuchung kann ich diese These nur für diese Beziehungskonstellation darlegen. Ich fände es sehr interessant, sie für die Position Weißer Männer in Partnerschaften mit Schwarzen Frauen zu untersuchen. Ich vermute, daß auch deren Situation durch die gesellschaftlichen Zuschreibungen weit komplexer ist, als frau meinen könnte. Wie bestraft das Weiße Patriarchat seine „abtrünnigen" Männer – vor allem wenn sie *legitime* Bindungen zu ihren Frauen und Kindern eingehen und welche Integrationsangebote werden ihnen gemacht? Wie gehen sie damit um?

machen je nach Kontext mehr oder weniger intensiv die Erfahrung, daß sie *be-handelt* werden. Ihr eigenes Handeln wird einfach übersehen oder überhört, z.b. wenn das Gegenüber in sogenanntes Ausländerdeutsch verfällt.

Die Weißen und die Schwarzen Elternteile partizipieren – bewußt oder unbewußt – an der polarisierten und polarisierenden Konstruktion von Wirklichkeit. Das heißt sie erleben, re-/produzieren und sie *transformieren* diese Lebensbedingungen im Familienalltag. Ich habe einige Aspekte dieser Partizipation für die strukturelle Position Weißer Mütter beschrieben.

Gleichzeitig habe ich auch anzudeuten versucht, wie ich mir Wege und Brücken über die colorline vorstelle. Zum einen halte ich es für wichtig, daß Weiße Mütter/Väter Schwarzer Kinder ein (selbstbewußt kritisches) Verständnis für die eigenen Position in Rassifizierungsprozessen entwickeln. Dies bedeutet eine Sensibilisierung für Blankozentrismen und die darin angelegten Ein- und Ausgrenzungen. Dazu gehört das Eingeständnis der Begrenztheit der Weißen Wahrnehmung und Perspektive und damit die Öffnung für den inner- und interkulturellen Dialog. Schwarze Kinder haben das Recht auf eine „egozentrische" Perspektive und dürfen nicht von klein dazu angehalten werden, sich mit den Augen von Außenstehenden (Weißen) zu betrachten. Während das Schwarze Kind im Extremfall davon bedroht sein kann, auf allen Ebenen seiner sozialen Existenz ausgegrenzt zu werden, ist die soziale Existenz seiner Mutter strukturell gespalten. Das heißt sie steht in einem Spannungsverhältnis zwischen der Loyalität oder Komplizenschaft gegenüber dem Weißen Zentrum und der Loyalität gegenüber der Erfahrungswelt des Schwarzen Kindes. Ein Spannungsverhältnis ist grundsätzlich etwas dynamisches – Anspannung ist eine Kraft, die Verspannungen lösen kann und Spannung ist ein Ausdruck für Neugier – Lust auf neue Erkenntnisse. Wie es im einzelnen gestaltet ist, ist Teil der gesellschaftlichen und biographischen Geschichte. Die Anerkennung von Differenzen der Wahrnehmung und der strukturellen Position ermöglicht schließlich die Präzisierung gemeinsamer Interessen und Ziele wie private und öffentliche Anerkennung, Wertschätzung, Gleichberechtigung, Respekt. Und gerade in diesem Sinne ist der Alltag nicht monolithisch – er enthält immer auch Situationen, in denen Hautfarbe keine Rolle spielt. Ein unverstandenes, irrationales Spannungsverhältnis kann viel bedrohlicher, verunsichernder, angstbesetzter erlebt werden als die Klarheit über die eigene, meist nur in *mancher* Hinsicht, prekäre Lage.

Meine Ausführungen sind, bei aller Skizzenhaftigkeit, paradigmatisch. D.h. ich schlage einen Modus vor, die Frage nach der sozialen Bedeutung von Hautfarbe wissenschaftstheoretisch zu verstehen. Ich bin dieser Frage zwar am Beispiel Weißer Mütter und ihre Schwarzen Kinder nachgegangen, gleichzeitig habe ich aus dieser Sicht gezeigt, daß sie längst nicht die einzigen sind, die diese Frage betrifft. Die strukturelle Position der Weißen Mütter verstehen zu lernen ist nur einer unter vielen möglichen Zugängen, Anhaltspunkte für gesamtgesellschaftliche Prozesse der sozialen Konstruktion von Hautfarbe zu gewinnen. Diese Fragestellung betrifft *alle* gesellschaftlichen

Gruppen, denn die Konstruktion Schwarzer Hautfarbe hängt eng mit der Konstruktion Weißer Hautfarbe zusammen. Wenn der Hegemonialcharakter dieser Gesellschaft darauf gerichtet ist, eine Weiße Gesellschaft biologisch und kulturell zu reproduzieren, müßte man beispielsweise auch fragen, was Weiße monokulturelle (heterosexuelle) Partnerschaften und Familien so attraktiv macht. Welche Erwartungen und Wünsche, Ängste und Enttäuschungen stehen dahinter, wenn in multinationalen, multiethnischen, multikulturellen Gesellschaften an einer endogamen Partner/innenwahl festgehalten wird? Wo und wie durchkreuzt hier die colorline Handeln und Bewußtsein? Welche Hautfarbe, welchen Phänotyp werden die Weißen Frauen für ihr Kind wählen, wenn sie sich für künstliche Befruchtung im Rahmen der modernen Reproduktionstechnologie entscheiden? Warum Weiß? Warum Schwarz? Solange die Norm der endogamen Partner/innenwahl nicht kritisch in Frage gestellt wird, bleibt die Frage nach der exogamen Partner/innenwahl im Kontext asymmetrischer Machtverhältnisse befangen und reproduziert polarisierende Muster von Stigmatisierung und Idealisierung.

Innerkulturelle Spannungsverhältnisse um Zugehörigkeiten und Ausgrenzungen mit ihrer Reichweite vom Kinderzimmer bis zum Europarat und zurück[14], stellen die einzelnen, mal mehr, mal weniger, vor die Herausforderung, sich im Niemandsland des ‚Dazwischen‘, des ‚Weder-Noch‘, in einer gewissen Heimatlosigkeit zu orientieren gegebenenfalls auch einzurichten. Gleichzeitig hat dieses Nirgendwo die utopische Qualität eines *Sowohl-als-auch*. Das ist ein weitläufiges Gelände, mit einem noch schwer überschaubaren Reichtum an Vielschichtigkeiten. Aus diesem Nirgendwo werden gesellschaftliche Defizite sichtbar und für mögliche Veränderung zugänglich. Und weil dieser Ort bereits real existierende Daseinsqualität hat, entwickeln sich hier individuelle Lebensentwürfe, Witz, KünstlerInnentum und entsprechende soziale Bezüge. Schließlich geht es um politische Grundfragen: Wen meinen wir, wenn wir WIR sagen? Demokratie muß Farbe bekennen.

Anmerkung

Ich danke meinen Interviewpartnerinnen, nicht nur für ihre Bereitschaft, mir Einblicke in ihr Leben zu gewähren, sondern auch dafür, daß sie mir mit ihren Erzählungen die Gelegenheit zu intensivem Nachdenken gegeben haben.

---

14 Wer wird wann, warum, zu welchem Preis als einer Nation (Deutschland) oder einem supranationalen Gebilde (Europa) zugehörig anerkannt und wer nicht, und wie werden auf diesem Hintergrund nationale Herkunft, Sprache, Religion, Ethnizität und Hautfarbe zu Symbolträgern für Norm und Abweichung gemacht? Es gibt viele Facetten des kulturellen Sowohl-Als-Auch.

Ich habe insgesamt fünf ausführliche Interviews mit Frauen geführt, die der gebildeten Mittelklasse angehören und in sozialen Berufen arbeiten. Teile der Auswertung und Interpretation haben wir in der Forschungsgruppe intensiv diskutiert. Für Anregungen, Kritik und Ermutigung danke ich Gülsen Aktas, Ika Hügel, Rivka Jaoussi, Doris Nahawandi und Dagmar Schultz. Schließlich gilt mein Dank Ellen Frieben-Blum und Silvia Vogelmann für kritisches Lesen.

Literatur

Frankenberg, Ruth (1996): Weiße Frauen, Feminismus und die Herausforderung des Antirassismus. In: Fuchs, Brigitte/Habinger, Gabriele (Hrsg.). *Feminismen & Differenzen, Machtverhältnisse und Solidarität zwischen Frauen.* Wien: ProMedia
Gilroy, Paul (1995): The End of Antiracism. In: Donald, James/Rattansi, Ali (Hrsg.). *„Race", Culture & Difference.* London: Sage Publications
Herschel, Jia Helena (1995): Therapeutic Perspectives on Biracial Identity Formation and Internalized Oppression. In: Zack, Naomi (Hrsg.). *American Mixed Race. The Culture of Microdiversity.* Boston: Rowman/Littlefield Publishers
Rich, Adrienne (1979): Disloyal to Civilisation. In: Rich, Adrienne. *On Lies, Secrets and Silence. Selected Prose 1966-78.* New York.

Mythos und Wirklichkeit auf einem bikulturellen Heiratsmarkt

Elvira Niesner

Im deutschen Straßenbild fällt sie nicht mehr unbedingt auf, die Gruppe der deutsch-ausländischen Paare, die dem Phänomen der Katalogehe oder auch des Sextourismus zugeordnet wird. Denn seit dem Fall des eisernen Vorhangs hat sich zur sogenannten exotischen Braut aus Südostasien, Lateinamerika oder auch Afrika die nach außen weniger auffällig wirkende Frau aus Mittel- und Osteuropa gesellt.

Immer haben sich Männer und Frauen über kulturelle und nationale Grenzen hinweg geliebt, haben Lebensgemeinschaften aufgebaut und Familien gegründet. In Zeiten der Globalisierung – Stichworte: Mobilität, internationaler Arbeitsmarkt und Tourismus – nehmen Begegnungen mit Menschen aus anderen Kulturkreisen zu. Damit wird auch die Chance auf bikulturelle Eheschließungen und Familiengründungen größer. Die Statistik belegt außerdem, daß sich zunehmend nichtdeutsche Frauen auf einen Ehekontrakt mit einem deutschen Eheanwärter einlassen.

1980 fanden in der Bundesrepublik 9,8 Prozent der Eheschließungen von oder mit Ausländerinnen und Ausländern statt. Von diesen Ehen wurden 20,8 Prozent zwischen ausländischen Ehepartnern geschlossen, 53,5 Prozent zwischen deutschen Frauen und ausländischen Männern und 25,7 Prozent zwischen ausländischen Frauen und deutschen Männern. 1996 fanden in Deutschland 16,4 Prozent der Eheschließungen von oder mit Ausländerinnen und Ausländern statt. Davon waren bei 18,1 Prozent beide Ehepartner ausländischer Nationalität, bei 39,7 Prozent war die Frau deutsch und der Mann ausländisch und bei 42,2 Prozent war die Frau ausländisch und der Mann deutsch[1].

Unsere Gruppe – deutscher Mann und ausländische Frau aus einem Heiratsvermittlungs- oder auch Sextourismusland – tritt in der Eheschließungsstatistik deutlich hervor. Für das Erhebungsjahr 1996 kamen die nichtdeutschen europäischen Ehefrauen am häufigsten aus Polen, aus der Russischen Föderation und aus Rumänien. Die Ehefrauen aus Asien kamen am häufig-

---

1 Statistisches Bundesamt, 27.08.1998. Für 1980 liegen Daten des früheren Bundesgebietes, für 1996 Daten des heutigen Bundesgebietes zugrunde.

sten aus Thailand und den Philippinen, die Ehefrauen aus Lateinamerika in erster Linie aus Brasilien, Peru, Kuba, Kolumbien und aus der Dominikanischen Republik und die Ehefrauen aus Afrika meist aus Kenia und Ghana[2].

Die Ehe ist eine auf Dauer angelegte Lebensgemeinschaft, die in Form einer Familie das so oft beschworene „Fundament" des Staates bildet. Innerhalb dieser gesellschaftlich anerkannten Lebensform sind diese bikulturellen Paare jedoch mit belastenden Fremdzuschreibungen konfrontiert. Klischees stigmatisieren die Ehemänner zu Tätern, die sich eine Frau gesucht, bestellt und wie eine Ware bezahlt hätten. Die Frauen werden gleichzeitig zu hilflosen Opfern viktimisiert, die aufgrund ihrer Not im Herkunftsland zur Eheschließung gezwungen seien (Niesner 1998).

Auch wenn es der Zeitgeist nicht wahrhaben will, Liebesgefühle spielen oft nicht die Hauptrolle beim Entschluß zur Familiengründung. Manchmal nehmen sie gar nur eine unbedeutende Nebenrolle oder gar keine Bedeutung ein. Die abendländische Liebe kann als eine idealisierte leidenschaftliche Form der Liebe mit erotischer Ausrichtung skizziert werden. Daß diese Form der Liebesbeziehung Grundlage und Hauptbestandteil einer gefestigten Lebensgemeinschaft sein kann, wird von vielen Seiten angezweifelt (Bataille 1984). Spielen doch immer auch andere Gründe wie die Realisierung einer persönlichen Lebensplanung, die materielle Absicherung und die psychosoziale Versorgung eine Rolle.

Individualisierungs- und Modernisierungsprozesse haben das Kleinfamiliensystem ins Wanken gebracht und neue alternative Formen der Lebensgestaltung eröffnet. Neben dem vertraglich nicht geregelten Zusammenleben in hetero- und auch homosexuellen Beziehungen ist vor allem der Einpersonenhaushalt in Mode gekommen (Peuckert 1996). Demgegenüber nimmt aber auch die Gruppe der Personen zu, die sich gegen das „Single-Dasein" zur Wehr setzt, aber auf konventionellem – informellem – Weg nicht fähig oder bereit ist, stabile Partnerschaften zu realisieren.

Obgleich auch bei deutsch-deutschen Beziehungen das organisierte und gezielte Kennenlernen zunimmt, wird diesem internationalen Heiratsmarkt

---

2 Im Jahr 1996 schlossen in Deutschland deutsche Männer die Ehe mit
   – 21.464 nichtdeutschen europäischen Frauen, davon kamen 5.295 Frauen aus Polen, 1.952 aus der Russischen Föderation und 1.481 aus Rumänien;
   – 4.568 Frauen aus Asien, davon kamen 1.566 aus Thailand und 642 aus den Philippinen;
   – 1.906 Frauen aus Lateinamerika, davon kamen 693 Frauen aus Brasilien, 249 aus Peru, 235 aus Kuba, 159 aus Kolumbien und 109 aus der Dominikanischen Republik;
   – 948 Frauen aus Afrika, davon kamen 133 Frauen aus Kenia und 93 aus Ghana (Statistisches Bundesamt o.D.). Für Afrika liegt jedoch Marokko mit 244 Eheschließungen an erster Stelle. (Statistisches Bundesamt o.D.). Marokko ist weder Sextourismus- noch Heiratsvermittlungsland. Die Zahlen verweisen auf interkulturelle Beziehungen, die durch den Aufenthalt marokkanischer „Gastarbeiterfamilien" in Deutschland entstehen.

mit dem Stigma der „Katalogehe" oder des „Prostituierten-Freier-Verhältnisses" pauschal die Legitimität einer gezielten Kontaktaufnahme abgesprochen. Strukturelle Bedingungen dominieren das gesellschaftliche Bewußtsein über die Beziehungsrealität dieser interkulturellen Familien, während die subjektiven Beweggründe und Hintergründe der Akteurinnen und Akteure sowie ihre individuellen Strategien, Stärken und Schwächen im Hintergrund bleiben. Die Lebensrealität dieser Familien als Ergebnis von objektiven Bedingungen und von subjektiver Interaktion wird von der Öffentlichkeit bislang kaum registriert.

In diesem Artikel werden Hintergründe und Lebensbedingungen dieser spezifischen Partnerschaften und ihrer Familien mit Fokus auf ihre eigenen Problemkonstellationen thematisiert. Es ist der Versuch, einen Teil ihrer wirklichen, wesentlich vielschichtigeren und differenzierten Situation zu skizzieren. Im wesentlichen werden dabei zentrale Ergebnisse einer wissenschaftlichen Begleitforschung, die an einer Beratungseinrichtung für Migrantinnen (FIZ-Stuttgart) angesiedelt war, referiert[3]. Aufgrund des einseitigen Forschungsstandes kann die Darstellung nur aus Sicht der Heiratsmigrantinnen erfolgen. Die männliche Handlungsorientierung ist nicht empirisch erhoben, sie ist immer noch ein gesellschaftliches Tabu[4]. Die Heiratsmigrantinnen sind in dieser Darstellung durch die Gruppe der thailändischen Frauen repräsentiert. Sie liefern einen Einblick in ihre eigene kulturspezifische Lebensstrategie, an ihren Beispielen werden aber auch strukturell bedingte Problemkonstellationen, wie sie für Migrantinnen aus anderen Herkunftsländern genauso oder ähnlich gültig sind, aufgezeigt.

1. Konstitutive Vorgaben in den Beziehungen

Die spezifischen Partnerschaften und Familien, von denen dieser Aufsatz handelt, zeichnen sich durch organisierte Formen des Kennenlernens – formelle oder informelle Vermittlung – bzw. das Zurückgreifen auf den „Frauenmarkt" in einer der Sextourismusregionen aus. Die Ehen kommen also nicht „zufällig affektiv" zustande, so wie es der romantische Liebesdiskurs

---

3 Es handelt sich um eine fünfjährige Forschungsarbeit, in der die Lebenssituation von 296 Klientinnen des FIZ-Stuttgart – Migrantinnen aus verschiedenen außereuropäischen Herkunftsländern – erhoben und analysiert wurde. Zusätzlich wurden qualitativ orientierte Interviews mit 60 Migrantinnen geführt. Die Untersuchung wurde mit verschiedenen Studienaufenthalten in den Herkunftsländern und einer Prozeßbeobachtung zu einem Menschenhandelsfall abgerundet. Die Forschungsergebnisse sind veröffentlicht in: Niesner 1997.

4 Eine erste Untersuchung zur Handlungsorientierung der Nachfrager des internationalen gewerblichen Heiratshandels wird als Vorstudie vom Hessischen Ministerium für Wissenschaft und Kunst gefördert und am Frankfurter Institut für Frauenforschung durchgeführt.

vorsieht, sondern wurden gezielt über einen erfolgversprechenden Weg angebahnt.

Typisch für die Partnerschaften, die uns hier interessieren, ist die Verankerung des Mannes in einer wirtschaftlich privilegierten und der Frau in einer wirtschaftlich unterprivilegierten Herkunftsregion. Auf der Grundlage von internationaler wirtschaftlicher Ungleichgewichtigkeit hat sich hier ein internationaler Heiratsmarkt mit spezifischer „Gender-Richtung" etabliert. Deutsche Männer nutzen ihre Vormachtstellung per nationaler Zugehörigkeit, um möglicherweise ein Leben mit ihrer „Traumfrau" für Familie, Haushalt und Sexualität zu realisieren.

Dieser internationale Heiratsmarkt zeichnet sich durch spezifische Merkmale aus:

1. In den Herkunftsländern besteht ein geschlechtsspezifischer Ausreisedruck, der insbesondere Frauen auf der Suche nach verbesserten Lebensbedingungen ins Ausland drängt.
2. Restriktive aufenthaltsrechtliche Bestimmungen im Einreiseland machen die Ehe zur nahezu einzigen Möglichkeit, ein Aufenthaltsrecht zu erlangen.
3. Mittellos und ohne eigene Verbindungen im Einreiseland sind die Frauen auf die Vermittlung durch Dritte oder zumindest auf die Einreise- und Aufenthaltshilfe des (zukünftigen) Ehemannes angewiesen. Auch international gewerblich legal tätige Heiratsvermittlungen bereichern sich mit ihren Dienstleistungen – die Ratenzahlung und Rückgaberecht einschließen – an dieser Situation.
4. Liegt der Lebensmittelpunkt des Paares im Heimatland des Ehemannes, dann genießt er sprachliche, soziale und rechtliche Vorteile gegenüber seiner Ehefrau. In aller Regel ist er finanziell wesentlich besser gestellt als sie.

Die Frauen laufen also bereits in Abhängigkeit von Vermittlung und Unterstützung Dritter Gefahr, fremdbestimmt zu werden. Eheschließungen werden aufenthaltsrechtlich erzwungen, und es entsteht ein strukturell vorgegebenes Ungleichgewicht, das sich auf die Paarbeziehung auswirkt und Probleme in den interkulturellen Familien hervorrufen kann.

In Anbetracht dieser konstitutiven Bedingungen darf jedoch nicht übersehen werden, daß sich marginalisierte Gruppen, zu denen die Heiratsmigrantinnen zählen, Nischen und Lücken schaffen, um einzelne strukturelle Benachteiligungen zu überwinden und die Migration im eigenen Interesse zu nutzen. Ein passives Verhalten kann beispielsweise durchaus eine vorübergehende Strategie bilden, um später, nach Klärung von aufenthaltsrechtlichen und finanziellen Problemen, eigene längerfristige Ziele zu verfolgen. Die einzelnen Lebensformen [an sich] verweisen deshalb nur auf strukturelle Rahmenbedingungen, lassen jedoch im Einzelfall nicht unbedingt auf einen spezifischen Grad an Ausbeutung oder auf individuellen Erfolg schließen. Die Realität zeigt ein breites Spektrum und kann gängigen Bildern zuwiderlaufen.

Schauen wir uns nun die subjektiven Lebensbedingungen und – konzepte der Beteiligten an.

2. Subjektive Hintergründe und Motive

der (thailändischen) Frauen

Mit der Betrachtung der persönlichen wie strukturellen Hintergründe von Migration zeichnet sich bei den Frauen ein vielschichtiges Bild, das von Aspekten des Zwangs sowie von Momenten der selbstverantwortlichen Entscheidung und deren Umsetzung durchwoben ist. Bei der Mehrheit der Migrantinnen drücken sich materielle Probleme der unteren Einkommensschichten aus. Deutlich wird jedoch auch, daß erst mit bestimmten persönlichen Erfahrungen aus dem wirtschaftlichen Dilemma die Konsequenz der Auswanderung gezogen wird. Der Entschluß zur Migration wird insbesondere durch emotionale Brüche in den Biographien der Frauen gefördert, worunter Trennungen von Liebes- und Ehebeziehungen mit großen persönlichen Enttäuschungen zu verstehen sind. Als Folge dieser Trennungen läßt sich häufig eine finanzielle Überforderung der Frauen verzeichnen, denn sie tragen in der Regel die Verantwortung für gemeinsame Kinder ohne weitere Unterstützung der Väter. Darin liegt auch gleich ein zweiter migrationsbestimmender Aspekt, der die Ehe zur Bereitstellung von materiellen Ressourcen bestimmt.

Die thailändische Herkunftsgesellschaft grenzt den Handlungsspielraum der Frauen mit engen moralisch-ethischen Rollenvorgaben ein. Schnell werden Frauen mit abweichendem Sexualverhalten marginalisiert, wobei den thailändischen Männern gleichzeitig die Rolle der Verursacher und der Sanktionierer zukommt. Einerseits führt das promiskuitive Sexualverhalten dieser Männer vielfach zur Auflösung von Ehegemeinschaften. Andererseits entsprechen geschiedene Frauen nicht mehr dem idealtypischen Bild einer thailändischen Braut, die noch keine Erfahrungen mit Sexualität haben soll.

Da sich den Frauen im Inland wenige Chancen bieten, ihre Situation – durch erneute Heirat – zu verbessern, drängen sie auf den internationalen Heiratsmarkt, wo eine andere Geschlechtermoral zu herrschen scheint. Mit einem ausländischen Ehemann können sie ihren Status verbessern und ihre materiellen Interessen in der ehelichen Wirtschaftsgemeinschaft zu verwirklichen suchen. Die Frauen schreiben dabei den Männern verschiedener Nationen entgegengesetzte Verhaltensklischees zu. Während sie in ihren Vorstellungen die Thailänder zu unverantwortlichen, freiheitsliebenden Gigolos stilisieren, verklären sie deutsche Männer zur verantwortungsvollen, treuen und großzügigen Vaterfigur.

Mit der Migration versuchen die Frauen, den Rollenerwartungen nachzukommen, die an sie als Tochter und Mutter in der thailändischen Gesellschaft

– auch über religiöse Zuordnungen – gestellt werden. Ihnen ist es wichtig, Dankbarkeit und Respekt zu zeigen. Dabei liegt das Ziel der Frauen nicht nur in der Absicherung der Existenz ihrer Familien, sondern sie wollen einen spürbaren materiellen Aufstieg erreichen. Da viele Frauen die Ausreise gegen den Wunsch ihrer Familien, insbesondere ihrer Mütter, durchsetzen, können wir von einem internalisierten Erfolgsdruck ausgehen, der ihr Handeln motiviert. Gleichzeitig dürften eigene Interessen an der Verbesserung von Status und Macht im Familienverband zugrundeliegen. Besonders für Frauen aus materiell unterprivilegierten Herkunftsfamilien bedeutet die Migration einen Statusgewinn, hinter dem gleichzeitig der Zwang zum materiellen Erfolg steht.

Vereinzelt können die Frauen mit der Ausreise auch eine Liebesheirat realisieren; eine Heirat aus Liebe können sich meist jedoch nur die materiell Bessergestellten leisten. Und seltener noch wollen die Migrantinnen dem engen familiären Kontrollsystem entgehen, um eigenen individuell orientierten Lebensvorstellungen nachgehen zu können. Diese Frauen kritisieren soziale Kontrolle und Zwang in der Großfamilie ihres Herkunftslandes. Sie sind froh, diesen gefestigten Strukturen entgehen zu können, und passen nicht in die Gruppe der Migrantinnen, die sich nach einer Rückkehr in die Heimat sehnt. Für diese Frauen stellen die eher individualisierten Sozialstrukturen der Bundesrepublik eine gewünschte Herausforderung dar, in der sie eine eigene Lebensplanung verwirklichen können.

Zu betonen ist, daß nicht nur Armut für die Migrationsbewegungen der Frauen verantwortlich ist, sondern verschiedene strukturelle Faktoren im Herkunftsland zusammenwirken. Es zeigt sich eine besondere Verknüpfung zwischen dem männlichen Geschlechtsrollenverhalten, den kulturellen Aspekten und sozialen Normen, die Leitbilder für Frauen setzen, sowie den staatlichen und marktwirtschaftlichen Rahmenbedingungen, von denen das finanzielle Auskommen abhängt:

1. schlechte Bedingungen auf dem Arbeitsmarkt, die den Frauen kein ausreichendes Einkommen ermöglichen; dies trifft auch für beruflich gut qualifizierte Frauen zu;
2. ein spezifisch verantwortungsloses männliches Rollenverhalten, z.B. daß Väter bei Trennung die (finanzielle) Sorge für gemeinsame Kinder verweigern;
3. fehlende staatliche Sozialsysteme, die beispielsweise alleinerziehende Mütter unterstützen;
4. geschlechtsspezifisch ausgerichtete Dankbarkeits- und Respektbezeugungen gegenüber Familienangehörigen, die große finanzielle Anforderungen an die Frauen stellen;
5. enge moralisch-ethische Rollenvorgaben, die Frauen mit abweichendem Sexualverhalten ausgrenzen.

der (deutschen) Männer

Die Sicht der deutschen Heiratskandidaten kann nur in Ansätzen und thesenhaft eingebracht werden, da zu ihrer Handlungsorientierung bislang keine empirische Erhebung gelang. Vereinzelt wurden jedoch männerspezifische Informationen im Kontext der Frauenforschung gesammelt.

Bei den Heiratskandidaten scheinen demnach keine auffälligen Bildungs- oder auch Berufslaufbahnen vorzuliegen, die Daten entsprechen dem deutschen Durchschnittsmann. Das Spezifische drückt sich allerdings in zwei markanten sozio-strukturellen Merkmalen bei den Paarbeziehungen aus:

a) Der Altersunterschied liegt bei neun Jahren und ist damit dreimal höher als im Bundesdurchschnitt. Den Wunsch nach einer weitaus jüngeren Partnerin erfüllen sich die Männer jedoch in erster Linie per Katalog, so daß sich hier ein noch höherer Altersunterschied zeigt (Bundesministerium für Frauen und Jugend 1992).

b) Mehr als ein Drittel der Ehemänner war vor der Eheschließung geschieden, während sich im Bundesdurchschnitt dieser Anteil bei einem Fünftel hält. Daraus kann geschlossen werden, daß diese Männer überdurchschnittlich häufig enttäuschende Beziehungserfahrungen machten. Dies könnte eine Erklärung für die Einstellung der Männer liefern, die in einer allgemeinen Schuldzuweisung den „überemanzipierten" deutschen Frauen die Schuld an der steigenden männliche Nachfrage auf dem internationalen Heiratsmarkt geben.

Die Bilder und Vorstellungen zu diesen Heiratskandidaten variieren in der Öffentlichkeit. Der typische Macho und machtbewußte Patriarch, der beziehungsunfähige, zurückhaltende und isolierte Einzelgänger oder auch der gesellschaftlich ausgegrenzte Eheanwärter, der aufgrund körperlicher Defizite unattraktiv scheint, werden skizziert.

Folgende Thesen zur männlichen Handlungsorientierung binden den internationalen Markt, die Beziehungsasymmetrie sowie das Traumfrauphänomen (Evangelische Akademie Bad Boll 1993) ein:

1. Die Heiratskandidaten zeigen die Bereitschaft und das Selbstverständnis, ein internationales ökonomisches Machtgefälle auszunutzen und sich auf einem internationalen Markt die erwünschte weibliche Reproduktionsarbeit im emotionalen, sexuellen und haushälterischen Bereich zu besorgen. Strukturelle Nachteile für die Frauen sowie frauendiskriminierende Vermittlungspraktiken nehmen sie billigend in Kauf, wehren sie ab oder wollen sie nicht erkennen. Dieser Heiratskandidat strebt eine gefestigte männliche Vorherrschaft in der Paarbeziehung an. Die Frau wird dabei funktionalisiert, sie ist zuständig für die Realisierung seiner Wünsche und Bedürfnisse. Mit diesem Verhalten versuchen Männer, den Frauen einen Objektstatus zuzuweisen, die Frauen werden dabei in ihren unterschiedlichsten gemeinsamen Lebensbereichen zur Projektionsfläche transformiert.

2. Der organisierte internationale Heiratsmarkt könnte im Vergleich zum deutsch-deutschen Heiratsmarkt eine ungleich größere Sicherheit des Heiratserfolges und der Beziehungskonstanz liefern: Da die Migrantinnen rechtlich, sozial und ökonomisch auf den Ehevertrag und die Lebensgemeinschaft angewiesen sind, ist eine ausgeprägte Verfügbarkeit über sie gewährleistet. Die Sicherheit der Eheschließung sowie das asymmetrische Ehekonstrukt aktivieren die männliche Nachfrage. Eheanwärter sehen für sich eine uneingeschränkte Selbstbestimmungsmöglichkeit gegeben und erhoffen sich durch die Abhängigkeit der Frau eine erhöhte Beziehungsstabilität.

3. Die Inanspruchnahme von organisierten – privaten oder gewerblichen – Vermittlungswegen demonstriert mangelndes Zutrauen, eigenständig eine Partnerschaft zu realisieren. Andererseits laufen die Beziehungen Gefahr, als „Katalogehe" oder „Prostituierte-Freier-Verbindung" stigmatisiert zu werden. Die Heiratskandidaten werden also immer wieder mit ihrer Unzulänglichkeit in der Öffentlichkeit – direkt oder indirekt – konfrontiert. Möglicherweise werden diese gesellschaftlichen Ausgrenzungstendenzen bei den Männern mit Hilfe einer exotischen Komponente kompensiert. In der Ehe mit einer fremdländischen, „exotischen" Frau kann sich männliche Selbstbestätigung formieren. Der Mann fühlt sich in seiner Geschlechtsrolle anerkannt, möglicherweise ist ihm auch der Prestigegewinn in Männerzusammenhängen sicher.

Treffen die angeführten Thesen zur Handlungsorientierung der Männer zu, dann hätte dies hohe kulturelle und soziale Anpassungsforderungen an die Heiratsmigrantinnen zur Folge. Ihnen wären bestimmte Verhaltensschemata und Funktionen – ohne eigene Mitwirkung – zugeordnet, sie hätten sich in die Rolle der Traumfrau einzufügen.

Sowohl bei den Männern als auch bei den Frauen kommen die Partnerschaften besonders häufig vor dem Hintergrund von „schlechter Beziehungserfahrung" zustande. Beide Gruppen möchten sich mit der Ehe rudimentäre Bedürfnisse befriedigen, die bei den Männern eher in einer „Altersangst" und bei den Frauen eher in einer „Zukunftssicherung" liegen. Ungeachtet der Thesen zur männlichen Handlungsmotivation und Beziehungsphantasie scheinen diese Paarbeziehungen im Kontrast zum idealisierten und projektionsgesättigten Liebesarrangement eher auf klaren, also nicht versteckten Tauschverhältnissen – durch die Verwirklichung von prioritären Lebensbedürfnissen im Tauschverfahren – zu basieren. Die Männer versuchen dabei möglicherweise emotionale Bedürfnisse und geheime, libidinöse Wünsche zu realisieren, während die überwiegend versachlichten Migrationsmotive der Frauen eher zu einem eingeschränkten Beziehungs- und auch Integrationsinteresse führten.

Im folgenden soll nun dargelegt werden, wie sich die Handlungsorientierungen der Geschlechter auf den Alltag auswirken und in welchem sozialen Kontext diese Familien, insbesondere aber auch die Heiratsmigrantinnen, stehen. Das Handeln der Frauen ist zu einem geringen Anteil von Liebesgefühlen geleitet oder auch individualistisch geprägt. Die versorgungsorientierten Frauen entsprechen am ehesten dem Typus der Heiratsmigrantinnen, die es aufgrund von gesellschaftlich verankerten Problemen in die Migration drängt. Ihre Anliegen und ihre Strategien werden nun verfolgt.

3. *Soziale Einbindungen*

Die sozialen Beziehungen der Frauen wirken sich wenig festigend auf das Leben in der bikulturellen Beziehung aus: Während die Verhältnisse zu deutschen Verwandten und Bekannten eher distanziert sind, zeigen sich die Beziehungen zu Landsfrauen spannungsreich und ambivalent. In bezug auf die Herkunftsfamilie kristallisiert sich – neben einer emotionalen Zugehörigkeit – auch eine funktionalisierte Anbindung heraus.

Für die Herkunftsfamilie die Gewinnerin

Das persönliche Ziel der Frauen, materiell und sozial erfolgreich zu sein, wird durch die gesellschaftlich anerkannte Formel „Migration ist gleich Erfolg" verstärkt. Materieller Aufstieg ist sowohl aus objektiven als auch aus subjektiven Gründen erforderlich. Die Frauen müssen häufig einen großen Anteil des Auskommens ihrer Herkunftsfamilien finanzieren und wollen sie selbst aus tradierten Motiven unterstützen. Sie tragen damit gleichzeitig zur Anhebung der sozialen Anerkennung ihrer Familie in der Dorfgemeinschaft bei. Da mit den Auslandszahlungen aber meistens nur Statussymbole geschaffen und konsumiert werden, kann die Herkunftsfamilie perspektivisch nur selten finanzielle Unabhängigkeit erreichen. Die Migrantin hat sich demgegenüber in eine emanzipierte, eigenständige Rolle gegenüber ihrer Familie gebracht, innerhalb derer sie die Macht der Geldverteilung ausüben kann.

Indem sich Frauen den schlechten Lebensbedingungen in ihren Herkunftsländern entziehen, öffnen sie gleichsam ein Ventil: In den Dorfgemeinschaften werden völlig ungleiche materielle Lebensbedingungen und damit Statusverschiebungen geschaffen. Ökonomische Probleme der Gesellschaft erscheinen zunehmend in die Verantwortlichkeit einzelner gelegt. Frauen, die diese Erwartungen nicht erfüllen können, obwohl sie es durch ihre Migration in den Augen ihrer Familie und Nachbarschaft versuchten, sind die großen Verliererinnen. Viele Migrantinnen festigen aktiv mit Bildern von Wohlstand und Zufriedenheit den Eindruck von leicht erwirtschaftetem Einkommen in Übersee und tragen damit bedeutend zur Entstehung des Erfolgsdrucks bei.

Mit der räumlichen Distanz zur Herkunftsfamilie geht eine Neutralisierung von Schwierigkeiten einher. So vermeiden Frauen Themen, die ihnen unangenehm sind. Um Bilder des Erfolgs nicht zu zerstören, werden schlechte Erfahrungen und innere Konflikte oft gar nicht erst aufgedeckt. Ausgespart bleiben dabei insbesondere Erfahrungen, die die Frauen persönlich abwerten könnten und ihrem Statusgewinn als Migrantin entgegenstehen. Auch möchten die Frauen vermeiden, daß sich Angehörige zu Hause um ihr Wohlergehen sorgen.

Gleichzeitig sind auch Familien in den Herkunftsländern gegenüber Problembeschreibungen immun, begegnen den Frauen, die Schwierigkeiten aufzeigen wollen, mit Ignoranz und Unverständnis. Die Heimatfamilien setzen materiellen Erfolg mit persönlichem Glück und Zufriedenheit gleich und entziehen sich einer kritischen Sichtweise, die möglicherweise zu differenzierten Erkenntnissen, zum Erkennen von Problemen und der Notwendigkeit ihrer Bewältigung führen kann. Migration sichert bei bei materiell unterprivilegierten Gruppen einen besonderen gesellschaftlichen Aufstieg. Verwandtschafts- und Freundeskreisen in der Heimat gelingt ein Statusgewinn, den es ohne Makel zu erhalten gilt.

Verliererin in der Aufnahmegesellschaft

Im Herkunftsland gelten die Frauen als Gewinnerinnen und steigen in der sozialen Hierarchie auf, während sie im Aufnahmeland zu den Verliererinnen gehören. Hier sind sie mit den verschiedensten rechtlichen, sozialen und wirtschaftlichen Nachteilen konfrontiert. Ihr neuer Lebensraum beinhaltet Ausbeutung, Abhängigkeit und Diskriminierung. Die Frauen haben für sich die Strategie entwickelt, gewisse Nachteile und Ungerechtigkeiten in Kauf zu nehmen, solange sie ihre eigenen Hauptinteressen verfolgen können. Es scheint, als hätten sie aufgrund negativer Beziehungserfahrungen zum Teil auch ihre ganz persönlichen Bedürfnisse zurückgedrängt. In diesem Geflecht von Vor- und Nachteilen entwickeln sich innere Ambivalenzen: Obwohl die meisten Frauen einen materiellen Aufstieg erreichen konnten und damit zufrieden sind, betrachten sie ihre eigene Migrationsbiographie recht kritisch und würden den gleichen Weg nicht unbedingt noch einmal gehen. Viele distanzieren sich auch innerlich von der Aufnahmegesellschaft, die sich in der Realität oft gravierend von ihren früheren Vorstellungen unterscheidet.

Die Integration in deutsche Verwandtschaftsbande fällt den Frauen schwer. Interessanterweise wird zum Teil von deutschen Verwandten die enge rechtliche Verknüpfung und damit auch die finanzielle Eigenständigkeit und Unabhängigkeit des Ehepaares ignoriert. Es wird befürchtet, daß der Ehemann von der Migrantin und ihrem Großfamilienverband im Herkunftsland finanziell ausgenutzt wird. Die deutsche Verwandtschaft will mit der fremden Frau „ihr" Hab und Gut nicht teilen, die finanzielle Autonomie der Kleinfamilie wird nicht akzeptiert. Ein anderes Problem scheinen häufige Konkurrenzkämpfe mit der Schwiegermutter zu sein. Dieses Phänomen könnte mit den verschiedenen Hinweisen auf enge Mutterbindungen vieler Ehemänner korrespondieren. Im zeitlichen Verlauf entstehen offensichtlich auch Chancen auf eine Verbesserung der verwandtschaftlichen Kontakte. Wird den deutschen Verwandten deutlich, daß die binationale Paarbeziehung Bestand hat, dann lenken häufig auch die Angehörigen mit den größeren Vorbehalten gegenüber der Migrantin ein.

Ambivalenzen in der thailändischen Community

Viele Frauen können soziale Distanz im Verwandtenkreis mit freundschaftlichen Beziehungen zu Landsfrauen kompensieren. Das Landsfrauennetz hat damit eine wichtige stabilisierende Funktion. Gleichzeitig sind jedoch die vielfältigen Kontakte oft nicht so vertrauensvoll, daß wirkliche Probleme angesprochen werden könnten. Eine echte Solidarität ist im Klima des materiellen Erfolgsdruckes, der stetigen Konkurrenz zwischen den Frauen gestört. Zudem stehen die Frauen unter dem Druck, sich von dem Stigma der Käuflichkeit distanzieren zu müssen. Deshalb ist es wichtig, eine moralisch einwandfreie Lebensführung zu demonstrieren sowie die Vergangenheit retrospektiv an gesellschaftlich vorgegebene Verhaltensnormen anzupassen. In Diffamierungsabsicht versuchen manche Frauen in diesem Zusammenhang, andere als Prostituierte zu stigmatisieren.

Die thailändischen Migrantinnen zeigen allerdings miteinander auch eine starke Wir-Gruppen-Identifikation, die über Klassen- und Bildungsunterschiede hinwegsieht und sich alleine an der gemeinsamen Herkunft Thailand orientiert (vgl. Elwert 1989). Thailändische Sitten und Werte werden von den Migrantinnen idealisiert. Dieser Idealisierung steht wiederum in der Realität die Ausgrenzung von Landsfrauen gegenüber, die materiellen Mißerfolg hatten oder denen eine „schlechte Moral" nachgesagt werden kann.

Das Klischee der „Käuflichkeit" übernimmt dabei eine zentrale Funktion. Es stellt keineswegs nur ein soziales Randphänomen dar. Die Mehrheit der thailändischen Migrantinnen wird von dem Stereotyp mehr oder weniger stark beeinträchtigt, während sich nur wenige Frauen davon distanzieren und emotional abgrenzen können. Die Formen, mit denen die Frauen dem Vorwurf der „Käuflichkeit" begegnen, sind vielfältig und reichen vom direkten verbalen Angriff bis zur Abwertung, die über dritte Personen vermittelt herangetragen wird.

Neben den offensiv verbalen Konfrontationen, mit denen ein Teil der Frauen Erfahrungen macht, werden auch subtile Formen und Ersatzthemen benutzt. Jedoch fühlen sich viele Frauen bereits von dem öffentlichen Klima, der Standardzuschreibung, diskriminiert, ohne selbst direkten oder indirekten abwertenden Erfahrungen ausgesetzt gewesen zu sein. Hierbei entsteht offensichtlich der Mechanismus, daß Erfahrungen zu schnell und zu pauschal als Diskriminierung bewertet werden. Die Frauen tragen damit wesentlich zur

Aufrechterhaltung des Klischees gegen sich selbst, gegen ihre eigenen Interessen bei.

Das Problem der Standardzuschreibung „Katalogehe" und „Prostituierten-Freier-Verhältnis" wird mehrheitlich im Kreis von Frauen „verarbeitet", während Männer nicht eingebunden sind und weitgehend von Kritik verschont bleiben. Das Klischee übernimmt damit zwei sich bedingende Funktionen: In erster Linie wirkt es entsolidarisierend zwischen Frauen, wobei Landsfrauen und deutsche Frauen betroffen sind. Damit verknüpft ist wiederum, daß Männer ihre Machtposition besser halten und stärken können.

Gleichzeitig setzen diese Ausgangsbedingungen gewissermaßen den Rahmen zu einem Leben in der Migrantinnensubkultur ohne „Außenkontakte". So lehnen viele der Frauen bewußt deutsche Lebensverhältnisse und kulturelle Verhaltensweisen ab, obwohl sie selbst in ihrem Familienleben direkt und ganz privat mit deutschen Personen und deutschem Alltag konfrontiert sind. Persönliche Kontakte und Beziehungen zu deutschen Frauen existieren kaum. Ihnen gegenüber bestehen besondere Vorbehalte, sie seien zu eigenständig und zu selbständig, weshalb deutsche Männer zunehmend Ehen mit ausländischen Frauen eingingen. Die Heiratsmigrantinnen kommen also zu einem ähnlichen Resultat wie der deutsche Mann – die deutsche Emanze ist schuld –, obgleich sie aus völlig anderen Hintergründen heraus argumentieren.

4. Beziehungsgeflechte in der Kleinfamilie

von Geld und Recht in der Ehe

Lebensqualität macht sich bei den Heiratsmigrantinnen an einer Rechtssicherheit, verbunden mit einem akzeptablen materiellen Lebensstandard, fest. Da die meisten Frauen einen ungesicherten bzw. abhängigen Aufenthaltsstatus haben, ist ihr Leben stark vom Rechtsstatus und seinen potentiellen Auswirkungen beeinflußt. Die Gruppe der Heiratsmigrantinnen befindet sich rechtlich gesehen – gegenüber den Frauen auf dem informellen Arbeitsmarkt – noch in der privilegiertesten Situation. Die aufenthaltsrechtliche Abhängigkeit von der Eheschließung und dem Bestand der ehelichen Lebensgemeinschaft stellt oft jedoch eine Gratwanderung dar.

Binationale Beziehungen sind sowohl in bezug auf die Zeit der Verlobung wie auch auf die Zeit der Trennung gegenüber deutsch-deutschen Paaren benachteiligt. Aufenthaltsrechtliche Bestimmungen geben den Paaren eine schnelle Heirat vor und nehmen ihnen damit die Chance, Konflikte vor der Eheschließung zu erkennen und möglicherweise zu klären. Nach der Eheschließung wirken dann die durch das Ausländerrecht geschaffenen einseitigen Abhängigkeiten und ungleichen Machtverhältnisse verschärfend auf Konfliktsituationen ein. Das unbefristete Aufenthaltsrecht kann nach dreijähriger Ehegemeinschaft beantragt werden. Es kann aber auch nachträglich befristet werden – beispielsweise wegen Sozialhilfebezugs oder Getrenntlebens vom Ehepartner – und stellt keinen wirklichen Schutz vor Ausweisung dar. Die Regelung der „außergewöhnlichen Härte" kann in ganz besonderen Härtefällen den Aufenthalt der Frau ohne die Bindung an eine Ehebestandszeit sichern; eine Möglichkeit, die allerdings nur sehr selten zum Tragen kommen dürfte. Ein von der Ehe unabhängiges Aufenthaltsrecht ist möglich, wenn die eheliche Lebensgemeinschaft seit mindestens vier Jahren rechtmäßig im Bundesgebiet bestand. Eine wirkliche Aufenthaltssicherheit geben nur die Aufenthaltsberechtigung und die Einbürgerung, die erst nach längerer Ehebestandszeit zu erreichen sind.

Die Ehen, die viele Migrantinnen zur Erreichung eines legalen Aufenthaltsstatus und zur materiellen Absicherung eingehen, sind oft problembeladen. Da die finanziellen Ambitionen der Migrantinnen hervorstechen, ist nicht überraschend, daß die Kontrolle und die Entscheidung über die Verwendung von Geld in den Beziehungen den größten potentiellen Konfliktpunkt darstellt. „Geld" ist das vorherrschende, handlungsleitende Motiv. Im materiellen Aufstieg liegen die Gründe für wichtige Entscheidungen, und an der Existenz und Verteilung von Geld machen sich Konflikte fest.

Probleme entstehen vor allem dann, wenn das Paar unterschiedliche Vorstellungen von der Notwendigkeit der Zahlungen an Familienangehörige in der Heimat der Frau hat. Diskrepanzen zeigen sich nicht nur in der Höhe der Zahlungen, sondern auch in der Akzeptanz von Empfängern. Während wohl die Mehrheit der Männer Zahlungen an Kinder und Eltern der Frauen akzeptiert, werden Zahlungen an ihre Geschwister nur schwer verstanden und hingenommen. Mit dieser Enttäuschung platzt dann auch das Lob für den „deutschen Mann": Wurde ihm zuvor im Vergleich zu dem thailändischen Mann noch ein besonders verantwortliches und fürsorgliches Verhalten bestätigt, so wird er jetzt als Egoist bezeichnet, der aus einer Gesellschaft kommt, in der jeder nur eigene Interessen verfolgt.

Alle Frauen versuchen, eigenes Geld zu haben, das von keinem angetastet werden kann. Dieser Wunsch nach einer eigenen materiellen Absicherung, unabhängig von der Situation in der Ehe, kann folgendermaßen interpretiert werden: Es handelt sich

a) um eine Gegenwehr zu strukturell vorgegebenen Abhängigkeiten. Die Frauen wollen – wenn teilweise auch nur symbolisch – eine gewisse persönliche Unabhängigkeit wahren. Die Frauen sind

b) innerlich jederzeit auf einen völligen Umbruch in ihrem Leben eingestellt. Es handelt sich um eine individuelle Absicherung, da einer gemeinsamen Zukunft kein großes Vertrauen geschenkt wird. Möglicherweise drückt sich

c) in dem Verhalten der Frauen auch eine Umorientierung weg von traditionellen Werten aus. Möglicherweise wird den Dankbarkeitsbezeugungen eigener Kinder in Form von Altersversorgung auch kein absoluter Verlaß mehr geschenkt.

Die Kinder

Kinder spielen für die Frauen eine wichtige sinngebende Rolle, ist es doch oft
deren besseres Auskommen, das Mütter zur Migration bewegt. Mit diesem
Schritt legten sie ihre eigene Zukunft in die Kinder hinein. Viele Frauen versorgen dann nicht nur ihre Kinder in der Heimat, sondern holen sie in die
Bundesrepublik nach. In der Hoffnung auf bessere Erwerbschancen wollen
ihnen die Frauen die Teilnahme am westlichen Schul- und Bildungssystem
ermöglichen. Auch könnte darin der Versuch liegen, die Trennung von der
Herkunftsfamilie zumindest teilweise zu überwinden[5].

Die nachgereisten Kinder

Je jünger die nachgereisten Kinder sind, desto höher liegen die Chancen auf
eine gute Integration. Vor allem aber ist es wichtig, daß die Kinder vor
Einwanderung noch vor der Einschulung stehen. Weil viele Mütter aus einem Sicherheitsbedürfnis und Verantwortungsgefühl den Kindern gegenüber mit dem Nachzug auf einen gesicherten Aufenthaltsstatus warten, ver-
zögert sich die Familienzusammenführung. Auch deshalb waren viele der
Kinder bereits in Thailand eingeschult und stehen dann vor besonders großen Anforderungen in der Migration: Sie müssen sich ohne Verzögerung
auf ein neues Schulsystem, eine neue Sprache, eine neue Schrift, auf neue
Lehrer und neue Schulkameraden einstellen. Diese Kinder haben oft nicht
mehr die Chance, ein grammatikalisch einwandfreies Deutsch zu lernen. Im
Sprachdefizit drücken sich dann womöglich auch noch andere tiefgreifende
Probleme aus.

Das Kindesalter bei der Einreise hat auch in der Beziehung zum Stiefvater eine Bedeutung. Während Kleinkinder von den Männern oft formal und
emotional adoptiert werden, wird gegenüber den älteren Kindern eine distan-
ziertere Haltung sichtbar. Dies drückt sich dann im vorsichtigeren Umgang
mit Adoptionsverfahren aus; die Männer scheuen die Verantwortung, die
möglicherweise finanzielle Belastungen und soziale Probleme mit sich
bringt. Von diesen distanzierteren Stiefvätern werden oft auch niedrige Ansprüche an die schulische und berufliche Bildung der Kinder gestellt. Während sich in den ersten Jahren oft noch ein Engagement für eine diesbezügliche Unterstützung zeigt, flaut dann das Interesse an dem Kind und damit
auch die Fürsorge deutlich ab.

Gerade aber intensive Betreuung und Unterstützung benötigen viele
nachgeholte Kinder dringend. Diese findet aber in der Regel weder über den
Stiefvater noch über die Mutter statt. Es existiert nur ein geringes Problembewußtsein über die schwierige Situation der Kinder, die geprägt ist durch:

---

5   Die Informationen über die Situation der Kinder konnten mit Hilfe von Bärbel Haage-
    Fauser, Beraterin im Fraueninformationszentrum (FIZ) Stuttgart, gesammelt werden.

a) die Trennung von den engsten Bezugspersonen, häufig den Großeltern, die das Kind großzogen. Die leibliche Mutter hatte bislang nur die Rolle einer fürsorglichen Tante aus der Stadt oder auch aus dem Ausland – assoziiert mit Geld und Geschenken – eingenommen;
b) die Trennung von der Heimatregion mit all ihren Implikationen – wichtige Beziehungen, Gewohnheiten, Orientierungen, soziale, sprachliche und kulturelle Zusammenhänge – und
c) die Konfrontation mit hohen Anforderungen in einem neuen Land, Neues schnell zu erlernen und Unbekanntes reibungslos zu integrieren.

Vielmehr werden gerade von den Müttern große Ansprüche an die Kinder gestellt, die mit dem Ausdruck „Funktionieren können" am besten zu beschreiben sind. Es scheint, als ob die Frauen dabei den strengen Umgang mit sich selbst auf ihre Kinder übertragen. Eine Überlebensstrategie der Migrantinnen ist es, Gefühle, emotionale Bedürfnisse, Ängste und Verletzungen zu übergehen, um nicht den einmal eingeschlagenen Weg selbstkritisch reflektieren oder gar in Zweifel ziehen zu müssen. So sollen auch die Kinder keine Probleme aufkommen lassen. Sie sollen vielmehr dankbar sein dafür, daß sie die Chance einer guten Schul- und Berufsbildung in Deutschland erhalten. Entstehen Schwierigkeiten, dann werden diese auf den mangelnden Fleiß des Kindes oder auch ein unzureichend autoritäres Schulsystem und auf Schulklassen mit zu vielen ausländischen Kindern zurückgeführt. Vor allem bei Frauen aus armen Verhältnissen und mit niedrigem Bildungsstand bleibt das Erkennen und Akzeptieren von Problemen ein Tabu, insofern essentielle Grundbedürfnisse wie Essen, Trinken, Wohnen und Kleidung geregelt sind.

Dazu kommen hohe Loyalitätsanforderungen, die von den Müttern an die Kinder gestellt und von ihnen auch regelmäßig erfüllt werden. Auch vom Stiefvater werden damit die thailändischen Kinder der Mutter zugeordnet, was zur Folge hat, daß diese Kinder bei Beziehungskonflikten über eine festgelegte Parteilichkeit eingebunden sind. Haben thailändische Kinder zur Mutter eine ausgesprochen spannungsreiche Beziehung – werden sie beispielsweise häufig geschlagen –, dann versuchen die Kinder manchmal, ihre Loyalität aufzugeben, sich in ehelichen Konfliktsituationen zu neutralisieren.

Besonders mit älteren thailändischen Mädchen verbindet Mütter eine tiefe Loyalität. Dies kann sogar zu einer Rollenvermischung führen, so daß sich die Mütter bei den Töchtern psycho-sozial entlasten, sich Rat und soziale Unterstützung bei ihnen holen.

Wie in anderen Kulturkreisen auch, verschärft sich die Situation für die Kinder, wenn die Mutter besonders stark belastet, beispielsweise alleinerziehend und erwerbstätig ist. Besondere Probleme können auch dann entstehen, wenn die leibliche Mutter noch in Deutschland ein „deutsches" Baby geboren hat. Neben der Aktivierung von klassischen Geschwisterkonflikten sowie der Erhöhung von Versorgungsanforderungen an die Mutter kommen manchmal auch Ungleichbehandlungen zwischen den älteren thailändischen und den jüngeren deutschen, hellhäutigen und blonden Kindern zum Tragen.

Kinder aus der bikulturellen Ehe

Vielen thailändischen Frauen ist es sehr wichtig, auch ihre „deutschen" Kinder in die thailändische Community einzubinden, der thailändischen Kultur eine gleichwertige Bedeutung wie der deutschen beizulegen. Viele Kinder wachsen deshalb auch zweisprachig thai-deutsch auf, zumindest bis zum Eintritt in die Schule. Die thailändischen Frauen mittlerer und höherer Bildung achten dabei ganz besonders auf ein klares Sprachverhalten, sie sprechen konsequent Thai mit ihren Kindern. Bei Frauen der unteren schulischen und beruflichen Bildungsschicht ist das Sprachverhalten gegenüber ihren Kindern weniger konsequent. In der Spracherziehung wirken sie eher verunsichert, was sich praktisch in einer Art Mischsprache Deutsch-Thai niederschlägt. Vereinzelt versuchen auch die Väter, eine zweisprachige Erziehung ihrer eigenen Kinder zu boykottieren.

Für andere Mütter wird die sprachliche Verständigung mit den eigenen deutschsprachigen Kindern zum Problem. Sprechen die Mütter selbst nur unzureichendes Deutsch und haben ihrem Kind die thailändische Muttersprache nicht konsequent gelehrt, dann steuert die Familie auf massive sprachliche Kommunikationsprobleme zu, und zwar genau dann, wenn sich das Kind mit seinen unzureichenden Thaikenntnissen mit seiner Mutter mit ihren unzureichenden Deutschkenntnissen zu verständigen sucht. Hier lassen sich gravierende Auswirkungen auf die Mutter-Kind-Beziehung und eine Verschiebung von zentralen Bezugspersonen prognostizieren. Während die Frauen eine sehr enge Bindung an ihre Kleinkinder haben, tritt der Vater stärker ab dem Zeitpunkt der Einschulung im Kontext der Wissensvermittlung in den Vordergrund.

In der Kindererziehung liegt ein Konfliktfeld, das sich an kulturell unterschiedlichen Sozialisationsvorstellungen der Ehepartner festmacht: Tendenziell bevorzugen die deutschen Männer eine eher liberale Erziehung, während ihre thailändischen Ehefrauen den Kindern mehr Regeln setzen und Arbeitsaufgaben stellen. Besonderen Wert legen die Frauen auf Formen der Höflichkeit und auf Respekt- sowie Dankbarkeitsbezeugungen, die Kinder sollen sich formal korrekt in der thailändischen Community und auch in Thailand bewegen können. Umfangreiche frühe haushälterische Aufgaben und Verpflichtungen – Kochen, Putzen, Babysitten – werden den Mädchen auch auf Kosten von Hausaufgaben und von ungebundenem Kinderspiel auferlegt.

Konflikte und ihre Bewältigung

Schwierigkeiten in der Ehe werden durch weitreichende Kommunikations- und Verständigungsprobleme sowie durch unausgesprochene unterschiedliche Ansprüche und Bedürfnisse in der Beziehung verstärkt. Etwas unverständlich bleibt die Haltung vieler Frauen, die kulturellen und sprachlichen Differenzen kaum eine problemverursachende und damit ernstzunehmende

Dimension zugestehen will. Sprachlich bedingte Kommunikationshürden werden kaum als Hindernis für Verständigung erkannt. Dies läßt auf eine eher resignative Einstellung zur Ehe schließen, die dazu führt, daß sich die Frau nicht wirklich auf ihren Ehemann einlassen will. Andererseits könnte sich in dem Aufrechterhalten von Kommunikationsbarrieren der Versuch verbergen, interkulturelle Beziehungskomplexität und damit das Risiko einer Überforderung auszuschalten. Diese Frauen streben dann nach einer einfachen, unspektakulären, eben „normalen" Ehe und suchen ihre doch sehr vielschichtigen Lebens- und Beziehungszusammenhänge auszublenden.

Grundsätzlich zeigen die Heiratsmigrantinnen einen relativ pragmatischen Umgang mit Problemen in der Ehe und nehmen Schwierigkeiten hin, solange ein gewisser Grundkonsens vorhanden ist. Diese Strategie kann nicht überraschen, schränken doch die asymmetrischen Ausgangsbedingungen in den Beziehungen den Verhaltensspielraum der Migrantinnen enorm ein. Insbesondere die ausländerrechtliche Situation, aber auch soziale Ausgrenzung, finanzielle Benachteiligung und gesellschaftliche Diskriminierung räumt dem deutschen Ehemann Macht über sie ein.

In akuten Konfliktsituationen demonstrieren viele Männer diese eigentlichen Machtverhältnisse und nutzen ihren Heimvorteil, um Widerstand zu brechen. Sie spannen deutsche Behörden und Institutionen für sich ein. Auf Probleme in der Partnerschaft wird von deutschen Männern nicht selten mit ausländerrechtlichen Konsequenzen als Druckmittel gedroht oder diese werden aktiv angewandt.

In dem Ausländerstatus wird von den Frauen auch das Hauptproblem gesehen, das einer Trennung entgegensteht (Ökumenische Asiengruppe 1996/ 1997). Er stürzt die Frauen in Unsicherheiten und erschwert den Aufbau eines neuen Lebens. Dabei ist der Zugang zu ihren Kindern, der möglicherweise gefährdet ist, zentral. Insbesondere die Verbindung zu den bikulturellen Kindern, die im Gegensatz zu den Frauen Deutsche sind und das Recht haben, in der Bundesrepublik zu bleiben, bewirkt enorme Verunsicherung. Daneben sind soziale Faktoren von Bedeutung. Oft sind keine oder nur einzelne verbindliche Kontakte zu deutschen Einwohnern vorhanden. Der Trennung vom Ehemann stehen eine fremdenfeindliche Umgebung und soziale Benachteiligungen entgegen. Die Frauen fürchten für sich wesentlich größere Schwierigkeiten beim Aufbau einer eigenen Existenz als eine deutsche Frau sie hätte, so daß Ängste vor sozialem und materiellem Abstieg Trennungsvorhaben vereiteln.

Im ernsten Konfliktfall bleibt den Frauen damit nur wenig Handlungsspielraum. In erster Linie suchen sie nach Möglichkeiten, sich selbst abzusichern und sich umzuorientieren. Deshalb gehören Spracherwerb, Arbeitsplatzsuche und Aufenthaltsverfestigung zu den ersten strategischen Schritten, während Maßnahmen, die gegen die Männer selbst gerichtet sind, eine eher untergeordnete Rolle spielen.

Die Heiratsmigrantinnen handeln pragmatisch und zweckrational, eigene Wünsche und Phantasien drängen sie eher zurück. Damit haben sie sich auch

ein harmonisierendes Erklärungsmuster für den Umgang mit Problemen und
das weitere Zusammenleben zurechtgelegt, wobei die finanzielle Sicherheit
große Probleme zu kompensieren scheint. Sie arrangieren sich mit Bedingungen und Grenzen, die sie berücksichtigen müssen, und binden diese bewußt
in ihr Leben ein. Ihre Lebensstrategie – in der Migration und in der Ehe –
mag ein kompromisbereites Verhalten geradezu erzwingen. Aus zweckratio-
nalen Überlegungen wird eine Verbesserung der eigenen Lebensqualität in
die ferne Zukunft gedrängt. Weil sie heute keine Träume und Wünsche mehr
zulassen, engen die Frauen aber auch das Potential an Entwicklungsmöglich-
keiten und -chancen für sich selbst sowie auch für ihre eigenen Kinder ein.
Deutschland ist eher eine Durchgangsstation, sie hegen den Wunsch nach einer Rückkehr in ihr Heimatland. Dabei haben sie aus einer romantisierenden
und idealisierenden Haltung heraus oft nicht bemerkt, daß sie selbst und ihre
Umwelt sich verändert haben und das „Zuhause" heute ein anderes wäre.

Die exotische Illusion

Die Klischees des internationalen Heiratsmarktes konterkarieren die Realität:
Während Phantasien von dem Experten der Sinneslust und dem attraktiven
Sexualobjekt das Bild der öffentlichen Meinung prägen, ist die Wirklichkeit
in den Lebensgemeinschaften durch sexuelle und emotionale Unzufriedenheit
bestimmt.

Besonders die versorgungsorientierten Frauen lassen sich oft im Gegen-
zug zur materiellen Absicherung auf eine verordnete sexuelle Abstinenz ein.
Die eheliche Allianz steht auf dem Fundament eines funktionalen Tauschge-
schäfts. Probleme in Hinsicht auf ein eingeschränktes oder gar nicht existie-
rendes Sexualleben werden von vielen Frauen ignoriert. Nur vereinzelt nehmen Frauen den Mangel an gelebter Sexualität und die emotional unbefriedi-
gende Paarbeziehungen nicht hin. Dann suchen sie Alternativen und führen
parallel zur Ehe eine Liebesbeziehung.

Die Lebensrealität der bikulturellen Paarbeziehungen und ihrer interkulturellen Familien ist durch ganz „normale" Lebensbedingungen und Bewälti-
gungsformen geprägt. Weit entfernt von einer „Exotik" und sehr nahe an
nachvollziehbaren Bedürfnissen, Ängsten, Unfähigkeiten und Wünschen
spielt sich der Alltag der Familie in seiner eigenen Dynamik ab. Das Klischee
stellt nur eine zusätzliche Belastung dar, die zwischen den Zeilen, zwischen
den Mühen, Anforderungen und auch Freuden des Lebens auch noch irgendwie eingearbeitet und verarbeitet werden will.

Literatur

Bataille, Georges (1984): Der heilige Eros. Frankfurt/Main/Berlin/Wien

Bundesministerium für Frauen und Jugend (Hrsg.) (1992): Umfeld und Ausmaß des Menschenhandels mit ausländischen Mädchen und Frauen. Stuttgart

Elwert, Georg/Waldmann, Peter (Hrsg.) (1989): Ethnizität im Wandel. Saarbrücken

Evangelische Akademie Bad Boll/Frankfurter Institut für Frauenforschung/Fraueninformationszentrum Stuttgart/Ökumenische Asiengruppe (1993): Die Sehnsucht nach der fremden Frau – Sozialpsychologische Hintergründe von Männerphantasien und -wünschen, Protokolldienst 8

Frauenhaus Koordinierung o.D.: Rechtsinfo: Migrantinnen – Aufenthaltsrecht in Härtefällen nach § 19 AuslG. Frankfurt/Main

Ökumenische Asiengruppe (1996/1997): Arbeitsbericht. Frankfurt/Main

Niesner, Elvira/Anonuevo, Estrella/Aparicio, Marta/Songsiengchai-Fenzl, Petchara (1997): Ein Traum vom besseren Leben. Opladen

Niesner, Elvira 1998: Migrant Women: Victims and Active Participants in the International Traffic in Women. In: *Globalization of Communication and Intercultural Experience. Documentation of the International Conference.* Kramer, Helgard (Hrsg.). Freie Universität Berlin, Institut for Sociology, July 18th and 19th 1997, 70-77

Peuckert, Rüdiger (1996): Familienformen im sozialen Wandel. Opladen

Statistisches Bundesamt 27.08.1998: 5.1 Eheschließungen nach der Staatsangehörigkeit der Ehepartner. Wiesbaden

Statistisches Bundesamt o.D.: 5.2.1, 5.3.1, 5.4.1, 5.5.1 Eheschließungen nach der Staatsangehörigkeit der Ehepartner. VIII B, Wiesbaden

Verhandeln über Identität

Kommunikativer Alltag von Menschen binationaler Abstammung

Santina Battaglia

Es geht in diesem Beitrag darum zu zeigen, in welche charakteristischen Kommunikationstypen Menschen binationaler Abstammung in ihrem alltäglichen Leben in Deutschland verwickelt werden. Unreflektierte Alltagstheorien über den Zusammenhang zwischen einem ausländischen Namen, einem nicht standarddeutschen Aussehen und verschiedenen Aspekten von Identität führen zu entsprechenden Zuschreibungen und Erwartungshaltungen, mit denen Menschen binationaler Abstammung umgehen müssen. Wenn sie aus einem solchen Gespräch nicht als andere hervorgehen möchten als sie sind, müssen sie vieles erklären, häufig auch den Annahmen ihres Gegenübers widersprechen und stoßen dabei nicht selten auf Verwunderung und Ungläubigkeit. Diese ziehen erneut Fragen und Einwände nach sich, die wiederum Erklärungen und Beteuerungen nötig machen und so fort. Über die Identität von Menschen binationaler Abstammung wird insofern im Alltag verhandelt.

Für die zugrundeliegende explorative Studie[1] wurden narrative Interviews mit Personen im Alter von Anfang zwanzig bis Anfang dreißig einer qualitativen Inhaltsanalyse im Stil der Grounded Theory nach Strauss u.a. unterzogen (vgl. z.B. Strauss & Corbin 1990). Nach dem Prinzip des Theoretical Sampling wurden dazu unterschiedliche Fälle in Hinblick auf Geschlecht, soziale Schichtzugehörigkeit, Staatsangehörigkeit(en), Nationalität des Vaters[2] und *Salienz* ausgewählt. Der sozialpsychologische Begriff *Salienz* bezeichnet in diesem Zusammenhang die Auffälligkeit der ausländischen Abstammung durch den Namen oder das Aussehen. Alle in diesem Beitrag durch doppelte Anführungszeichen gekennzeichneten Äußerungen sind Zitate aus Interviews.

---

1   Die Untersuchung wurde im Rahmen einer Diplomarbeit im Fach Psychologie an der Universität Münster durchgeführt (Battaglia unveröffentlichte Diplomarbeit 1995). Im vorliegenden Aufsatz wird ein Untersuchungsaspekt der Gesamtarbeit dargestellt, und es werden die Ergebnisse weiterer Interviews berücksichtigt, die nach Beendigung der Diplomarbeit geführt wurden.

2   Personen mit ausländischer Mutter wurden für diese Studie nicht befragt. Der Einfluß des Vaters auf die Sozialisation ist bei den Interviewten sehr unterschiedlich. Manche kennen ihren Vater gar nicht, manche sind mit ihm aufgewachsen.

Biografische Gespräche als Medium der Identitätskonstruktion

Wenn Menschen sich im Alltag begegnen, kategorisieren und beurteilen sie sich zunächst intuitiv und ohne sich dessen bewußt zu werden. Sie machen sich ein Bild voneinander, indem sie Hypothesen über Alter, Geschlecht, sozialen Status und weitere Eigenschaften aufstellen. Interpretationen von Kleidung, Mimik, Gestik, sprachlichem Ausdruck, beobachteten Verhaltensweisen etc. werden als Grundlagen weiteren Kontakts wirksam. Gespräche führen zu differenzierteren Informationen und damit zu genaueren Vorstellungen vom Gegenüber. Je nach situativem Zusammenhang sind Fragen nach der Berufstätigkeit, der Wohnsituation und -gegend, Freizeitbeschäftigungen, Urlaubsorten, Kindern, Autos, Finanzen etc. üblich. Häufig werden auch lebensgeschichtliche Fragen gestellt: „Wie lange schon ...", „Was haben Sie vorher gemacht?" und ähnliche mehr. Jeder dieser Themenkomplexe steht dabei für sich und ermöglicht die entsprechende Gegenfrage.

Unter den Alltagsgesprächen nehmen biografische Kommunikationen einen bevorzugten Rang ein. Sie dienen nicht nur der Unterhaltung und dem gegenseitigen Kennenlernen, sondern auch der Orientierung. Man entscheidet, ob jemand zu einem gehört oder nicht (selbes Fach studiert? kommt aus der eigenen Heimatstadt?), ob man sie/ihn mit Respekt behandelt oder nicht (sozial höhergestellt?), ob man vertraulicher werden mag (wirkt aufgeschlossen und tolerant?), weitere Kontakte wünscht (übt eine interessante Tätigkeit aus? Ist unterhaltsam?) und so weiter. Aus diesen Funktionen biografischer Gespräche ergeben sich für die Beteiligten weitergehende persönliche Interessen und Ziele.

In der Rolle der/des Fragenden versucht man vor allem, ein klares, rundes und stimmiges, das heißt widerspruchsfreies Bild vom Gegenüber zu bekommen. Gleichzeitig bemüht man sich, dabei Fragen zu formulieren, die positive Rückschlüsse auf die eigene Person nahelegen, denn es geht nicht nur in der Rolle des Erzählenden darum, durch die Präsentation von Eigenschaften, die in dieser Gesellschaft etwas gelten, den Selbstwert zu stützen. Beiden Gesprächspartnern ist daran gelegen, soziale Basiskompetenzen wie zum Beispiel Charme, Intelligenz, Individualität, Bildung, Geschmack und Originalität ebenso zu zeigen wie fachliches Wissen und berufliche Qualifikation. Es geht darum, als normal und als sozial kompetent angesehen zu werden. Daher präsentiert eine Rechtfertigungsgeschichte, wer abweicht oder Defizite aufweist (Ich war längere Zeit krank, konnte deshalb nicht ..., Wir sind häufig umgezogen, daher ... etc.). Man möchte im Dialog erkannt werden als der/die man sich selbst sieht bzw. gesehen werden möchte. Darüber hinaus gewinnt man Anhaltspunkte, welche Anteile des Selbst gut ankommen und welche nicht, was dazu führen kann, daß man sich bei weiteren Anlässen eventuell anders präsentiert bzw. sich verändert.[3]

---

3   Zur Funktion biografischer Gespräche vgl. auch Fuchs 1984 und Kohli 1980.

Die Einordnung einer Person in bestimmte auch affektiv besetzte Kategorien vermittelt Sicherheit im Umgang mit ihr und ist Grundlage der weiteren Beziehungsgestaltung. Wir wollen wissen, *mit wem wir es zu tun haben*, um unser Verhalten daran ausrichten zu können. Und wir wollen zeigen und sagen, *wer wir sind* bzw. für wen wir uns halten, damit wir entsprechend (an)gesehen und behandelt werden.

In biografischen Kommunikationen wird somit interaktiv *Identität* konstruiert. Zu unterscheiden sind dabei eine Außen- und eine Innenperspektive, denn Identität zu haben heißt gleichzeitig, sich selbst zu erkennen und von anderen erkannt und anerkannt zu werden (so Greverus 1979: 161f.).

– In einem sozialen System wird Identität dem Individuum von außen zugeschrieben. Sie ist eine Kombination von Merkmalen und Rollenerwartungen, durch die andere das Individuum für sich kenntlich, identifizierbar machen. Die Person ist Objekt der Identifizierung, Subjekt sind andere Personen. Insofern schließt außenperspektivische Identität Typisierung ein.

– Intraindividuell ist Identität eine Syntheseleistung, die auf der Verarbeitung äußerer und innerer, aktueller und gespeicherter Erfahrung beruht. Sie ist das subjektive Empfinden des Individuums hinsichtlich seiner Situation, Kontinuität und Eigenart. Die Person ist bei der Herstellung von Identität über sich selbst auf die von der Außenwelt vorgenommenen Verortungen angewiesen (so Frey & Hausser 1987: 4). Sie entwickelt sie allmählich als Resultat ihrer verschiedenen sozialen Erfahrungen (so Haeberlin & Niklaus 1978: 38)[4].

Im Zusammenhang mit biografischen Alltagskommunikationen entstehen für die Beteiligten berufliche, familiäre, sportliche und viele weitere Identitäten, je nach dem, worüber gesprochen wird.

Die interaktive Konstruktion binationaler Identität

Binationale[5] fallen häufig durch ein nicht standarddeutsches Aussehen und/ oder einen ausländisch klingenden Namen auf. Sie unterscheiden sich dadurch vom Gewohnten. Für die Wahrnehmenden entsteht daraus in der Regel das Bedürfnis, dieses ungewöhnliche Phänomen zu ergründen. Kennenlernsituationen sind typische Anlässe, in denen Menschen mit ungewöhnlichem

---

4   Näheres zur Bedeutung von Name und Aussehen für die Identität in Battaglia 1995.
5   In Alltagskommunikationen geht es in der Regel nicht um „Ethnie", sondern um „Nation", daher wähle ich diesen Begriff. Die in diesem Aufsatz getroffenen Feststellungen treffen vermutlich zumindest teilweise auch auf viele andere *Andere Deutsche* zu, zum Beispiel auf AusländerInnen der zweiten und dritten Generation. Vgl. zum Paradigma *Andere Deutsche* Mecheril & Teo 1994.

Namen oder auffälligem Äußeren angesprochen und über die Hintergründe
dieser Merkmale befragt werden:

„Das ist aber kein deutscher Name, oder?"
„Wo kommt der Name denn her?"
„Kommt der aus Spanien, der Name?"
„Hört sich so italienisch an?"
„Sie sehen so südländisch aus."

Solche und ähnliche Fragen und Bemerkungen kennen Binationale gut. Sie
werden gestellt von jemandem, den sie gerade auf einer Party kennenlernen,
von der neuen Arbeitskollegin, vom Arzt, von der Bekannten des Bekannten,
den sie an der Kinokasse treffen, beim Vorstellungsgespräch, im Sportverein
usw. Es sind Fragen, die in den unterschiedlichsten Zusammenhängen an der
Tagesordnung sind, denn sie werden als unverfängliche Gesprächsanknüp-
fungsmöglichkeiten eingeschätzt. Jede Antwort zieht eine weitere interessierte Frage nach sich: „Dann sprechen Sie ja bestimmt perfekt englisch",
„Wo fühlen Sie sich denn mehr zu Hause?" und viele mehr. „Im Prinzip ist es
nur eine Frage der Zeit, bis diese Fragen kommen" sagt ein Betroffener. „Ist
doch ganz natürlich, daß man fragt", sagt jemand aus der anderen Perspektive.

Standardfragen in Kennenlernsituationen werden an Binationale in erster
Linie zu Themen wie ihrer vermeintlichen ausländischen „Herkunft", Bilingualität, Staatsbürgerschaft und emotionalen Bindung an das Land, zu vermeintlichen kulturellen Eigenarten und Ähnlichem mehr gestellt. Die in biografischen
Gesprächen sonst üblichen Themen wie Beruf, Familie, Interessen etc. geraten
dabei in den Hintergrund. Diese Gespräche, die durch ein auffälliges Merkmal
wie einen ausländischen Namen oder ein nicht standarddeutsches Aussehen
eingeleitet werden, habe ich *Salienzinteraktionen* genannt (Battaglia 1995).

Menschen, die in der zitierten Weise auf ihr Äußeres oder ihren Namen
angesprochen werden, stehen mit ihrer Identität in einem ganz speziellen Definitionsraum zur Debatte. Ihnen erwachsen aus biografischen Kommunikationen in der Regel nicht die üblichen, sondern andere Selbst- und Fremddefi-
nitionen. Wer im Gespräch fraglos als Deutscher bzw. als Deutsche durchgeht, resultiert aus einer biografischen Kommunikation zum Beispiel als der
Mercedesfahrer, der bei der Firma X als Ingenieur arbeitet, geschieden ist,
sich für Fische interessiert und seine Freizeit am liebsten unter Wasser ver-
bringt oder als die Rothaarige, die vier Sprachen fließend spricht und trotzdem arbeitslos ist, die Yoga betreibt und mit einer Freundin und vier Katzen
in einem Loft in Berlin zusammenlebt. Wer nicht fraglos als Deutscher oder
Deutsche durchgeht, geht aus biografischen Kommunikationen zum Beispiel
als die, die arabisch aussieht, hervor, einen französischen Namen und einen
deutschen Paß hat, die behauptet, sie habe Französisch nur in der Schule gelernt und sei noch nie in Frankreich gewesen oder als der, der aus Indien
kommt, manchmal auch noch dorthin fährt, aber kein Indisch kann und sich
auch mit Teesorten nicht auskennt, und der nicht sagen kann, ob er sich mehr
als Inder oder als Deutscher fühlt.

Binationale werden aber nicht nur nach anderen Dingen gefragt und bleiben dementsprechend anders im Gedächtnis, sie geraten auch in eine ganz bestimmte kommunikative Rolle, denn sie irritieren. Schwarzes krauses Haar, eine dunkle Hautfarbe oder ein „unaussprechlicher" Name zum Beispiel harmonieren in der Vorstellung nicht mit ‚Herkunft Deutschland'. Binationale strapazieren somit das Bedürfnis der Fragenden nach Eindeutigkeit und nach klarer Orientierung. Ihre Identität bleibt vage und unfaßbar. Sie passen nicht in die groben Kategorien nationaler und kultureller Identität, die den meisten Menschen ohne größere Reflexion zur Verfügung stehen. Mit dem wahrgenommenen Merkmal ‚irgendwie ausländisch' ist daher eine Fragebereitschaft geweckt, die einer Lawine gleicht.

Im Standardgespräch tritt nach einer beantworteten Frage, zum Beispiel nach der Berufstätigkeit, ein gewisser Befriedigungseffekt ein, der es ermöglicht, die Rollen des Fragenden und des Erzählenden zu wechseln oder auch über etwas ganz anderes zu sprechen. In der Salienzinteraktion tritt ein solcher Effekt in der Regel erst ein, wenn der/die Fragende den Komplex ‚irgendwie ausländisch' in all seinen Facetten abgearbeitet hat. Das geschieht nicht nach wenigen Gesprächszügen.

„Wenn man andere kennenlernt, dann kommt so nach anfänglichem Bekanntschaft machen, also nach Vorstellen des Namens und so: ‚Wo kommst du denn her?' (...)" – „Was sagst du dann?" – „‚Ja, ich komme aus London, also ich bin in London geboren.' Und dann ist erst mal: ‚Aha. Ah, London, hm. Äh ja, kommt denn dein Vater daher oder deine Mutter?', und dann ist das ein bißchen kompliziert *(lacht)*. Und dann muß ich erst mal die ganze Geschichte erzählen."

Binationale können in Deutschland geboren sein oder im Land eines ihrer Elternteile oder ganz woanders. Sie können die Sprachen beider Eltern beherrschen oder nur eine davon oder eine gut und die andere weniger gut. Sie können sie zu Hause gelernt haben oder in der Schule oder später. Sie können sich in einem Land zu Hause fühlen oder in zweien oder in einem dritten oder in gar keinem oder in einem mehr und einem anderen weniger. Und so gibt es zahlreiche weitere Identitätsfaktoren im in Frage stehenden Definitionsraum, die ebenso unterschiedliche Ausprägungen annehmen können. Die Kombination aller mit allen umreißt die Komplexität des Feldes binationaler Identität, das in Salienzgesprächen erschöpfend zu erkunden versucht wird.

Binationale sind in solchen Gesprächen aufgefordert, sehr viel mehr und sehr viel mehr Persönliches vor allem aus ihrer Familiengeschichte zu erzählen als Menschen ohne irgend etwas Ausländisches, denn in Fällen von Ungewißheit über die Identität einer Person wird typischerweise eine Geschichte gefordert. Durch die Geschichte, die biografische Erzählung, soll plausibel werden, wie jemand zu dem geworden ist, was er/sie zum fraglichen Zeitpunkt ist (vgl. Leitner 1982: 8). Binationale werden solange befragt, bis sie die kognitiven Dissonanzen, die sich im Kopf des Gegenübers gebildet haben, auf ein erträgliches Maß reduziert haben.

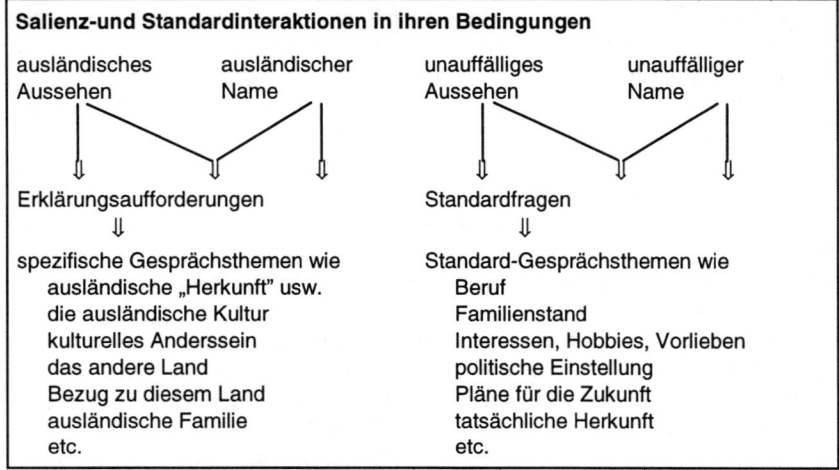

Salienz-und Standardinteraktionen in ihren Bedingungen			
ausländisches Aussehen	ausländischer Name	unauffälliges Aussehen	unauffälliger Name

Erklärungsaufforderungen   Standardfragen

spezifische Gesprächsthemen wie
ausländische „Herkunft" usw.
die ausländische Kultur
kulturelles Anderssein
das andere Land
Bezug zu diesem Land
ausländische Familie
etc.

Standard-Gesprächsthemen wie
Beruf
Familienstand
Interessen, Hobbies, Vorlieben
politische Einstellung
Pläne für die Zukunft
tatsächliche Herkunft
etc.

In der Regel aktiviert der optische oder akustische Eindruck des Ausländischen jedoch nicht nur die Neigung nachzufragen, sondern auch ein Bündel von unreflektierten Annahmen, Schemata, vorgefaßten Erklärungsmustern und Vorstellungen von den Eigenschaften eines solchen Menschen. Daher sind die in Salienzinteraktionen gestellten Fragen häufig mit bestimmten Prämissen geladen. Fragende versuchen, Binationale in die Kategorien einzuordnen, die ihnen zur Verfügung stehen.

Im folgenden werden mehrere charakteristische Dialogtypen, in die Binationale verwickelt werden, dargestellt und reflektiert. In der Regel treten sie im Verbund auf. Die in diesen Dialogen gestellten Fragen sind häufig Indikatoren für Mythen, die über Binationale in Umlauf sind. In ihnen drücken sich vor allem verbreitete Normalkonstruktionen von nationaler Zugehörigkeit und Sozialisation aus, die mit der Realität oft wenig zu tun haben. Um zu verdeutlichen, inwiefern in diesen Dialogen über binationale Identität *verhandelt* wird, sind neben anderen Hervorhebungen auch die darauf hinweisenden Begriffe kursiv gesetzt.

Charakteristische Kommunikationstypen mit Binationalen

Verhandeln über die Verwurzelung: Der Herkunftsdialog

„Woher kommst Du?" – „Aus Essen."
„Nein, ich meine, ursprünglich?" – „Ich bin in Essen geboren."
„Aber Deine Eltern?" – „Meine Mutter kommt auch aus Essen."
„Aber Dein Vater?" – „Mein Vater ist Italiener."
„Aha ...!" – ...

„Ist das ein italienischer Name?" – „Ja."
„Woher aus Italien kommst du denn?" – „Ich komme nicht aus Italien."
„Aber deine Eltern?" – ...

Die routinemäßig an Binationale gerichtete Frage nach ihrer Herkunft ist nicht so offen, wie sie zu sein scheint. Sie beruht auf einer Prämisse, die ich den *Mythos von der eigentlichen Herkunft und Hingehörigkeit* genannt habe (Battaglia 1995), denn sie *setzt voraus*, daß jemand ‚woanders' herkommt. Die Prämisse äußert sich in dem Umstand, daß eine an Binationale gerichtete Herkunftsfrage mit bestimmten Ortsangaben nicht zu beantworten ist. Mit einem korrekten „aus Köln" oder „aus Essen" geben sich Fragende nicht zufrieden. Der Dialog kann dadurch nicht beendet werden. Einer solchen Antwort folgt in der Regel eine weiterführende Frage nach der Herkunft der Eltern oder weiterer Vorfahren, durch die die Selbstverortung des Befragten entkräftet wird. Nur bzw. erst eine Angabe wie „Indien" oder „Griechenland" befriedigt den Fragenden oder die Fragende und beendet den Herkunftsdialog.[6]

Alltagstheoretisch spielt es keine Rolle, wo die befragte Person selbst herkommt und wo sie den eigenen Lebensmittelpunkt sieht. Jemand, bei dem eine ausländische Herkunft festgestellt worden ist, kann in Deutschland nicht *eingeboren* sein, er/sie ist letztlich ausländisch. Und daran knüpft sich eine ganze Reihe von Vorstellungen und Erwartungen. Es bedeutet zum Beispiel, daß jemand gefragt werden kann: „Wollen Sie denn eines Tages zurück(!)gehen?". Und es bedeutet auch, daß unter Umständen festgestellt wird: „Ach, Sie selbst sind schon(!) in Deutschland geboren". Und es bedeutet, daß weitere Fragen gestellt werden wie: „Dann kannst du ja bestimmt ganz toll Englisch?!" oder daß Kommentare folgen wie: „Dann bist du ja bilingual. So gut möchte ich es auch mal haben". Binationale, die die Herkunftsfrage mit einem Ort im Ausland beantworten, zum Beispiel, weil sie dort geboren wurden, landen noch leichter und sicherer als der Kölner und die Essenerin in der Kategorie „AusländerIn".

Wer sich nicht damit abfinden will, in die Kategorie „AusländerIn" eingeordnet zu werden, muß dieser Zuordnung mit der Preisgabe von Details aus der Lebens- bzw. Familiengeschichte *widersprechen*. Das Widersprechen muß begründet bzw. durch Informationen unterstützt werden, damit es einen Grad an Glaubwürdigkeit erhält, der über den einer bloßen Gegenbehauptung mit obendrein geringer Plausibilität hinausgeht. Wer anders aussieht oder einen anderen Namen hat, kommt aus dem Ausland, das ist plausibel. ItalienerInnen kommen aus Italien. „Ich bin Italienerin, aus Köln."[7] ist unverträglich,

---

6   Eine Karrikatur von TOM verdeutlicht das Phänomen: Darauf beschimpft ein dicker älterer weißer Mann im Mantel mit Schlips und Hut und Hund und Aktentasche einen dunkelhäutigen, schwarz-gelockten Skateboard-Fahrer mit Loch in der Jeans, Weste, Kappe und Trinkflasche mit Strohhalm in der Hand mit: „Geh gefälligst dahin, wo du herkommst!". Dieser entgegnet verwundert: „Was soll ich in Dortmund?"

7   Dies ist ein Zitat einer Schülerin in der 5. Klasse des Montessori-Gymnasiums in Köln, und zwar aus einer der ersten Italienischstunden. Es ging darum, sich auf Italie-

daher erst einmal zu beweisen. Mit dem begründeten Widersprechen ist eine *Argumentation* in Gang gesetzt, die der *Gegenargumentation* offensteht. Ein *Verhandeln* oder regelrechtes Zerren um die gute Gestalt einer möglichen binationalen Identität beginnt, denn Binationale haben keine einfach zu formulierende und einfach zu verstehende eindeutige „Herkunft" im doppelten Sinn des Wortes[8]. Noch deutlicher wird das an diesem Beispiel aufgeworfene Problem an dem folgenden Dialogtyp.

Verhandeln über Zugehörigkeit: Der Nationalitätsdialog

„Bist du Spanier?" – „Ja."
„Woher aus Spanien kommst du denn?" – „Ich komme nicht aus Spanien."
„Aber deine Eltern?" – ...

„Sind Sie Spanier?" – „Nein."
„Sie haben aber einen ganz spanischen Namen." – ...

Die Frage nach der Nationalität ist ebenso gängig wie die nach der Herkunft. Beide stehen im Gespräch häufig an derselben Stelle. Die Richtung, in die das Interesse geht, wird in diesem Fall bereits durch die Formulierung der Frage in die distinguierende Richtung deutlich, nicht: „Bist du Deutsche?", sondern: „Bist du Spanierin?". Und genau wie bei der Herkunftsfrage ist auch bei der nach der Nationalität am Umgang mit der Antwort zu erkennen, daß sie nicht auf Information, sondern auf Bestätigung des zugrundeliegenden *Mythos von der ausländischen Identität* zielt. Ein „Nein, Deutsche" kann den Nationalitätsdialog nicht beenden. Daran wird in der Regel eine nachfassende Frage nach der Nationalität der Eltern und zur Not auch nach der der Großeltern angeschlossen. Im „aber" der Nachfrage steckt dabei die Zurückweisung der Antwort. Eine Selbstidentifikation, die nicht ins Konzept paßt, wird nicht zur Kenntnis genommen. Erst, wenn der Name eines anderen Landes gefallen ist, folgt wieder ein „Ach so" und eventuell eine kurze Pause.[9]

Nationalität wird alltagstheoretisch als eine *Einheit* aus Staatsbürgerschaft, Ethnie und Kultur begriffen, so zeigt es das Gesprächsverhalten. Diese Faktoren sind jedoch bei Binationalen mehrwertig. Daher ist die Frage nach der nationalen Identität von ihnen nicht zu beantworten. Zugespitzt

---

nisch vorzustellen, daher lautet die Aussage in der Origninalfassung: „Io sono italiana, di Colonia."

8   Das Wort Herkunft hat im Deutschen zwei Lesarten, die jedoch meist im Zusammenhang gedacht werden: a) jemand kommt irgendwo her, ist also migriert und b) jemand stammt von jemandem ab.

9   Die spezifizierte Herkunftsfrage: „Woher aus Spanien kommst du denn?", knüpft an eine erwartungsgemäße Beantwortung der Nationalitätsfrage überhaupt nicht zwingend an, aber sie verdeutlicht noch einmal das Interesse. Selbst an ein „Mein Vater ist Spanier" oder „Meine Mutter ist Spanierin", das den Auslandsbezug auf eine *Teil*abstammung reduziert und eine Generation vorverlegt, wird diese Frage gelegentlich angeschlossen.

formuliert: Die Kategorie ‚nationale Zugehörigkeit' macht für sie keinen Sinn, denn eine Zugehörigkeit, die sich aus mehreren nationalen Wurzeln nährt, widerspricht dem Konzept.

Im Zusammenhang mit der Auffassung, man könne nur einer Ethnie, Kultur und Nation angehören, so, wie man nur einem Geschlecht angehören könne[10], wird Deutschsein als Ausdruck einer tieferen Wesenheit und besonderer, ausschließlicher Eigenschaften angesehen[11]. Aus der Annahme, wer deutsch sei, könne nichts anderes sein, ergibt sich auf der Kehrseite die Annahme, „AusländerInnen" müßten zwangsläufig ‚anders' sein als Deutsche. Und wenn deutsch zu sein etwas Exklusives ist, dann können ‚Mischlinge' dies nicht teilen können und werden somit zu ‚AusländerInnen'.

Diese Ausschließlichkeitsannahme über die nationale Herkunft und Zugehörigkeit führt zu vorhersagbaren, sich immer wiederholenden Konversationsritualen. Wird ein Hinweis auf afrikanische Abstammung entdeckt, wird automatisch die deutsche Zugehörigkeit in Frage gestellt.[12] Mehrwertige nationale Zugehörigkeit existiert weder als gedankliches noch als sprachliches Konzept, daher rettet meistens keine noch so lange Erklärung Binationale davor, mit allen Konsequenzen von Erwartungen und Zuschreibungen als ‚eigentlich' ausländisch angesehen zu werden. Wer ‚eigentlich' italienisch ist, wird dementsprechende Eigenschaften haben. Vor allem in der Erinnerung werden solche Zuordnungen deutlich. Es stellen sich bei einem Wiedersehen nach Wochen oder Monaten Äußerungen ein wie: „Bist du nicht der Spanier?".

Aufgrund dieses Problems mit der Mehrwertigkeit kommen Binationale so häufig in die Lage, sich entscheiden zu sollen. In der Regel wird dabei nach einem emotionalen Schwerpunkt in nationalen Bezügen gefragt: „Fühlst du dich mehr als Italienerin oder mehr als Deutsche?" oder: „Wo fühlen Sie sich mehr zu Hause, in Deutschland oder in Italien?". Unter Umständen werden auch zweifelhafte Disambiguierungen versucht wie: „Welche Staatsbürgerschaft haben Sie denn?" – „Die italienische" – „Dann sind Sie auch eine richtige Italienerin". Das wiederum hat Konsequenzen, die sich im folgenden Dialogtyp zeigen.

---

10   Zum Phänomen Intersexualität gibt es Parallelen: Bei Kindern, die nicht eindeutig einem Geschlecht zuzuordnen sind, klinisch als „Störung der Geschlechtsausprägung" bezeichnet, wird in Chromosomen und äußeren wie inneren Geschlechtsorganen nach Indikatoren gesucht, die zum einen oder anderen Geschlecht näherlegen. Sie sind Ausgangspunkt operativer Eingriffe, die mit der *Zuweisung* eines Geschlechts einhergehen. Eine eindeutige Geschlechtszugehörigkeit ist in unserer Kultur als Basis sozialen Lebens notwendig. Sie wird bei der Benutzung von Toiletten ebenso akut wie beim Ausfüllen von Formularen.

11   Die Debatte um die doppelte Staatsbürgerschaft, die während der Abfassung dieses Beitrags gerade geführt wird, gibt ein beredtes Beispiel dafür.

12   Wenn das Bestreben hinzukommt, eine Frage zu formulieren, durch die eigene Kompetenz dargestellt werden kann, kann dabei eine Formulierung herauskommen wie: „Was tut man denn als Italienerin in Erfurt?", ohne daß die Angesprochene vorher irgend etwas mehr als ihren Namen gesagt hätte.

Verhandeln über die Repräsentanz einer Nation: Die Stellvertreterinteraktion

„Ihr habt 2: 1 verloren" (beim Länderspiel)

„Eure Regierung ist zurückgetreten"

Auf der Basis nationaler Kategorisierung werden Äußerungen gemacht, die Binationalen eine Rolle als Repräsentantin oder Repräsentant ihrer ausländischen Abstammungskultur und -nation zuweisen. Sie werden aufgefordert, in dieser Rolle zu Ereignissen in dem „Herkunfts"Land Stellung zu nehmen. Solche Stellvertreterbotschaften werden nicht in Kennenlernsituationen, sondern an späterer Stelle in der Beziehungsentwicklung von Bekannten und FreundInnen geäußert.

Personalpronomina spielen in Stellvertreterinteraktionen die entscheidende Rolle. Ein ausgesprochenes „Ihr" steht einem gedachten „Wir" gegenüber, zu dem der Sprecher oder die Sprecherin sich selbst zählt. Die angesprochene Person wird durch das „Ihr" daraus ausgeschlossen. Sie hat in dieser Lage die Wahl, die ausgrenzende Kategorisierung entweder anzunehmen, indem sie der Aufforderung zur Stellungnahme nachkommt, oder sie kann ihre Prämissen hinterfragen: „Wieso ‚Ihr'?", „Wieso ‚Euer'?". Damit begibt sie sich auf eine Metaebene, auf der wiederum ein Nationalitätsdialog geführt werden wird: „Na, du bist doch Spanier, oder?" – „Ja, aber ..." oder „Nein, ich ...". Das heißt, die Identität der angesprochenen Person steht im bekannten Definitionsraum *zur Debatte*.

Ein Effekt des Hinterfragens kann auch sein, daß eine Stellvertreteräußerung zurückgenommen bzw. relativiert wird, indem der Sprecher oder die Sprecherin sie als Scherz deklariert: „War nicht so ernst gemeint". Damit nimmt er/sie der/dem Angesprochenen die Möglichkeit, auf das der Äußerung zugrundeliegende und dazu motivierende Gedankengut des Sprechers zu rekurrieren. Die Stellvertreterinteraktion ist ‚gekillt', ohne daß der/die Angesprochene Klarheit über ihre Hintergründe bekommen hätte.

Verhandeln über Emotionen, Beweggründe und Verhalten: Die Determinismusdebatte

„Da sieht man das südländische Temperament durchschlagen."

„Was, du meditierst gar nicht?"

„Wohin fährst du in den Urlaub?" – „Nach Italien."
„Ach, zu deinen Verwandten, das ist ja praktisch." – „Ich fahre nicht zu meinen Verwandten" – „Warum denn nicht?" – „Fährst *du* im Urlaub immer zu deinen Verwandten?" – „Nein, ...

Auf der Basis der Ausschließlichkeitsannahme nationaler Zugehörigkeit werden die verschiedensten Lebensäußerungen Binationaler als Ausdrucksformen ihrer ausländischen Abstammung interpretiert. Zugrunde liegt ein *Mythos von der Determiniertheit durch die ausländische Abstammung* (Battaglia 1995). Bei diesem Gesprächstyp werden *Nationalmythen*, das heißt Stereotype über andere Völker aktualisiert: Wenn jemand mediterraner Abstammung ist, wird angenommen, daß er/sie *deshalb* zum Beispiel seine/ihre Sprache durch Gesten unterstützt. Wenn jemand indischer Abstammung ist, wird angenommen, daß er/sie *deshalb* bestimmt auch meditiert und *deshalb* bestimmt auch besonders gleichmütig ist.

Durch die Attribution von Emotionen, Motiven, Reaktionsweisen und Handlungen auf die ausländische Abstammung werden persönliche und situative Faktoren ausgeschlossen. Zum Beispiel französische Weine oder italienische Nudeln können nicht einfach persönliche Vorlieben sein. Es gibt in diesem Zusammenhang keine persönlichen, sondern nur Ausprägungen des Nationalcharakters. Persönliches muß von den Betroffenen zur Anerkennung *eingeklagt* werden.

Wenn sich solche Annahmen als unzutreffend herausstellen, sei es dadurch, daß der/die Betroffene *widerspricht* oder daß eine vermutete Eigenart bei ihm/ihr nicht auffindbar ist, stellt sich beim Gegenüber Verwunderung ein, die eine Erklärungsaufforderung mit sich bringt. In einem solchen Moment steht die binationale Person als Sonderling im Fokus der Aufmerksamkeit. Sonderlinge müssen sich *erklären*, müssen ihr Sonderlichsein *begründen*.

Verhandeln über Spracherwerb: Der Sprachkompetenz-Dialog

„Dann sprichst Du doch bestimmt auch perfekt italienisch!" – „Nein, leider nicht, wir haben nie italienisch gesprochen zu Hause" – „Oh, schade! Warum denn nicht? „ – ...

Fragen nach bilingualer Kompetenz folgen regelmäßig denen nach Herkunft und/oder Nationalität. Es gehört zur Vorstellung von einem normalen Binationalen, daß er/sie auch die Sprache des ausländischen Elternteils spricht. Dieser *Mythos von der bilingualen Kompetenz* (Battaglia 1995) ist so verbreitet, daß nach Bilingualität oft gar nicht erst gefragt wird, sondern daß sie vorausgesetzt wird.

Die Erwartung von Bilingualität schafft für Menschen binationaler Abstammung eine Norm: normal und sozial kompetent = bilingual. Auf eine Verneinung der Frage nach Bilingualität folgt deshalb beim Fragenden Enttäuschung: „Das ist aber schade!" und eine Rechtfertigungsaufforderung: „Warum denn nicht?". Auf der Beziehungsebene schwingt dabei eine Defizitbotschaft mit. Der/die Betroffene ist unter dem Aspekt „normal und sozial kompetent" erst einmal disqualifiziert. Nur eine Rechtfertigungsgeschichte, die das Nicht-Bilingual-Sein aus der Lebensgeschichte heraus *plausibel macht*, kann aus einem „Der kann auf italienisch nicht mal bis zehn zählen"[13]

---

13   So äußerte sich eine empörte Lehrerin über einen Schüler der 6. Klasse.

eventuell heraushelfen. Sich ein Alibi zu verschaffen, heißt, *Hintergründe offenzulegen* und gegen ein *insistierendes* „aber *ein bißchen* muß doch hängengeblieben sein!" zu *verteidigen*. Bohrende Nachfragen wie „Habt ihr denn zu Hause *gar kein* Italienisch gesprochen?" erfordern *Beteuerungen*.

Sprachkompetenz-Erwartungen an Binationale beruhen auf der Prämisse, daß auch ausländische Väter ihren Kindern ihre Sprache beibringen. Ein Gesprächsverlauf wie: „Mein Vater ist Italiener" – „Ist das Ihre Muttersprache?" läßt vermuten, daß alltagstheoretisch angenommen wird, Väter spielten bei der Sprachentwicklung dieselbe Rolle wie Mütter. Dahinter steht eine Vorstellung von Familienleben, die Fiktion zu sein scheint. Von meinen Interviewpartnerinnen und –partnern zum Beispiel war niemand bilingual. Eine realistischere Vorstellung ginge demnach von Vätern aus, die sich eher wenig oder auch gar nicht um ihre Kinder kümmern, und von relativ zahlreichen mehr oder weniger alleinerziehenden Müttern. Sprachkompetenz-Dialoge, in denen Binationale sich darauf einlassen, ihre Nichtbilingualiät zu begründen, fördern solche Realitäten zutage.

Der gar nicht so seltene Umstand, daß jemand die Sprache eines ausländischen Vaters in der Schule oder erst im Erwachsenenalter gelernt hat, liegt nicht im Rahmen der Vorstellungen. Die Frage: „Sprechen Sie ...?" ist immer als ein „noch" gemeint. Eine Sprache zu sprechen, gar zu dolmetschen oder unterrichten und einen Namen zu haben, der diesem Sprachraum entstammt oder so auszusehen, wie es dem Stereotyp des entsprechenden Volkes entspricht, verträgt sich nicht mit „Nicht-Muttersprachlerin-Sein". Daher ist es in einem solchen Fall, wie auch bei Nichtbeherrschen der ausländischen Sprache, nötig, *gegen Einwände anzugehen* wie: „Irgendwie liegt es Ihnen doch im Blut" und die eigene Biografie zu *verteidigen*.

Verhandeln über Expertentum: Der Landeskunde-Dialog

„Wenn irgendwas so Richtung Süden geht, dann muß man drüber Bescheid wissen. Und wenn man dann noch nicht mal alle Bundesländer aufzählen kann in Italien oder irgendwelche Regionen benennen kann und ‚Wo kommt der Wein denn her?' oder so – muß man natürlich wissen."

„Im Geschichte LK[14] war das, daß mich mein Lehrer speziell zu Italien dann mal fragte, wo ich natürlich auch kein spezielleres Wissen hatte als die anderen, weil ich mir da auch nichts speziell über die italienische Geschichte durchgelesen habe vorher."

An die Zuschreibung nationaler Identität knüpfen sich über einen *Mythos von der bikulturellen Bildung* Erwartungen an landeskundliche Kenntnisse Binationaler. Der Ort, an dem diese Erwartungen verstärkt geäußert werden, ist die weiterführende Schule, die die Betroffenen in Deutschland absolvieren.

Die Unangemessenheit solcher Erwartungen wird durch die Begründung, die eine Interviewte im zweiten Zitat oben für ihre nicht vorhandenen Kennt-

---

14 „Leistungskurs" in der Gymnasialen Oberstufe

nisse vorbringt, augenfällig: „weil ich mir da auch nichts speziell (...) durchgelesen habe vorher". Daß eine Schülerin, die in Deutschland zur Schule geht und die gerade in diesem Zusammenhang erst ihr geschichtliches Wissen erwirbt, aufgrund der bloßen Tatsache, daß ihr Vater italienischer Staatsbürger ist, von ihrem Lehrer über italienische Geschichte befragt, statt darin unterrichtet wird, entbehrt bei näherem Hinsehen jeglicher Plausibilität. Es würde bedeuten, daß deutsche Schülerinnen und Schüler Expertinnen und Experten deutscher Geschichte wären, ohne daß man sie darin unterrichtet hätte. Schließlich sind ihre Eltern beide Deutsche.

Hinter Erwartungen landeskundlicher Kenntnisse scheint die Alltagstheorie zu stehen, daß diese eher an ethnische bzw. nationale Zugehörigkeit geknüpft seien als an Sozialisation. Wer über sie verfügt, entspricht der Erwartung und bestärkt damit die entsprechende nationale Identifizierung. Nichtwissen dagegen muß *legitimiert* werden, wenn es nicht als ungerechtfertigtes Bildungsdefizit im Raum stehen bleiben soll. Analog zum Thema Sprachkompetenz sind als rechtfertigende *Argumente* auch in diesem Zusammenhang wieder Details aus dem Familienleben gefordert, konkret aus der häuslichen Gesprächskultur. Betroffene haben wiederum die Möglichkeit, die Prämissen zu hinterfragen: „Warum müßte ich das wissen?". Sie riskieren damit allerdings, einen Nationalitäts- oder Herkunftsdialog führen zu müssen.

Typen von Identitätsverhandlungen und zugrundeliegende Mythen

Herkunftsdialog:	Binationale kommen eigentlich aus dem Ausland
Nationalitätsdialog:	Binationale sind im Grunde AusländerInnen
Stellvertreterinteraktion:	Binationale repräsentieren ihre ausländische Abstammungsnation; sie sind betroffen von allem, was ihr widerfährt und zuständig für alles, was sie betrifft
Sprachkompetenz-Dialog:	Binationale sind bilingual
Landeskunde-Dialog:	Binationale sind ExpertInnen ihres ausländischen Abstammungslands
Determinismus-Debatte:	Binationale sind in ihren Lebensäußerungen durch ihre ausländische Teilabstammung bestimmt

Erfahrungen von Binationalen in Identitätsverhandlungen

Die an Binationale gestellten Fragen und die sich darin ausdrückenden Erwartungen und Zuschreibungen sind verkappte Du-Botschaften (vgl. Gordon 1972) und wirken als solche. Im Rahmen der beschriebenen Gespräche machen Binationale daher bestimmte Erfahrungen, die selbstbildrelevant sind.

Die Salienzerfahrung, das heißt die Erfahrung aufzufallen, angesehen und angesprochen zu werden, vermittelt zunächst die Erkenntnis, sich von anderen Menschen zu unterscheiden: „Ich hatte zum Beispiel einen Englischlehrer, der nannte mich gelegentlich ‚black beauty', also *(lacht)* fand ich damals nicht so spaßig". Die beschriebenen Fragen und Zuschreibungen legen nahe, daß dieses ‚Anderssein' auch auf Ebenen jenseits von Aussehen und Namen vorhanden sei.

Die Herkunftsfrage transportiert allein dadurch, *daß* sie häufig gestellt wird, immer die Botschaft: ‚Du gehörst hier nicht dazu'. Wer nicht als anders auffällt, wird in seiner/ihrer Heimat nicht nach der Herkunft gefragt. Da diese Frage in der Regel nicht darauf zielt, herauszufinden, was sie vorgibt, sondern auf die Bestätigung einer ausländischen Abstammung, vermittelt sie Binationalen die Botschaft, daß sie nicht in Deutschland zu Hause seien, sondern ‚eigentlich' in einem anderen Land. Sie fördert somit ein Gefühl von Nichtzugehörigkeit. Dasselbe gilt für den Nationalitätsdialog. Die Stellvertreterinteraktion vermittelt Binationalen darüber hinaus das Gefühl, daß das vermeintlich ‚Ausländische' an ihnen für andere ständig latent präsent ist, auch wenn es nicht thematisiert wird. Sie ist, auch wenn sie von Sympathie getragen wird, eine ausgrenzende Beziehungserklärung (gehört nicht zu uns, sondern zu XY), die Zweifel an der Qualität gerade freundschaftlicher Beziehungen aufkommen läßt.

Durch die in Determinismus-Debatten, Sprachkompetenz-Dialogen und Landeskunde-Dialogen aktualisierten Mythen etablieren sich spezielle Normen des Normal-Seins und des Sozial-Kompetent-Seins, die für Binationale gelten. Die sie einleitenden Fragen führen daher regelmäßig zu einer Erfahrung von Beschämung, immer dann, wenn mit den EinwohnerInnen des ausländischen Abstammungslandes erwünschte Eigenschaften verbunden werden, die der/die Betroffene nicht aufweist.

Determinismus-Debatten sagen Binationalen, wie sie sein müßten, was sie denken, fühlen, mögen, nicht mögen müßten und so weiter. Die Erfahrung, daß die verschiedensten eigenen Lebensäußerungen auf der Folie der ausländischen Abstammung beurteilt werden, entweder als zu ihr passend oder ihr widersprechend, schränkt die Entwicklung eines Selbst ein, das nicht auf Klischees rekurriert, die Nationalmythen entsprechen, und sich, sie annehmend oder zurückweisend, daran abarbeitet. Begünstigt wird darüber hinaus ein Gefühl, auch als Binationale nicht normal, nicht in Ordnung zu sein. Durch den Sprachkompetenz-Dialog und den Landeskunde-Dialog wird das in einer besonderen Weise gefördert. In ihnen erfahren Binationale, was sie alles wissen und können müßten. Dementsprechend liegt das Gefühl nahe, defizitär zu sein, wenn Enttäuschung über das Nichtvorhandensein solcher Kompetenzen geäußert wird.

„Insofern ich gemerkt habe, daß ich da nicht konkret antworten kann oder mir auch Wissen fehlt über das Land, für das ich da stehe, war mir das schon ein bißchen unangenehm, nichts zu wissen oder nichts antworten zu können, weil es also einerseits erwartet wurde, und andererseits ist es mir in dem Moment auch peinlich gewesen, weil ich über Deutschland das entsprechende Wissen gehabt hätte."

Unter Umständen schließt sich auch der Eindruck an, von den Eltern um etwas betrogen worden zu sein. Von ihren Sprachkompetenz-Dialogen erzählt eine Interviewte, die sagt, sie habe mit ihren Eltern „etliche Diskussionen" über das Thema Spracherziehung gehabt:

„Weiter verlief das dann eigentlich so, daß ich dann irgendwie erklärt habe, daß meine Eltern sich dazu entschieden hätten, uns deutschsprachig zu erziehen. Das war meistens Bedauern, diese Reaktion, Bedauern und Erstaunen und bei mir dann wieder ein schlechtes Gewissen, auch ein Unverständnis, weil ich das auch lange Zeit nicht verstanden habe, warum meine Eltern das nicht gemacht haben, heute noch nicht ganz nachvollziehen kann. Also, ich kann das akzeptieren, wenn sie mir das jetzt so sagen, also wenn sie mir auch sagen, sie haben was versäumt oder wenn mein Vater mir heute erzählt, er hätte sich damals nicht oder wenig um uns gekümmert, aber ich finds auch schade, daß ihm das nicht so wichtig war. Insofern war das manchmal schwierig, da eine Antwort zu geben oder zu sagen: ‚Sie haben es halt nicht gemacht' und das in einer Form vertreten zu müssen, aber selber nicht zu verstehen."

Für Binationale zeichnet sich das interaktiv vermittelte vermeintliche Anderssein dadurch aus, daß es diffus ist und bleibt, da dem von außen zugeschriebenen Anderssein in der Regel kein von innen faßbares, zum Beispiel kulturelles Anderssein entspricht. Salienzinteraktionen richten jedoch die Aufmerksamkeit Binationaler vermehrt auf ihr Selbst im genannten Definitionsraum. Identitätsfragen wie die in diesem Beitrag besprochenen werden für Binationale durch diese Interaktionen, mit denen sie aufwachsen, erst akut. Unmarkierte biografische Gespräche vermitteln Identitätserfahrungen wie diese: Die relevanten Anteile meines Selbst liegen in meinem Beruf, meinen Interessen und Vorlieben, meinem Familienleben, meinen Plänen etc., und ich gelte als normal und sozial kompetent, wenn ich mich mit Beruf, Familienleben, Hobbies usw. im Bereich des gesellschaftlich Akzeptierten bewege. Salienzinteraktionen dagegen vermitteln Informationen wie diese: Die relevanten Anteile meines Selbst liegen in dem Ausländischen an mir – worin es auch bestehen mag; andere Themen interessieren viel weniger. Ich gelte als normal und sozial kompetent, wenn ich bilingual und bikulturell bin, Kontakt zu meiner ausländischen Familie habe und mich mit allem, was deren Land betrifft, auskenne. Salienzinteraktionen führen letztlich zu der Erfahrung, auf den Namen oder das Aussehen als signifikantem Zeichen nationaler und kultureller Identität reduziert zu werden. Sie fördern dementsprechend eine Beschäftigung mit den in diesen Interaktionen aufgeworfenen Themen, zu denen immer wieder Stellung bezogen werden muß.

Stellung zu ihrer Identität zu beziehen bedeutet für Binationale, in einen Konflikt zu geraten, abwägen zu müssen zwischen dem Ziel, als die erkannt und anerkannt zu werden, die sie sind, und dem gegenläufigen Ziel, unversehrt aus einer Salienzinteraktion hervorzugehen, das heißt, nicht zu sehr *in Frage gestellt* zu werden. Die Erfahrung, regelmäßig ausgefragt und zu Erklärungen aufgefordert zu werden, bedeutet, mit einem ständig lauernden Einbruch in die Intimsphäre zu leben. Was auf der einen Seite als harmlos und als natürliches Interesse am Mitmenschen erscheint, bedeutet auf der an-

deren, sich in wenig intimen Situationen und Beziehungen auf eine unange-
messene und unerwiderte Weise entblößen zu sollen. Dieses kommunikative
Phänomen wird noch deutlicher, wenn im Folgenden gezeigt wird, wie Binationale mit den an sie gerichteten Fragen umgehen.

Verhaltensweisen von Binationalen in Identitätsverhandlungen

Meine Interviewpartnerinnen und -partner[15] teilen die Ansicht, es sei „ganz
natürlich", daß gefragt werde und finden, es stehe ihren Mitmenschen zu,
informiert zu werden. Dementsprechend bemühen sie sich, sie zufrieden zu
stellen. Verweigerung, Zurückweisung, Gegenfragen und Lügen sind denkbare Verhaltensweisen, die nicht gewählt werden[16]. Diese hohe Bereitschaft, sich zu erklären, ist vermutlich nicht zuletzt dadurch bedingt, daß
alle Befragten sich für „untypische" Binationale halten. Das heißt, daß der
Prototyp des Binationalen, der Mythos, wie er sich aus den zitierten Dialogen herauskristallisiert, auch in den Köpfen der Betroffenen existiert und
dort wirkt.

Binationale kennen die typischerweise an sie gerichteten Fragen und
können ganze Dialogverläufe ‚herunterbeten‘:

„Das war auch eine Frage, die in Dialogen öfter auch auftauchte: ‚Dann sprichst du doch
bestimmt auch perfekt italienisch‘. Wo ich dann immer sagen mußte: ‚Nein, leider nicht,
wir haben nie italienisch gesprochen zu Hause‘. (...) Meistens ist es so verlaufen, daß die
Leute sagen: ‚Oh, schade‘ und die nächste Frage ist dann: ‚Warum denn nicht?‘ und ‚Das
ist aber schade, wo dein Vater doch Italiener ist!‘.“

Sie antizipieren die dargestellten Gespräche und sind auf sie vorbereitet.
Nicht nur einzelne Reaktionsweisen, auch ganze Geschichten reproduzieren
sie wie auf Knopfdruck. Das folgende Zitat zeigt, wie es dazu kommt, daß
eine scheinbar unverfängliche Frage, die auf die Auskunftsbereitschaft eines
Binationalen trifft, unvermeidlich zu einer Selbstoffenbarung führt, der
der/die Fragende vermutlich nicht mit einer analog intimen Erzählung begegnen wird.

„...[17] Und dann muß ich erst mal die ganze Geschichte erzählen, weil es ist so: Also, meine
Mutter hat in Afrika gearbeitet, die war da Direktorin an ‚ner Schule und hat da meinen

---

15 Zur Erinnerung: Als Teilnehmende einer explorativen Studie stellen sie keine reprä-
    sentative Stichprobe dar. Die folgenden Aussagen haben daher den Status erster Be-
    obachtungen, die weiter zu untersuchen wären.
16 Nur bei der *Aufforderung zur Kompetenzvorführung* („Sag doch mal was auf italie-
    nisch!", „Sprich doch mal was Italienisches!"), die gelegentlich im Zusammenhang
    mit dem Sprachkompetenz-Dialog auftritt, weigert sich ein Betroffener: „Das mache
    ich nicht. Das ist mir zu doof".
17 Beginn dieses Zitats im Abschnitt „Die interaktive Konstruktion binationaler Identität"

Vater kennengelernt, der da auch gearbeitet hat. Und sie wollte mich aber in Deutschland großziehen. Er wollte das nicht, und dann ist er dageblieben, und sie ist dann erst nach England gefahren. Also, sie gehörte damals noch ‚m Orden an, muß man dazu sagen (...) die Familie meiner Mutter hat das wohl noch nicht so richtig akzeptiert damals, und dann ist sie erst mal dahin gefahren, und da bin ich dann quasi geboren. Da war ich aber nur ganz kurz und bin dann nach ein paar Monaten schon nach Deutschland gekommen. Also ich kann auch kein Englisch oder so. Und das ist dann immer die nächste Frage: ‚Du kannst ja sicher ganz toll Englisch?', ne. Also, das mußte ich auch in der Schule lernen."

In den Interviews wurden auch auf nicht gestellte Fragen regelrecht mechanisch Antworten geäußert. Die Interviewsituation schien für die Befragten die ihnen bekannte Variante der Kennenlernsituation abzubilden und damit den Impuls zu wecken, die gewohnten kommunikativen Muster zu durchlaufen. So erzählt eine Binationale vom Auswahlgespräch für ein Stipendium:

„Die erste Frage war, daß mein Name doch etwas fremdländisch klinge, und als nächstes sofort: ‚Wo fühlen Sie sich denn zu Hause, wo ist Ihre Heimat?'"

Sie sagt, sie sei „schon ziemlich überrascht" von dieser Frage gewesen und findet: „das sind Fragen, die sind ein bißchen privater". Trotzdem schließt sie im Interview ihre Antwort darauf an, ohne daß ich sie danach frage:

„Für mich war eigentlich immer klar, daß das Deutschland ist und nicht Italien. Das liegt daran, daß ich Italien (...) nur aus dem Urlaub kenne."

Zuvorkommende Auskünfte und Erklärungen zeigen, daß Binationale sich mit Ansprüchen an eindeutige Verortung und auch an Bilingualität und an bikulturelle Kompetenz und Bildung identifizieren. Ein Interviewter wechselt die Gesprächsebene vom Sprechen *über* einen der bekannten Dialoge zum Sprechen *in* diesem bekannten Dialog, indem er mir gegenüber seine Nichtbilingualität begründet, ohne dazu aufgefordert worden zu sein:

„Die Frage kommt eigentlich immer noch, (...) ob ich italienisch sprechen kann. Dann sage ich: ‚Ja, gebrochen, komme durchs Land' oder so. Und dann kommt natürlich als nächste Frage: ‚Hat dein Vater dir das nicht gelernt?' oder so. ‚Nee' (...) Das war da noch nicht so üblich. Die wollten erst mal, daß ich richtig Deutsch lernte".

Wie sehr Binationale Symbole sind und wie sehr dieses kommunikativ vermittelte Symbol-Sein auf sie zurückwirkt, zeigt das folgende Beispiel:

„Ich hatte Latein LK[18] damals, das war ja mit Italien viel verbunden über Rom, da war ich manchmal stellvertretend für Italien. Ich fand das ganz spannend eigentlich. Ich habe ja gemerkt, daß mich damit was verbindet, daß ich zumindest zu Sardinien einen Bezug habe. Der Gedanke, daß meine Großeltern da leben, mein Vater daher kommt und ich auch eine Verbindung dazu habe im Prinzip. War nachvollziehbar, daß ich da als Ansprechpartnerin galt"

Diese „Nachvollziehbarkeit" der Repräsentanz greift allerdings erst auf der Grundlage *heutiger* Nationalstaatlichkeit. Die damaligen Sardinnen und Sarden hatten mit den Römerinnen und Römern kaum mehr gemein als die Ger-

---

18   „Leistungskurs" in der gymnasialen Oberstufe

maninnen und Germanen.[19] Wie kommt also diese Binationale dazu, sozusagen die diplomatische Vertretung des antiken Rom zu übernehmen?

Es stellt sich die Frage, wie zu erklären ist, daß derlei Interaktionen möglich sind. Um das zu verstehen, sind einige linguistische bzw. kommunikationspsychologische Betrachtungen hilfreich.

Überlegungen zur Gesprächsdynamik von Identitätsverhandlungen

Ausgehend von grundlegenden menschlichen Interessen und auch im Rückgriff auf die im Abschnitt „Biografische Gespräche als Medium der Identitätskonstruktion" erläuterten Funktionen biografischer Gespräche stelle ich die These auf: Niemand initiiert ein Gespräch, um irritiert zu werden. Auch das Fragen zielt in der Regel nicht auf Verunsicherung, also nicht darauf, wirklich Neues und Unbekanntes zu erfahren oder als stimmig zu akzeptieren, was bis dahin als unstimmig galt, sondern darauf, orientiert, versichert, bestätigt zu werden. Irritation erfolgt gegen die Interessen Fragender. Sie muß erkämpft werden. So kommt es in Salienzgesprächen zum *Verhandeln* über die Identität Binationaler.

Bodenheimer schreibt über „die restaurativen Tendenzen des fragenden Sinns", „daß vor dem fragenden Sinn des fragenden Wesens nur das längst Bekannte, das Geläufige und Sichere zu bestehen vermag." Dies jedoch sei „dem fragenden Wesen" nicht bewußt (Bodenheimer 1984: 165). So läßt sich erklären, daß Fragen wie die nach Herkunft, Nationalität und Sprachkompetenz offen zu sein scheinen, es aber nicht sind, was daran zu erkennen ist, daß sie nur bestimmte Antworten zulassen. Und so läßt sich auch erklären, daß die Zurückweisung, die in insistierenden Nachfragen steckt, von Fragenden nicht als solche erkannt wird.

Ein Binationaler sagt über die Frage nach der Herkunft: „Es liegt dann auf der Hand, daß die Leute eigentlich wissen wollen, was so dahinter steckt", in dem Fall hinter der Hautfarbe. Diese Einsicht zeigt, was hinter Salienzfragen steckt. Es geht nicht darum, jemanden kennenzulernen, sondern darum, eine dunkle Hautfarbe, die unter Hellhäutigen ungewohnt ist, die irritiert, irgendwo zu verorten, wo sie nicht irritiert, zum Beispiel in Afrika – nicht in Dortmund.

Die Neugier einer fragenden Person, zu erfahren, „was denn so dahintersteckt", führt in Kombination mit der Auskunftsbereitschaft einer befragten Person zu einem großen Ungleichgewicht an Selbstoffenbarung, weil so lange gefragt wird und werden muß, bis ein klares, rundes, stimmiges Bild entstanden ist, das nicht mehr irritiert.

---

19 vgl. das Zitat derselben Interviewpartnerin über ihren Latein-LK in der Einleitung zum Abschnitt „Landeskunde-Dialog"

Wer fragt, bekommt Informationen und gibt, solange er/sie fragt, selbst keine Informationen preis. Nach einiger Zeit weiß der/die Fragende viel über sein/ihr Gegenüber, das umgekehrt nichts von dem/der Fragenden weiß. Es kommt somit zu einer Situation, die Bodenheimer als „obszön" bezeichnet. Seiner Auffassung nach liegt Obszönität in einseitiger Entblößung und gehört daher wesenhaft zum Fragen:

„Wobei die Obszönität – ihrem Wesen entsprechend – sich oft so geriert, daß sie sich nicht in ihrer entblößenden Wirkung kundgibt. Bis es so weit ist, daß der Effekt des Obszönen offen vorliegt, ist alles schon passiert, unwiderruflich und nicht mehr gutzumachen; das vermag das Fragen – und nur das Fragen (...), selbst wenn der Fragende sich dessen nicht bewußt ist." (1984: 5f.)

Wer fragt, gestaltet die kommunikative Situation. Mit einer Antwort akzeptiert der/die Gefragte das Thema und läßt sich auf das Gespräch ein. Gleichzeitig eröffnet er/sie dem Gegenüber damit die Möglichkeit, weiter zu fragen. Wenn die Antwort zu Ende gebracht ist, ist der/die Fragende wieder dran. Wer fragt, ist in der agierenden Rolle. Er/sie behält das Rederecht, sofern er/sie es nicht freiwillig abgibt, und kann damit das Gespräch steuern. Mit jeder Frage kann er/sie es in die gewünschte Richtung lenken. Der/die Gefragte gerät so in die reagierende Rolle und kann aus dieser Position heraus nicht viel tun.

Salienzinteraktionen beginnen mit scheinbar harmlosen Fragen, und solche Fragen signalisieren Interesse, daher gibt es keinen offensichtlichen Grund, nicht auf sie einzugehen. Wenn jemand fragend ein Thema anschneidet, wird der/die Gefragte zumindest kurz darüber reden müssen, denn wer sich auf ein ganz harmloses Gespräch nicht einläßt, ist unhöflich und muß mit dem Unverständnis des/der Zurückgewiesenen rechnen, das unter Umständen mit einer Nachfrage einhergeht:

„Ich möchte dir das jetzt nicht erzählen" – „Warum denn nicht?"

Fragen nach dem „Warum denn nicht" sind kritisierende Fragen, die Rechtfertigung fordern. Zur Diskussion, das heißt *in Frage*, steht durch sie wiederum die befragte Person. Sie soll reagieren.

Fragende sind nach Bodenheimer für ihre Fragen „nicht zu belangen und nie zu behaften" (Bodenheimer 1984: 103). Das Fragen ist im Unterschied zum Sagen risikolos, und diese Risikolosigkeit ist niemandem sichtbar. Bodenheimer meint dazu:

„Sollte je versucht werden, es bei dieser Arroganz zu behaften, das Fragen würde alsbald mit einer Frage abzuwehren wissen." (Bodenheimer 1984: 103)

In der Tat könnte auf das übergriffige „Warum denn nicht?" eine Unmutsäußerung der befragten Person folgen. Diese jedoch könnte wiederum durch weitere Fragen wirksam bekämpft werden: „Was hast du denn?" und „Was hab ich Dir denn getan?"

Das einzige „Mittel gegen das Befragtwerden" besteht für Bodenheimer darin, ihm zuvorzukommen, das Fragen „mittels Fragen" abzufangen, also selbst zu fragen (1984: 216), was jedoch nicht als Empfehlung gemeint ist.

Schlußfolgerungen

Eine konventionelle Selbstdarstellung in biographischen Alltagsgesprächen
ist, wie gezeigt wurde, Binationalen auf eine charakteristische Weise verwehrt. Sie werden, sofern sie durch ein nicht standarddeutsches Aussehen
oder einen ausländischen Namen auffallen, aufgefordert, zunächst dieses
Sich-Unterscheiden zu erklären.

Daran knüpfen sich bei den Fragenden dann weiterreichende Fragen und
Vorstellungen von einem Anderssein, dem Binationale nicht entsprechen. Die
Irritation, die sie durch ihre nicht in gängige Konzepte und Worte faßbare
Existenz hervorrufen, führt zu einer mit Mythen geladenen Fragenkette, zu
der Binationale sich verhalten müssen. Dieses Sich-Verhalten ist problematisch, denn wenn Betroffene Grenzen setzen, fühlen sich Fragende unangemessen zurückgewiesen. Wenn die Befragten darauf eingehen, entsteht unvermeidlich eine Situation einseitiger Entblößung. Zusätzlich kommen Binationale dann in die Lage, widersprechen, erklären, rechtfertigen und gegen
ungläubige Einwände verteidigen zu müssen, warum sie nicht so sind wie
erwartet bzw. nun doch nicht so ‚anders‘ sind.

Komplizierend kommt hinzu, daß wer mit zahlreichen Erwartungen und
Mythen aufwächst, geneigt ist, sie zu übernehmen und sich daran zu messen.

Literatur

Battaglia, Santina (1995): „Interaktive Konstruktion von Fremdheit. Alltagskommunika-
    tionen von Menschen binationaler Abstammung" In: *Journal für Psychologie. Theo-
    rie. Forschung. Praxis. Jg. 3, H. 3.* Heidelberg, 16-23
Battaglia, Santina (1995): Identitätsmanagement bei Menschen binationaler Abstammung
    in Deutschland. Eine interaktionsorientierte Studie über den Namen als Omen. Mün-
    ster (unveröffentlichte Diplomarbeit)
Bodenheimer, Aron Ronald (1984): Warum? Von der Obszönität des Fragens. Stuttgart
Frey, H.-P./Hausser, K. (1987): Entwicklungslinien sozialwissenschaftlicher Identitätsfor-
    schung. In: Frey, H.-P. & Hausser, K. (Hrsg.): Identität. Stuttgart
Fuchs, Werner (1984): Biographische Forschung. Eine Einführung in Praxis und Methode.
    Opladen
Gordon, Thomas (1972): Familienkonferenz. Hamburg
Greverus, Ina-Maria (1979): Auf der Suche nach Heimat. München
Haeberlin, Urs/Niklaus, Eva (1978): Identitätskrisen. Theorie und Anwendung am Beispiel
    des sozialen Aufstiegs durch Bildung. Bern, Stuttgart
Kohli, Martin (1980): Zur Theorie der biographischen Selbst- und Fremdthematisierung. In:
    Matthes, Joachim (Hg.): Lebenswelt und soziale Probleme. Frankfurt a.M., New York,
    502-520
Leitner, Hartmann (1982): Lebenslauf und Identität. Frankfurt, New York
Mecheril, Paul/Teo, Thomas (1994): Andere Deutsche. Zur Lebenssituation von Menschen
    multiethnischer und multikultureller Herkunft. Berlin
Strauss, Anselm L./Corbin, Juliet (1990): Basics of Qualitative Research. Grounded Theo-
    ry Procedures and Techniques. Newbury Park, London, New Delhi

Zum Selbstverständnis junger Menschen binationaler Herkunft in der BRD

Miriam Tafadal

Mein Interesse an der Auseinandersetzung mit dem Selbstverständnis von Menschen binationaler Herkunft entstand vor einem persönlichen Hintergrund. In einer Phase meiner persönlichen Auseinandersetzung mit meiner Herkunft und Identität als Schwarze in Deutschland stellte ich in Gesprächen mit anderen Binationalen oft gemeinsame spezifische Erfahrungen und Entwicklungsstufen fest. Von der berühmten Frage „Woher kommst du" über spezifische Mutter- und Vaterproblematiken bis zu offenen und subtilen rassistischen Erfahrungen in der eigenen Familie und in der Gesellschaft waren oft trotz unterschiedlicher Lebenssituationen viele Gemeinsamkeiten zu erkennen. Diese Erfahrungen verstärkten mein Interesse, mich intensiver mit dieser Thematik auseinanderzusetzen. Zentraler Punkt in solchen Gesprächen waren die häufigen Fremdbestimmungen, denen wir von weißer deutscher Seite wie auch von nichtdeutscher Seite ausgesetzt sind, wie damit umgegangen wird und die zu der identitätssuchenden Frage „Wer bin ich?" bzw. „Wer sind wir?", „Wie definieren wir uns?" führen. Nicht nur in meiner sozialpädagogischen Arbeit war ich häufig mit einer Haltung konfrontiert, die zwischen „den" Deutschen und „den" Ausländern unterschied und wo mit anderen Positionen nicht umgegangen werden wollte oder konnte. Zuweisungen von ethnischen Identitäten und Stereotypen, die dahinterstehen, waren und sind alltägliche Realität.

Ich entschloß mich daher, über diese Identitätsthematik zu forschen. Bei der Fragestellung meiner Untersuchung ging es mir darum, welche *spezifischen Prozesse von Identifikationen* diesbezüglich durchlaufen werden und welche Faktoren dabei eine Rolle spielen. Es gibt wenige Untersuchungen über in Deutschland lebende Menschen binationaler Herkunft. Es sind jedoch einige Veröffentlichungen bezüglich binationaler Familien und Beziehungen und damit verbunden auch Konzepte, Hinweise und Ratschläge für binationale Erziehung zu finden. Einen Einblick zu geben, wie diese Theorien aus Sicht von mittlerweile erwachsen gewordenen Kindern aus binationalen Familien bzw. binationaler Herkunft aussehen und wie diese selbst ihre persönliche Entwicklung sehen, war Ziel meiner Untersuchung.

Begriffserklärungen

Personenkreis „Binational"

Zunächst ein paar, kurzgefaßte Überlegungen zu den Schwierigkeiten der Eingrenzung und Benennung des Personenkreises. Eine begriffliche Definition des Personenkreises ist nicht einfach. Der altbekannte Begriff „Mischling", braucht den Begriff „Rasse" und steht besonders in Hinblick auf die Geschichte in Deutschland nicht zur Diskussion. Die Begriffe „binational" oder „bikulturell" umfassen verschiedene inhaltliche Bedeutungen und erweisen sich als problematisch, da sie ebenfalls nicht umfassend anwendbar und zum Teil relativ unspezifisch sind. Definiert man/frau den Begriff Nation bzw. „binational" über die Staatsangehörigkeit, könnte man/frau hierbei von einer doppelten Staatsbürgerschaft ausgehen, welches oft nicht der Fall ist, auch wenn dies im Einzelfall möglich wäre. Auch die Verwendung des Begriffs „bikulturell" ist theoretisch nicht allumfassend möglich. Zum einen ist die Vorstellung einer „automatischen" bikulturellen Erziehung eine Fiktion, zum anderen wachsen nicht alle Menschen binationaler Herkunft mit beiden Elternteilen auf. In Deutschland sind viele Ehen geschieden, und nicht jede Frau mit Kindern ist auch verheiratet. Von „der" binationalen Familie auszugehen, ist allein unter diesem Aspekt schon nicht möglich. Die Schwierigkeit, einen Überbegriff zu finden, liegt meiner Meinung nach auch darin, daß nicht alle, die man mit diesem Begriff vielleicht bezeichnen möchte, sich dahingehend definieren würden. (Jemand japanischer Herkunft sieht sich vielleicht nicht als Schwarze/r Deutsche/r, ein anderer japanischer Herkunft vielleicht aber doch.)

Wichtig ist jedoch, daß nicht wieder eine Kategorisierung stattfindet, von der wir uns ja entfernen wollen, sondern es ist zu sehen und insbesondere an die deutsche Mehrheitsgesellschaft zu vermitteln, wie wir uns individuell sehen, fühlen und definieren und diesbezüglich auch möglichst viele Begriffe und Vorstellungen zur Verfügung stellen. Natürlich kann der Personenkreis noch weiter gefaßt werden, als mir dies in meiner Untersuchung möglich war: Menschen multiethnischer Herkunft, deren Elternteile beide unerschiedlicher nichtdeutscher Herkunft sind, Adoptivkinder, die bei deutschen Eltern aufgewachsen sind und auch Migrantenkinder der zweiten oder dritten Generation haben oft ähnliche Lebensrealitäten. Im folgenden werde ich unter den genannten Relativierungen die Begriffe „binationale" oder „bikulturelle" Herkunft verwenden.

Identität

Um folgende Fragestellungen genauer definieren zu können, möchte ich zunächst ein paar Grundlagen des Identitätsverständnisses vermitteln, welches meiner Arbeit zugrunde liegt. Identitätsbildung kann als ein lebenslanger selbstreflexiver Prozeß der Definierung und Neudefinierung der eigenen Person verstanden werden. Persönliche Verarbeitungsmechanismen des einzelnen und auf ihn einwirkende Faktoren der Umwelt sind wesentlicher Bestandteil dieses Prozesses. Identität entwickelt sich in Interaktion mit Anderen (Eltern, Freundeskreis, Gesellschaft) und ist ein kontinuierlicher Dialog mit den kulturellen Welten „außerhalb" und den Identitäten, die sie anbieten. Identität ändert sich, durchläuft verschiedene Ebenen und wird von verschiedenen Faktoren geprägt. Diese Faktoren können Alter, Geschlecht, Religion, ethnische Zugehörigkeiten, Klasse, Nationalität u.v.m. sein. Frey und Haußer sprechen in diesem Zusammenhang von Definitionsräumen, da ein Identitätsfaktor nicht nur durch ein Merkmal festgelegt wird, sondern an sich schon vielschichtig und komplex ist (Frey/Haußer 1987: 14). Welche Aspekte, Fragmente oder welche Definitionsräume jeweils die Oberhand gewinnen, hängt u.a. von den aktuellen Lebensbedingungen und den zu bewältigenden Anforderungen ab.

Hinsichtlich meiner Fragestellung bedeutet dies, sich klarzumachen, daß ich nur einen Definitionsraum, nämlich den der kulturellen, bzw. nationalen Identität, näher betrachte, der sich jedoch mit vielen anderen überschneiden, sich zerstreuen, neu zusammensetzen und manchmal auch widersprüchlich sein wird. Der Aspekt „binationale Herkunft" ist nur ein Teil vieler Identifikationen, der wichtig oder unwichtig sein, gewonnen oder verloren werden kann. Postmoderne Identitätskonzepte sprechen diesbezüglich von Fragmentierung und Dezentrierung. Es besteht die Vorstellung, daß Identitäten sich im Prozeß der Herausbildung befinden und durch Ambivalenzen konstruiert sind. Innere Differenzen und Widersprüche seien nicht als Problem, sondern als immanenter Bestandteil unserer Identität zu betrachten (Hall 1994: 182f.). Solche Ambivalenzen können unter günstigen Vorrausetzungen sogar positive Auswirkungen haben, da sie zur Reflexion anregen und zur Stellungnahme herausfordern (Auernheimer 1988: 124).

National-kulturelle Identität

Als weitere Grundlage für meine Arbeit möchte ich den Konstruktionscharakter und die Dynamik von „Kultur" hervorheben.

„Insbesondere Menschen in den westlichen Industrienationen gehören nicht mehr nur ausschließlich einem ‚Kulturkreis' an; sie sind als Frauen, Männer, aus der Mittelklasse oder

Unterschicht beteiligt an multiplen sozialen Identitäten und haben z.b. aufgrund von Ausbildung oder Beruf multiple Gruppenzugehörigkeiten." (Soraya 1994: 17)

Der Kulturbegriff wird in der multikulturellen Debatte in der Bundesrepublik
meist auf die nationale Herkunft reduziert und oft durch statische, stereotype
Zuschreibungen problematisiert, ohne daß eine genauere Klärung dieses Be-
griffes zugrunde liegt. In Anlehnung an die Begriffe Rasse und Nation wird
Kultur („Ausländerkultur") in abwertender und ausgrenzender Weise gebraucht, die es zu integrieren, assimilieren bzw. emanzipieren gilt, da diese
als rückständig betrachtet wird. Argumentationen jedoch, die von einer Un-
veränderlichkeit der Kulturen ausgehen und diese somit zu einer fast „natürlichen" Eigenschaft stigmatisieren, gehen auf rassistische Muster und Formen
zurück.

„Kultur, unabgeschlossen und prozeßhaft, ist gleichzeitig klassen-, geschlechts- aber auch
ethnienspezifisch, und es ist unzureichend bzw. falsch ..., wenn man kulturelle Handlungs-
formen lediglich unter ethnischen Gesichtspunkten erfaßt." (Kalpaka/Räthzel; 1994: 47f.)

Kulturelle Unterschiede allerdings, die sich historisch seit Jahrtausenden an
verschiedenen Orten der Erde entwickelt haben, sollen nicht verleugnet werden. So sind z.b. der Familiarismus mediteraner Gesellschaften im Gegensatz
zum Individualismus industrialer Gesellschaften bedeutsame kulturelle Besonderheiten (Auernheimer 1988: 153f.). Diese sind jedoch nicht auf nationale Grenzen festzulegen.

Zur Hauptquelle unserer kulturellen Identität gehört die nationale Identität. Nationalität gilt als wesentlicher Bestandteil der persönlichen Identität
und sogar als Teil der individuellen Persönlichkeitsdefinition. Tatsächlich ist
die nationale bzw. ethnische Zuordnung ein wesentlicher Aspekt bei der Beurteilung anderer. Miles bezeichnet das Verhältnis von „Nation" und „Rasse"
als „ideologische Verknüpfung", da beide klassen- und geschlechtsübergrei-
fende Formen der Kategorisierung von Menschengruppen seien. Die „Natio-
nen-Idee" gehe ebenso wie die der „Rasse" von naturgegebener Unterteilung
der Menschheit aus und stehe als universelle Seinsweise mit je eigenem Charakter (Miles 1991: 119). Nationen waren jedoch noch nie homogen, und insbesondere die globalen Entwicklungen zeigen deutlich, daß alle modernen
Nationen kulturell hybrid sind. Es stellt sich die Frage: Wer verwendet wann
welche Identitätsdefinitionen für sich und andere? Bei genauerer Betrachtung
ist zu erkennen, daß und wie rassistische Strukturen dahinterstehen.

Eigene und „äußere" Bewertungen von Situationen, Beobachtungen
von sich selbst und anderen sind prägende Erfahrungen (im folgenden auch
selbst- und fremdbestimmte Erfahrungen genannt), die die eigene Identität
beeinflussen. Diesen Zusammenhang macht Fanon in einer Situation sehr
deutlich, in der er sich selbst als jungen Antillaner beschreibt, der auf ein
weißes Pariser Kind und dessen Mutter trifft. Das Kind zieht die Mutter am
Arm und sagt: „Sieh nur Mama, ein Neger" (Fanon 1980: 7). Fanon
schreibt:

„Das erste Mal in meinem Leben wußte ich, wer ich bin. Das erste Mal fühlte ich mich, als sei ich in dem Blick, dem gewalttätigen Blick des Anderen, explodiert und gleichzeitig als ein anderer neu zusammengesetzt worden." (zitiert nach Hall 1994: 73)

Rassismuserfahrungen, offen oder subtil, haben Auswirkungen auf das Selbstverständnis von Betroffenen. Sie bestimmen oft Verhaltensweisen, Einstellungen und Reaktionen. Dies wird in den folgenden Fallbeispielen deutlich.

Methode – Auswahl und Anspruch

Anspruch meiner Methode war es, das Selbstverständnis der Befragten ohne vorherige Kategorien im lebendigen und alltäglichen Zusammenhang zu erfassen und darzustellen. Voraussetzung hierfür war für mich ein persönliches Interesse der Befragten an dem Thema, wodurch Offenheit und Ergiebigkeit für die Interviews gewährleistet werden sollte. Es wurde also zunächst geklärt, warum die Interviewpartner an dem Interview teilnehmen wollen. Schließlich erläuterte ich die Gesprächsregeln für die Interviews. Ich erklärte, die Gespräche nicht vorstrukturiert zu haben und zu versuchen, so gut es geht, alle Vorannahmen und theoretischen Konzepte aus dem Spiel zu lassen. Die Interviewten sollten selbst entscheiden, wie das von mir vorgegebene Rahmenthema ausgefüllt wird, wo er/sie Schwerpunkte setzen und wie weit er/sie persönliche Bereiche offenlegen und von sich aus den jeweiligen sozialen Kontext zur Sprache bringen will, der bei der Auswertung dann einbezogen wurde.

Mit allen Interviewpartnern führte ich zwei Gespräche. Er/Sie bekam auch vor dem zweiten Interview eine Transkription des vorangegangenen Gesprächs, so daß er/sie ebenso wie auch ich auf ihre Aussagen Bezug nehmen konnte, um sie dann gegebenenfalls zu vertiefen. Ein Kurzfragebogen vor Beginn des Interviews sollte einige persönliche Angaben bereits vorwegnehmen, um diese nicht während einer Erzählphase unpassenderweise zu erfragen. Eine Beschränkung auf „nichteuropäisch" aussehende Untersuchungsteilnehmer geschah deshalb, da das Aussehen in dieser Gesellschaft eine wesentliche wertende und beeinflussende Rolle spielt. Daß dennoch Gemeinsamkeiten auch bei nicht fremdländisch aussehenden Binationalen bestehen, soll damit auf keinen Fall bestritten werden. Dennoch ist es besonders im Hinblick auf ersteren Personenkreis wichtig darzustellen, inwieweit bzw. ob ein Bewußtsein in der Öffentlichkeit bezüglich dieser Personengruppe und ihrer Existenz in der Gesellschaft besteht und wie dieses aussieht.

„Die Anwendbarkeit dieser Art von Forschung bedeutet nicht Übertragbarkeit des erforschten Einzelfalles auf andere Einzelfälle, sondern hat damit etwas zu tun, ob der Forschungsfall für den Anwendungsfall Denkanstöße, neue Perspektiven, andere Interpretationsmuster bietet." (Sommer 1987: 179f.)

InterviewpartnerInnen

Melany

Melany ist 22 Jahre alt und als Sekretärin tätig. Ihr Vater ist Deutscher und ihre Mutter kommt von den Philippinen. Sie hat noch einen jüngeren, ebenfalls binationalen Bruder (17 Jahre) und einen älteren Bruder (31 Jahre), der aus erster Ehe ihres Vaters mit einer Deutschen stammt. Melany wohnt noch bei den Eltern. Sie verbrachte im Alter von vier und sechs Jahren mit ihrer Mutter und ihrem jüngeren Bruder einige Zeit auf den Philippinen und war danach erst wieder mit 16 dort. Melany berichtete, bisher niemanden in ihrem Alter zu kennen, der ebenfalls binationaler Herkunft sei, und war daher sehr interessiert, ihre Gedanken hierzu zu äußern.

Yasmin

Yasmin ist 22 Jahre alt und Politik-Studentin. Ihr Vater ist Marokkaner und ihre Mutter Deutsche. Aus zweiter Ehe mit einem Deutschen hat Yasmin noch einen jüngeren Bruder (16 Jahre). Diese Ehe wurde ebenfalls wie die erste mit Yasmins Vater geschieden, und Yasmin und ihr Bruder wachsen bei der Mutter auf. Seit kurzem ist Yasmin von zu Hause ausgezogen. An ihren marokkanischen Vater, von dem ihre Mutter nur negatives berichtet, hat sie nur noch wenige Erinnerungen. Sie erzählt gerne und ausführlich über ihre Identitätsentwicklung hinsichtlich ihrer binationalen Herkunft.

Sonia

Sonia ist 21 Jahre alt und Jura-Studentin. Ihr Vater kommt aus dem Sudan und ihre Mutter ist Deutsche. Sie hat noch drei binationale Geschwister (17, 15 und 9 Jahre) und wohnt noch bei ihrer Familie. Ihr Vater kam vor über 20 Jahren nach Deutschland, um zu studieren. Die Familie lebt seitdem in Deutschland, und Sonia war bisher dreimal in den Ferien im Sudan. Sonia hat ein sehr enges Verhältnis zu ihrer Mutter und zu ihrer deutschen Familie. Zum Sudan und ihren dort lebenden Verwandten hat sie keinen besonderen Bezug.

Gabriel

Gabriel ist 18 Jahre alt. Seine Mutter ist Deutsche und sein Vater Eriträer. Gabriel hat vor zwei Jahren seinen Hauptschulabschluß gemacht. Er hat bis jetzt keine Ausbildung angefangen und arbeitet gelegentlich. Die Eltern waren nie verheiratet und haben auch nie zusammen gelebt. Er hat noch eine Schwester (15 Jahre) und beide wohnen bei der Mutter. Gabriels Vater kam vor ungefähr 25 Jahren als Flüchtling nach Deutschland. Er war bereits verheiratet, als er ein Verhältnis mit Gabriels Mutter begann, aus dem die beiden Kinder hervorgingen. Der Vater wohnt mit seiner Familie in der nächstgrößeren Stadt, wo Gabriel noch vier Halbgeschwister hat, die er allerdings nicht kennt. Seinen Vater hat Gabriel nur wenige Male gesehen, zuletzt mit zwölf Jahren.

David

David ist 27 Jahre alt und als Filmemacher tätig. Sein Vater ist Inder und seine Mutter Deutsche. Davids Vater kam vor über 30 Jahren nach Deutschland, um hier zu arbeiten und zu leben. David hat noch einen jüngeren Bruder, der ebenfalls aus dieser binationalen Ehe stammt. Beide leben nicht mehr bei den Eltern, die seit fünf Jahren geschieden sind. Die ganze Familie fuhr früher in regelmäßigen Abständen in den Ferien nach Indien, und David hat ein sehr enges Verhältnis zu den dort lebenden Familienangehörigen. Nach seinem Abitur und dem Zivildienst verbrachte er ein Jahr in Indien, wo er als Gaststudent Kunst studierte und sich näher mit dem Land und der Kultur auseinandersetzte. In den Interviews zeigte sich eine bereits sehr reflektierte Auseinandersetzung mit dem Thema der biethnischen Herkunft.

Auswertung der Interviews

Die Interviewauswertung habe ich im folgenden nach den wesentlichen Themen, die sich in den Interviews herauskristallisierten, zusammengefaßt. Daraus ergibt sich folgende Gliederung:

Familiensituation
1. Deutsche Familie
2. Nichtdeutsche „andere" Familie
3. Bikulturelle Erziehung?

Fremdbestimmte Zuschreibungen, Rassismuserfahrungen
1. Rassismus und Fremdzuschreibungen in Deutschland
2. Fremdzuschreibungen im Herkunftsland des „ausländischen" Elternteils

Verhaltensweisen, Haltungen als Reaktion
1. Spaltungstendenz
2. Wunsch nach Unauffälligkeit
3. Glorifizierung: Idealisierung des ausländischen Elternteils bzw. der eigenen Herkunft

4. Übernahme von positiven Stereotypen
5. Leistungsdruck und Ehrgeiz

Entwicklungen, Phasen, Veränderungen

Ambivalenz und Selbstverständnis

Familiensituation

1. Deutsche Familie

Yasmin

Über ihre Großeltern sagt Yasmin:

„Sie haben meinen Vater gehaßt, kann man sagen. Sie haben ihn noch nicht mal kennengelernt, noch nicht mal in ihr Haus gelassen. Sie wollten es einfach nicht, weil er ein Ausländer war ... Das tragen sie meiner Mutter heute noch nach. Als meine Mutter ihn ihnen
vorstellen wollte, da haben sie die Tür zugeschmissen, die hatten echt Angst vor ihm. Meine Mutter hat mir einmal gesagt, die haben ihn wie einen Verbrecher behandelt, die haben
gedacht, der zieht jetzt 'ne Waffe und rennt da rein und raubt die aus, die hatten pure Angst
vor ihm."

Yasmin wächst begleitet von rassistischen Stereotypen über ihren Vater sowie über Araber und Afrikaner im allgemeinen auf, von denen sie aber als
Tochter und Enkeltochter ausgenommen wir. Trotzdem werden diese aber
bewußt und unbewußt auch auf sie projiziert. So erinnert sie sich daran, daß
ihre Großmutter ihr immer versuchte, die Ellenbogen „weiß" zu schrubben,
bis sie fast blutig waren, und auch heute gibt diese ihr noch Ratschläge, wie
sie weniger „ausländisch" aussehen würde.

„Was ich so komisch finde ist, daß meine Großeltern mich eigentlich sehr lieben. Ich bin
halt das erste Enkelkind, und meine Mutter ist ihre einzigste Tochter. Aber sie können das
bei mir so völlig ausschalten, ... ich bin für sie einfach deutsch."

Die extreme Haltung der Mutter besteht darin, alles andere – vorwiegend
„arabische" – abzuwerten. Dies wird häufig, aber nicht nur, auf Yasmins Vater bezogen.

„Meine Mutter erzählt mir das genau, wie meine Großeltern sich verhalten haben, und sie
ist keinen Deut besser ... wenn zum Beispiel ein Freund anruft, der nicht perfekt Deutsch
spricht, dann fertigt sie den wirklich auf fiese Art und Weise ab ... Ich hab' sie dann mal
gefragt, ob denn jemand angerufen hat, und sie so: ‚Nee, nur so'n paar Araber...'. Sie hat
zum Beispiel 'ne Zeitlang nur von Negern gesprochen, jetzt hat sie sich schon auf Schwarze eingelassen. Und Araber sind sowieso der letzte Dreck und Juden erkennt sie am Namen, und die sind ja eh nur geldgeil, und all so was sagt sie dann."

Daß ihre Mutter gar nicht auf ihre Erfahrungen und Gefühle diesbezüglich eingeht, beschreibt Yasmin als sehr verletzend, auch daß sie außer Beschimpfungen und schlechten Dingen gar nichts über ihren Vater zu hören bekommt. „Sie antwortet einfach nicht, sie übergeht das, wenn ich danach frage. Sie will's einfach nicht und merkt nicht, wie mich das belastet ... Es ist absolut unmöglich, mit ihr darüber offen zu reden, sie blockt einfach ab, wenn ich irgendwas mit meinem Vater oder über Marokko sage, das ist für sie wie ein rotes Tuch und dann ist es aus, dann kann ich's vergessen."

Ein prägendes Erlebnis für sie war einer der wenigen Besuche ihres leiblichen Vaters, bei dem ihr ihre Mutter und ihr Stiefvater genau vorschrieben, wie sie sich verhalten sollte. Gefühle der Wut und Enttäuschung, die sie als Kind unterdrücken und verdrängen mußte, da sie von den Erwachsenen abhängig war, kommen nun zum Ausdruck.

„Also, wenn ich heute daran denke, könnte ich echt heulen, weil ich mir vorstelle, daß es für ihn auch total enttäuschend war. Ich mein', er hatte ein Geschenk für mich mitgebracht, und ich hab' gesagt: ‚Nee, das will ich nicht'. Ich mein', letztlich war er ein Fremder für mich, aber ich finde es einfach schlimm von meiner Mutter, daß sie mich dahingehend so beeinflußt hat, wirklich, das trage ich meiner Mutter sehr nach und auch meinem Stiefvater, daß er sich da so eingemischt hat."

Gabriel

Gabriels Verhältnis zu seiner Mutter ist seit längerem sehr konfliktreich. Zentrale Themen dieser Konflikte sind Gabriels Vater sowie Schule und Ausbildung. Gabriels Schulzeit wird von ihm als sehr problematisch beschrieben. Sein Verhalten war besonders in der frühen Pubertät durch aggressive und jähzornige Anfälle auffallend. Vor allem seine Unzuverlässigkeit war und ist Anlaß für Auseinandersetzungen mit seiner Mutter. Die verletzenden Vorwürfe, die er seiner Mutter macht, zeigen deutlich seine Betroffenheit in bezug auf seinen Vater.

„Und ich hab' ihr halt ... dann, wenn wir uns gestritten haben, ... hab' ich ihr immer zum Vorwurf gemacht, daß ich auch keinen Vater hab' ... und wir haben uns wegen irgend etwas Dummen gestritten ... und dann kam's bei mir so wieder raus... ‚Oah, ... ich hab keinen Vater, Mama'... und so... ‚Du bist dran schuld' und ‚Du bist so böse', und dann kamen schon ganz schlimme Ausdrücke."

Ein wesentlicher Konflikt Gabriels mit seiner Mutter besteht in seinem Vorwurf, sie habe gar keinen Vater für ihre Kinder gewollt, sie habe ja nur „süße schwarze Kinder" haben wollen. Eine konstruktive Auseinandersetzung wird in dem Moment schwierig, in dem die Mutter sich den Argumenten nicht entziehen kann und unreflektiert auf die Provokationen Gabriels reagiert.

„Ich kann meine Mutter überhaupt nicht verstehen ... und ich werd die auch nie verstehen können ... und sie kann's nicht verstehen, daß ich sie nicht verstehen kann ... und das ist halt irgendwie ... voll das Problem bei uns."

„Ich kann zu meiner Mutter z.B. auch gar net sagen: ,Wir sind die Schwarzen und die Besten und die Schönsten' ... wenn ich das sag' ..., dann guckt die mich an ... (imitiert den
Blick der Mutter)."

Es wird dennoch deutlich, daß seine Mutter ihn immer unterstützte, sowohl in
der Schule als auch bei der Suche nach seinem Vater.

„Ja, meine Mutter hat mich trotzdem halt unterstützt ..., wenn die Lehrer mich für verhal-
tensgestört erklärt haben."

2. Nichtdeutsche Familie

Melany

Melany hat eine sehr intensive Beziehung zu dem Herkunftsland und der Familie ihrer Mutter. Die beiden Aufenthalte in ihrer Kindheit sind ihr in leb-
hafter Erinnerung geblieben, da sie in Kontrast zu ihrem Leben in Deutschland stehen.

„Und ich war halt ständig mit den Kindern zusammen, wir haben zusammen gespielt ... wie
ich nie mehr (betont) sonst gespielt habe ... in Deutschland. Wir sind dort auf Bäume ge-
klettert und konnten den ganzen Tag alleine durch die Straßen rumlaufen und ... das war
hier dann nicht mehr, hier war ich dann höchstens im Kindergarten den halben Tag und
dann den Rest des Tages zu Hause und ... natürlich ist das andere viel schöner. Wir hatten
viel mehr Freiheit."

Diese Kindheitserinnerungen sind für sie so prägend, daß ein Heimatgefühl
entsteht, das sogar zehn Jahre, bis zu ihrem nächsten Besuch, anhält.

„Und als ich halt eben mit 16 dann wieder zurückgekommen bin, dann war das schon irgendwo so ein Gefühl ... als würde ich wieder heimkommen ... voll seltsam ... als wär das
eigentlich meine Heimat ... Und dann habe ich mich auch noch so super mit allen verstanden, und mein Vorteil ist halt auch, daß ich immer noch die Sprache verstehe, und wenn
dann Witze gemacht werden, daß ich halt mitlachen kann oder selbst sogar einen Witz rei-
ßen kann."

Einen wesentlichen Faktor ihrer kulturellen Verankerung in diesem Land
sieht Melany in ihren Sprachkenntnissen. Da ihrem Bruder diese Sprachkenntnisse fehlen, fällt es ihm schwerer, einen persönlichen Bezug zu diesem
Land herzustellen.

„Mein Bruder, der konnte halt gar nichts verstehen, deswegen verbindet ihn, denke ich,
weniger mit dem Land als mich."

David

Der indische Vater ist eine sehr zentrale Person in Davids Erzählungen. Dieser, so berichtet David, habe ein sehr gespaltenes Verhältnis zu seiner indischen Herkunft, womit die Familie ständig konfrontiert sei. Gleich zu Beginn
schon geht David auf diesen wichtigen Aspekt in seiner binationalen Identitätsentwicklung ein.

„Mein Vater, der mag Indien nicht. Also, der ist absolut ... zumindest in seinen Äußerungen und wie er sich selber empfindet, ist er absolut Europäer und Deutscher."

Davids Vater, der auch die deutsche Staatsangehörigkeit angenommen hat, identifiziert sich sehr stark mit dieser nationalen Zugehörigkeit und sieht Indien und die indische Kultur als rückständig und minderwertig an. Sein materialistischer und atheistischer Lebensstil, so David, stehe völlig im Gegensatz zu dem seiner religiösen Eltern, die sehr puritanische Moslems waren und aus deren Umfeld er sich dadurch löste, daß er nach Deutschland ging. Die deutsche Akkulturation versucht der Vater durch größtmögliche Meidung von indischen Freunden bzw. Indern im allgemeinen zu erreichen, und sogar eine Änderung des indischen Familiennamens in einen deutschen zieht er in Erwägung. Er versucht seine Wertevorstellung auch an David zu vermitteln.

„Er hat über Indien eben so bestimmte Wertevorstellungen, also auch da, daß eben die Leute primitiv sind, daß die vollen Züge ekelhaft sind und so weiter. Und er wollte, daß ich das auch so sehe, und als ich angefangen habe, eben das zu hinterfragen, weil für mich war das natürlich auch völlig faszinierend, diese vollen Züge, dann hat er uns versucht davon abzuhalten."

In den übertriebenen konservativen Moralvorstellungen seines Vaters sieht David allerdings eine typisch indische Verhaltensweise. Insbesondere hat er schwer damit zu kämpfen, daß der Vater seine Homosexualität nicht akzeptierten kann.

„Da ist er noch so dermaßen eben seiner Herkunft verhaftet, in solchen Sachen. Die Inder sind sehr konservativ und über viele Sachen wird gar nicht geredet und so."

„Mein Vater, der macht heute noch so Sprüche: ‚Was ist denn eigentlich aus der und der geworden?' und das ist auch so was, wo halt so indische Moralvorstellungen und sowas halt irgendwie noch bei ihm 'ne Rolle spielen, die sich in Indien vielleicht schon wieder total gewandelt haben."

Die extreme Abneigung gegen alles Indische bezieht sich allerdings nicht auf die in Indien lebende Familie, die Davids Vater jedes Jahr besucht. Dort wird ihm großes Ansehen aufgrund seiner Stellung als Familienoberhaupt und seiner Karriere in Deutschland entgegengebracht. Zu seiner indischen Familie hat David ein sehr enges Verhältnis. Durch die häufigen Aufenthalte in Indien sind speziell zu einigen Verwandten, die ihm sehr ähnlich sind und die auch gleiche Interessen haben, sehr intensive Beziehungen entstanden, die durch regelmäßigen Briefkontakt aufrechterhalten werden. Seine Erzählungen über diese Familie sind von einer extremen Begeisterung gekennzeichnet.

„Das hat auch sehr viel mit dieser Familie zu tun, eben wie gesagt, weil die so wahnsinnig lieb sind und wahnsinnig interessant sind. Das sind auch alle so exzentrische Figuren, die mich auch immer völlig unterstützt haben, ‚mach Film', ‚mach Kunst' oder so was."

Für David ist dies besonders wichtig, da ihm sein Vater gerade solch eine Unterstützung nicht bietet. Auch in bezug auf seine Homosexualität ist das

Verhalten seiner indischen Verwandtschaft von einer weitaus größeren Toleranz und einem größeren Einfühlungsvermögen gekennzeichnet, als sein Vater ihm bieten kann.

„Aber das, obwohl das da so ein super Tabuthema ist, daß da überhaupt nie, nie irgendwie dann so Sprüche kamen wie ‚Jetzt such dir doch mal ne Frau‘, sondern das war dann einfach klar und das blieb auch immer in deren Kopf mit drinnen. Also, das war so klar, der ist einfach so und das ändert nichts an unseren Gefühlen.“

Sonia

Gleich zu Beginn des Interviews kommt Sonia auf ihr Verhältnis zum Sudan zu sprechen, das überaus negativ konnotiert ist.

„Also, ich mein', ich war ja schon dreimal da und hab' halt so gut wie keinen Bezug zu den Leuten, kann die Sprache minimal verstehen und sprechen so gut wie gar nicht.“

„Es war halt für mich nicht ... oh ... ich fahr' jetzt nicht in mein Teilherkunftsland ... und dann ein recht unkomfortabler Urlaub, ... weil das ja auch logischerweise ... Dritte-Welt-Land ... ist nicht so das Urlaubsziel, was du dir logischerweise auch vorstellst.“

Als einziges und wohl auch prägendes Erlebnis schildert sie eine Situation im Sudan mit dem Großvater.

„Als ich das letzte Mal da war, war ich da auf dem Hof und mein Opa kam und hat mir irgendwas gesagt, was ich einfach nicht verstanden hab'. Er hat's fünfmal bestimmt wiederholt, und ich hab's halt nicht verstanden. Und dann hat er etwas gesagt, was ich verstanden hab' (arabischer Fluch), was ich jetzt leider auch nicht wörtlich übersetzen kann. Er hat meinen Vater praktisch auch so dafür verantwortlich gemacht, daß er mir das nicht beigebracht hat.“

Gabriel

Verlust und Enttäuschung sind die wesentlichen Gefühle Gabriels hinsichtlich seines Vaters. Er hat nur wenige Erinnerungen an die Begegnungen mit seinem Vater.

„Ich kann da nicht so drüber sprechen ... weil eigentlich fehlt er mir voll ..., eigentlich hätte ich voll gerne 'nen Vater ... aber den kann ich mir eigentlich jetzt auch nicht mehr als Vater vorstellen, ja ... was weiß ich, was mit dem abgeht.“

In idealisierender Weise formuliert Gabriel Erwartungen, die er an einen Vater stellen würde. Er ist sich darüber im klaren, daß sein Vater diesen Erwartungen nicht entspricht. Gabriel fehlt nicht nur der Kontakt zu seinem Vater, sondern auch zu dessen Familie, Land und Kultur.

„Und der kam halt vorbei ... war halt total scheiße... Small talk ... aber das kam von ihm nie, daß wir über Nationalität oder so ... aber wahrscheinlich war ich auch einfach noch zu jung, aber er hätte es von sich aus machen müssen! Und hätte zu mir kommen müssen ... da deine zweite Heimat sozusagen, deine Verwandten mußt du doch auch kennenlernen ... das gab's halt nicht.“

Das Verlustgefühl bezüglich seines Vaters wird von Gabriel sehr emotional zum Ausdruck gebracht.

„Ich hab' irgendwie auch einen Haß auf meinen Vater, ja ... aber so einen richtig fiesen."

3. Bikulturelle Erziehung

Melany

Abgesehen davon, daß ihre Mutter immer philippinisch kocht und häufig philippinische Bekannte zu Besuch hat, sieht Melany ihre Erziehung nicht als bikulturell. Melany begründet dies damit, daß die Kultur des Herkunftslandes ihrer Mutter stark von westlich-amerikanischen Einflüssen geprägt ist. Ihre Mutter selbst war in einer christlichen Missionarsschule. Durch die längeren Aufenthalte als Kind und da ihre philippinische Tante längere Zeit bei der Familie in Deutschland lebte, kann Melany die Sprache ihrer Mutter einigermaßen verstehen und etwas sprechen. Ihre Mutter wollte ihr die philippinische Sprache nicht vermitteln, da der Vater diese nicht verstand und sie auch keinen Nutzen darin sah. Melany berichtet von dem Versuch ihrer Mutter, sie zweisprachig in deutsch-englisch aufzuziehen.

„Ja, das konnte sie dann irgendwie nicht durchsetzen, meine Omi, die war irgendwie dagegen."

Gründe, die eine bikulturelle Erziehung verhinderten, sieht Melany in der Unsicherheit ihrer Mutter und deren anfänglichen Schwierigkeiten, sich in Deutschland zu orientieren, die insbesondere auch durch die deutsche Groß-mutter gegeben waren.

„Ja ... sie war halt naiv ... und leicht einzuschüchtern ... und wenn dann die Leute was da-gegen hatten ... z.B. meine Omi ... und sie konnte auch noch nicht so gut Deutsch, da hat sie sich halt leicht einschüchtern lassen."

David

Urdu, die Sprache der indischen Moslems und die Muttersprache seines Va-ters, bekam David von seinem Vater bewußt nicht beigebracht. Der Vater, der schon nach wenigen Jahren in Deutschland fließend deutsch spricht, so-gar, wie David behauptet, besser als die Mutter, empfindet diese Sprache wie viele Aspekte der indischen Kultur als wert- und nutzlos. Aufgrund der sehr westlichen Orientierung seines Vaters bekommt David anfangs noch die englische Sprache vermittelt, die in Indien sehr verbreitet ist. Die fehlende Sprachvermittlung führte bei Familienreisen nach Indien teilweise zu einge-schränkten Kommunikationsmöglichkeiten.

„Ja, also mein Bruder konnte nicht Englisch, er hat's erst in der Schule gelernt. Ich hab dann immer übersetzt. Also, ich konnt' mich schon ein bißchen unterhalten. Mit meiner Oma konnte ich mich aber nicht unterhalten, weil sie konnte kein Englisch. Das war so die einzige Person, die eben so alt war, daß sie nur Urdu konnte."

David berichtet zwar, daß es in Indien kein Problem sei, mit Englisch auszu-
kommen, trotzdem vermißt er es, eine indische Sprache zu sprechen.

„Ich hab' so gemerkt, daß es einfach fehlt. Also, ich kann da zwar mit allen Verwandten
Englisch reden, aber es gibt einfach Gruppen in Indien, die ich nicht errreichen kann ... nur
mit Englisch."

Die fehlenden indischen Sprachkenntnisse waren für die indische Familie
weniger bedeutsam als die atheistische Haltung des Vaters, der in keiner
Weise versuchte, seinen Kindern den moslemischen Glauben nahezubringen.
Insgesamt jedoch, konstatiert David, sei er überhaupt nicht bikulturell erzogen worden. Er schreibt das einem fehlenden Interesse seiner Eltern zu.

„Meine Eltern sind schon so kunstinteressiert mehr oder weniger ... aber sind wirklich auch
nicht so Leute, die jetzt sich wirklich über Kulturen ... unterhalten würden."

Fremdbestimmte Zuschreibungen, Rassismuserfahrungen

1. Rassismus und Fremdzuschreibungen in Deutschland

David

David berichtet von fremdbestimmten Erfahrungen, die er in Indien und in
Deutschland machte und die er als Verwirrung von Identitäten beschreibt.
Diesbezügliche Erfahrungen in Deutschland beschreibt er für seine Entwick-
lung eher als relativ unbedeutend.

„Also, das ist eigentlich meistens so, daß da erst mal nachgefragt wird. Also, da seh' ich
scheinbar echt eher ausländisch aus ..., also das ist schon so diese Sache, ‚Wo kommst
denn du her' ... und das war's."

Rückblickend erinnert er sich an eine spezifische Situation in seinem Heimatdorf, der er als Kind dort ausgesetzt war und die er teilweise auf seine
biethnische Herkunft zurückführt.

„In B. gab's eben so die Türkenjungs und die Dorfjungs, die Deutschen. Und da war ich
immer nicht zuzuordnen. Die Türken haben mich völlig uninteressant gefunden, und die
anderen ham mich halt immer Türke geschimpft."

Diese Ausgrenzung schreibt er aber ebenso einer generellen Außenseiterposi-
tion zu.

„Wobei mein Bruder, der war dann im Fußballverein, und da war's dann überhaupt gar
nicht so. Das war nur einfach ich, weil ich so das seltsame Kind war. Erst war ich halt der
Türke und dann war ich halt der Schwule. Das ist ja dann so gerade ineinander übergegan-
gen, gerade so auf dem Dorf."

Insbesondere seine kulturell deutsche Verankerung durch die Sprache läßt
ihn seine Erfahrungen in Deutschland relativieren.

„Als Kind halt, wenn man dann so in 'nem Dorf wohnt und die anderen Jungs einen immer Türke rufen oder so, dann fühlt man sich da schon so fremd und da ... gab's ... so Momente, wo einem das dann so klar wurde, aber in der Schule oder so hab ich's eigentlich nie als Problem gemerkt, weil ich auch so gut deutsch kann und ich damit eben keine großen Probleme hatte."

Yasmin

Yasmin bekommt von ihrer Mutter in übertriebener Weise die deutsch national-kulturelle Zugehörigkeit zugewiesen, was zu einer heftigen, widerstrebenden Haltung von Yasmin führt, der sie zur Zeit argumentativ hilflos gegenübersteht.

„Sie sagt, ich bin Deutsche, ein deutsches Mädel. Mädel hat sie gesagt! Ein deutsches Mädel! ... Ich bin in Deutschland aufgewachsen ... sie hat mich deutsch erzogen und das ist das einzige, was zählt ... Natürlich bin ich hier aufgewachsen, ich mein' das ist letztlich meine Heimat, aber das ist nicht alles."

Melany

Melany erkennt, daß fremdbestimmte Zuschreibungen schon von Kind auf ihre Entwicklung und Haltung beeinflußt haben. Ganz besonders gravierend für sie waren und sind dabei die spezifisch negativen Stereotype der westlichen Gesellschaft über asiatische Frauen. Gleich zu Beginn des ersten Interviews betont Melany, daß die Ehe ihrer Eltern nicht diesem Bild entspricht.

„Was mir wichtig ist von vorneherein, daß sie sich nicht per Kontaktanzeige kennengelernt haben ... sondern halt einfach so ... im Krankenhaus. Aber auf jeden Fall nicht per Kontaktanzeige. Und ... meine Mutter ist auch älter als mein Vater ... ein Jahr zwar nur ... aber."

Erfahrungen des Reduziertwerdens auf asiatische Stereotype bedingen bei Melany Schamgefühle bezüglich ihrer Herkunft.

„Aber ein bißchen schäme ich mich schon dafür, daß ... weil heutzutage kommen halt viele von den Philippinen hier rüber ... aus Armut, und heiraten einen, den sie überhaupt nicht kennen ... der uralt ist ... oft auch so primitiv."

Melany sagt zwar, daß sie nicht direkt mit diesen Vorurteilen konfrontiert wurde, dennoch richtet sie ihr Verhalten danach aus. Eine Form des antizipierten Rassismus wird deutlich.

„Aber zum Beispiel bis vor ein paar Jahren, wenn ich mit meinem Vater unterwegs war, da hab ich bewußt das Wort ‚Papa' gesagt, damit jeder wußte, ja, das ist mein Papa und nicht mein Mann."

Als bewußt rassistische und ausgrenzende Erfahrungen in ihrer Kindheit beschreibt sie die Bezeichnung „Ching Chang Chong" sowie die ständige Frage nach ihrer Herkunft. Sie nennt jedoch auch Erlebnisse mit „positiven" Stereotypen, die für ihre Mutter teilweise beängstigend waren.

„Aber es gab eigentlich auch positive Erfahrungen, daß sie einen besonders süß fanden, gell?! Meine Mutter hat auch immer Angst gehabt, daß ich geklaut werde. ‚Wie goldig, dich nehm' ich mit ...' und so."

2. Fremdzuschreibungen im Herkunftsland des ausländischen Elternteils und von anderen nichtdeutscher Herkunft

David

David identifiziert sich stark mit seiner indischen Herkunft, und fremdbestimmte Erfahrungen dort beschäftigen ihn sehr.

„Ich will da auch nicht deutsch aussehen, und dann versuche ich mich indisch anzuziehen, und dann werde ich langsam so braungebrannt, und dann habe ich selber den Eindruck, ich sehe jetzt ziemlich indisch aus, und meine Umgebung hat überhaupt nicht den Eindruck."

Dieses zumindest nach äußeren Kriterien definierte Zugehörigkeitsgefühl wird auch in Indien in Frage gestellt. Wieder ist David damit konfrontiert, nicht eindeutig einer ethnischen Gruppe anzugehören. Er schildert sehr emotional ein Erlebnis, wo auch insbesonders seine Teilherkunft in Frage gestellt wird.

„So ein Student hatte mich zu sich nach Hause genommen und er hat mich vorgestellt und hat gesagt: ‚This is David, he's 50 percent German and 50 percent Indian'. Und die Mutter hat gesagt, sie hätte sofort gedacht 100 percent German. Da hab' ich mich gewundert und fand die Geschichte so absurd und hab' sie dann zu Hause erzählt, meiner Cousine, und sie hat gesagt: ‚Na und, das hab ich auch immer so gesehen!'"

Daß gerade auch indische Familienangehörige ihn vollkommen als Deutschen sehen, ist für ihn noch unverständlicher.

„Und das fand ich so rätselhaft, weil ich hatte den Eindruck, ich sehe denen jetzt total ähnlich."

Andere anonymere Begegnungen wiederum konfrontieren ihn mit einem gegenteiligen Extrem.

„Und dann gab's da wieder Situationen, wo ich so was weiß ich, von Leuten irgendwo angesprochen wurde und die dann wütend geworden sind, weil ich gesagt habe, ich bin aus Deutschland und ich würde kein Indisch können. Und da ham se gedacht, ich will sie verarschen und sei irgend so ein arroganter Großstadtfuzzi."

Sonia

Spricht Sonia von Afrikanern, insbesondere von Sudanesen, ist zu erkennen, daß sie aus negativen Erfahrungen heraus diese als sehr vereinnahmend wahrnimmt, ihnen sehr ablehnend gegenübersteht und eine weltbürgerliche Haltung einnimmt.

„Ich muß ja praktisch mich mit ihnen verbunden fühlen, weil sie aus dem Sudan kommen oder dann sogar weiter aus Afrika oder noch weiter, dieselbe Hautfarbe ... und das sehe ich halt nicht so... ich such' mir die Leute aus, wie sie halt individuelle Menschen sind ... und nicht ... so."

Melany

Ebenso wie in Deutschland machte Melany als Sechzehnjährige auf den Philippinen irritierende Erfahrungen hinsichtlich ihrer ethnischen Zugehörigkeit.

„Da war ich dann auch in der Schule. Und die waren echt herzlich ... die waren so interessiert and dir und ... aber aufgefallen bin ich halt trotzdem. Also irgendwie fall' ich jetzt dort mehr auf als in Deutschland. Das konnten ... in der Schule hier ... die konnten das gar nicht glauben ... ‚Was, du bist aufgefallen?... Wie haben die das denn gemerkt?'... Allein die Hautfarbe ... anscheinend bin ich doch viel heller, auch meine Grammatik wahrscheinlich."

Verhaltensweisen, Haltungen als Reaktionen

1. Spaltungstendenzen

Gabriel

Gabriels Haltung läßt deutlich erkennen, daß er sich in einer Phase befindet, in der er extreme Spaltungstendenzen zu Ungunsten von weißen Deutschen vornimmt und alle Schwarzen und Ausländer besonders positiv hervorhebt. Eindeutig bezieht er sich hierbei auf Rassismuserfahrungen, und mit dem Denken „Schwarz gleich gut" und „Weiß gleich böse", welches er oft und in provozierender Weise von sich gibt, versucht er, dem entgegenzuhalten. Bei genauerem Nachfragen verwickelt er sich zwar in Widersprüche, löst diese aber für sich sofort wieder.

„Also ehrlich gesagt, habe ich gar keine Vorurteile ... gegen niemand ... weil das totale Scheiße ist ... aber ich mein' irgendwo ... setzen sich die halt fest ... die entstehen so durch Erfahrungen ... und das sind dann keine Vorurteile mehr, das sind dann Erfahrungen, und von daher würde ich einschätzen, daß ein großer Teil der Deutschen ... nicht so sind ... oder niemals so sein können, wie Ausländer sind. Die können einfach nicht so viel Elan mit ins Leben bringen ... wie Ausländer."

„Also eigentlich bin ich kein Rassist ... aber ich liebe alle Schwarzen."

Auf die Bitte, dies näher zu erläutern, erwidert er:

„Ja klar, unter den Schwarzen gibt es auch die hammerkrassen Assos sozusagen ... aber ich hab' lieber 'nen farbigen ... oder 'nen schwarzen Asso ... als daß ich 'nen weißen Asso neben mir stehen hätte, ja."

Für Gabriel ist es im Moment wichtig, sich gegen alles weiße Deutsche abzugrenzen und definiert mit deutscher Kultur ausschließlich negative klischeehafte Stereotypen, die es ihm erleichtern, sich nicht damit identifizieren zu müssen.

„Die deutsche Kultur ist 'ne Biertrinkerkultur ... und das ganze mit den Trachten feiern und hier ... traditionelle Musik und so ... damit könnte ich mich nie in Zusammenhang bringen."

2. Wunsch nach Unauffälligkeit

Melany

Bei Melany kommt der Wunsch nach Unauffälligkeit zum Ausdruck.

„Ja ... man muß erst mal beweisen, daß man ganz normal ist, ja so, daß man den IQ von mindestens ... hat ... Deswegen bin ich auch total froh, daß ich mit Nachnahmen ... (typisch deutscher Nachname) heiße, dadurch bleibt man eher noch unerkannt, und mir ist es jetzt schon zwei- oder dreimal passiert, daß mir Leute zunächst nicht angesehen haben, daß ich nicht nur deutsch bin ..., und das finde ich sehr angenehm."

3. Glorifizierung: Idealisierung des ausländischen Elternteils und der eigenen Herkunft

Yasmin

„Es war auch so eine Situation, da habe ich mich, obwohl ich meinen Vater nicht kannte, hab' ich mich ihm eben immer näher gefühlt ... Also ich glaub', das kam erst mal durch das Äußerliche, daß ich keinem aus der Familie meiner Mutter ähnlich sehe. Und dann habe ich immer überlegt, vielleicht sehe ich ja 'ner Tante ähnlich oder meinem Vater ... Irgendwem muß ich ja ähnlich sehen."

4. Übernahme von positiven Stereotypen

Yasmin

Yasmins Einstellung ist teilweise von einer Übernahme positiver Stereotype geprägt.

„Also Mischlinge vereinen das Schöne aus beiden Seiten, und das finde ich auch total schön, ich mein, das trifft's auch letztendlich."

5. Leistungsdruck und Ehrgeiz

Melany

„Ich setz' mich, glaub' ich, auch mehr unter Leistungsdruck als Normale, weil ... ja die einen, die halt ... mehr so gegen Ausländer sind ... oder halt Ausländer für dumm halten ..., daß ich halt solchen Leuten beweisen wollte, daß ich halt supergut bin ... so ... ‚Ätsch, ich kann das auch und sogar noch besser als die anderen'. Und bei den anderen, die denken: ‚Oh, 'ne Exotin!' ... ‚Oh, die sieht gut aus!' ... oder ‚Die macht bestimmt alles ganz toll' ... die will man ja auch nicht enttäuschen, denen will man auch gerecht werden, dann setzt man sich ständig unter so einen Leistungsdruck ... das ist total bescheuert."

Entwicklungen, Phasen, Veränderungen

David

Für David sind seine Indienreisen auch deshalb von großer Bedeutung, da er an ihnen individuelle Entwicklungsstufen ausmachen kann.

„Also, die Indienreisen sind für mich so wichtig ... ich kann mein Leben so einteilen in diese Indienreisen. Das sind immer so total wichtige Momente, weil man so merkt, wie man sich selber verändert, daran, wie die anderen einen jetzt sehen, weil es so was Konstantes ist ... immer die gleichen Leute besuchen, und daß man so merkt, wie man alles anders wahrnimmt und selber anders wahrgenommen wird ... halt sich so festmachen kann."

Den einjährigen Aufenthalt in Indien beschreibt David als sehr wichtige Erfahrung, da es ihm nun möglich war, eine enge, von seinem Vater unbeeinflußte Bindung zu seiner Verwandtschaft und auch zu dem Land aufzubauen. Seinen Bezug zu Indien beschreibt David als sehr intensiv und über ein Touristenziel hinausreichend.

„Ich habe nie das Gefühl gehabt, daß es so ein Kulturschock ist oder so, wie viele Leute, die halt dahin fahren, weil ich eben schon so als Kleinkind so da war und dann war's für mich einfach immer selbstverständlich. Auch das Elend zu sehen oder so, da hab ich nie jetzt Alpträume gekriegt oder so, weil ich's einfach kannte."

Sein überaus positiver Bezug zu dem Land und den Menschen wird in folgender Aussage noch einmal deutlich:

„Also, das ist eigentlich eins meiner absoluten Lieblingsthemen ... Ich kann da echt, die Leute sind da eher schon völlig entnervt, weil ich irgendwie, wenn jemand was zum Thema Indien fallenläßt und ich da loslege und Sachen erzähle, und ich erzähle auch total gerne ausschweifende Anektdoten aus meiner Familiengeschichte aus Indien, wie ich das alles so toll finde."

Solche Erzählungen, ergänzt David, beinhalten allerdings niemals seine ambivalente Haltung und seine komplexe, aber auch flexible Zugehörigkeitsdefinition hinsichtlich seiner Herkunft.

Melany

Melanys Verbindung zu dem Land und ihrer Familie dort war so eng, daß sie sogar Zukunftspläne auf den Philippinen in Erwägung zog.

„Ich hab bei der Firma ... eine Ausbildung gemacht ... eigentlich auch mit dem Ziel ... ich weiß halt, daß auf den Philippinen ... ne Niederlassung ist ... ich wollte dann echt auswandern und über diese Firma da hingehen ... deshalb hab ich eigentlich die Ausbildung da angefangen."

Der Kontaktverlust im Laufe der Jahre wird von ihr als besonders schmerzhaft empfunden.

„Das ist halt traurig. Das ist so ein intensives Gefühl ... das nachläßt."

Die große Distanz zu ihrem „Heimatland" führt mit der Zeit zu einer Unsicherheit ihrer Gefühle zu diesem Land. Sie relativiert ihre positive Erinnerung durch negative Fakten.

„Dort hast du dann immer die Mückenstiche und ... immer die Abgase, wenn du in die Stadt fährst und ... du mußt ja dort hinfahren, wenn du dort arbeitest ... die Kriminalität steigt auch immer mehr. Mittlerweile denk ich, ja, daß es halt viel zu schwer ist, ne Arbeitserlaubnis zu kriegen ... und mittlerweile will ich auch gar nicht mehr dort leben, ich bin doch zu deutsch, ich bin das Essen gewohnt."

Andererseits ist es Melany bewußt, daß die scheinbar unüberwindbaren Gründe nur als Vorwand dienen.

„Nee ... ich sag immer wegen dem Geld ... aber andererseits, ich glaube, ich habe auch Angst, daß es da nicht mehr so schön ist wie's letzte Mal. Da habe ich unheimlich Horror vor."

Als ein weiterer wesentlicher Punkt erscheint Melany die Sprache.

„Ich hab' ... sowieso schon im Deutschen ... Schwierigkeiten mich auszudrücken ... was man denkt, was man fühlt ... ich finde das so schwer. Und das dann in ner fremden Sprache ... selbst wenn du die unheimlich lernst ... und dann vielleicht auch sehr gut sprechen kannst, aber ich glaub' ... so richtig ... kannst du dich doch nicht ausdrücken."

Unerwartet, durch den plötzlichen Tod der Mutter bedingt (in der Zeit zwischen den beiden Interviews), mußte Melany auf die Philippinen reisen und sah sich nun gezwungen, zu ihrem Verhältnis zu Land und Familie neu Stellung zu beziehen. Melany beschreibt dies als eine sehr prägende Erfahrung. Sie mußte sich tiefgreifend mit ihrer Familie auf den Philippinen auseinandersetzen, wobei auch kulturelle Unterschiede eine Rolle spielten. Melanys Befürchtungen, daß ihre schönen Erinnerungen an die Philippinen und an das enge Verhältnis zur Familie dort sich als Traumbild erweisen, scheinen sich anfangs zu bestätigen.

„Ja ... ich war dann froh ..., daß ich alle gesehen habe ... aber schon ... wie ich halt erwartet habe ... alles viel häßlicher ... jetzt noch ein Haus davorgebaut und daneben ... also schlimm ... noch mehr Abgase in der Stadt ... und so."

Zeitumstellung, Trauerzeremonien, Hitze und andere Faktoren waren, so Melany, mit ausschlaggebend dafür, mit der Situation nicht mehr zurechtzukommen.

„Und dann am Donnerstag ... kam dann der große Knall ... da hab' ich mich mit jedem gezankt ... ich wollte nie mehr zurück auf die Philippinen ... und fühlte mich total unverstanden."

Als Höhepunkt dieser Streßsituation beschreibt Melany einen Streit mit philippinischen Familienangehörigen, bei dem sie nicht wie sonst Englisch, sondern im Affekt Philippinisch spricht.

„Da hab' ich die alle voll zur Sau gemacht, auf philippinisch dann, nur daß ich mit ihnen gesprochen hab' ... echt, es hat geklappt, weil der eine hat halt immer so getan, als würd' er nichts verstehen auf Englisch, ja, dann hab ich halt auf philippinisch gesprochen, gell! Und ich hab dann gesagt: ‚Nee, ihr könnt mich nicht verarschen, ja ... ich versteh' euch ja ... und nur weil meine Mutter jetzt tot ist, könnt ihr irgendwie, könnt ihr mit mir machen, was ihr wollt, so läuft das nicht, ja.'"

Durch diesen Streit löste sich die Spannung, die zwischen allen Beteiligten stand, und gerade das Umgehen der philippinischen Verwandten mit ihrem emotionalen Ausbruch schaffte wieder die Verbindung, die Melany erhofft hatte.

„Ich hätte gedacht, die würden jetzt denken: ‚Och, was für 'ne eingebildete Tussi da ... wie die mit uns umspringt', ja ... Aber gar nicht, die waren zutiefst getroffen und haben den Fehler nur bei sich gesucht, ja, aber echt ... und dann ... auch mein einer Cousin, weißt du, ich dachte immer, das wär so 'n Cooler und der hat immer nur Witze gemacht, und der war so ... der hat fast geheult, gell ... und oje und alle waren so traurig, und da war ich ... Mensch, die lieben uns ja wirklich, voll süß. Ich hab auch überreagiert, aber es war auch alles zuviel ... und es war aber gut, daß dieser Streit da war, weil dadurch ... irgendwie jetzt wurd's plötzlich total geil, vorher, das war halt lieb und freundlich, aber halt mehr so dahingeplätschert ... Irgendwie schweißt das dann plötzlich zusammen."

Durch dieses Erlebnis ist es Melany wieder möglich, das Land, die Kultur und die philippinische Familie in ihre Zukunftspläne einzubeziehen.

„Jetzt versuche ich da jedes Jahr hinzufliegen. Ich hab das ja erlebt, da in der einen Woche, das hat soviel gebracht, es war so schön. Ja, das ist auch das, was mir hier so hilft ..., daß ich irgendwo sonst kein Ziel mehr hätte, was soll das alles noch ohne Mutter."

Melany ist es möglich, ebenso die problematischen Seiten von Familie und Kultur zu erkennen und damit umzugehen.

„Und da haben sie es schon zugegeben, ja ... daß es eben auch nicht so toll ist. Grad das mit den Verwandten untereinander."

Gerade im Hinblick auf ihre Mutter ist es Melany wichtig, den engen Kontakt aufrechtzuerhalten.

„Wenn wir dann immer da war'n oder auch meine Mutter ... deswegen mochten sie die auch so, weil die hat alle wieder zusammengeführt, meine Mutter, die war ... die Mutter Theresa, so ungefähr ... vielleicht denke ich auch irgendwie, daß ich das weiterführen müßte."

Ambivalenz und Selbstverständnis

David

David ist sich seiner spezifisch ambivalenten Identitätsentwicklung bewußt und bringt dies sehr offen und ausführlich in den Interviews zum Ausdruck und kommt gleich zu Beginn darauf zu sprechen.

„Also über das Thema Identität denkt man ja auch gerne nach, ... also, wenn ich in Indien bin ..., dann hab' ich schon so oft gemerkt: ‚Huch, ist das jetzt 'ne Eigenschaft, die was indisches ist' ... oder daß man einfach so anfängt, Sachen so komisch plötzlich zu definieren, die man von sich selber kennt."

In Deutschland ist es für David normal, auf den ersten Blick einer anderen nationalen Herkunft zugeordnet zu werden. Diese konstante Erfahrung, eindeutig nichtdeutsch auszusehen, führt bei ihm zunächst zu dem Schluß „indisch" auszusehen.

„Ich hab hier eben, also ich fand's immer so eindeutig halt schwarzhaarig, dunkeläugig und so weiter, hier komm ich mir eindeutig ein bißchen ausländisch aussehend vor, während da ist es eben so umgekehrt."

Das dies doch nicht so ganz eindeutig ist, beschäftigt David sehr.

„Also, so Sachen verwirren einen natürlich völlig, wie man jetzt wirklich aussieht. Das ist doch total komisch oder ... also wenn man's nicht mehr sagen kann?"

Der Wunsch nach Zugehörigkeit ist ihm besonders in Indien wichtig. Dort wird ihm seine Ambivalenz besonders deutlich.

„Ich würde auch nicht gerne jemanden mitnehmen von meinen Freunden, wenn ich nach Indien fahre, weil ich mich da schon verändere."

David konstatiert ein ambivalentes Gefühl hinsichtlich seiner Person und seiner Zugehörigkeit und beschreibt neben seinem Äußeren auch seine innere Haltung als ambivalent.

„Ich hab schon das Gefühl, daß mir da andere Sachen wichtig sind, als ich da war ..., ich hatte dann da Kunst studiert ... und dann hab ich aber gedacht: ‚Kunst..so ein Scheiß'... wollte dann Architektur.. aber dann auch noch so Lehmarchitektur ... und als ich dann hier (Deutschland) ankam ... irgendwie so zwei Monate später, dachte ich so: ‚Wah ... Lehmarchitektur ... was ist denn das!' ... aber es ist auch wirklich so, daß ich zum Beispiel so die ganzen Zeichnungen, die ich gemacht hab' oder die Sachen, die ich in mein Tagebuch geschrieben hab', daß die mir hier fremd waren, als ich wieder zurückkam."

Gabriel

Gabriels Versuch, seine ambivalenten Gefühle hinsichtlich seiner binationalen Herkunft zu bewältigen, führt dazu, den deutschen Teil seiner Herkunft zu negieren und sich vollständig mit seiner anderen Herkunft zu identifizieren.

„Die (Mutter) versteht es nicht, daß ich mich ... überhaupt nicht als Deutscher sehe. Ich mein', das ist halt so, daß ich in Deutschland aufgewachsen bin, ja ... und ich eigentlich auch nur Deutsch spreche ... aber ... ich fühl mich ... zu Deutschland eigentlich überhaupt nicht verbunden ..., obwohl ich eigentlich nichts anderes kenne außer Deutschland."

Bei einem Versuch der Selbstdefinition verwickelt sich Gabriel in Widersprüche, die er nicht auflösen kann.

„Ja, ich sag ... Scheiß Deutschland! ... Scheiß Deutsche! Nur die Schwarzen ... die ham's. Das ist meine Meinung ... ich bin eigentlich auch ein Rassist ... was ich aber eigentlich gar nicht sein kann.. weil ich ja ein Mischling bin. Das ist ja Schwachsinn ... aber wenn man das jetzt so sieht ... ich sitz' ja nicht mit den Weißen in einem Boot ... sondern ich sitz' mit

Schwarzen in einem Boot ... und weil hier die Deutschen, wenn die mich sehen, die sagen ... ich bin ein Nigger ... also, was heißt ein Nigger ... ich bin ein Ausländer ... ein Schwarzer in Deutschland."

Gabriel ist sich seiner spezifischen ambivalenten Situation teilweise bewußt, jedoch ist er noch nicht an einen Punkt in seiner Entwicklung angelangt, der es ihm ermöglicht, einen neuen, eigenen Standpunkt zu entwickeln.

„Ich fühl' mich eigentlich gar nicht als Deutscher ... weil ich niemals ein Deutscher sein könnte oder mich auch kein Deutscher als welcher richtig annimmt ... also vielleicht doch schon welche ... aber halt nicht unbedingt ... also ich bin trotzdem ... bleib halt schwarz ... farbig. Ich bin immer Schwarzer und deswegen kann ich mich nie als Deutscher sehen ... obwohl ich 'nen deutschen Paß hab ..., finde ich."

Gabriels Haltung ist auffallend von Identifikationen mit positiven Stereotypen über „Mischlinge" und Schwarze geprägt.

„Dabei bin ich doch eigentlich was Besonderes, ... weil ich doch ein Mischling bin ... oder überhaupt, weil ich doch ein Farbiger bin ... und ... ich kann im Moment ... kann ich mich gar nicht definieren ... oder will mich gar nicht definieren."

Er möchte diesen positiven Stereotypen auch entsprechen, da er das Gefühl hat, sich vor der Gesellschaft beweisen zu müssen, die ihm häufig mit negativen Stereotypen und Vorurteilen gegenübersteht.

„Ja eigentlich ist das für mich so ... daß ich ein Mischling bin ... und mir denke ‚ich bin ein Mischling' ... und müßte eigentlich so viel machen ..., um zu zeigen, daß ich ein Mischling bin ... und was Besonderes."

Sonia

Binationalität, so Sonia, werde in der deutschen Gesellschaft generell nicht gesehen. Es bestehe ein Schwarz-Weiß-Denken, dem sie nicht zuzuordnen sei.

„Das ist halt, du bist halt anders, du bist ja nicht deutsch, du bist auch nicht weiß. Du bist halt anders."

Eine besondere Problematisierung ihrer Situation, einen Identitätskonflikt, sieht Sonia allerdings nicht.

„Es ist jetzt nicht eins meiner Hauptprobleme in meinem Leben, aber wenn man darüber nachdenkt, ist es halt so wirklich, man gehört weder hier richtig dazu oder da richtig dazu. Und ja, die Frage ist, ob man dazugehören will. Also ich wollte mich jetzt auch nicht als typisch Deutsche definieren lassen oder als die typische Sudanesin."

Melany

Im Verlauf der beiden Interviews wird bei Melany eine positive Veränderung ihres binationalen Selbstverständnis deutlich. Auffallend im ersten Interview war bei Melany eine Standpunktlosigkeit bzw. Richtungslosigkeit, die sie noch nicht tiefgreifend reflektiert hatte.

„Immer dieses Hin- und Hergerissensein ... das ist immer so das Gefühl, daß man wirklich nicht weiß, wo man hingehört."

Im zweiten Interview wird deutlich, daß sie zu einem flexibleren und offeneren Umgang mit ihrer binationalen Herkunft gefunden hat.

„Ich weiß zwar schon, daß da Unterschiede sind, daß es extreme Unterschiede gibt ... weil ich 'ne andere Kultur ... aber ... ich will es einfach akzeptieren und mich drüber freuen, über den Unterschied ... daß es halt mal was Anderes ist."

Sie selbst hatte früher, wie aus ihrer Erzählung hervorgeht, ihr bikulturelles Selbstverständnis über die Mutter definiert.

„Ich hab ihr gesagt, ja ... wenn du stirbst, dann hab ich überhaupt nichts mehr mit den Philippinen zu tun. Und was soll ich denn da, was hab ich denn da noch für einen Kontakt? Wie soll'n da irgendein Kontakt bestehen?"

Durch die Auseinandersetzung mit der philippinischen Familie, gerade auch nach dem Tod der Mutter kann sie ihre Einstellung zu ihrer Herkunft von sich selbst abhängig machen.

„Aber jetzt ... wo ich halt '91 und jetzt drüben war, .. und ich die Leute wieder ... also richtig kennengelernt habe ... und da sieht man das mit ganz anderen Augen, dann ... wenn man halt gute Erfahrungen dort gemacht hat ... dann steht man dazu."

Yasmin

Durch Fragen nach ihrer Herkunft oder in bestimmten Situationen wird Yasmin immer wieder damit konfrontiert, wie eine Deutsche auszusehen hat und daß ihre Zugehörigkeit immer wieder in Frage gestellt wird.

„Und da denk ich mir auch immer, was soll das jetzt, weil ich kann nichts anderes, wie Deutsch sprechen, das ist meine Muttersprache, aber ich paß nicht in das Bild, wie ein Deutscher aussehen sollte, äußerlich gesehen."

Sie stellt eine grundlegende Ambivalenz der binationalen Identitätsentwicklung fest, die sie der Ignoranz der Mehrheit der deutschen Gesellschaft zuschreibt.

„Also viele Deutsche, die setzen sich nicht mit diesem Thema genug auseinander oder überhaupt ist das gar kein Thema für sie. Ja, weil letztlich wird der Mensch dadurch definiert, wo er herkommt. Ich mein', was heißt, wo er herkommt. Ich komm' ja noch nicht mal daher, ja. Ich komm' aus Deutschland, ich bin hier geboren und aufgewachsen. Also hier bin ich letztlich zu Hause. Ich kenne ja nur das. Das ist mir vertraut."

Fremdbestimmte Zuschreibungen aus ihrem sozialen Umfeld seien, so Yasmin, allerdings lange nicht so bedeutend wie die familiäre Situation.

„Also ich glaub, wenn's in der Familie einigermaßen stimmt, also wenn da ein vernünftiger Umgang damit da ist, dann wird das dich außen nicht so schwer treffen."

Weiterhin beschreibt sie den Kontakt zu anderen Menschen binationaler Herkunft als sehr wichtig.

„Und dieser Austausch bringt einen auch weiter. Ich denke, man kann alles besser nachvollziehen, wenn man selber von etwas betroffen ist. Meine besten Freunde sind alle irgendwie Mischlinge ... ich würd' nicht sagen, daß ich sie danach aussuche, aber es ist mir einfach wichtig, mich mit jemand darüber auszutauschen, der auch in der Situation ist."

Insgesamt sieht Yasmin ihre Auseinandersetzung mit ihrer binationalen Herkunft doch sehr positiv, da sie eine ständige Selbstreflektion erfordert.

„Und das, ich denke das hat's erstmal schwerer gemacht, und gleichzeitig macht es dich dann auch stärker, wenn du dich immer wieder damit auseinandersetzen mußt. Also bei mir war's so, ich mußte mich immer wieder mit mir selbst auseinandersetzen. Ich bin auch immer noch dabei. Ich denke, daß rundet im Endeffekt deine Persönlichkeit mehr ab, je stärker du dich mit dir auseinandersetzt und auch mit dir selbst ins reine kommst, mit dir auskommst. Und das Binationale hat das wesentlich beeinflußt."

Resümé

Ich denke, mit den Einzeldarstellungen einen *Einblick* in die mögliche Vielfalt und Ausprägung bikulturelle Identitätsentwicklung gegeben zu haben. Bereits in der kurzen Zeitspanne zwischen den Interviews war festzustellen, wie dynamisch der Prozeß einer Identitätsentwicklung sein kann und wie vielfältig die einflußnehmenden Faktoren hierbei sind. Einige wesentliche Faktoren, die von allen Beteiligten genannt wurden, werden von mir im folgenden noch einmal zusammengefaßt.

Die *Familiensituation* ist ein wesentlicher Faktor für den Umgang der Interviewten mit ihrer binationalen Herkunft. Alle Beteiligten gaben an, von ihren Eltern nicht gezielt bikulturell erzogen worden zu sein. Das Bewußtsein der Eltern, daß dies für ein gefestigtes bikulturelles Selbstverständnis notwendig sein könnte, war in keinem der Fälle gegeben. Fast alle Befragten fanden es als mehr oder weniger belastend, die Sprache ihres nichtdeutschen Elternteils nicht sprechen zu können und somit den wesentlichen Zugang zur Kultur und der Familie des „anderen" Herkunftslandes nicht zu haben. Die Interviews zeigen, wie die Familiensituation das Verhalten und die Einstellung der Befragten zu sich und ihrer Herkunft in ganz bestimmte Richtungen zu drängen vermag. Deutlich ist dies bei Yasmin zu erkennen, bei der alle deutschen Familienangehörigen ihre marokkanische Herkunft extrem negativ bewerten. Einhergehend mit rassistischen Erfahrungen in der deutschen Gesellschaft entwickelt sie daher den Wunsch nach eine Legitimation für eine Identifizierung mit dieser „anderen" Herkunft, welche ihr eine fehlende kulturelle Verankerung sowie ihre Familiensituation jedoch nicht gibt.

Fehlt der nichtdeutsche Elternteil, in den meisten Fällen wohl der Vater, welches nicht untypisch für Familiensituationen in Deutschland ist, sehen sich Binationale einer besonderen Problematik gegenübergestellt. Es kann dadurch, verstärkt durch Auseinandersetzungen mit der deutschen Familie und Gesellschaft, eine Idealisierung des fehlenden Elternteils und dessen Herkunftslandes erfolgen, wie dies im Falle Gabriels und Yasmins deutlich wird. Aber auch die Anwesenheit des Vaters, wie Sonias Beispiel zeigt, ist keine Garantie für eine bikulturelle Erziehung und positive Identifikation. Hier muß auf die *persönlichen Kompetenzen der Eltern* hingewiesen werden und die Tatsachache, daß diese, ebenso wie die individuellen Beziehungsstrukturen, oft leider keine reflexive Auseinandersetzung mit der Bikulturalität ihrer Kinder bzw. deren bikulturellem Selbstverständis ermöglichen.

Fremdbestimmte Zuschreibungen und Rassismus sind ein weiterer prägender Einfluß, mit dem Menschen binationaler Herkunft zurechtkommen müssen. Von mehreren Seiten werden unterschiedliche Erwartungen an Binationale herangetragen, denen diese aus verschiedenen Gründen nicht entsprechen können. Durch unhinterfragte Stereotype und Vorurteile, die in subtiler Weise aber auch in Form von offenem rassistischen Verhalten in der deutschen Gesellschaft zum Ausdruck kommen, wird eine angemessene, positive Auseinandersetzung mit der eigenen Herkunft erschwert. Manche Befragte berichteten von verschiedenen Phasen in ihrer Entwicklung. Eine frühe Phase war die Verleugnung der „nichtdeutschen" Herkunft und die Überbetonung der deutschen Herkunft („Ich bin deutsch!"), die später davon abgelöst wird, die „ausländische" Herkunft – oft auch die Hautfarbe – zu idealisieren und sich mit der „anderen" Herkunft überzuidentifizieren.

Ein regelmäßiger und enger Bezug zur Familie des nichtdeutschen Elternteils, *kann hilfreich sein.* Oft müssen oder wollen Binationale sich ohne ihren „ausländischen" Elternteil zu ihrer binationalen Herkunft in ein Verhältnis setzen, und ein gutes Verhältnis zu dessen Familie erleichtert diese Entwicklung. Bei den Interviews wurde deutlich, daß ein regelmäßiger und enger Bezug zur Familie des nichtdeutschen Elternteils auch ohne diesen Elternteil möglich ist und ein positiver Bezug zu dem nichtdeutschen Herkunftspart nicht ausschließlich von diesem abhängig ist. Als Beispiele hierfür sind Melany und David zu nennen, die sich aus verschiedenen Gründen auch ohne ihr philipinisches bzw. indisches Elternteil mit ihrer „anderen" Familie auseinandersetzen müssen bzw. wollen.

Einen angemessenen Umgang mit der *Ambivalenz* der Zugehörigkeit zu finden, ist für Menschen binationaler Herkunft wichtig, um ein positives biethnisches Selbstverständnis zu entwickeln. Dies ist, wie auch in den Interviews deutlich wird, nicht gleichzusetzen mit einem inhärenten Identitätskonflikt, der auf einem „Zwischen-den-Stühlen-sitzen" beruht, sondern eher auf die zahlreichen fremdbestimmten Erfahrungen zurückzuführen. Bewußt oder unbewußt werden jedoch flexibel unterschiedliche Verhaltens- und Denkweisen entwickelt, die sich der jeweiligen Lebenssituation oder auch dem jeweiligen Herkunftsland anpassen.

Ziel einer positiven bikulturellen Identitätsentwicklung sollte es sein, sich unabhängig von gängigen Stereotypen und anderen Einflüssen in ein angemessenes Verhältnis zu seiner binationalen Herkunft zu setzen, d.h. zu lernen, mit den Explikationszwängen sowie Rassismus umzugehen, angemessen darauf reagieren zu können, kulturelle Aspekte der beider Herkunftsländer neu zu werten und seine eigene, *neue* Position hierbei zu definieren.

Ausblick

Bei Menschen bi- bzw. multiethnischer Herkunft handelt es sich um einen immer größer werdenden Personenkreis, dessen Wahrnehmung und Anerkennung in seiner differenzierten Besonderheit ein konstitutiver Teil der deutschen Gesellschaft und Realität sein sollte. Dazu ist eine umfassende differenzierte Auseinandersetzung der deutschen Mehrheitsbevölkerung mit ihrer deutschen Identität und insbesondere mit Rassismus wichtig. Die Wahrnehmung eines hybriden Selbstverständnisses hat jedoch in Deutschland kaum Verbreitung gefunden. Der ethnisch-national-kulturellen Herkunft wird in welcher Form auch immer eine sehr große Bedeutung beigemessen. Rassismus in Deutschland zu thematisieren, ist sehr schwierig. Die Diskussion um die doppelte Staatsbürgerschaft hat dies gerade aktuellerweise deutlich gemacht und zeigt meiner Meinung nach sehr bedenklich die fehlende Auseinandersetzungsbereitschaft mit dieser Thematik.

Ein treffendes Zitat hierzu von dem CSU-Bundestagsabgeordneter Wolfgang Zeitlmann (Ende Mai 1996 im Kontext von Ausländer- und Staatsangehörigkeitsrecht):

„Wenn ich mich heute nacht mit einer Negerin ins Bett lege und ein Kind kommt dabei heraus, was ist das dann: ein Mischling oder was?" Da müsse man doch sehr genau im Einzelfall prüfen, „ob einer von Art, Kultur und Sprache zu uns paßt".(Aus: Zeitschrift: Die Woche. Artikel: „Revolte der Reformer". 31. Mai 1996)

Literatur

Auernheimer, Georg (1988): Der sogenannte Kulturkonflikt. Orientierungsprobleme ausländischer Jugendlicher. Frankfurt/M, New York

Fanon, Frantz (1980): Schwarze Haut weiße Masken. Frankfurt/Main

Frey, Hans-Peter/Haußer, Karl (1987): Identität. Entwicklungen psychologischer und soziologischer Forschung. Stuttgart

Hall, Stuart (1994): Rassismus und kulturelle Identität. Ausgewählte Schriften 2. Hamburg

Kalpaka, Annita/Räthzel, Nora (Hrsg.) (1994): Die Schwierigkeit nicht rassistisch zu sein. Rassismus in Politik, Kultur und Alltag. Köln 1994

Miles, Robert (1991): Rassismus. Einführung in die Geschichte und Theorie eines Begriffs. Hamburg

Sommer, Jörg (1987): Dialogische Forschung. München

Soraya, Semira (1994): Zum Kulturbegriff in der Multikultur. In: *Psychologie und multikulturelle Gesellschaft.* Thomas, A. (Hrsg.). Göttingen

Doppelte Heraussetzung und eine Utopie der Anerkennung. Mehrfachverbundenheit in natio-ethno-kultureller Pluralität

Paul Mecheril

Für zunehmend mehr Menschen wird die subjektiv relevante Verbundenheit mit mehr als einem sozial-symbolischen Raum, der eine geographische Referenz hat, zu einem alltäglichen Gesichtspunkt ihrer Lebensrealität und ihres Selbstverständnisses. Berufliche Mobilitätsanforderungen, der alljährliche Urlaub in Griechenland, durch Kommunikationstechnologie erleichterte Pflege von Freundschaften in anderen Städten und Ländern sind beispielhafte Schlaglichter darauf, daß Menschen durch ihre Aktivität in Kontakt mit neuen sozialen Kontexten kommen und – ohne die Beziehung zum Ausgangskontext zu kappen – eine signifikante Verbundenheit zu dem neuen Aufenthalts–, Handlungs- und Bedeutungsraum entwickeln. Doch auch ohne ein wie auch immer motiviertes aktives Herausgehen aus dem Ausgangskontext ist es Menschen möglich, in einer Weise mit anderen sozial-symbolischen Kontexten in Berührung zu kommen, daß diese für ihr Selbstverständnis und Handeln zentral werden. Das Leben einer Nicht-Türkin in einem von türkischen Einwanderern geprägten Stadtviertel, die Freundschaft zwischen Menschen unterschiedlicher kultureller Herkunft, die ihren Lebensmittelpunkt an dem gleichen geographischen Ort und sich hier kennengelernt haben und nicht zuletzt auch binationale Partnerschaften sind Beispiele für diese Form von kontextueller Mehrfachverbundenheit.

Ein wesentlicher Motor der Zunahme sozialräumlicher Mehrfachverbundenheit ist das Phänomen, das weltweit für viele Gesellschaften und Individuen zu einem der grundlegenden Kennzeichen ihrer selbst geworden ist: Migration. Mehr denn je beschränken Menschen das Feld ihres Handelns, ihrer Hoffnung und Bezogenheit nicht nur auf einen geographischen Raum, sondern nehmen – allzuoft von Not gedrungen – das Wagnis der binnen- oder internationalen Wanderung auf. Durch diesen Prozeß werden sehr unterschiedliche Phänomene der Mehrfachverbundenheit ermöglicht, die ich durch eine Auflistung fiktiver Typen illustrieren möchte: der Immigrant, die Remigrantin, die Kontextpendlerin oder Transmigrantin (vgl. Glick Schiller et al. 1992), der Immigrationsnachkomme und die binational Erzeugte. Für sie alle gilt in unterschiedlicher und zugleich ähnlicher Weise, daß ihre Bezogenheit auf zwei soziale Räume bedeutsamer Teil ihrer Identität, verstanden als individuelle Kreation und soziale Zuschreibung, ist. Migration erzeugt Mehrfachverbundenheit. Und weil wir im Zeitalter der Migration (Castles/Miller 1993) leben, leben wir im Zeitalter sozialräumlicher Mehrfachverbundenheit. Im Rahmen dieses Aufsatzes will ich nun auf Phänomene der Mehrfachverbundenheit eingehen, die sich auf jene Sorte von sozialem Kontext beziehen, welche im Rahmen von Migration relevant ist. Dieser Kontext soll im folgenden durch das Attribut „natio-ethno-kulturell" qualifiziert werden, um die Diffusität, Komplexität und Polyvalenz zur Geltung zu bringen, die diese sozialräumlichen Kontextorte auf der Ebene intersubjektiver Realität auszeichnen. Verbundenheiten zu mehreren natio-ethno-kulturellen Zugehörigkeitskontexten prägen die Lebenssituation von Menschen, für die ein transnationaler Migrationshintergrund inter-subjektiv bedeutsam ist. Mehrfachverbundenheiten auf dieser Ebene sind aber, wenn sie nicht auf folgenlose Affinitäten, sondern auf Zugehörigkeit und Zugehörig-sein-Wollen verweisen, heikel. Denn natio-ethno-kulturelle Zugehörigkeitskontexte stellen − in einer besonderen Weise in der Bundesrepublik Deutschland, deren Staatsbürgerschaftsrecht auf dem Prinzip des ius sanguinis gründet − einen Exklusivitätsanspruch: Entweder bist du deutsch, oder du bist türkisch. Beides zusammen ist suspekt, weil es die Natürlichkeit der Differenz zwischen natio-ethno-kulturell Unterschiedenem in Frage stellt. Durch Migrationsphänomene wird dieser natio-ethno-kulturelle Exklusivitätsanspruch bedroht. In einer besonderen Weise durch jene personalen Erscheinungen, die ich in Anschluß an Stuart Hall (1994), Salman Rushdie (1992), Zygmunt Bauman (1995) u.a. (siehe Bronfen et al. 1997) „Hybride" nenne. „Überall", schreibt Stuart Hall (1994: 218),

> „entstehen kulturelle Identitäten, die nicht fixiert sind, sondern im Übergang zwischen verschiedenen Positionen schweben, die zur gleichen Zeit auf verschiedene kulturelle Traditionen zurückgreifen und die das Resultat komplizierter Kreuzungen und kultureller Verbindungen sind, die in wachsendem Maße in einer globalisierten Welt üblich werden. [...] Menschen, die zu solchen Kulturen der Hybridität gehören, mußten den Traum oder die Ambition aufgeben, irgendeine ‚verlorene' kulturelle Reinheit, einen ethnischen Absolutismus, wiederentdecken zu können. [...] Sie sind die Produkte der neuen Diaspora, die durch postkoloniale Migration geschaffen wurde. Sie mußten lernen, mindestens zwei Identitäten anzunehmen, zwei kulturelle Sprachen zu sprechen, um zwischen ihnen zu übersetzen und zu vermitteln. Die in der Ära der Spätmoderne geschaffenen hybriden Kulturen sind eindeutig neue Typen der Identität, und es lassen sich mehr und mehr Beispiele für sie finden."

Hybridität beschreibt mithin einen Mischzustand, eine Art Zusammensetzung aus Nicht-Gleichem. Lange Zeit war auch in der sozialwissenschaftlichen Debatte über Migration das unilaterale Modell vorherrschend, das Migration als Prozeß der Angleichung von Eingewanderten an den Einwanderungskontext verstand (Pries1997). Diesen Modellen der Integration, Assimilation und Eingliederung liegt aber eine einwertige Vorstellung von Identität zugrunde. Wenn „Identität" in Antworten auf die Frage „Wer bin ich und wer will ich sein?" besteht, dann gehen klassische Migrationsmodelle implizit von der

Annahme aus, daß Identität natürlicher- oder gesunderweise nur einwertig zu haben sei. Individuen müssen sich demgemäß im Laufe ihres Lebens (zu einschlägig kritischen Zeiten) entscheiden, wer sie „eigentlich" sind. Dieser Ansatz geht davon aus, daß es jenseits von Kontexten und Situiertheit eine personale Eigentlichkeit gibt, ein Wesen, eine Essenz, einen Kern, der die Mitte der Identität auszeichnet. Hybridität steht zu dieser Position in einer Spannung. Denn Hybridität ist ein Phänomen der Pluralität, die in der Weise radikal ist, daß sie selbst auf der Ebene der sie nährenden Wurzeln Vielfalt, Widerspruch, Mehrstimmigkeit kennt. Mischungen und Verdopplungen, die nicht bloß fassadär, sondern essentiell sind, greifen die propagierte Natürlichkeit des Einwertigen an. Identitäre Mehrfachverbundenheiten und Neuschöpfungen chaotisieren die Übersichtlichkeit der von der einwertigen Klarheit ihrer Kategorien abhängigen Ordnung.

Aus verschiedenen Gründen ist es nun von Interesse, sich sozialwissenschaftlich mit natio-ethno-kulturellen Hybriden zu beschäftigen: Aufgrund gesellschaftlicher und globaler Prozesse des Austauschs und der Vermischung von Gruppen stellen Hybride eine zunehmend an Bedeutung gewinnende Gruppe dar, diese Personengruppe wie auch das Thema Hybridität wird in den deutschsprachigen Sozialwissenschaften, wenn überhaupt, nur am Rande behandelt, die Analyse der Erfahrungen und der Weisen des Erfahrungsmanagements von Hybriden sind von grundsätzlichem heuristischen Nutzen, weil grundsätzliche Figuren, Risiken und Möglichkeiten des Erfahrungsmanagements in kontextueller Pluralität besprochen werden können, die für das Leben in hochindustriellen Gesellschaften allgemein – Stichwort „Individualisierung" und „Pluralisierung" – von Relevanz sind.

Hybride Identität, so können wir formulieren, ist das Thema dieses Beitrags. Hybrid ist jene Art von Identität, die ich auf der natio-ethno-kulturellen Ebene betrachten möchte, weil sie sich zugleich auf zwei Zugehörigkeitskontexte bezieht. Hybride Antworten auf die „Wer bin ich?"-Frage zeichnet Mehrwertigkeit aus. Diese Mehrwertigkeit geht mit einem Verlust fragloser Zugehörigkeit einher und wird mithin – zuweilen als Belastung – zu einem intersubjektiv bedeutsamen Thema. Dies soll nun an einem Ausschnitt aus einer Art „Einzelfallanalyse" genauer betrachtet werden. Zuvor aber sei der „Fall" vorgestellt.

Der Fall *Rava Mahabi*

Rava Mahabi ist indischer Abstammung und in Deutschland aufgewachsen. Er gehört einer Personengruppe an, die wir als „Andere Deutsche" (Mecheril/Teo 1994) bezeichnet haben. Rava Mahabi wurde 1969 in einer größeren Stadt im Ruhrgebiet geboren und lebt zum Zeitpunkt des Interviews in einer mittelgroßen deutschen Stadt. Rava studiert Betriebswirtschaftslehre und

steht kurz vor dem Abschluß seines Studiums. Rava hat einen Bruder, der
vier Jahre jünger ist als er. Ravas Vater ist Mitte der fünziger Jahre aus Indi-
en nach Deutschland gekommmen, um hier zu studieren. Ende der sechziger
Jahre kam Ravas Mutter ebenfalls aus Indien nach Deutschland. Ravas Vater
arbeitet als Ingenieur in einem größeren Unternehmen. Seine Mutter ist als
Englischlehrerin tätig. Rava kennt Indien von Urlaubsaufenthalten. Er spricht
keine indische Sprache.

Bevor Ravas Erfahrungen in und mit den Kontexten „Indien" und
„Deutschland" und übersituative, aus diesen Erfahrungen resultierende Phänomene der Zugehörigkeit vorgestellt werden, sei nun der Forschungsrahmen
dieser Studie skizziert. Das ca. 110minütige Interview mit Rava Mahabi wurde im Rahmen einer Diplomarbeit Ende 1993 durchgeführt (Reygers/Scheller
1994). Die Arbeit beschäftigte sich mit „Anforderungsstrukturen und Bewältigungsstrategien von Menschen multikultureller Herkunft in Deutschland"[1].
Vor dem Hintergrund dieses allgemeinen Untersuchungsinteresses wurde das
Interview mit Rava geführt. Das Interviewerinnenverhalten kann dabei als
„offen" bezeichnet werden. Eine der Interviewerinnen stellt den Intervie-
wkontext zu Beginn des Interviews wie folgt vor:

Interviewerin: „[Wir beschäftigen] uns mit Menschen, die der zweiten Migrantengenerati-
on angehören, und zwar so allgemein mit deren Lebenssituation, und wir haben uns so ein
bißchen spezialisiert eben auf Leute so im jungen Erwachsenenalter, und in diesem Rahmen soll auch das Gespräch laufen. [...] Und zwar wollen wir erst einmal so was zu deiner
Lebenssituation hören, so daß du von Dingen erzählst, die dir im Moment wichtig sind [...]
Und in einem weiteren Schritt wollten wir ganz gerne vielleicht auf einige dieser Themen,
die du nennst, noch etwas genauer eingehen, also, daß du mal so'n bißchen ausführlicher
da erzählen kannst. Und außerdem, wenn du magst, kannst du auch von anderen Leuten erzählen, die zweite Ausländergeneration sind. Ja, das ist also so das, was so den Rahmen
absteckt. Alles andere bleibt dir überlassen."

Das Interview mit Rava wurde von den Diplomandinnen transkribiert und anschließend auf einer deskriptiven Ebene thematisch analysiert[2]. Als zentrales
Ergebnis der Analyse stellen die beiden Autorinnen das Thema „Innerer Umbruch" fest. Die deskriptive Analyse des Interviewtranskriptes (Reygers/
Scheller 1994: 144-156) war mir vor meiner eigenen Beschäftigung mit dem
Interviewmaterial bekannt, hat deren Ergebnisse m.E. aber nur unwesentlich
beeinflußt.

Mein eigenes Vorgehen bei der Analyse des Interviews mit Rava sei nun
kurz im Hinblick auf methodologische und methodische Aspekte erläutert.
Die Interviewanalyse steht im Zusammenhang meines allgemeinen Interesses

---

1   Wesentliche Teile der im Interview von Rava gemachten Angaben sind zu einer Er-
    zählung umgeschrieben worden. In der Autorschaft von Meike Scheller und Rava Mahabi
    (1996) ist diese Erzählung unter dem Titel „Indien, das ist ein Teil meines Lebens, den ich
    noch nie aktiv gelebt habe – Auf der Suche nach der richtigen Lebensform" veröffentlicht.
2   Für die Überlassung des Transkriptmaterials möchte ich mich bei Elke Reygers und
    Meike Scheller bedanken.

an der Untersuchung der Erfahrungen von Anderen Deutschen und deren Umgangsweisen mit diesen Erfahrungen. Wenn dabei Aspekte des Sozialen in den Blick kommen, werden sie vorrangig auf der Ebene individueller Erfahrung als Gegenstand oder als (Rahmen-)Bedingung von Zugehörigkeitserfahrungen besprochen. Die Absicht der Untersuchung ist es, im Rahmen einer Einzelfallstudie Hinweise darauf zu gewinnen, wie Menschen, die in inter–, trans- oder multi-„kulturellen" Kontexten aufgewachsen sind und leben, mit den für diesen Sozialisations- und Aufenthaltskontext spezifischen Erfahrungen umgehen. Gegenstand der Untersuchung ist also nicht jene Ebene sozialer Realität, die (inter-)subjektive Phänomene vermittelt, sondern das Produkt der Vermittlung. Die Untersuchung bezieht sich auf subjektive Phänomene, in denen die sie hervorbringenden sozialen Strukturen und Prozesse – unter der methodologischen Voraussetzung eines dies ermöglichenden analytischen Blicks – aufscheinen.

Die Analyseergebnisse des Interviews mit Rava formieren ein erstes Modell über Zugehörigkeitserfahrungen und deren personale Konsequenzen im Kontext mehrerer national etikettierter Kulturen. Der Modellcharakter der Ergebnisse ist ein prinzipieller, weil es im Rahmen des methodologischen Ansatzes dieser Untersuchung nicht darum gehen kann, eine (subjektive Erfahrungs-)Realität abzubilden, sondern empirisch eine begrifflich gefaßte Vorstellung zu entwickeln, die nach unterschiedlichen Seiten hin kommunikativ anschlußfähig ist[3].

Der Modellstatus der Ergebnisse hat zur Konsequenz, daß die Auswertung des Interviews letztlich Aussagen über eine Person – hier Rava Mahabi genannt – macht, die fiktiv ist. Rava ist ein Modell, das in der Verarbeitung von Texten, das in Gesprächen, das am Computer und in Gedanken entstanden ist. Rava ist nicht real, Rava ist eine Idee, die von verschiedenen Quellen genährt wurde: dem im Interview Berichteten; dem über den Bericht entstandenen und über den Bericht hinausgehenden Bild des Menschen, der über sich gesprochen hat; der Eigendynamik der Gedanken: Modelle entwickeln ihr Eigenleben, dem der Modellierende zu folgen hat; meinem Wissen über die Lebenssituation, die Erfahrungen und personalen Erfahrungskonsequenzen von Anderen Deutschen; meiner eigenen Geschichte, die in mancher Hinsicht der Ravas ähnelt: Auch meine Eltern stammen aus Indien, und auch ich bin Indien verbunden, ohne es zu kennen.

Wenn im folgenden von Ravas Erfahrungen und Konsequenzen dieser Erfahrungen die Rede ist, dann handelt es sich um modellierte Erfahrungen und modellierte Erfahrungsfolgen. Es handelt sich um (her-)ausgearbeitete Phänomene, die den Maßgaben des Berichteten, den Maßgaben der Modellentwicklung, den Maßgaben meines Wissens und meines Interesses sowie

---

3 Folglich bin ich sehr an Rückmeldungen interessiert, die den Grad der wechselseitigen inhaltlichen Bezogenheit (Passung) von zitierten Transkriptstellen und Auswertungstext einerseits, andererseits die Plausibilität des Auswertungstextes selbst kommentieren.

den Maßgaben meiner eigenen Geschichte folgen – in diesem Sinne ist die
nachfolgende Rede von Zugehörigkeitserfahrungen und Zugehörigkeitsphä-
nomenen real[4].

„Indien" – „Deutschland"

Die Art von Zugehörigkeitserfahrungen, die Rava Mahabi macht und im Interview berichtet, ist bezogen auf symbolisch-soziale Räume, die die Bezeichnungen „Deutschland" und „Indien" tragen. Rava macht Erfahrungen in
und mit „Indien", und er macht Erfahrungen in und mit „Deutschland".

Das Zeichen „Deutschland" – so wie es von Rava und seinen Gesprächs-
partnerinnen in diesem Interview benutzt wird – ist selbstverständlich. Es verweist auf einen Lebenszusammenhang, der bekannt ist und als bekannt vorausgesetzt wird. Das Zeichen „Deutschland" ist konkret, es verweist auf einen Zusammenhang, der für alle drei Beteiligten jenseits aller inhaltlichen Erfahrungen, zum einen gewissermaßen seinem formalen Status nach und zum anderen
vor dem Hintergrund, daß er ihren alltäglichen Lebenskontext bezeichnet, glei-
chermaßen real ist. „Deutschland" ist tatsächlich. Unter diesem konkreten Bezug auf „Deutschland" entsteht das Phänomen „Deutschland".

Rava ist in Deutschland aufgewachsen, er ist die „ganze Zeit hier gewesen" (R1)[5], in Deutschland leben auch seine Eltern und sein Bruder, in
Deutschland hat er die Schule besucht, das Abitur gemacht, in Deutschland
studiert er, seine Freunde waren immer nur Deutsche (R20), die Sprache, die
in Deutschland gesprochen wird, spricht er als eingeborener Sprecher dieser
Sprache. Im großen und ganzen ist er mit den in Deutschland üblichen sozialen Regeln vertraut und formuliert seine Kritik an den hier geltenden sozialen Regeln in Form eines im Rahmen dieser Kultur geläufigen Kritikmu-
sters (R27): Das europäische, „westliche" Denken sei imperialistisch und für
die kolonialistische Zerstörung der Kultur weniger industrialisierter Länder
verantwortlich; auch sei das europäische Leben von einer vordergründigen
Konsumhaltung und einer streng materialistischen Orientierung geprägt, von
der er glaube, daß sie letztlich sinnentleert sei und die Menschen leer zu-
rücklasse.

Rava lebt in Deutschland, er hat hier seinen Lebensmittelpunkt und bezeichnet seinen Aufenthalt in Deutschland und sein auf diesen Lebenszusammenhang hin abgestimmtes Tun als „normal":

---

4   Auszüge aus der gesamten, ca. 120seitigen Rava-Analyse sind bereits an anderen Or-
     ten erschienen (Mecheril 1997a, b). Auf Passagen dieser Teile greife ich im vorlie-
     genden Text zurück.

5   Das Interviewtranskript habe ich in Sequenzen eingeteilt. „R1" bezeichnet den ersten
     sequenzierten Transkriptabschnitt (und auch den auf diesen Abschnitt bezogenen er-
     sten interpretativen Kommentar).

„[...] [D]as ist eben die Verkuppelung von zwei Persönlichkeiten in einem, wobei aber die deutsche dominant ist, die eben das normale Leben prägt und wo es auch ausgelebt wird. Ja, so ist das eben bei mir[6].“ (R59sup2)[7]

Doch daß Deutschland Ravas „normales Leben" prägt – in einer Weise, die seine Exfreundin zu der Äußerung veranlaßt, sie habe nie den Eindruck gehabt, daß Rava Inder sei (R47) –, ist nicht nur auf das „so ist das eben" bei Rava beschränkt. Rava befürwortet dieses normale Leben auch, denn „das Westliche", „das Deutsche", „das Korrekte" ist ihm im Vergleich zu „dem Asiatischen", „dem Indischen", „dem Ungeregelten" „einfach lieber" (R51). Das normale Leben in Deutschland – so diagnostizieren es Ravas Äußerungen – ist korrekt, es ist geregelt, also vorhersehbar, kalkuliert, gerecht in dem Sinne, daß es das bereithält, was es bereitzuhalten verspricht. Das Leben in Deutschland wartet mit Spielregeln auf, um die Rava nicht nur weiß, er scheint auch davon überzeugt zu sein, daß er die Regeln zu befolgen weiß. Deutschland ist Ravas alltäglicher Lebenskontext, in dem er sich als eingeborener Handelnder zu verhalten weiß, zugleich macht er in Deutschland aber auch Rassismuserfahrungen (vgl. Mecheril 1997a) und die Erfahrung, als Fremder betrachtet und behandelt zu werden.

Auf welche Art von Gegenstand bezieht sich Rava, wenn er von „Indien" spricht? Die Verwendung der Worte „Indien", „indisch" und „Inderinnen" rekurriert bei Rava explizit und implizit auf geographische, ethnische und kulturelle Aspekte. Rava verwendet „Indien" einerseits als Bezeichnung für eine bestimmte geographische Gegend, andererseits als Symbol für eine Lebensform von Menschen, von der er sich nicht vorstellen kann, daß sie seine werden könnte. „Inder" und „Inderinnen" sind für ihn einerseits die Menschen, die in Indien leben, andererseits Menschen, die durch Abstammung und Physiognomie eine soziale und emotionale Verbindung zu Indien haben. „Inder" zu sein ist in Ravas Verständnis aber auch abhängig von der sozialen Umwelt, die einer als „Inderin" oder einem als „Inder" begegnet. Rava verwendet „Indien" als Zeichen für die genealogische Verortung seiner selbst, als Konkretisierung des physikalischen und kulturellen Raumes eines zu-

---

6   In den nachfolgend zitierten Transkriptausschnitten bezeichnen drei aufeinanderfolgende Punkte (...) Sprechpausen. Einfügungen in Doppelstrichen verweisen auf auffällige nonverbale oder para-verbale Signale im Interview (z.B. //lacht //). Einfügungen in geschwungenen Klammern (z.B. (in Indien)) bezeichnen Vermutungen der Transkribiererinnen über die Bedeutung einer unverständlichen Sprechsequenz. Einfügungen in eckigen Klammern (z.B. [gemeint ist Deutschland]) bezeichnen den Transkriptausschnitt betreffende Erläuterungen von mir. Soweit nicht anders vermerkt, geben alle zitierten Transkriptausschnitte Redebeiträge von Rava Mahabi wieder.

7   „R59sup2" bezeichnet eine Transkriptstelle, die ich im Anschluß an den ersten Kommentierdurchgang markiert und kommentiert habe. „R59sup2" heißt, daß ich nachträglich bzw. ergänzend („sup", da supplementum, lat. Ergänzung) eine Textstelle markiert habe, die in bezug auf die im ersten Durchgang markierten und kommentierten Transkriptabschnitte räumlich am nächsten zu dem Abschnitt „R59" steht. Im Umfeld dieses Textabschnittes gibt es zwei ergänzende Markierungen (sup1 und sup2).

künftig möglichen Aufenthaltes, aber auch als den Namen für einen Ort, an dem er sich durch Verbundenheit und jenseits aller konkret inhaltlichen Aspekte geborgen fühlt: „Indien" ist mehrdeutig und „Indien" ist Indien.

Das Zeichen „Indien" ist schillernd, es bewegt sich, indem es die Trennschärfe seiner unterschiedlichen Verwendungsweisen variiert, es dehnt sich aus und verdichtet sich wieder. So sind die unterschiedlichen Verwendungsweisen der „Indien"-Worte bei Rava fortwährend in Bewegung, die Aspekte scharf voneinander unterschieden, ein nächstes Mal zu einem Klumpen synthetisiert, die Bedeutungen vertauscht oder ineinander verwischt: „Indien" ist mehrdeutig, und „Indien" ist Indien.

„Schon paar Mal" (R9) hat Rava Indien besucht und mit dem sozialen Leben in dem Herkunftsland seiner Eltern Erfahrungen gemacht. Dennoch macht er keinen Unterschied zwischen Indien und anderen asiatischen Ländern, „weil die Mentalität dieser Leute [...] ja relativ ähnlich [ist], die Religion in den verschiedenen asiatischen Ländern usw." (R11). Indien setzt er mit Asien gleich, und Asien setzt er mit Indien gleich. In diesem Sprachgebrauch kommt ein geringer Grad wahrgenommener bzw. im kommunikativen Kontext des Interviews produzierter Differenzierung der in Asien anzutreffenden Lebensweisen zum Audruck und verweist auf das distanziert naive Verhältnis Ravas zum Herkunftsland seiner Eltern.

Die Diagnose, Dinge seien voneinander verschieden bzw. seien sich gleich, ist Produkt der Position des Beobachters zu den Dingen und im besonderen der Kenntnis bzw. der im Zuge der Diagnose fokussierten Kenntnis über die Dinge. In bezug auf das Ding Indien nimmt Rava eine distanzierte Stellung ein: Er weiß wenig von dem Land und hat sich kaum mit diesem Land beschäftigt und auseinandergesetzt – zumindest auf der Ebene explizierbaren, propositionalen, distinkten Wissens über Kultur, Geschichte und politische Situation des Landes[8].

Indien ist Rava fremd, die indische Lebensweise befremdet Rava, und dennoch ist er Indien, das er nicht kennt, verbunden.

„[I]ch geh' auch mal gern in 'nen indischen Tempel, Sikh-Tempel oder so. Hat auch was. Dann, dann, das sind so Sachen, die sind unbewußt in dir, die aber dann in dem Moment ausgelöst werden. Das ist wie so 'n Schalter, du gehst da rein und da drückt da jemand auf den Schalter bei dir im Kopf und da kommt das irgendwie so. Weil du fühlst dich da einfach wohl. Du fühlst dich da zu Hause. Obwohl du normal gar nicht in dem Umfeld lebst. Und das sind so viele Sachen [...]." (K54)

Indien „ist ein Teil" von Rava (K31), weil er sich Indien verbunden fühlt. Sich in Indien zu Hause zu fühlen, ist für Rava eine bekannte Erfahrung. Die Tempelerfahrung aktualisiert „Sachen, die [...] in dir [sind]". Die Empfänglichkeit für das Gefühl, zu Hause zu sein, trägt Rava in sich. Rava weist mit den „Sa-

---

8 Auf der Ebene persönlicher Bedeutung nimmt Rava aber ein überaus kenntnisreiches Verhältnis zu Indien ein; Kenntnisse, die aber nicht das historische oder aktuelle Geschehen in Indien, sondern seine Erfahrungen mit und in „Indien" betreffen.

chen" aber weiterhin darauf hin, daß er das Zuhause-Gefühl selbst in sich trägt. Ein Gefühl, aber auch das Objekt des Gefühls: Rava trägt das indische Zuhause in sich. Ein Zuhause, das durch bestimmte Erfahrungen aktualisiert wird. Aktualisiert, so sagt Rava, werden „Sachen, die unbewußt in dir [sind]". Das Konzept „unbewußt" betrifft den Modus der internen Verwahrung bzw. Repräsentation von „Sachen". Die in ihm bewahrten „Sachen" sind seinem Bewußtsein entzogen, er weiß in der Regel seines Bewußtseins weder um sie noch um den Prozeß, der „die Sachen" „auslöst", also um den Vorgang, der „die Sachen" aus dem Status des Unbewußten in den des Bewußten transformiert.

Rava sagt, er habe eine Verbindung zu Indien. „Verbindung" ist der Ausdruck, den er in diesem Interview häufig benutzt, um sein Verhältnis zu Indien zu markieren: „Im Alltag hab' ich nicht so viel Verbindung (zu Indien)" (K39); „die Verbindung spür ich nur, wenn ich mit Indern irgendwie in Kontakt trete oder wenn Verwandte da sind oder so" (K39); „und all solche Sachen, die irgendwo dazu führen, daß meine Kinder indisch aussehen würden, aber im Prinzip wirklich nur noch so aussehen würden. Noch nicht einmal die Verbindung hätten, die ich habe" (K44); „weil, ich sag' mal, durch meine Verbindung dorthin, habe ich viel mehr, also mir kann es nicht zur Last werden, indisch auszusehen" (K45); „da ist so ... da ist 'ne andere Verbindung da, liegt vielleicht auch daran, daß wir [Cousins und Cousinen] uns sehr selten sehen" (K55).

Zusammenfassend können wir festhalten, daß Ravas Zugehörigkeitserfahrungen in doppelter Hinsicht ambivalent sind (ausführlich Mecheril 1997b). Einerseits fühlt er sich Deutschland und Indien zugehörig, wobei sich der Zugehörigkeitskontext Deutschland in erster Linie durch Handlungsrelevanz und nur nachrangig durch emotionale Vebundenheit auszeichnet. Demgegenüber ist der Zugehörigkeitskontext Indien vorrangig durch emotionale Vebundenheit charakterisiert, handlungsrelevant ist er jedoch so gut wie nicht. Andererseits sind Ravas Erfahrungen mit und in Deutschland und Indien jeweils mehrwertig: Deutschland ist Ravas „normaler" Handlungsraum, zugleich macht er hier Rassismuserfahrungen; Indien ist Rava fremd, in Indien wird er als Fremder betrachtet, zugleich ist er diesem Kontext emotional verbunden.

Doppelte Heraussetzung

Rava „ist Inder", aber genausogut könnte er sagen, daß er „Deutscher" sei (R49). Rava ist Deutscher, und er ist Inder. Beide Identitäten sind prekäre Identitäten. Die indische Identität ist prekär, weil sie vorrangig eine symbolische ist, ihr es an alltagsweltlicher Relevanz mangelt[9]. Daneben ist der „indi-

---

9 Von symbolischer Identität spreche ich dann, wenn der Gehalt der Identität vom Subjekt nicht anschaulich, nicht in seinen konkreten Auswirkungen auf das alltägliche

sche Teil" Ravas aber auch eine Form verwehrter Identität, weil Rava sowohl in Indien (R56) als auch in Deutschland (R47) etwa aufgrund seiner Sprachunkenntnis die Erfahrung macht, nicht als Inder behandelt zu werden, er die Erfahrung gemacht hat, „eben in Indien nicht als Inder durchzugehen" (R50). Rava geht in Indien nicht „als Inder durch", weil er aufgrund (nicht vorliegender) Gewohnheiten und Fertigkeiten dem Bild des Inders nicht entspricht. Rava geht in Deutschland nicht „als Deutscher durch", weil er aufgrund (nicht vorliegender) Merkmale seines Äußeren dem Bild des Deutschen nicht entspricht (vgl. Mecheril 1997a). Ravas deutsche Identität ist eine prekäre, weil sie in erster Linie eine verwehrte Identität ist, ihr es an öffentlicher Anerkenntnis mangelt.

„Ich sag immer, ich bin Inder. Warum weiß ich nicht. Im Prinzip könnte ich auch sagen, ich bin Deutscher. [...] Inder ist einfacher zu erklären. Weil, wenn du sagst, du bist Deutscher, wenn einer fragt oder so, dann fragen die: „Aber was ist deine Herkunft?" Die Frage ist schon aus dem Weg, wenn du sagst, du bist Inder. //lacht//Ich mein aus praktischen Gründen." (R49)

National etikettierte Kulturen operieren mit einem exklusiven Verständnis ihrer selbst. Wer bestimmte Merkmale nicht aufweist, die oder der kann nicht ohne weiteres dazugehören. Wer nicht dem fiktiven Bild des Prototypen einer „nationalen Kultur" entspricht, kann nicht ohne Schwierigkeiten das Selbstverständnis formulieren, Mitglied dieser „Kultur" zu sein. Der dominante Diskurs über „nationale Kulturen" schließt Vages, Ambigues, Changierendes, kurz: halbe Sachen im Bereich national-kultureller Zugehörigkeit aus. Entweder spricht Rava deutsch, sieht deutsch aus und ist Christ, oder er ist kein Deutscher, zumindest kein „normaler" Deutscher. Rava ist kein „normaler" Deutscher, und um sich lange Erklärungen zu ersparen, sich nicht langen Legitimationsargumentationen, doch, er sei aber Deutscher, aussetzen zu müssen, sagt er, wenn er nach seiner Herkunft gefragt wird, daß er Inder sei. Aber Rava ist kein Inder, Rava ist kein „normaler" oder „richtiger" (vgl. Mecheril 1997b) Inder.

„[...] Also, wir haben bei uns zu Haus im Keller so 'n kleinen Gebetsraum. Es gibt eben keine Kirchen, wir sind Sikhs. Und von daher, das ist aber auch so, wir haben dann so, das Indische verstehen mein Bruder und ich nicht so doll, da hat mein Vater uns englische Übersetzungen besorgt, für die Gebete und so. Und klar, liest man sich durch. Nur, nur, ich weiß nicht, ich glaube wohl, aber ich brauche dieses ganze Drumherum nicht. Das ist 'ne Sache, die ich mit mir ausmache. Da brauch ich nicht in den Keller zu gehen, oder da brauch ich auch nicht ... . Ich leb' ja auch nicht wie 'n Sikh, ich weiß nicht, ob ihr [die Interviewerinnen] von Sikhs schon mal gehört habt ... das sind die Inder, die 'nen Turban tragen. Die schneiden sich nie die Haare, mein Vater z.B. trägt 'n Turban. Die fallen also schon stark auf, aber wir eigentlich nie so, wir haben ja nie lange Haare gehabt oder so. Also schon rein äußerlich sind wir schon mal gar nicht so wie Sikhs [...]." (R20)

Rava lebt nicht wie ein Sikh. Weder pflegt er die, in Deutschland salienten, Zeichen der Zugehörigkeit noch geht er den für diese Glaubensgemeinschaft

---

Tun sowie nicht begrifflich erfaßt und zum Ausdruck gebracht werden kann. In diesem Sinne ist Ravas indische Identität eine symbolische Identität.

charakteristischen Ritualen nach. Rava lebt nicht wie seine Eltern und hat sich damit von ihrer „indischen" Lebensweise distanziert. Rava lebt sein eigenes Leben.

„Zum letzten Mal war ich halt z.B. allein da [in Indien]. Und da sagt meine Tante: „Ja, irgendwie von deinem Opa der Bruder sagt, du sollst vorbei kommen." Ich sage: „Paß auf, ich sehe keinen Nutzen drin." War sie erst mal total geschockt. [... I]ch bin soundsoviel Tage hier, und wenn ich jetzt jeden besuche, die wollen alle, daß ich komme, um mir zu sagen, ‚Du bist aber groß geworden, was machst du denn, bla, bla, bla.' Interessiert mich nicht! Das nächste Mal, wenn ich komme, sind die tot. Jetzt rein rational. Und das bringt mir einfach nichts, mit irgendwelchen Leuten da Tee zu trinken und small talk zu halten. Dann bin ich lieber mit den Leuten zusammen, die ... wo ich weiß, die sind auch noch in nen paar Jahren da, die interessieren mich und mit denen kann ich auch langfristig ne Art Beziehung aufbauen." (R52)

Mit der Verwandtschaft will er nur etwas zu tun haben, wenn es ihm Nutzen bringt. Rava distanziert sich damit von seiner indischen Verwandtschaft. Verwandtschaftsbeziehungen zu pflegen ist für Rava kein Wert an sich, weil das individuelle Selbstverständnis, die personale Definition eng gehalten ist: Rava ist vorrangig dem Wohl seines eigenen materiell-seelischen Körpers verpflichtet und nicht etwa den Wünschen älterer Verwandter oder den Regeln des Verwandtschaftssystems, in das er durch Geburt hineingeraten ist. Als Konsequenz der Herausetzung haben Werte der Gemeinschaft, der Rava partiell zugehört, nicht an sich bindende Kraft. Die Entscheidung über Leitlinien seines Handelns – so stellt es Rava vor – will er nicht aus der Hand geben, denn sonst könnte sich ein „nutzloser Kontakt" einstellen (hier zeigt sich erneut die schon bei seinem Umgang mit Rassismuserfahrungen (vgl. Mecheril 1997b) festgestellte Tendenz zur Instrumentalisierung von sozialen Beziehungen zwecks Nutzenmaximierung).

Geradeso wie Rava sowohl Inder als auch Deutscher ist (R49), ist er weder Inder noch Deutscher (R30). Dieses doppelte Nicht-Sein besteht aus je zwei Aspekten: (doppelt) verweigerte Zugehörigkeit und (doppelt) zurückgehaltene Identifikation. Rava macht zum einen die Erfahrung, in Deutschland und in Indien nicht dazuzugehören, das heißt nicht als selbstverständliches Mitglied des natio-ethno-kulturellen Kontextes angesehen und respektiert zu werden. Zum anderen hält sich Rava gewissermaßen von selbst zurück, ist den natio-ethno-kulturellen Lebensformen gegenüber kritisch eingestellt, will sich keiner Lebensform restlos verschreiben. Die intersubjektiv vorenthaltene Zugehörigkeit korrespondiert mit subjektiv vorenthaltener Identifikation: Rava ist weder Inder noch Deutscher.

Rava ist aus dem Vorgaben- und Zugehörigkeitszusammenhang der sozial-symbolischen Kontexte Indien und Deutschland herausgesetzt. In keinen der beiden Kontexte ist er restlos eingelassen, in bezug auf beide Kontexte steht er „mit einem Bein außerhalb", zum einen durch sein Aussehen, zum anderen durch seine Kompetenzen. Rava ist partiell herausgestellt. Diese partielle Herausetzung, die sich in sozialen Erfahrungen und im Selbstverständnis widerspiegelt, ist ein Individualisierungsphänomen, eine „riskante Freiheit" (Beck/Beck-Gernsheim 1994). Rava ist subjektiv und intersubjektiv weder der deutschen noch der indischen Natio-Ethno-Kultur unentrinnbar verpflichtet, und dieses Nicht-verpflichtet-Sein ist eine Konsequenz der sozialen Situation, in der Rava aufgewachsen ist.

Widerfahrene oder initiierte Heraussetzung aus dem Vorgabe- und Verbindlichkeitszusammenhang einer faktischen oder vorgestellten sozialen Gemeinschaft kann im Zuge beispielsweise emanzipatorischer Bewegungen neue Gemeinschaften erzeugen. Operieren diese Gemeinschaften mit (Selbst-)Ethnifizierungen, dann können „Neue Ethnizitäten" (Hall 1994) entstehen[10].

Rava ist zum Zeitpunkt des Interviews 25 Jahre alt und ist in einem Zusammenhang aufgewachsen, in dem er kaum Kontakt zu Indern und Inderinnen seines Alters hatte. Seine Freunde seien immer Deutsche gewesen, gibt er an (R20). Die Erfahrung, weder ein „richtiger" Deutscher noch ein „richtiger" Inder zu sein, kann Rava folglich mit niemandem teilen, und das heißt, in keiner Subsphäre sozialer Normalität machen können. Heraussetzung ist bei Rava ein Phänomen, das, weil es nicht sozial kontextualisiert ist, auch nicht sozial aufgefangen wird und folglich auch nicht sozial – als Lebensform etwa oder als politische Programmatik – entwickelt werden kann.

Heraussetzung bedeutet bei Rava Vereinzelung: Dadurch, daß Rava weder Deutscher noch Inder ist und den Zugehörigkeitskontexten Indien und Deutschland nicht verbindlich zugehört, ist Rava allein.

Heraussetzung und Vereinzelung sind Zugehörigkeitsphänomene, die als Konsequenz negativer Zugehörigkeitserfahrungen aufzufassen sind. Unter dem Ausdruck „negative Zugehörigkeitserfahrung" verstehe ich (genauer: Mecheril 1997b) eine Verhältnissetzung des Individuums zu sozialen oder symbolischen Kontexten, die aus der Erfahrung besteht, von anderen Personen oder von sich selbst nicht als einem bestimmten Kontext zugehörig erkannt bzw. anerkannt zu werden. Negative Zugehörigkeitserfahrungen bezeichnen eine „Nein"-

---

10 Stuart Hall (1994: 22) spricht von der Notwendigkeit der Aneignung des Ethnizitätsbegriffs und führt in bezug auf Erfahrungen von Schwarzen aus (1994: 21f.): „Wenn das schwarze Subjekt und die schwarze Erfahrung nicht durch die Natur oder andere wesenhafte Garantien stabilisiert werden, dann müssen sie historisch, kulturell und politisch konstruiert sein – der Begriff, der dies bezeichnet, ist der der „Ethnizität". Dieser Begriff erkennt den Stellenwert von Geschichte, Sprache und Kultur für die Konstruktion von Subjektivität und Identität an, sowie die Tatsache, daß jeder Diskurs plaziert, positioniert und situativ ist und jedes Wissen in einem Kontext steht". Ethnizität – so wie Hall den Begriff versteht – basiert auf Verschiedenheit und Differenz, ohne diese zu naturalisieren oder zu biologisieren und damit in die Falle des Rassebegriffs zu gehen (in die geraten, Rassismus nicht lange ausbleibt). Mit dieser Kennzeichnung versucht Hall den Begriff der Ethnizität von seinen Äquivalenzen mit Nationalismus, Imperialismus, Rassismus und dem Staat zu entkoppeln und deutlich zu machen, daß wir alle ethnisch verortet sind (S. 23). Diese Verortung hat aber nicht notwendig in den Bezeichnungen und den Bedeutungen zu erfolgen (etwa: „Ich bin Afghane" oder „Ich bin Hessin"), die üblicherweise im semantischen Feld der Ethnizität anzutreffen sind.

Antwort der Gruppenmitglieder oder des Individuums auf die Frage, ob das Individuum dem bestimmten sozialen Kontext zugehörig ist. Diese Erfahrungen positionieren durch Abstoßung und Entfernung, dadurch, daß sich das Individuum absetzt und abgesetzt wird, dadurch, daß es sich ausgrenzt und ausgegrenzt wird. Negative Zugehörigkeitserfahrungen sind Heraussetzungserfahrungen und haben Heraussetzungen zur Folge. Das Individuum setzt sich aus dem Bereich heraus und wird aus dem Bereich herausgesetzt, in dem faktisch oder imaginiert im Zuge von Zugehörigkeit, Wir-Gefühl und Gemeinschaft das fraglose Leben im Einverständnis geführt wird.

Sowohl in bezug auf Indien wie in bezug auf Deutschland macht Rava negative Zugehörigkeitserfahrungen, in deren Folge Rava nicht selbstverständlicher Teilnehmer des fraglosen Lebens ist, das in welcher Realitätsform auch immer in diesen Zugehörigkeitskontexten statthat. Ravas Umgangsweise mit negativen Zugehörigkeitserfahrungen und mit der sich ihnen anschließenden Heraussetzung besteht darin, die losen Bindungen als Ungebundenheit zu betrachten und programmatisch im Wunsch nach Unabhängigkeit zu verdichten.

Rava ist weder Deutscher noch Inder, er ist weder von Indien noch von Deutschland abhängig, seine Bindungen an beide Zugehörigkeitskontexte sind lockere. Rava steht in einer Distanz zu beiden Zugehörigkeitskontexten, er betrachtet die national-kulturellen Gebilde Deutschland und Indien aus Entfernung und teilt Vorstellungen über die „Deutschen" sowie die „Inderinnen" und „Inder" mit.

„Und diese Liebe ist ... . Bei den Deutschen ist das so, wenn du 100% [Liebe] hast, dann heiratest du im Normalfall. Und was kann bei 100% ... das kanns normal ... du kannst es vielleicht halten oder es kann nur weniger werden, so. Die [Inder und Inderinnen] heiraten bei 20% [Liebe] und über die Jahre festigt sich das immer mehr. Und da ist, sagen wir mal, Sex ne Nebensache [...]." (R40sup1)

Der Blick, den Rava aus Distanz auf die Inderinnen und die Deutschen wirft, zeichnet charakterisierende Bilder: Die Deutschen seien so, und die Inder seien so: ethnographische Schnappschüsse eines, der aus beiden Lebenskontexten herausgesetzt ist und sich von beiden Lebenskontexten abgesetzt hat. Infolge der Distanz, infolge der Heraussetzung ist Rava in der Lage, Besonderheiten, Typisches und Typisiertes des jeweiligen Kontextes zu stilisieren, zu erkennen und zu beschreiben. Erfahrungen in und mit zwei als distinkte Lebensweisen erlebten Kulturen können Distanzierungen von beiden Natio-Ethno-Kulturen nach und mit sich ziehen, die Schwächen, Nachteile, Mängel, aber auch Stärken, Vorteile und Nutzen der Kontexte offenkundig machen. Der sozialisatorisch relevante Aufenthalt in (Distanz zu) zwei natio-ethno-kulturellen Kontexten schärft das subjektiv wahrgenommene Profil der Kontexte, weil Differenzen profilieren. Die doppelte Heraussetzung bewirkt, daß Rava auf einer gewissermaßen ethnographischen Ebene Bilder über die Inderinnen und Deutschen, aber auch über die zweite indische Migrationsgeneration (die in gewisser Weise zumindest potentiell eine andere, „neue" Ethnie darstellt) zu zeichnen und auf einer ethnoanalytischen Ebene zu kommentieren vermag.

„Wiederum, ich hab... ne Cousine, die lebt in Amerika, die war bei uns. Und die ist eben, ...
die hat ihr Studium beendet und die arbeitet bei der Bank oder so. Und die erzählte mir gerade, ja, sie möchte in den nächsten 2 Jahren heiraten. Und ich sag: „Wen denn?" //lacht
//Da sagte sie dann, ja, wüßte sie noch nicht. Ich hab die dann so n bißchen aufgezogen
auch. Hab mich darüber lustig gemacht, weil ich eben durch die Provokation aus ihr raus-
kitzeln wollte, ist das so, weil sie das will, oder ist das so, weil die Eltern das wollen oder
sonstwie. Und dann sagte sie, sie hätte schon mehrere da, trifft da ab und zu n paar Jungen
da in Amerika. Hat aber eben den total normalen amerikanischen Freundeskreis, aber das
ist eben ne Sache, die läuft über die Eltern. Also, die fliegt kreuz und quer durch Amerika,
um irgendwelche Jungen zu treffen, indische Jungs. Und dann essen sie ... . Und die meisten ... also bis jetzt 10 getroffen, alle, sagte sie nach dem ersten Treffen, interessieren
mich nicht. Also irgendwo ... . Und da hab ich gesagt: „Das liegt wahrscheinlich auch daran, daß du versuchst, verschiedene Wertmaßstäbe zu verbinden. Du triffst die, du bist zwar
bereit, das so zu machen, aber Du siehst die dann wieder mit Deinen amerikanischen Augen. Und darum gehst Du auch nicht weiter drauf ein. Nach einmal Treffen sagst Du: Ich
hab keinen Bock mehr, das ist Zeitverschwendung. Wenn du die anderen Augen hättest,
würdest Du sagen: Ich treff die 5, 6, 7 mal; vielleicht ist ja dann der Weg da, daß man, unter Umständen irgendwann mal ... gemeinsam."" (R42)

Weil Rava keiner Gruppe zugehörig ist, ist er in der Lage, eine distanzierte
Beobachterposition zu pflegen. Die Position geht damit einher und fundiert,
daß Rava nicht selbstverständlich und fraglos an dem sozialen und symbolischen Geschehen in dem jeweiligen Kontext teilnehmen kann. Andererseits
ist die Beobachterposition und folglich die Distanz zu den Zugehörigkeitskontexten für Rava notwendig, um von Kontextstrukturen und -prozessen
nicht überrascht zu werden: Einmal herausgesetzt, einmal nicht zugehörig,
muß Rava, allein Erfordernissen der Wahrnehmungsposition, die durch eine
Vorsicht nahegelegt ist, erwachsend, sich im Status der Herausetzung halten.
Ließe er sich fraglos, im subjektiven Bewußtsein,dazuzugehören, auf Indien
oder Deutschland ein, bestünde immer die Gefahr, eines Besseren, und das
heißt eines Schlechten, belehrt zu werden.

Weil das Damoklesschwert der diagnostizierten Nicht-Zugehörigkeit
über Ravas sozialem Tun in den Zugehörigkeitskontexten schwebt, macht es
Sinn, daß er beobachtet, sich heraussetzt und als unzugehörig definiert. Ravas
Lebenssituation in, zwischen und jenseits von Deutschland und Indien definiert ihn als nicht dazugehörig, und er muß diese Definition seiner selbst bewahren, will er die Situation bestehen.

„Ich hab so n Assessmentcenter mitgemacht und da kam raus, ja, Sie sind [...] ja Ausländer, also optisch, auf dem Papier ja nicht." [...] Und dann hab ich da abends drüber nachge-
dacht... Im Prinzip, wenn ich das nutze, Ausländer zu sein, bin ich ja besser als jeder Deutsche. [...] ich sag mal so, als Deutscher in Asien zu arbeiten, ist ziemlich schwierig. Weil
die, die mit der weißen Haut verbinden die Kolonialzeit, all so was [...]." (R15)[11]

Da sind die Deutschen, und da sind die Inder (oder um Ravas Sprachgebrauch beim Erzählen der Assessment-Center-Episode aufzugreifen: „die

---

11 Eine ausführliche Analyse der Assessment-Center-Episode habe ich andernorts prä-
    sentiert (Mecheril 1997a).

Asiaten"), und da ist Rava. Die Episode macht deutlich, wie sehr Rava in dieser Situation auf sich selbst gestellt ist. Weil Rava herausgesetzt ist und es niemanden in greif- und rufbarer Nähe gibt, der oder die in vergleichbarer Weise (un-)positioniert ist, ist Rava allein: Da sind die Deutschen, da sind die Inder und Inderinnen, und da ist Rava. Diese Art von Heraussetzung geht mit Vereinzelung einher. Rava ist zwischen die Seiten geraten, als natio-ethno-kultureller Bastard, als Hybrid, als Mischform paßt er weder in die eine noch in die andere Kategorie. Er ist weder Deutscher noch Inder und versucht, sich zwischen den Seiten hindurchlavierend zu retten.

Da sind die Deutschen, da sind die Inder und Inderinnen, und da ist Rava, der Lavierende, einer, der durch geschickte Manöver der Lösungsorientierung, der Verletzungsabwehr, der Funktionsvergewisserung, der Vermarktung seiner selbst Kontrolle und Anerkennung zu erlangen sucht (vgl. Mecheril 1997a). Weil Rava weder Inder noch Deutscher ist, muß er sich mit sich selbst beschäftigen. Die Heraussetzung aus dem Bereich der selbstverständlichen Teilnahme an sozialen Gemeinschaften bewirkt, daß Rava sich selbst mit erhöhter Aufmerksamkeit begegnet. *Heraussetzung hat gesteigerte Selbstfokussierung zur Folge.* Rava pflegt einen genauen und differenzierten Blick auf sich selbst, und dieser Blick ist notwendig, will er den Anforderungen nachkommen, die aus seinem Aufenthalt in, zwischen und jenseits von zwei nationalen Aufenthaltskontexten resultieren.

Utopie „Amerika"

Doch Ravas Aufmerksamkeit richtet sich nicht allein auf die Realität seiner doppelt herausgesetzten natio-ethno-kulturellen Gegenwart.

„Amerika ist für mich das optimale Land in der Hinsicht, da kannst du Inder sein ... du hast die optimale Kombination aus deiner Kultur, welche Kultur das auch immer sein mag, und die Kultur von denen. Weil, was ist der Amerikaner? Der Amerikaner ist ja praktisch nur ein Einwanderer, von irgendwo. Und von daher hast du eben da ... . Ja, alles sind auch, alle sagen, wir sind Amerikaner. Da sagt keiner: „Ich bin Inder." Oder: „Ich bin das, Chinese oder Japaner." Und das eben, da kannst du beides optimal ausleben." (R57)

In Indien und Deutschland macht Rava negative Zugehörigkeitserfahrungen. Hier wie dort wird ihm die Teilnahme als fraglos selbstverständliches Mitglied der Gemeinschaft, die er hier als „Kultur" bezeichnet[12], verwehrt, und

---

12 Rava reproduziert den üblichen Diskurs über „Kultur" (als ein Gebilde, das relativ statisch und relativ homogen ist und das mit „Nation" und „Volk", in ihren ethnifizierten Verwendungsweisen, assoziiert ist). Wie alle nationalstaatlichen Gebilde, so sie als einheitliche und statische Lebensformen konzeptualisiert werden, sind „Deutschland" und „Indien" jedoch Phänomene der Imagination. Rava verwendet einen eher statischen Kulturbegriff, der zudem auf nationalstaatliche Gebilde bezogen ist: Es gebe geo-national lokalisierte Lebensformen („Kulturen"), und wer aus einer anderen

dort wie hier hält er sich mit vollständiger Identifikation, mit dem geforderten totalen Bekenntnis zurück. Rava ist weder Deutscher noch Inder, weil er indisch aussieht und deutsch (oder wie Rava sagt „westlich", vgl. R41) ist.

Beide „Teile" seiner selbst kann er weder in Deutschland noch in Indien gleichzeitig in ihrer jeweiligen Gültigkeit leben, weil die deutsche Öffentlichkeit ihn als Ausländer und die indische ihn als Fremden identifiziert. Daß er Deutscher ist, wird in Deutschland nicht (an)erkannt, und daß er Inder ist, wird in Indien nicht (an)erkannt. So bezieht er sich auf einen fiktiven Ort, an dem er „indisch aussehen" und „deutsch sein" darf und gibt dieser Utopie den Namen „Amerika". In „Amerika", so stellt es sich Rava vor, kann er beides, das Deutsche in ihm und das Indische an ihm „optimal ausleben". Diese Vorstellung hat zum Ausgangspunkt, daß der zusammengesetzte, hybride Natio-Ethno-Kulturtyp, den Rava darstellt, in „Amerika" ein geläufiger und somit ein sozial anerkannter Typus ist. Zusammengesetzte Natio-Ethno-Kulturtypen können in „Amerika" das, woraus sie zusammengesetzt sind, „optimal ausleben". Was aber heißt „ausleben"? Dem Wortsinn nach bedeutet „ausleben": etwas voll zur Entfaltung bringen, etwas verwirklichen (Wissenschaftlicher Rat und Mitarbeiter der Dudenredaktion, 1983).

In „Amerika" könnte Rava – so stellt er es sich vor – die Gleichzeitigkeit von „westlicher" Lebensführung und indischem Aussehen „optimal ausleben". In „Amerika" könnte er indisch aussehen und westlich sein. Die Schwierigkeiten, die ihm in Deutschland aufgrund seines Aussehenes erwachsen – und wie wir gesehen haben, sind das vorrangig Schwierigkeiten, die darin bestehen, nicht als gleichwertig zugehörig anerkannt zu werden – bestünden in Amerika nicht mehr. Denn „Was ist der Amerikaner?". „Der Amerikaner" ist kein anderer als Rava einer ist: ein von irgendwoher Eingewanderter (oder der Nachkomme eines von igendwoher Eingewanderten).

Der Ausdruck „Ausleben-Können" bezieht sich folglich zum einen auf die Möglichkeit, den eigenen Vorstellungen selbstverständlich nachgehen zu können, weil der soziale Kontext dies dem und der einzelnen zugesteht, bezieht sich zum anderen auf ein der Physiognomie nach Nicht-anders-Sein: In „Amerika" wäre Rava physiognomisch nicht anders, weil in „Amerika" alle physiognomisch anders sind. In „Amerika" könnte Rava getrost anders sein, weil in „Amerika" alle anders sind. Folglich fiele die Anstrengung fort, die damit verbunden ist, als anders betrachtet zu werden und in Folge dieses Blickwinkels auch anders zu werden. „Amerika" verspricht ein leichteres Leben. Und so fragen die Interviewerinnen auch gleich, ob Rava die Möglichkeit des Ausleben-Könnens hier, in Deutschland, nicht vermisse.

Lebensform komme, der oder spätestens dessen Kinder werde(n) der neuen Lebensform gemäß (R44): Ravas Kulturkonzept steht im Rahmen des konventionellen Diskurses über Kulturen und nationalstaatliche Lebensformen.

„Du kannst ... du vermißt nie ne Sache, die du nicht kennst. [...] Nur wenn du erst mal was hattest und das nicht mehr hast, weißt du, daß du es vermissen kannst. Solange ich das nie hier ausleben könnte in der Form, ich kann ja nichts vermissen, was nie da war." (R58)

Nein, Rava vermißt „Amerika" nicht, Rava braucht „Amerika" nicht und sehnt sich auch nicht nach „Amerika". Der Modus des Bezugs auf „Amerika" ist eher sachlich. „Amerika" ist eine sachliche, keine leidenschaftliche Utopie, denn Rava fühlt sich in seiner augenblicklichen Position „so ganz wohl" (R58sup1). „Amerika" ist keine leidenschaftliche Utopie, weil Rava unter den negativen Zugehörigkeitserfahrungen in Deutschland und Indien nicht leidet. Denn im Laufe des Aufenthaltes in und zwischen den Zugehörigkeitskontexten hat er gelernt, mit positiven und negativen Zugehörigkeitserfahrungen umzugehen – kein Wunder, er ist in diesen Erfahrungen aufgewachsen.

In „Amerika", meint Rava und greift auf Beobachtungen aus seinen Aufenthalten in den USA zurück (R42), könnte er das Deutsche und Indische in ihm ausleben. Das Indische in ihm ist aber in dem Sinne nicht von inhaltlicher Substanz, als daß es Ravas Handlungs- und Erlebensweisen anleiten könnte. Das Indische in ihm ist ein durch das Indische an ihm symbolisiertes Symbol für das andere seiner selbst. So spielt die Formulierung „das Indische ausleben" mit dem Versuch, Inhaltsloses als Inhaltliches darzustellen. Dieses kommunikative Spiel der Kulturalisierung und Ethnisierung zieht sich durch das gesamte Interview. Die Interviewerinnen und auch Rava tappen immer wieder in die Falle der Ethnisierung: Rava sehe nicht nur wie ein Inder aus, er habe auch einen indischen Teil (R8, R46), eine indische Persönlichkeit (R59sup2), eine indische Dimension (R48sup1) in sich.

Mit und in diesem Sprachgebrauch erzeugen die Gesprächsbeteiligten interaktiv den Eindruck, daß es sich bei dem Indischen in Rava um eine wenn auch kleine, so doch lebendige Pflanze handele, die auf deutschem Boden nicht gedeihen könne. Dem ist aber, Ravas Angaben zufolge, nicht so: Rava trägt keine indischen Anlagen in sich, die bei entsprechender Pflege erblühten. Rava hat in Deutschland seinen Lebensmittelpunkt, in diesem Sinn ist er Deutscher, weicht aber zu weit vom fiktiven Referenzbild des Deutschen ab – diese Abweichung ist es, die auf Boden exklusiver mono-natio-ethno-kultureller Verhältnisse nicht gedeihen kann.

Während Rava sein „Amerika"-Bild entwirft, vermischt er in Kooperation mit den Interviewerinnen Kultur und „Rasse". Er reproduziert die diskursiv vermittelte Vertauschung von Kultur und „Rasse". Dies wird daran deutlich, daß Rava für sich nie „kulturelle Autonomie" fordern könnte. Diese Forderung würde keinen Sinn machen, weil Rava im Hinblick auf Regeln, Werte, Praxen etc. seinem Verständnis nach eher deutsch als indisch ist. Was Rava jedoch fordern könnte, was zu fordern vernünftig wäre, ist, daß er nicht nur rechtlich, sondern auch de facto als gleichberechtigtes Mitglied der deutschen Gesellschaft respektiert wird.

Wenn Rava und die Interviewerinnen vom „Ausleben des Indischen" sprechen, dann diagnostizieren sie nicht, daß es Rava in Deutschland verwehrt wird, seine andere Lebensweise auszuleben, sondern sie stellen fest, daß Rava aufgrund seines Aussehens nicht in dem Sinne und dem Maße respektiert wird, wie jemand respektiert wird, der oder die weniger weit vom fiktiven Bild des oder der Standarddeutschen abweicht. Rava und die Interviewerinnen sprechen mithin nicht über das Thema „Kulturelle Differenz", vielmehr thematisieren sie die Dimension der *Anerkennung*. In „Amerika" „kannst du Inder sein" kann nur heißen, in „Amerika" wird Rava – so denkt er – als der respektiert, der er ist. „Amerika" wird von Rava folglich nicht als utopischer Ort konzeptualisiert, an dem die durch die Differenz der Teile in ihm hervorgerufene Ambivalenz der Zugehörigkeit (vgl. Mecheril 1997b) aufgehoben wäre. „Amerika" gewinnt sein utopisches Potential nicht daher, daß es einen Ort bezeichnet, an dem Ravas inwendige Differenzen zusammenschmölzen, zu einer Einheit amalgamierten, „Amerika" ist vielmehr deshalb eine Utopie, weil „Amerika" Anerkennung verspricht.

Wenn Rava von „Amerika" spricht, dann entwirft er einen Ort, an dem er von seiner Umgebung als der anerkannt wird, der er zu sein meint. Die Anerkennung durch andere, die Rava in seinem „Amerika"-Bild anspricht, ist eine, in der Rava als der, der er zu sein meint, wahrgenommen und geachtet wird. „Amerika" ist der imaginative Ort, an dem er beruhigt anders sein kann. „Amerika" ist der imaginative Ort selbstverständlichen So-Seins. „Amerika" ist eine Utopie der Anerkennung.

Anerkennung von Hybridität

Weil Rava Deutscher und Inder ist, ist Rava weder Deutscher noch Inder. Weder auf der Ebene der Konkurrenz kulturellen Wissens und kontextspezifischer Praxiskompetenz noch auf der Ebene kognitiv-emotionaler Fähigkeiten der Regulation interner (Konflikt-)Spannungen aufgrund der Erfahrung von Inkonsistenz beschreibt Rava diese natio-ethno-kulturelle Struktur seiner selbst als Belastung (genauer Mecheril, 1997b). Eine einwertige Antwort auf die Frage „Wer bist du in natio-ethno-kultureller Hinsicht?" kann Rava nicht geben. Rava ist eindeutig zweiwertig. Hybridität als Zweifachzugehörigkeit zu sozial-symbolischen Kontexten ist für Rava – anders als dies in den mit kollektiven Metaphern wie „Zwischen zwei Kulturen" operierenden Diskursen über „Kulturkonflikt" und „Identitätsdiffusion" gerne angenommen wird – nicht mit intellektuellen oder emotionalen Konflikten verknüpft. Mehrfachverbundenheit ist mithin per se kein pathologischer Zustand.

Gleichwohl kommt in Ravas Ausführungen eine Unzufriedenheit mit seiner Situation zum Ausdruck, die er in der Utopie „Amerika" konzentriert. Dieses Unbehagen bezieht sich aber nicht auf die hybride Konstitution seiner selbst, sondern auf den Umstand, wie Andere (und zwar weniger konkrete als vielmehr generalisierte Andere) auf diese Konstitution reagieren. Hybridität wird für Rava auf der Ebene sozial-interaktiver Erfahrungen zum Problem und damit zum Thema. Eindeutige Zweiwertigkeit wird subjektiv dann zum Problem, wenn sie sozial nicht zugelassen wird. Ein prominentes Beispiel für das Nicht-Zulassen von Mehrfachverbundenheiten ist der in der deutschsprachigen „Ausländerpädagogik" lange Zeit gepflegte Mythos vom Kulturkonflikt: Wer sich „zwischen" zwei „Kulturen" befinde, befinde sich zugleich in einem Konflikt – einem Konflikt des Widerspruchs normativer Orientierungen und einem Konflikt der begrenzten kognitiven Kapazität.

Wenn wir Rava sehen (und andere „Fälle", die keinen akademischen Bildungsstatus haben und auch auf der Ebene der kulturellen Praxis mehrwertig sind, wie „Ayse Solmaz", vgl. Mecheril 1997c), dann wird aber schnell einsichtig, daß diese Konflikte zumindest überlagert sind von sozialen Konflikten der Anerkennung. An-Erkennung umfaßt zwei Momente, das der Identifikation und das der Achtung. In Heraussetzungserfahrungen kommen mithin folgende Botschaften zum Ausdruck: Wir können dich nur in unseren Kategorien der Einwertigkeit identifizieren, und deshalb erkennen wird dich nicht; wir können dich nur in unseren Kategorien der Einwertigkeit achten, und deshalb anerkennen wir dich nicht. In der Figur der doppelten Heraussetzung sind die Botschaften kontextuell verdoppelt und dadurch doppelt brisant.

Identifikation und Achtung sind Momente der Begegnung und Auseinandersetzung, die in subjektiver und intersubjektiver Hinsicht von Bedeutung sind. Wir können die Anerkennung durch Andere von der Selbst-Anerkennung unterscheiden. Hierbei ist davon auszugehen, daß Selbst-Anerkennung sich letztlich nur in Strukturen intersubjektiver Anerkennung entwickeln kann. Die Anerkennung durch Andere ist der Selbst-Anerkennung vorgelagert und gewinnt damit – auch für psychosoziale und pädagogische, vor allem jedoch für politische Zusammenhänge – einen zentralen Stellenwert.

Mit sozialer Anerkennung ist nun aber weit mehr gemeint als lediglich eine Verhaltensaufforderung zu interpersonaler Wertschätzung. Die Forderung nach sozialer Anerkennung muß vielmehr zunächst auf einer politischen Ebene formuliert werden. Doppelte natio-ethno-kulturelle Zugehörigkeit wird erst dann anerkannt, wenn sie in beiden relevanten Kontexten auch politisch wirksam eingebracht werden kann (Stichwort: Doppelte Staatsbürgerschaft). Hybride werden sozial anerkannt, wenn sie über sozial zur Verfügung gestellte Möglichkeiten verfügen, an gesellschaftlichen und sozialen Kommunikations- und insbesondere Entscheidungsprozessen derart teilzunehmen, daß sie ihr Selbstverständnis und ihre Erfahrungen signifikant einbringen können.

Literatur

Bauman, Zygmunt (1995): Moderne und Ambivalenz. Frankfurt a.M.
Beck, Ulrich/Beck-Gernsheim, Elisabeth (1994): Riskante Freiheiten. Frankfurt a.M.
Bronfen, Elisabeth/Marius, Benjamin/Steffen, Therese (Hrsg.) (1997): Beiträge zur anglo-amerikanischen Multikulturalismusdebatte. Tübingen

Castles, Stephen/Miller, Mark. J. (1993): The Age of Migration. International Population Movements in the Modern World. London

Glick Schiller, Nina/Basch, Linda/Blanc-Szanton, Christina (1992): Transnationalism: A new analytic framework for understanding migration. In: Nina Glick Schiller/Linda Basch/Christina Blanc-Szanton (Hrsg.). *Towards a transnational perspective on migration. Race, class, ethnicity and nationalism reconsidered.* New York

Hall, Stuart (1994): Rassismus und kulturelle Identität. Ausgewählte Schriften 2. Hamburg

Mecheril, Paul/Teo, Thomas (Hrsg.) (1994): Andere Deutsche. Zur Lebenssituation von Menschen multiethnischer und multikultureller Herkunft. Berlin

Mecheril, Paul (1997a): Rassismuserfahrungen von Anderen Deutschen. Eine Einzelfallbetrachtung. In: Paul Mecheril/Thomas Teo (Hrsg.). *Psychologie und Rassismus.* Reinbek,175-201

Mecheril, Paul (1997b): Zugehörigkeitserfahrungen von Anderen Deutschen. Eine empirische Modellierung. In: Ludger Pries (Hrsg.): *Sonderband 12 der Sozialen Welt. Transnationale Migration.* Baden-Baden, 293-314

Mecheril, Paul (1997c): „Halb-halb". Über Hybridität, Zugehörigkeit und subjektorientierte Migrationsforschung. In: *Migration und soziale Arbeit, 3-4;* 32-37

Pries, Ludger. (1997):. Transnationale Soziale Räume. Theoretisch-empirische Skizze am Beispiel der Arbeitswanderungen Mexico-USA. In: *Zeitschrift für Soziologie, Jg. 25, 6;* 456-472

Reygers, Elke/Scheller, Meike (1994): Anforderungsstrukturen und Bewältigungsstrategien von Menschen multikultureller Herkunft in Deutschland. Münster: Unveröffentlichte Diplomarbeit

Rushdie, Salman (1992): Heimatländer der Phantasie. München

Scheller, Meike/Mahabi, Rava (1996): „Indien, das ist ein Teil meines Lebens, den ich noch nie aktiv gelebt habe. – Auf der Suche nach der richtigen Lebensform". In: Paul Mecheril (Hrsg.): *Deutsche Geschichten. Menschen unterschiedlicher Herkunft erzählen.* Münster, 41-51

Wissenschaftlicher Rat und Mitarbeiter der Dudenredaktion (1983): Duden. „Deutsches Universalwörterbuch". Mannheim

„Du siehst weder schwarz noch jüdisch aus"

Identität bei jungen Erwachsenen schwarzer und jüdischer Herkunft in den USA

Josylyn Segal

Prolog

Dreißig Jahre nach der Abschaffung des letzten Anti-Rassenmischungsgesetzes verschafft sich in den USA eine *interracial generation* Gehör, deren Stimme sich mit meiner Begeisterung deckt, die Identitätsentwicklung „birassischer" afrikanisch-amerikanischer und jüdisch-amerikanischer Erwachsener zu erforschen[1]. Tatsächlich sind Menschen „multirassischer" Herkunft in den USA kein neues Phänomen; seit der Kolonisierung des amerikanischen Kontinents haben sich die sogenannten „Rassen" – wie gewaltsam oder freiwillig auch immer – durchmischt. Doch das Tabu der Rassenmischung ist tief eingegraben in die psychischen Schichten der Amerikaner und Immigranten und hat zu zerstörerischen Stereotypen und Mythen über den Anderen geführt. Solche Perzeptionen und Vorurteile lassen sich nicht einfach in drei Jahrzehnten aufheben. Die neue Hervorhebung einer „gemischten Rassenidentität" stellt tiefgehende soziale und politische Konstrukte von Rasse in Frage. Zum anderen werden dadurch aber auch grundlegende Lebenserfahrungen bestätigt, indem die Betonung einer „gemischten Rassenidentität" das Recht einfordert und Unterstützung dabei bietet, beide leiblichen Eltern anzuerkennen und so stolz statt schamerfüllt zu sagen: „Meine Mutter ist afri-

---

1 Der Begriff „Rasse" ist als soziale Kategorie im Deutschen aufgrund seiner zentralen Rolle in der nationalsozialistischen Gewaltherrschaft völlig diskreditiert. Er wird deshalb vermieden oder ganz abgelehnt. In vielen englischsprachigen Ländern wird das Äquivalent dieses Wortes *race* differenzierter benutzt als in Deutschland. In den USA wird *race* nicht ausschließlich als biologisches Konzept verstanden, sondern es wird die kulturelle Konstruktion, die diesem Begriff zugrunde liegt, im Diskurs seit den sechziger Jahren mitgedacht. In diesem Sinne dient der Begriff *race* auch der Kritik des Konzepts „Rasse", verstanden als ein gesellschaftliches Konstrukt. Im Deutschen ist diese Assoziation nicht verbreitet. Vielmehr bezieht sich der Begriff „Rasse" auf vermeintlich grundlegende biologische Unterschiede, die allerdings nach biologischen Kriterien nicht aufrechtzuerhalten sind. Daher mögen auch die in diesem Text häufig auftretenden Adjektive, die von *race* abgeleitet sind, Irritationen auslösen. Dies zeigt aber auch, daß wir uns in Deutschland mit dem Rassenbegriff als soziales Konstrukt weiter auseinandersetzen müssen.
Für konstruktive Kritik bei der Übersetzung dieses Textes ist Ines Meyer-Kormes und Norbert Finzsch zu danken. (E.F.-B.)

amerikanisch und mein Vater ist jüdisch-amerikanisch." Insofern geht es den USA nicht anders als dem Rest der Welt – überall gilt es, kulturspezifische Antworten auf sozialen und ethnischen Wandel und auf die jeweilige Sozialgeschichte zu finden.

Im Kontext dieses Klimas einer „Identitätskrise" in der westlichen Welt freue ich mich über die Gelegenheit, auch außerhalb der USA meine Untersuchungen zu Aspekten einer „birassischen" und bikulturellen Identität vermitteln zu können. In Deutschland muß ich jedoch als eine „gemischt" jüdisch-amerikanische und afrikanisch-amerikanische Frau eine offensichtliche Peinlichkeit ansprechen, die eine gewisse Ironie beinhaltet. Um einen Begriff zu benutzen, den eine der Teilnehmerinnen meiner Studie geprägt hat: Ich bin die Verkörperung von „Hitlers Alptraum", ein Mischling, der jeden, der an rassische Reinheit glaubt, das Blut in den Adern gerinnen läßt. Ich halte mich hier in einem Land auf, dem es gelang, die jüdische Kultur in einem solchen Ausmaß auszulöschen, daß heute nur ein geisterartiges Überbleibsel jüdischen Lebens zu finden ist. In Deutschland wissen die wenigsten, was es bedeutet, eine jüdische Identität zu haben und in der heutigen Gesellschaft in der Diaspora zu leben. Darüber hinaus möchten viele aus Scham nicht zugeben, daß das, was sie über Juden wissen, von Mythen und Stereotypen der Nazizeit beeinflußt ist. Aber auch in einer Gesellschaft wie den USA, wo die jüdische Kultur nicht vernichtet wurde, habe ich mit Gruppen nichtjüdischer Amerikaner gesprochen, die nie in direkten Kontakt mit der jüdischen Kultur gekommen sind.

Nichtsdestoweniger wissen wir, daß Neugierde, Angst, Exotisierung und Ignoranz gegenüber den Anderen überall dort als universelle Verhaltensweisen anzutreffen sind, wo Diskriminierung und Unterdrückung stattgefunden haben. Mein Anliegen ist es, der Unwissenheit gegenüber dem komplexen Thema *mixed-race* entgegenzuwirken und Verständnis wie Bewußtsein darüber auf eine Weise zu fördern, die zur Stärkung (*empowerment*) und Richtigstellung führt, statt zu pathologisieren und zu exotisieren. Ich hoffe, daß meine Ausführungen für ein weitergehendes Verständnis von Fragen zur Interkulturalität und zu *mixed-race* in Deutschland von Nutzen sein können.

Grundlegende Forschungsfragen

Diesem Beitrag liegt eine umfassendere Untersuchung zugrunde, die ich kürzlich in den USA veröffentlicht habe. Folgenden grundlegenden Fragestellungen bin ich in meiner Studie nachgegangen:

1. Was beeinflußt die Identitätsentwicklung eines schwarzen und jüdischen Individuums, das somit zwei „Rassen" angehört und dessen Eltern historisch unterdrückte und mißverstandene Kulturen personifizieren?

2. Wie geht dieses Individuum in der amerikanischen Gesellschaft, die von der Bedeutung der Hautfarbe besessen ist, mit der „Unsichtbarkeit" des jüdischen Erbteils um, welche durch die „weiße Haut" des jüdischen Elternteils bedingt ist?

3. Wie entwickelt sich ein Individuum mit dieser „unsichtbaren" Identität und welchen Einflüssen ist es ausgesetzt, wenn es für die Konflikte zwischen afrikanischen und jüdischen Amerikanern nicht unsensibel ist?

4. Wie kann mit der Vervielfältigung von Identitäten in einer Gesellschaft umgegangen werden, die sowohl institutionalisierte als auch internalisierte Unterdrückung aufweist, welche sich z.b. im ungebrochenen Rassismus der Regierung, aber auch im Selbsthaß durch die Wiederholung herabsetzender Stereotypen zeigt?

Zum historischen Kontext „multirassischer" Menschen in den USA

Wie schon kurz angesprochen gibt es in den USA schon lange Menschen „multirassischer" Herkunft. Die Geschichte der Schwarzen in den USA ist geprägt von sexueller Ausbeutung, die Generationen von Menschen hervorgebracht hat, die phänotypisch verschiedene Schattierungen von „Schwarz" aufweisen. Trotz regionaler Unterschiede hatten die europäischen Amerikaner wenig Interesse, phänotypische Unterschiede zwischen Individuen afrikanischer Herkunft wahrzunehmen. In den Jahren zwischen 1850 und 1920 (mit Ausnahme der Jahre zwischen 1880 und 1900) wurden die afrikanischen Amerikaner in den Bevölkerungsstatistiken als „Schwarze" oder „Mulatten" erfaßt. Ab 1890 wurden beim Zensus auch Viertel- und Achtelanteile des „genetischen Erbes" berücksichtigt. Geht man davon aus, daß die Volkszähler subjektive optische Kriterien anwandten, um Rassenkategorien zu definieren, ist anzunehmen, daß die Zahl der Schwarzen mit teilweise europäischer Abstammung am ungenauesten geschätzt wurde. Mit dem Bürgerkrieg und der Epoche der Rekonstruktion wurde die frühere Unterscheidung der afrikanischen Amerikaner zwischen Sklaven und Freien aufgegeben.

Die Einführung der Rassentrennung gegen Ende des 19. Jahrhunderts erzwang eine schärfere Grenzziehung zwischen „Schwarzen" und „Weißen". Die Toleranz gegenüber rassischer Vieldeutigkeit und die Privilegien der „Mulatten" wurden zunehmend eingeschränkt. So waren vor dem Bürgerkrieg freie „Mulatten" nicht erfaßt worden. Nach dem Bürgerkrieg wurde der Anteil des Erbes an „schwarzen" Genen, der noch zuließ, als „weiß" zu gelten, noch weiter gemindert. So konnte zum Beispiel in Virginia im frühen 19. Jahrhundert eine Person mit weniger als einem Viertel an „Negerblut" „weiß sein". 1910 kodifizierte der Staat Virginia, was mittlerweile Usus geworden war: Als „weiß" wurde definiert, wer weniger als ein Sechzehntel „Negerabstammung" aufwies. 1924 verboten die Gesetzgeber unter dem Druck weißer, einflußreicher Gruppen Weißen die Eheschließung mit Personen mit auch nur „einem einzigen Tropfen Negerblut". Diese Vorstellung, daß ein Tropfen afrikanischen Erbes ausreiche, um eine Person als „schwarz" zu klassifizieren, führte zur Etablierung strenger Kriterien von „Weißsein", die bis heute maßgeblich sind.

Unter der Herrschaft des sogenannten „Ein-Tropfen-Gesetzes" war es für „birassische" schwarz/weiße Individuen schwierig, in ihrer Identität eines „gemischten Erbes" sozial oder politisch anerkannt zu werden. Das Gesetz verfolgte nicht nur die Absicht, die „Reinheit" zu bewahren, sondern auch den Zugang zu ökonomischer oder politischer Kontrolle zu beschränken. Da die Schwarzen infolge von 400 Jahren Sklaverei und Vergewaltigungen durch die Kolonialherren genetisch im Sinne einer Rassenmischung „multirassischer" wurden, werden sie bis heute auch als „hellhäutige" Schwarze bezeichnet. Aber da die Natur auch in der Genetik ihr eigenes Spiel treibt, wiesen die Kinder von Sklaven phänotypisch oft überhaupt keine afrikanischen Züge auf. Wie auch andere Individuen nichtweißer Abstammung verfolgten viele „Schwarze", die phänotypisch nicht als solche zu identifizieren sind, die Strategie, „als Weiße durchzugehen", um damit ungleichem sozialen und ökonomischem Status zu entgehen.

Der Verlust von Privilegien, die „hellhäutige" Schwarze während der Periode des Anti-Bellum noch genossen hatten, und die wachsenden Feindseligkeiten der euroamerikanischen Welt bewirkten einen deutlichen Wandel im politischen Bewußtsein der „multirassischen" Eliten hin zu einer Allianz mit den „Schwarzen". Dank der, im Vergleich mit anderen Schwarzen relativ guten Förderung in sozialer, kultureller und intellektueller Hinsicht, die man ihnen aufgrund ihrer Hautfarbe gewährte, erlangte eine bedeutende Anzahl „multirassischer" Individuen Führungspositionen in den frühen Kämpfen um bürgerliche Rechte. Aber infolge der erzwungenen Endogamie und internen „Rassenmischung" verzichteten die Volkszähler darauf, „multirassische" Individuen gesondert von den „Schwarzen" aufzuführen. Während der Anteil der „multirassischen" Schwarzen stetig stieg, gingen Individuen mit einem eher europäischen Phänotypus offiziell und informell immer mehr dazu über, sich selbst weniger als „multirassisch", sondern als hellhäutig zu betrachten; auch von anderen wurden sie so gesehen.

Die Forderung nach einer neuen Rassenkategorie wie z.B. *biracial* hat für die amerikanische Gesellschaft zahlreiche Implikationen. Einerseits gibt sie Menschen das Recht, sich auf beide Elternteile zu berufen und nicht durch gesellschaftliche Normen definiert zu werden. Andererseits bedroht diese neue Behauptung einer schwarz-weißen, „birassischen" Identität implizit die Solidarität der Schwarzen hinsichtlich sozialer Gleichheit und stellt dadurch vor allem für afrikanische Amerikaner eine Herausforderung dar. Dessen ungeachtet stößt die neue Gruppe „birassischer" Individuen in den gesellschaftlichen Mainstream vor. Seit 1967 sind Eheschließungen zwischen den Rassen nicht mehr illegal. Virginia war der letzte Staat, der sich widersetzte. Danach gab es einen sogenannten „birassischen" Baby-boom. Dieser „Boom" vollzog sich zeitgleich mit der Bürgerrechtsbewegung und mit der sogenannten sexuellen Revolution der späten sechziger und frühen siebziger Jahre, in denen das Experimentieren mit neuen Lebensformen angesagt war. In den größeren Städten der USA ist die Akzeptanz gegenüber „interrassischen" Verbindungen größer denn je; teilweise weil sie „in" sind. Aber nur weil es mehr „birassische" Kinder und Erwachsene gibt, bedeutet dies nicht, daß 500 Jahre an Unterdrückung, Stereotypen und Tabus aufgehoben sind.

Das Phänomen der Hierarchie der Hautfarben vermag die Rolle der Hautfarbe in der amerikanischen Gesellschaft zu beleuchten. Die Vorstellung, daß Amerika ein „Schmelztiegel" der Kulturen sei, ist ein hartnäckiger Mythos. Tatsächlich erlaubt dieser Schmelztiegel der Kulturen nur das Zusammenkommen ausschließlich weißer ethnischer Gruppen. Die Geschichte der Vereinigten Staaten ist eine Geschichte der Trennung von Menschen, Nichtweißen und Weißen, wobei weiß als überlegen erachtet wird und die Privilegien und die Macht der Weißen von Nichtweißen begehrt werden. Aufgrund der angenommenen Überlegenheit der Weißen wurden Versuche unternommen, die Mischung der Rassen zu verhindern, da uneingeschränkter Kontakt die Idee von Gleichheit nahelegt. Nichtweiße entwickelten Mißtrauen gegenüber jenen, die von Weißen akzeptiert wurden, da Weiße in der Geschichte Farbige unterdrückten. Die symbolische Bedeutung der Hautfarbe führt dazu, daß „birassische" Erwachsene, die „weiße Anteile" haben, „weiß aussehen" und Verhaltensweisen der dominanten Kultur an den Tag legen, oft Schwierigkeiten mit ihrer Akzeptanz erfahren.

Die Beziehungen zwischen Juden und Schwarzen

Die meisten europäischen Juden kamen nach Amerika, weil sie politischer, sozialer und religiöser Unterdrückung entfliehen wollten. Sowohl afrikanische als auch jüdische Amerikaner wurden unterdrückt und mißverstanden, aber die meisten jüdischen Amerikaner haben das Privileg einer „weißen Hautfarbe", wodurch ihnen bessere ökonomische Möglichkeiten eröffnet wurden und es ihnen erlaubte, sich ungehinderter im Mainstream der Gesellschaft zu assimilieren als es Schwarzen möglich war.

Im Zentrum des Konflikts zwischen den beiden Gruppen stehen die verschiedenen Assimilationsprozesse, das „Privileg der weißen Hautfarbe" und die unterschiedlichen geschichtlichen Hintergründe, welche die beiden Gruppen nach Amerika führten. Sander Gilman, Autor von „Difference and Pathology", glaubt eine andere, vom europäischen Antisemitismus übernommene Dynamik wahrzunehmen, die die Beziehung zwischen afrikanischen Amerikanern und jüdischen Amerikanern prägt. Er weist auf eine Gleichsetzung

von Schwarzen und Juden hin, die sich in Europa entwickelte und die der Geschichte der meisten Juden in Amerika vorausging. Seine Erkenntnisse legen
sowohl einen unbewußten als auch einen bewußten Einfluß auf die Beziehungen von Schwarzen und Juden in Amerika nahe. Er diskutiert, wie die
Unterscheidung zwischen Schwarzen und Juden in Europa verschwand und
die einen zur Definition der anderen herangezogen wurden. Im 19. Jahrhundert stand die christliche Mittelschicht unter außergewöhnlicher Spannung.
Die Europäer mußten einen Weg finden, die durch sozialen Wandel verur-
sachten Ängste zu externalisieren. Die Projektion dieser Angst auf Schwarze
war nicht länger sinnvoll. Die Schwarzen waren zu weit entfernt und durch
die Kolonialmächte kontrolliert. Als „Schwarze" Teil des europäischen Welt-
mythos wurden, fanden die europäischen Juden zunehmend Zutritt zur sogenannten etablierten christlichen Bürgergesellschaft. Trotz der verstärkten Präsenz der Juden in der europäischen christlichen Gesellschaft wurden nun alle
vormals auf den mythischen „Schwarzen" projizierten Ängste auf die Juden
projiziert. Die Schwarzen waren zu weit weg, die Juden eine leichte Zielscheibe. Juden wurden als radikal und bedrohlich erlebt.

Gilman untersuchte, wie sich die Assoziation von „schwarz" und „jüdisch" in der Gesellschaft des späten 18. und frühen 19. Jahrhunderts vollzog
und sich hartnäckig bis ins frühe 20. Jahrhundert hielt. Diese Verbindung von
„schwarz" und „jüdisch" wurde in die Vereinigten Staaten getragen. Mit anderen Worten brachten viele europäische Juden, die der Unterdrückung ent-
kamen, unbewußt die Gleichsetzung von „schwarz" und „jüdisch" mit in die
USA. Schwarze und Juden wurden nicht nur deshalb miteinander identifiziert, weil beide Außenseiter waren, sondern weil Eigenschaften, die man den
einen zuschrieb, der Definition des Andersseins der anderen dienten. So wurden die sozialen Kategorien von „schwarz" und „jüdisch" zu einem bestimmten historischen Zeitpunkt ironischerweise austauschbar. Gilman geht
davon aus, daß diese „Introjektion" Teil des grundlegenden Konfliktes zwischen Schwarzen und Juden ist.

Es wurde viel über die komplexe Geschichte der Allianzenbildung zwischen afrikanischen Amerikanern und jüdischen Amerikanern geschrieben.
Dennoch, so ironisch es klingen mag, gibt es Fälle von schwarzem Antisemitismus und jüdischem Rassismus. Jüdische Amerikaner werden oft als eine
kontrollierende Macht und eine Bedrohung für afrikanische Amerikaner
wahrgenommen. Ihre unterschiedliche Geschichte, der Assimilationsprozeß
in Amerika und ihre Hautfarbe haben jüdischen Amerikanern Zugang zu Institutionen und Ressourcen verschafft, die den afrikanischen Amerikanern
nicht zugänglich waren, als sie nur eingeschränkten Zugang zu Wohnung,
Arbeit und anderen Lebensgrundlagen hatten. Im Gegensatz zu den afrikanischen Amerikanern, die als Sklaven nach Amerika gebracht worden waren,
kamen die jüdischen Amerikaner als Immigranten oder Flüchtlinge vor kultureller, religiöser und politischer Unterdrückung. Es war ihnen weitgehend
möglich, beim Prozeß der Anpassung an ein neues Land ihr kulturelles Erbe

aufrechtzuerhalten. Wie alle Immigranten, die einem Klima rassistischer Einstellungen ausgesetzt sind und waren, brachten sie bewußt oder unbewußt vorher Erlerntes mit. Unabhängig von ihrem Ursprungsland waren die meisten jüdischen Amerikaner europäischen Ursprungs wie viele andere weiße Immigranten schließlich fähig, sich durch Bildung und wirtschaftliche Mobilität dem Mainstream der Gesellschaft kulturell vollständig anzupassen und zu assimilieren. Während aufgrund des institutionalisierten Rassismus also nur wenige Schwarze in den Genuß aller Vorteile der amerikanischen Staatsbürgerschaft kamen, waren die meisten jüdischen Amerikaner durch das Privileg der weißer Hautfarbe in der Lage, zumindest einen Teil des amerikanischen Traums zu verwirklichen. Diese Ungleichheit zwischen Schwarzen und Juden macht es jüdischen Amerikanern und afrikanischen Amerikaner schwer, miteinander zu kommunizieren und die Standpunkte des jeweils anderen zu verstehen.

„*Birassische*" *Erwachsene schwarzer und jüdischer Herkunft*

Trotz der historisch bedingten negativen Assoziation der europäischen Juden mit „Schwarzsein", trotz des geteilten Minderheitenstatus beider Gruppen in Amerika und des Privilegs der weißen Hautfarbe, über das die meisten jüdischen Amerikaner verfügen, und schließlich trotz der Tatsache, daß beide Communities „interrassische" schwarz-jüdische Verbindungen nicht gern anerkennen, wurden Kinder geboren. Da die meisten jüdischen Amerikaner besseren Zugang zu wirtschaftlichen Möglichkeiten hatten, wurden Schwarze und Juden gewöhnlich nicht als wirtschaftliche Konkurrenten gesehen. Im Unterschied zu „birassischen" Amerikanern mit lateinamerikanisch-afrikanischamerikanischer oder asiatisch-europäischer Herkunft, deren Eltern zu einer „nichtweißen Minderheitenkultur" gehören, treffen bei Individuen mit afrikanisch-amerikanischen und jüdisch-amerikanischen Eltern ein ungleicher sozialer Status und verschiedene Kulturen zusammen.

Welche Auswirkungen hat es auf die kulturelle Identität und Rassenidentifikation, wenn die Eltern einem mißverstandenen und unterdrückten kulturellen Erbe angehören, der eine Teil jedoch über das Privileg der weißen Hautfarbe verfügt, und als „weiß" gilt und somit institutionalisierter Rassendiskriminierung nicht ausgesetzt ist? Folgende Zitate stammen aus einer Diskussion mit fünf „birassischen" schwarz-jüdischen Frauen. Sie beziehen sich darauf, inwieweit sie eine jüdische Identität für sich in Anspruch nehmen und inwiefern sie den Konflikt zwischen der schwarzen und der jüdischen Community internalisiert haben.

„Meine Mutter ist Atheistin und war von ihrem Volk wirklich abgeschnitten, weshalb ich mit der jüdischen Kultur nicht viel Berührung hatte. Aber wenn ich über meine Identität spreche, sage ich, daß ich schwarz bin und meine Mutter Jüdin ist. Ich sage nie, daß ich ei-

ne schwarze Jüdin bin. Für die Schwester meiner Mutter, die die einzige aus diesem Teil
der Familie ist, mit der ich rede, bin ich Jüdin und sonst nichts. Meine Mutter ist Jüdin und
entsprechend den jüdischen Gesetzen bin ich auch Jüdin, punktum."

„Ich hatte eine schlimme Krise, als ich in der Schule meine Identität als schwarze Jüdin be-
anspruchte. Ich verbrachte viel Zeit damit, Kontakt zu schwarzen Frauen und zu Jüdinnen
zu suchen, und fühlte mich wirklich zerrissen, weil die Lesben, mit denen ich herumhing,
Jüdinnen waren und die schwarzen Frauen, mit denen ich ausging, heterosexuell. Ehrlich
gesagt, sie haßten sich gegenseitig."

„Im Verhältnis zu anderen birassischen Frauen unterscheiden sich unsere Erfahrungen von
denen, die WASP[2]-Eltern haben. Meinem Gefühl nach ist der Grund dafür, daß es einen
Unterschied macht, ob man einen weißen Elternteil hat statt beispielsweise einen japanischen oder chinesischen, der, daß ein Teil von uns mit den Unterdrückern in Verbindung
steht... denn unsere jüdischen Vorfahren sind weiß."

„Es ist eine ständig mitschwingende Bedrohung, daß sie dir einen Tritt in den Hintern verpas-
sen. Und die ist real. Damit mußt du leben, unabhängig davon, wieviel Geld oder Privilegien
du in dieser Gesellschaft hast... Ich bin als Jüdin davon betroffen oder als Schwarze."

Vorgehensweise und Ergebnisse der Fallstudie

Meine Studie beruht auf Interviews mit achtzehn Erwachsenen afrikanisch-
amerikanischer und jüdisch-amerikanischer Herkunft. Sie beinhaltet drei
Vorgehensweisen:

1. ein halbstrukturiertes Interview, um die Identitätskonzepte der Untersuchungsteilnehmer festzustellen;
2. eine Skala, auf der die Verbundenheit mit den Eltern angegeben werden
   sollte;
3. zwölf hypothetische und anekdotenhaft beschriebene Situationen, um
   mehr über die Gefühle der Befragten hinsichtlich der Rassenstereotypen
   in der amerikanischen Gesellschaft sowie in der jüdischen und in der
   schwarzen Community zu erfahren, in denen das Thema „gemischtes Erbe" vermutlich Konflikte auslösen könnte.

Es wurden Einflußfaktoren auf die Entwicklung einer „Rassenidentität" herausgearbeitet. Durch eine qualitative Analyse, die soziokulturelle, psychody-
namische und historische Perspektiven einschließt, wurden folgende Aspekte
untersucht:

–   Stereotypen zu *race* und kulturellem Hintergrund,
–   die Hierarchie der Hautfarbe und „Rassen"-Kategorisierungen,

---

2   WASP steht für White Anglo-Saxon Protestant, also weiß, angelsächsisch und prote-
    stantisch. Damit ist eine bestimmte kulturelle Herkunft gemeint, die auch durch spezi-
    fische Lebenseinstellungen, Handlungs- und Rollenvorgaben charakterisiert ist.

- Toleranz bezüglich *race*,
- die Beziehungen zwischen Schwarzen und Juden,
- *biracial identity*, vermittelt durch Nähe zu Eltern und Familie.

Die TeilnehmerInnen der Studie

Die Gruppe der TeilnehmerInnen umfaßte achtzehn „birassische" Erwachsene afrikanisch-amerikanischer und jüdisch-amerikanischer Herkunft (zehn Frauen und acht Männer). Das Alter der TeilnehmerInnen lag zwischen zwanzig und vierzig Jahren, das mittlere Alter betrug knapp achtundzwanzig Jahre. Von insgesamt fünfundfünzig Interessierten nahmen letztlich achtzehn an der Studie teil. Sie wurden nicht bezahlt oder anderweitig für ihre Zusammenarbeit entgolten. Es wurde keinerlei Druck von seiten der Untersuchenden ausgeübt, um eine Befragung zu erreichen. Um an der Studie teilzunehmen, wurden die Teilnehmer aufgefordert, ihr Leben und ihre Familien im Hinblick auf eine „rassisch"/ethnische Identität zu diskutieren und zu erforschen. Durch die Interviews nahmen sie an einem reflektiven Explorationsprozeß teil. Vier der TeilnehmerInnen hatten afrikanisch-amerikanische Mütter und jüdisch-amerikanische Väter, während es bei den anderen vierzehn umgekehrt war. Unter den achtzehn Teilnehmern befanden sich drei Geschwisterpaare. Alle Interviewten hatten mindestens das College besucht. Vier studierten noch; die anderen gingen unterschiedlichen Tätigkeiten nach, vom Künstler bis zu Geschäftsleuten.

Das Interview

Alle Teilnehmer wurden telefonisch kontaktiert. Dabei wurde die beabsichtigte Vorgehensweise und die Zielgruppe beschrieben. Ich achtete darauf, Bezeichnungen wie *biracial*, schwarze Juden, afrikanisch-amerikanisch oder jüdisch-amerikanisch zu vermeiden, um die Befragten nicht auf eine bestimmte Weise zu etikettieren oder zu identifizieren. Alle TeilnehmerInnen zeigten sich kooperativ und an der Studie interessiert. Das halbstrukturierte Interview wurde in Anlehnung an Kich (1982) entwickelt, welches er für die Untersuchung der Identitätsentwicklung bei japanisch-weißen Erwachsenen entwickelt hatte. Es wurden vier allgemeine Interessensbereiche definiert, um die Untersuchung einer „gemischten" Herkunft (*mixed-race heritage*) bei afrikanisch-amerikanischen und jüdisch-amerikanischen Erwachsenen zu beleuchten: a) demographische Daten, b) Selbstbeschreibungen der ethnischen Identität oder „Rassenidentität", c) Einstellungen und Meinungen, die sich auf Ethnizität und „Rasse" beziehen, d) Rückblick auf die eigene Entwicklung. Jeder dieser Abschnitte der Interviews wurde mit einem Tonbandgerät aufgezeichnet und wortgetreu abgeschrieben. Neun Datenkategorien wurden gebildet, um die halbstrukturierten Interviews zu analysieren und zusammenzufassen. Diese Kategorien und ihre Erklärungen lauten wie folgt:

1. *Frühe Erinnerungen an Anderssein*: Dieser Punkt bezieht sich auf Erlebnisse, bei denen ein „Anderssein" erfahren wurde oder die als Beginn einer Reihe von Erlebnissen erinnert wurden, die das Gefühl auslösten, ungewöhnlich und verschieden von anderen oder den Eltern zu sein oder so wahrgenommen zu werden und bei denen ein „Anderssein" problematisch für die Interviewten war.

2. *„Was bist du?"-Fragen als Begleiter des Lebenslaufs*: Angesichts der Schwierigkeiten, die die amerikanische Gesellschaft mit der Wahrnehmung von Individuen mit einer „gemischten" Herkunft hat, spiegeln die im Laufe ihres Lebens gegebenen Antworten der Befragten auf diese Frage Schwankungen oder Veränderungen in der Selbstwahrnehmung oder im Selbstwertgefühl wider und verweisen auf verschiedene Lösungen hinsichtlich ihrer „rassischen" und ethnischen Identität. Etikettierungen (Selbstetikettierungen und Fehletikettierungen) sind ein Teil dieser Kategorie, in der die Frage „Was bist du?" die Einschätzungen der TeilnehmerInnen in der Vergangenheit und Gegenwart erhellt. Selbstetikettierungen spiegeln oft eine besondere Bezugsgruppe oder politische Haltung wider. Darüber hinaus unterstreichen „Was bist du?"-Fragen die Rolle von Fehletikettierungen im Leben der Befragten, die Vieldeutigkeit ihrer physischen Erscheinung für andere, und das daraus folgende Dilemma für andere, sie einer Ethnie oder „Rasse" zuzuordnen.

3. *Kommunikation über „Rasse" in der Familie*: Hier war vor allem die Kommunikation mit den Eltern von Interesse. Es geht um Einschätzungen der Häufigkeit von Diskussionen über a) das eigene Erbe des jeweiligen Elternteils, b) „interrassische" Etikettierungen und Begriffe, c) Haltungen und Probleme hinsichtlich „Rasse" und Ethnie und d) über Eheschließungen zwischen den „Rassen".

4. *Phänotyp und Stereotypen*: Dieser Punkt bezieht sich erstens darauf, wie Stereotypen über „Rasse" und Ethnizität auf den Phänotyp bezogen werden und wie zweitens das äußere Erscheinungsbild als „rassisches" oder ethnisches wahrgenommen wird. Hierbei unterscheiden drei Teilbereiche die Bedeutung des Phänotyps und der Stereotypen im Leben der Befragten: a) Selbstidentität, b) Familie und weitere soziale Kontakte und c) erotische Kontakte.

5. *Signifikante soziale Kontexte*: Von Interesse ist hier, inwieweit verschiedene soziale Kontexte die Identitätsbildung und -erklärung beeinflussen. Es wurden drei soziale Kontexte als bedeutsam eingeschätzt: a) familiärer Kontext, b) nichtfamiliäre Bekannte und c) Schule und Ausbildung.

6. *Erweiterte Familienkontakte*: Hier interessiert der Kontakt der Befragten mit entfernteren Verwandten (z.B. Zusammenleben, Besuche, Kommunikation über Telefon oder Briefe).

7. *Entwicklung einer schwarzen und/oder jüdischen Identität:* Es werden Äußerungen reflektiert, die zeigen, daß die TeilnehmerInnen Phasen erlebten, in denen sie entweder das afrikanisch-amerikanische oder das jüdische Erbe gehaßt oder verleugnet haben und wie sich dies bis zu einer positiven Identifikation mit diesem Erbe verändert hat.

8. *Äußerungen über „birassische", schwarz-jüdische Individuen.* Bezieht sich auf die Mitgliedschaft in einer Bezugsgruppe und besonders auf das Ausmaß, in dem die Befragten andere „birassische" schwarz-jüdische Menschen bewußt wahrnehmen, beziehungsweise sich ihnen nahe fühlen.

9. *Äußerungen über den „schwarz-jüdischen Konflikt":* Bezieht sich darauf, bis zu welchem Grad die Interviewten in der Lage waren, auf die Konflikte zwischen den schwarzen und jüdischen Communities in Amerika zu reagieren oder diese wahrzunehmen.

Ergebnisse

Fünf der sechs Hypothesen, die der Studie zugrundegelegt wurden, konnten bestätigt werden.

1. Hypothese: Der Phänotyp wirkt sich auf die zwischenmenschliche Wahrnehmung aus. „Birassische" Erwachsene, die phänotypisch als afrikanische Amerikaner wahrgenommen werden, weisen eine größere Tendenz auf, sich als solche zu identifizieren. „Birassische" Erwachsene, die phänotypisch als Weiße wahrgenommen werden, identifizieren sich mit größerer Wahrscheinlichkeit entweder als weiß oder „gemischt".

Für die meisten Befragten unterschied sich das jüdische Erbe ihrer Eltern solange nicht von dem der anderen Weißen, bis sie sich selbst oder aber ihre Eltern mit dem jüdischen Erbe durch spezifische Verhaltensweisen oder soziale Zuordnung öffentlich identifizierten. Geschah dies nicht, blieb das jüdische Erbe unbemerkt oder wurde verborgen. Bemerkungen über die physische Erscheinung waren, wenn sie sich auf „Schwarze" bezogen, „spezifisch schwarz", wie z.B. „das Mädchen mit den guten (weniger krausen) Haaren" und „hellhäutiger Schwarzer" oder auf „Weiße" bezogen „vage weiß", wie z.B. „Deine Mutter ist weiß, nicht wahr?". Im letzteren Fall spiegelten die Bemerkungen keine spezifischen ethnischen Zuschreibungen wider, wie sie häufig in bezug auf phänotypische Merkmale jüdischer Amerikaner geäußert werden. Obwohl die Befragten verschiedene Stadien durchliefen, in denen sie ihr „Schwarzsein" oder Jüdischsein ablehnten oder annahmen, spielte es eine große Rolle, welcher „Rasse" oder Ethnie sie durch die Wahrnehmung anderer zugeordnet wurden. Befragte, die phänotypisch als afrikanische Amerikaner wahrgenommen wurden und dadurch nicht als Weiße „durchgingen", identifizierten sich im Erwachsenenalter vorwiegend als Schwarze.

Die TeilnehmerInnen meiner Studie brachten zum Ausdruck, daß sie im öffentlichen Rahmen akzeptierten, daß ihre Identität durch die Wahrnehmung anderer definiert wird. In nichtöffentlichen Zusammenhängen aber, wie z.B. unter Bekannten, schlossen sie aber auch eine „gemischte" Identität ein. Sie sprachen von einer öffentlichen Identität und einer privaten Identität; die private Identität umfaßt dabei das öffentlich angenommene oder anerkannte afrikanisch-amerikanische Erbe und das weniger offensichtliche und häufig ignorierte jüdisch-amerikanische Erbe. Es sollte dennoch darauf hingewiesen werden, daß der Prozeß der Annahme des afrikanisch-amerikanischen Erbes nicht nur eine Antwort darauf ist, wie sie von anderen wahrgenommen wurden. Einige erzählten, daß sie eine Phase durchgemacht hatten, in der sie ihr afrikanisch-amerikanisches Erbe trotz ihrer physischen Erscheinung und der Wahrnehmung durch die Gesellschaft abgelehnt hatten.

„Ich denke, vielen Menschen war es nicht wirklich bewußt, daß ich afrikanisch-amerikanisch bin. Aber ihnen war klar, daß ich anders war, und sie konnten nur keinen Bezug herstellen, fanden keinen Namen dafür. Ich persönlich scheute mich zuzugeben, wer ich wirklich bin, insofern versuchte ich auch nicht, anderen näher zu kommen... Als ich noch sehr klein war, hatte ich wirklich Angst, den Leuten die Wahrheit zu sagen, also erzählte ich Lügen. Ich erfand Geschichten, daß ich aus Israel käme. Als ich ins College ging, verlor ich diese Angst, mit Leuten zu reden, und hatte irgendwie Lust, mit der Wahrheit rauszurücken... Und ich hatte Spaß am Schock der Leute, die überrascht waren, daß ich afrikanisch-amerikanisch bin... obwohl es für mich erstaunlich ist, wie andere afrikanische Amerikaner das sofort wissen. *Den* afrikanischen Amerikaner muß ich noch treffen, der das nicht bemerkt."

„Je älter ich wurde, desto näher bin ich meiner Identität als Jude in gewisser Hinsicht gekommen, besonders in den letzten fünf oder sechs Jahren. Weißt du, beim Älterwerden hatte ich viele Probleme mit der afrikanisch-amerikanischen Community. Ich fühlte mich immer anders als die anderen... Mir hat gefallen, daß meine Mutter versuchte... ich denke, sie versuchte mich vor dem Schmerz zu schützen... Ich glaube, letztlich hat sie mir keinen Gefallen getan, weil ich nicht begreifen konnte, inwiefern ich mich von anderen Schwarzen unterschied... meine Werte waren in bestimmten Punkten andere. Meine Kultur war eine andere... ich meine, die afrikanisch-amerikanische Community ist zwar sehr vielfältig, aber ich hatte eine weiße, jüdische Mutter, und das macht einen Unterschied."

Einige hellhäutige InterviewpartnerInnen, die häufig als Weiße wahrgenommen wurden (oder als etwas anderes als schwarz), identifizierten sich tatsächlich als „gemischt" oder weiß. Dennoch sprachen sie davon, wie schwer es ihnen die Gesellschaft im Erwachsenenalter gemacht habe, nicht nur ihr afrikanisch-amerikanisches Erbe anzunehmen, sondern beide kulturellen Erbschaften anzunehmen und sich als „gemischt" zu identifizieren. Andere Befragte sprachen über das Paradox, einerseits zu wissen, daß es normal sei, „gemischt" zu sein, weil sie auch andere kennen, die es sind, und sich andererseits aber in einer schwarzen Umgebung mit „guten Haaren" als „Hellhäutige" unbehaglich zu fühlen. Sie machen so eine merkwürdigen Erfahrung des Hin und Her zwischen Isolation und Angenommensein.

2. *Hypothese*: Für „gemischte" Kinder jüdischer Herkunft ist Nähe zum afrikanisch-amerikanischen Elternteil keine unerläßliche Voraussetzung, um sich mit dem afrikanisch-amerikanischen Erbe zu identifizieren.

3.*Hypothese*: Hingegen ist Nähe zum jüdischen Elternteil eine notwendige, aber nicht ausreichende Bedingung, um sich mit dem jüdischen Erbe zu identifizieren.

4. *Hypothese*: Bei denjenigen, die ihrem jüdischen Elternteil nahestehen, beeinflußt der Grad der Nähe, inwieweit sie sich als jüdisch identifizieren. Auffallend ist, daß die Auskünfte bezüglich der afrikanisch-amerikanischen und jüdisch-amerikanischen Familie differierten. Neun Befragte sagten, daß sie sich zwar nicht als integraler Teil ihrer afrikanisch-amerikanischen Familie fühlten, sich aber dennoch stark mit ihrem afrikanisch-amerikanischen Erbe identifizierten. Acht Befragte sagten, daß sie sich als integraler Teil ihrer jüdisch-amerikanischen Familie fühlten und sich außerdem stark mit ihrem jüdischen Erbe identifizieren. Weitere sechs Teilnehmer äußerten, daß sie sich weder als integraler Teil ihrer jüdisch-amerikanischen Familie fühlen noch sich stark mit ihrem jüdisch-amerikanischen Erbe identifizieren. Drei Teilnehmer gaben an, daß sie sich zwar als integraler Teil ihrer jüdisch-amerikanischen Familie fühlten, aber sich dennoch nicht sehr mit ihrem jüdischen Erbe identifizierten.

5. *Hypothese:* In dem Maß, in dem die Befragten sich selbst als integralen Bestandteil ihres Familienverbandes erleben, verstärkt sich die Identifikation mit dieser Hälfte ihres kulturellen Erbes.

Die *sechste Hypothese*, die davon ausging, daß sich die Identifikation mit einem Teil des Erbes in dem Maß verringert, wie die Interviewten selbst negative Stereotypen reproduzieren, konnte nicht bestätigt werden, da kaum negative Stereotypen geäußert wurden.

Weitere Entdeckungen: Die Datenanalyse ermöglichte Einblicke in eine Reihe von weiteren komplexen Themen wie a) „Anderssein" und Phänotyp, b) Nähe und Kommunikation über *race*, c) die Rolle der erweiterten Familie und d) Selbstdefinition und Stereotypen.

a) „Anderssein" und Phänotyp

Es wurde festgestellt, daß der Phänotyp die interpersonale Wahrnehmung beeinflußt. „Anders zu sein" spielt dabei eine herausragende Rolle. Es ist bezeichnend, daß alle Teilnehmer immer wieder ähnliche Erfahrungen des „Andersseins" machten. Die meisten erzählten, daß sie nie einen Unterschied zwischen sich und ihren Eltern gesehen hätten, bis sie Bemerkungen anderer über ihre „Rassenzugehörigkeit" oder die der Eltern hörten. Die Interviews wie Anekdoten zeigten deutlich, daß die Teilnehmer in erster Linie aufgrund

ihres Phänotyps das Gefühl vermittelt bekamen „anders zu sein". Erst in
zweiter Linie bezog sich dies auf ihr Verhalten wie z.B. ihren sozialen Umgang, ihren Kleidungsstils oder ihre Aussprache mit oder ohne „schwarzen"
Dialekt. Phänotyp und Verhalten sind die beiden dominanten Faktoren, die
nicht nur Fragen nach dem „Was bist du?" provozieren, sondern auch Fragen
mit einem Unterton von „Wie kann es sein, daß du...?" im Hinblick auf ethnische Zugehörigkeit oder *race*.

„Ich höre das bis heute. ‚Was, was bist du? Was ist dein rassischer Hintergrund?' Ich wurde alles mögliche gefragt. Ich habe immer geantwortet, daß ich es wirklich leid bin, darauf
zu antworten, aber ich glaube, ich habe immer gesagt, daß ich „gemischt" bin. Und dann
sagten sie ‚Was?' und ich sagte ‚Meine Mutter ist schwarz und mein Vater ist weiß, okay?'
oder was auch immer, und ich denke, ich hatte eine Phase, in der ich es brauchte, das mehr
zu erklären,... daß die Mutter meiner Mutter schwarz war, der Vater meiner Mutter ein Indianer, weiß und schwarz, und wissen Sie, die Familie meines Vaters war französisch und
seine Mutter war Deutsche. Es macht einen müde, den Leuten das alles zu erklären."

„‚Was bist du?' ‚Bist du gemischt?' ‚Bist du schwarz?' ‚Bist du Indianer?' ‚Bist du dieses,
bist du jenes?' Jede nur denkbare Rasse. Ich habe geantwortet ‚Ich bin schwarz', ‚Ich bin
gemischt', ‚Meine Mutter ist Jüdin', ‚Meine Mutter ist weiß, mein Vater ist schwarz',
‚Warum willst du das wissen?', ‚Welche Rolle spielt das?' Ich habe ganz unterschiedlich
geantwortet, je nachdem, in welcher Lebensphase ich gerade war."

„Oh Gott, ich hatte einige ziemlich seltsame Erlebnisse. Als ich ein Jahr an der Uni war,
meinte ein Mädchen, daß ich lügen würde, gemischt zu sein. Und selbst als mein Vater auf
dem Campus auftauchte, glaubte sie mir nicht. Sie stellte sich wohl vor, ich sei adoptiert
worden oder irgendwas... In der siebten Klasse fragte mich jemand, worin sich das Aufwachsen in einer rein weißen oder einer rein schwarzen Familie von einer gemischten Familie unterscheidet... etwa so wie... ich weiß nicht..."

„Einfach so draußen oder im Bus, wenn jemand fragt ‚Was bist du?'... die Art, wie die
Leute das fragen, so ‚äh?'. Das geht dich nichts an, ich bin ein Mensch, genau wie du."

Für die Interviewpartner, die in einer vorwiegend weißen ländlichen oder
städtischen Umgebung aufgewachsen waren und innerhalb wie außerhalb der
Familie nur minimale Berührungen mit der afrikanisch-amerikanischen Kultur und ihren Werten hatten, verstärkte sich häufig das Gefühl „anders zu
sein" sowie eine negative Einstellung zu ihrem afrikanisch-amerikanischen
Erbe. Mancher mag sich in einer früheren Phase beschämt oder unsicher gefühlt haben, wenn die schwarze Herkunft von jemandem angesprochen wurde
und mag in bestimmten sozialen Situation gar versucht haben, diese zu verbergen oder herunterzuspielen. Dennoch entwickelte sich später oft ein tiefe-
res Bewußtsein davon, was „anders zu sein" für die Betreffenden bedeutet,
wenn sie sich neu mit der Bedeutung und Geschichte ihres schwarzen Erbes
auseinandersetzten. Außerdem gewöhnten sie sich im Laufe der Zeit an die
Vorstellungen und Ignoranz der anderen. So mag mancher in einer früheren
Phase auf Fragen nach dem ‚Was bist du?' ablehnend reagiert haben. Später
mag er gelernt haben, auf eine Art zu antworten, die einen minimalen psychischen Aufwand erfordert.

Phänotyp und Geschlecht haben außerdem eine besonders synergetische Beziehung zu internalisiertem Rassismus und internalisierter Unterdrückung. Einfach ausgedrückt haben Menschen „gemischter" Identität häufig mit gesellschaftlichen Vorstellungen und Erwartungen im Hinblick auf „Rasse" und Geschlechterrollen zu kämpfen. Schwarz-jüdische Frauen werden von der Gesellschaft oft exotisiert und wenn sie „nicht übermäßig schwarz" sind oder als „einer anderen Kultur zugehörig durchgehen könnten", wird ihnen weniger Ablehnung entgegengebracht. Außerdem sprachen die schwarz-jüdischen Frauen dieser Studie eine Erfahrung an, die auch schon in früheren Texten von Frauen mit einem schwarzen Elternteil thematisiert wurde: Obwohl ihre „Rassenidentität" oft als vieldeutig wahrgenommen wird, berichten diese Frauen, daß sie sowohl von der weißen wie der schwarzen Community als Bedrohung erlebt werden. In vielen schwarzen Communities werden sie ablehnend als eine Person eingeschätzt, die vorgibt „nicht schwarz zu sein" und deshalb verspottet. Die Zuschreibungen spiegeln oft internalisierte rassistische Einstellungen in der schwarzen Community wider, wie z.B. solche, die sich auf körperliche Merkmale vieler Frauen „gemischter" Herkunft beziehen, wie „gutes" Haar oder eine „nicht zu schwarze" Hautfarbe. Schwarz-jüdische Männer mit afrikanischem Phänotyp werden hingegen wie andere schwarz-weiße Männer auch den Schwarzen zugeordnet. Daher werden auf sie die Geschlechterstereotypen über afrikanisch-amerikanische Männer angewandt.

Die Teilnehmer der Studie beschrieben die unterschiedlichen Normen im Umgang zwischen den Geschlechtern. Die männlichen Teilnehmer erzählten, wie „chic" und wie „in" es sei, sich mit weißen Frauen zu treffen. Die Frauen meinten hingegen, daß es weniger gut sei, mit schwarzen Männern auszugehen und besser sich mit weißen Männern zu verabreden. Dies umsomehr, als sie zwar so dunkel seien, daß sie als Farbige gelten, aber „nicht zu schwarz, um nicht nach Hause eingeladen werden zu können". Über die Hälfte der weiblichen Befragten begann erst in der College-Zeit damit, mit Männern auszugehen, also in einem Alter, in dem sich das Identitätsbewußtsein entwickelt und erweitert.

„Es gab eine Zeit, in der es sehr exotisch war, gemischt zu sein. Den Leuten gefiel das. Schwarze Mädchen mochten das. Und die weißen Mädchen auch. Und hey, es sind die Mädchen, die einem wichtig sind (lacht). Du weißt, was ich meine. Ich wollte natürlich einzigartig sein."

„Ich schätze, ich galt als exotisch, und im Rückblick hatten die farbigen Männer, sagen wir in der High-School, einigen Spielraum. Sie galten als exotisch und weniger konservativ... es war eine wirklich konservative Stadt... aber die weniger konservativen Leute fanden sie attraktiv. Aber für farbige Frauen gab es viel weniger romantische Aufmerksamkeit ... meine Schwester und andere afrikanisch-amerikanische Frauen, die ich kenne, fanden keine Beachtung beim anderen Geschlecht, während schwarze Männer schon gut ankamen."

Die Befragten berichteten von dem Privileg aber auch der Belastung, sich trotz der vielen Fragen und offenkundigen Neugier der anderen in unter-

schiedlichen Kontexten von Rassenzugehörigkeit bewegen zu können. Dies
erfordert Wissen darüber, „wie man zu handeln und zu denken hat", also zu
wissen, welches Verhalten als „akzeptabel" gilt, auch wenn die stereotypen
Erwartungen Unbehagen erzeugen. Einige erzählten, wie der Phänotyp diesem Privileg eine öffentliche Dimension hinzufügt. Das heißt, wenn sie
„schwarz" aussehen, können sie sich leichter in „schwarzen" Kreisen bewegen. Wenn sie eher „weiß" aussehen, können sie als „Weiße" durchgehen.
Die wirkliche Anforderung liegt jedoch darin, wie sie damit zurechtkommen,
beides zu sein, wenn von ihnen erwartet wird, nur eines von beidem zu sein,
bis sie z.B. den Mund aufmachen und nicht wie „Schwarze" reden, „gebildet"
sprechen oder Hebräisch und somit die zugrundeliegenden Stereotypen in
Frage stellen.

Die Ausführungen der Teilnehmer zeigten, wie sie ihre persönlichen
Kräfte mobilisierten, um mit der Erfahrung „anders zu sein" positiv und aktiv
umzugehen. Dies umsomehr im Umgang mit einer eingeschränkten Wahrnehmung der Gesellschaft von ihnen, die hauptsächlich auf ihren Phänotyp
reagiert und eine „gemischtrassische" Identität nur beschränkt akzeptiert. Das
Verständnis ihrer gelebten Erfahrung von „Rasse" und Ethnizität veränderte
sich während ihrer Entwicklung, wodurch es ihnen möglich wurde, auf konstruktive Weise mit ihrem eigenen Gefühl des Andersseins und den Reaktionen anderer umzugehen.

b) Nähe zu den Eltern und Kommunikation über „Rasse":

„Es war ihr (der Mutter) nicht sehr wichtig. In ihrem Leben gab es keine anderen Juden.
Sie war überhaupt nicht religiös und beachtete keine Feiertage. Wenn wir etwas feierten,
dann war es Weihnachten. Es war nicht wie Hanukkah, aber kulturell war sie sehr jüdisch.
Sie konnte dem nicht entgehen... sie hatte auch aufgrund ihrer Ehe eine sehr seltsame Beziehung zu ihrer Familie... Ich meine, sie grenzten sie aus und enterbten sie."

„Meistens hatte meine Mutter mehr kulturelles Verständnis für die schwarze Kultur als
mein Vater, deshalb würde ich sagen, ich habe das meiste davon von meiner Mutter."

Die Nähe zu den Eltern spiegelte sich häufig in der Intensität der Kommunikation und der Intimität der Gespräche. Überdies stellte sich heraus, daß die
Nähe und die daraus folgenden Gespräche eher mit dem Geschlecht des Elternteils verbunden waren als mit seiner Ethnizität. Vierzehn Väter der Befragten waren afrikanisch-amerikanischer Herkunft. Es ist interessant, daß
nur zwei Teilnehmer angaben, mit ihren Vätern „persönliche Belange" diskutiert zu haben, während acht angaben, mit ihren Vätern „gut ausgekom-
men" zu sein. Diese Tendenz zu einer eingeschränkten Kommunikation war
auch im Hinblick auf die Herkunft des Vaters und Gespräche über *race* und
seine Ethnizität offensichtlich. Dieses eingeschränkte Kommunikationsver-
halten spiegelt vielleicht gesellschaftliche Erwartungen an Männer und insbesondere schwarze Männer wider, die als weniger kommunikativ gelten, wenn
es darum geht, als Väter ihre Gefühle offen auszudrücken. Die meisten Be-

fragten gaben an, daß sie „persönliche Angelegenheiten" „meistens" mit der Mutter besprachen, sich mit ihr „gut verstanden" und sich mindestens die Hälfte der Zeit von ihr „verstanden fühlten". Sie fühlten sich ihren Müttern sehr nahe, unabhängig davon ob sie afrikanisch-amerikanischer oder jüdisch-amerikanischer Herkunft waren. Diese Tendenz beinhaltet auch, daß die Mütter eine aktivere Rolle in der Kommunikation über *race* einnahmen als die Väter.

Die intensive Kommunikation mit der jüdisch-amerikanischen Mutter und selbst eine sehr enge Bindung zu ihr führten jedoch nicht notwendigerweise zu einer Identifikation mit ihrem jüdischen Erbe. Von zehn Müttern, die eine sehr enge Beziehung zum Befragten hatten, sprachen nur vier Mütter häufig über ihren jüdischen Hintergrund. In diesen Fällen hatten sowohl die Befragten als auch ihre Mütter eine positive Einstellung zum jüdischen Erbe. Andererseits sprachen acht Teilnehmer wenig mit ihren Müttern über deren jüdisches Erbe, aber häufig über andere Themen bezüglich *race*. Die Mütter dieser Teilnehmer hatten sich bewußt entschieden, sich nicht als Jüdinnen zu identifizieren. Trotzdem hatten sechs dieser Interviewten unabhängig für sich entschieden, eine inklusive Identität zu entwickeln, mit einer „schwarzen" und einer jüdischen Komponente. Die anderen beiden Interviewten aus dieser Gruppe reklamierten für sich nur eine afrikanisch-amerikanische Identität.

Die Ergebnisse dieser Studie zeigen, daß die Intensität der Kommunikation über Rasse und Ethnizität dem Grad der Nähe zu den Eltern entspricht. Dies beeinflußt jedoch nicht, in welchem Maß sie sich als Juden identifizieren. Es sieht eher so aus, daß die familiäre Kommunikation über Rasse und Ethnizität entweder die Entwicklung der Identität der einzelnen Interviewten widerspiegelt oder aber völlig konträr dazu steht. In dieser Studie waren vierzehn Mütter jüdisch-amerikanischer Herkunft. Gewöhnlich beteiligten sich die Mütter aktiv an Diskussionen über *race*. Dennoch identifizierten sich viele der jüdisch-amerikanischen Mütter nicht mit ihrem eigenen jüdischen Erbe und gaben dieses folglich auch nicht an die Kinder weiter. Sie ermöglichten es den InterviewpartnerInnen dadurch, unabhängig von ihnen ein Verhältnis zum jüdischen Erbe zu entwickeln. Statt dessen entschieden sich die Mütter häufig, das Verhältnis ihrer Kinder zum schwarzen Kulturerbe zu fördern. Vielleicht versuchten sie so, ihre Kinder auf das vorzubereiten, was unvermeidlicherweise durch die Gesellschaft an sie herangetragen wird. Dennoch waren diese Bemühungen für die TeilnehmerInnen, deren schwarze Väter nicht anwesend waren, nicht immer ausreichend, wie oben deutlich wurde.

Durch die Äußerungen der Befragten mit jüdisch-amerikanischen Müttern oder Vätern, die keine Beziehung zum jüdischen Erbe ihrer Kinder förderten, entsteht der Eindruck, daß die Eltern eine „Aus den Augen, aus dem Sinn"-Haltung eingenommen haben, da die jüdische Identität im Vergleich zur afrikanisch-amerikanischen oft unsichtbar bleibt. Die Eltern mögen vielleicht gehofft haben, daß ihre eigene Entscheidung, sich von der jüdischen Identität zu distanzieren, ihre Kinder von der Last befreien würde, diese

Identität annehmen zu müssen. Sie selbst sahen diese Identität als problematisch an, sie lehnten sie ab oder versuchten, ihre Bedeutung auch im Leben ihrer Kinder herunterzuspielen. Wenn die Eltern sich allerdings entschieden hatten, ihre Identität zu betonen oder den Kindern ihr jüdisches Erbe zu vermitteln, wurde deutlich, daß die Interviewten für die Realität positiver und negativer Erfahrungen amerikanischer Juden sensibler waren.

Nähe zu den Eltern spiegelt sich in der Intimität der Kommunikation wider. Unabhängig von „Rasse" und Ethnizität der Eltern konnte eine Tendenz zu intensiverer Kommunikation zwischen Müttern und Kindern als zwischen Vätern und Kindern (wenn die Väter anwesend waren) festgestellt werden. Das Thematisieren von *race* steht eher im Zusammenhang mit dem Geschlecht des jeweiligen Elternteils als mit der Ethnizität. Die Nähe zum jüdisch-amerikanischen oder afrikanisch-amerikanischen Elternteil beeinflußte nicht zwingend die ethnische Identifikation der Interviewten. In den Fällen, wo die Väter der Interviewten schon verstorben waren oder nur ganz am Rande präsent, handelte es sich bis auf eine Ausnahme um afrikanisch-amerikanische Väter. Für die Betroffenen, die vorwiegend von ihren jüdisch-amerikanischen Müttern aufgezogen worden waren und ihren afrikanisch-amerikanischen Elternteil im Familienalltag kaum kennengelernt hatten, war daher das Fehlen eines afrikanisch-amerikanischen Rollenmodells beim Aufwachsen ein wichtiges Thema. Sie mußten daher erst richtiggehend in eine afrikanisch-amerikanische Identität hineinwachsen, unabhängig davon inwieweit ihre jüdischen Mütter und ihre Umwelt ihnen schon eine afrikanisch-amerikanische Identität zugeschrieben hatte. Einige meinten, daß sie ihre afrikanisch-amerikanische Identität einfach deshalb akzeptiert hätten, weil sie gesellschaftlich so wahrgenomen werden.

c) Die Rolle der Verwandtschaft

„Sie sagten ihr, daß sie aus dem Testament gestrichen wird, wenn sie meinen Vater heiratet. Sie versuchten ‚wenn ein schwarzer Ehemann gewählt wird' hineinzuschreiben, aber das war überraschenderweise illegal, deshalb sagten sie, ‚Wenn du den heiratest, wirst du enterbt'... Sie hatten nur diese rassistischen Antworten, und mein Großvater hat meinen Vater nie kennengelernt. Sie sprachen jahrelang nicht mit meiner Mutter."

„Sie sind prima... Nachdem ich geboren war, verschwanden alle Spannungen... Meine Großmutter mütterlicherseits begriff endlich ‚Oh, sie wird jüdisch erzogen werden'... und es wurde ihr auch klar, daß mein Vater kein Schweinefleisch oder Schinken mehr im Hause haben würde, du weißt schon, oder sowas wie Kreuze... und ebenso Vaters Entscheidung, zum Judentum zu konvertieren..."

„Die Geschichte lautet... meine Mutter erzählte mir, daß meine Großmutter, also die Mutter meines Vaters, sich weigerte, mit ihr zu sprechen, bis ich geboren war. Man nahm immer an, daß sie abwartete, welche Hautfarbe wir haben würden."

Vierzehn der achtzehn Befragten gaben an, Kontakt mit entfernteren Verwandten gehabt zu haben. Die Angaben schwankten von wenig bis viel. Entgegen der Ausgangshypothese spiegelte die ethnische Identität der Befragten nicht notwendigerweise den Grad wider, in dem sie als integraler Bestandteil der Verwandtschaft gesehen wurden. Ob die Befragten Kontakt mit der Verwandtschaft hatten oder nicht, wirkte sich nicht zwingend darauf aus, wie sie sich identifizierten. So identifizierten sich z.b. verschiedene Familienmitglieder, mit denen die Befragten in Kontakt standen, kaum als Juden. Die Einstellung der Befragten zum jüdischen Erbe wurde also nicht direkt durch diese Kontakte beeinflußt. Andererseits waren viele afrikanisch-amerikanische Verwandte nicht erreichbar oder bereits verstorben, und die Befragten entwickelten trotzdem eine Vorstellung von „schwarzer" Identität. Kontakt mit der Verwandtschaft ermöglichte den Befragten wenigstens ein Bewußtsein vom elterlichen Erbe und eine Vorstellung von der Familie ihrer Eltern. Dennoch konnte eine Identifikation der Befragten mit dem elterlichen Erbe nicht zwingend vorhergesagt werden. Wie bei den Interviewten, die keinen afrikanisch-amerikanischen Elternteil mehr hatten, gab es beispielsweise einige Teilnehmer, die sehr wenig positiven oder gar keinen Kontakt mit ihrer „schwarzen" Verwandtschaft hatten und dennoch teilweise eine „schwarze" Identität entwickelten, während andere regelmäßigen Kontakt mit ihren jüdisch-amerikanischen Verwandten hatten, aber im Erwachsenenalter eine vorwiegend afrikanisch-amerikanische Identität entwickelten.

d) Selbstwahrnehmung und Stereotypen

Die Antworten auf anekdotenhaft beschriebene Situationen zeigten, daß die meisten Befragten eine geringe Toleranz gegenüber stereotypen rassistischen Annahmen über Schwarze, Juden und ihr eigenes „gemischtes" Erbe haben. Die große Anzahl der als konfrontativ ausgewerteten Kommentare belegt dies. Wie bei den „Was bist du?"-Fragen gab es unterschiedliche Reaktionen. Einige antworteten eher in einem feindseligen, ärgerlichen Ton, während andere – vielleicht als Ausdruck ihres persönlichen Ringens um Identität – reservierter waren. Wenn z.B. ein Interviewter mit seiner eigenen Auffassung von afrikanisch-amerikanischer Identität rang, mit dem Gefühl keine rechte Vorstellung von diesem Erbe zu haben und es nicht ausreichend kennengelernt zu haben, wurden Situationen, in denen andere ihre „schwarze" Identität anzweifelten, sehr persönlich genommen. Wenn sie ihre Beschränkungen akzeptiert hätten, hätten sie z.B. antworten können: „Sie haben recht, ich bin kein Schwarzer." Andere hatten noch nicht akzeptiert, daß ihre Identität auch von anderen definiert wird. Interessanterweise zeigten jene, deren schwarzer Elternteil noch lebte, mehr Selbstbewußtsein, wenn ihr schwarzes Erbe angezweifelt wurde. Überdies waren Antworten, die auf eine verinnerlichte Unterdrückung oder negative Haltungen gegenüber dem jüdischen oder afrikanisch-amerikanischen Erbe schließen ließen, selten. Dies zeigt, daß trotz der Ambivalenz der Eltern gegenüber dem eigenen Erbe (besonders bei den jüdischen, die sich nicht als solche identifizierten) keine negativen Stereotypen vorherrschten.

Selbst wenn die Befragten kaum mit ihrem jüdischen Erbe in Berührung kamen, wurden keine negativen Einstellungen gegenüber Juden geäußert. Dieser Prozeß vollzog sich entweder in Übereinstimmung mit oder unabhängig von dem, was die Familie hinsichtlich der Vermittlung des kulturellen Erbes entschieden hatte. Außerdem berichteten einige, daß ihre jüdischen Eltern durch eine Art Haßliebe mit der jüdischen Kultur verbunden seien: Sie waren nicht in der Lage, sich selbst vollständig vom eigenen Erbe zu lösen, aber hatten selbst kaum oder gar keinen Umgang mit Ritualen und Traditionen dieser Kultur. Statt dessen identifizierten sie sich weitgehend mit dem Erbe des afrikanisch-amerikanischen Partners. Bei allen Befragten wurde deutlich, daß sich die Entwicklung eines Selbstkonzepts nicht stereotyp vollzog, obwohl in der Familie wie in sozialen Kontexten ständig Stereotypen über Schwarze und Juden geäußert wurden.

„Ich möchte das Schwarze lieben...Ich hatte nie den Mut, die Schwarzen und den schwarzen Teil in mir zu lieben, weil es immer so sehr das allerletzte auf der menschlichen Werteskala ist, weißt Du, ich habe mich dazu gebracht, das alles anzunehmen. Ich habe viel Mitgefühl für die schwarze Kultur."

„Ich habe mich nie für etwas anderes als schwarz gehalten...Als ich zur High-School ging, begann ich, meine Geschichte zu lesen und zu verstehen, und für eine bestimmte Zeit leugnete ich die weiße Seite... Ich handelte in gewisser Hinsicht so, als hätte ich keine weiße Seite, als würde es mir nichts bedeuten... Nicht unbedingt zu Hause... Wenn wir ausgingen, wollte ich nicht unbedingt mit ihr zusammen gesehen werden. Besonders wenn wir zu einer Veranstaltung von Schwarzen oder etwas ähnlichem gingen, wo viele meiner Freunde sein würden, oder zu einer meiner Sportveranstaltungen... Ich wollte nicht, daß sie dabei ist."

Die in dieser Studie zu Wort gekommenen „birassischen" Erwachsenen schwarzer und jüdischer Herkunft verdeutlichen, daß die afrikanisch-amerikanische Identität durch eine seltsamen Kombination von Schmerz und Hoffnung geprägt ist, während die jüdisch-amerikanische Identität mit viel Ambivalenz belastet ist. Mit dieser Mischung von Anforderungen an die eigene Identität zurechtzukommen, darin liegt die Herausforderung mit der sich Erwachsene schwarz-jüdischer Herkunft bewußt oder unbewußt konfrontiert sehen.

Schlußfolgerungen

Der Prozeß, wie man in den USA mit einer „gemischten" Herkunft zurechtzukommen lernt, zeigt sowohl Unterschiede als auch Ähnlichkeiten auf. Sowohl die Umgebung, in der man aufwächst, wie die Einstellungen der Eltern gegenüber „Rasse" und Identität spielen dabei eine große Rolle. Mit Umgebung meine ich einerseits die Nachbarschaft, in der man heranwächst, aber auch den Einfluß der Schule und der ländlichen oder städtischen Umwelt, welche die psychosoziale Entwicklung beeinflussen. Inwieweit Ethnizität oder „Rasse" zu einem bedeutsamen Teil des eigenen Lebens und der Identität werden, mag widerspiegeln, welche Etikettierungen in der Gesellschaft vorgenommen werden. Es mag aber auch die konsequente eigene Wahl von sozialen und politischen Sphären widerspiegeln, bis hin zur Selbstdarstellung durch Haartracht, Kleidung oder Berufswahl.

Die Regel vom „Ein-Tropfen-Blut", die in Amerika definiert, was „schwarz" ist, spielt zusammen mit dem Phänotyp eine große Rolle bei der Identitätsentwicklung von Menschen einer „gemischten" schwarz-jüdischen Herkunft. Kurz gesagt ist die Wahrscheinlichkeit groß, daß eine Person von der amerikanischen Gesellschaft nicht als „schwarz" wahrgenommen wird, wenn sie keine „schwarzen" Merkmale aufweist. Weist eine Person hingegen körperlich „schwarze" Merkmale auf, wird sie als „schwarz" wahrgenommen, auch wenn sie einen „weißen" Elternteil hat. „Hellhäutige" Schwarze sind dabei von Individuen, die einen schwarzen und einen weißen Elternteil haben, häufig nicht zu unterscheiden. Überdies weisen Personen mit einem jüdischen Erbe, besonders mit osteuropäischen Vorfahren, phänotypisch häufig ähnliche Züge auf wie Personen mit afrikanischer Abstammung. Da viele jüdische Amerikaner osteuropäische Vorfahren haben, sind die „birassischen" Nachkommen afrikanischer und jüdischer Amerikaner noch weniger von „hellhäutigen" Schwarzen zu unterscheiden. Aufgrund negativer Assoziationen mit „schwarz" in der Geschichte der Juden werden Ähnlichkeiten mit afrikanischen Gesichtszügen von amerikanischen Juden häufig ignoriert oder heruntergespielt. Die Tatsache, daß Schwarze und Juden früher einmal gleichgesetzt wurden, daß sie sozial und politisch einen gleich niedrigen Status hatten und man ihnen „minderwertige" Eigenschaften zuschrieb, wird in Europa häufig nicht berücksichtigt.

Das Privileg der weißen Hautfarbe und die anderen Gründe ihrer Einwanderung ermöglichten vielen jüdischen Amerikanern im Vergleich zu afrikanischen Amerikanern einen höheren Status zu erlangen und dabei nicht nur eine soziale, sondern auch eine psychologische Entkoppelung zu schaffen. Konsequenterweise belegt diese Studie, daß die Ähnlichkeit einer Person von „gemischter" schwarz-jüdischer Herkunft mit afrikanischen Gesichtszügen auf den Elternteil mit afrikanischer Herkunft zurückgeführt wird und nicht auf eine durch die genetische Mischung entstandene Kombination. In der amerikanischen Gesellschaft wird die jüdische Identität eines „gemischt" schwarz-jüdischen Individuums vorwiegend durch Nuancen, Gesten und sprachliche Modulationen erkannt. Wie subtil oder offenkundig sich dies auch äußern mag, wird damit aber nicht notwendigerweise „Rasse" an sich widergespiegelt, sondern der Einfluß von Kultur.

Unabhängig davon, wie stark körperliche Merkmale „Rasse" oder Ethnizität zugeschrieben werden, entwickelt sich die Identität einer Person jedoch nicht in einem Vakuum. Diese Studie bestätigt, daß ethnische Sozialisation ein Prozeß ist, in dem ethnische Identität vermittelt wird – in der Familie wie in sozialen Kontexten. Für „gemischte" Individuen afrikanisch-amerikani-

scher und jüdisch-amerikanischer Herkunft, die in einer Welt voller Vieldeutigkeit und in einer Gesellschaft mit institutionalisiertem Rassismus funktionieren müssen, liegt der entscheidende Teil ihrer Sozialisation in der Notwendigkeit, Elastizität und Anpassungsmechanismen zu fördern. Die „birassischen" Erwachsenen dieser Studie veranschaulichten diese Fähigkeiten, wie
schmerzhaft, repetitiv, mühsam und befriedigend dieser Lernprozeß im einzelnen auch sein mag.

Epilog

Die Politik der Rassenidentität ist öffentlich und zugleich zutiefst persönlich.
Hier wurden einige Aspekte der „interrassischen" schwarz-jüdischen Verbindungen angesprochen. Bislang wurden sowohl in der schwarzen wie der jüdischen Community vorwiegend politische Fragen diskutiert, und dies hat selt-
samerweise dazu geführt, daß den Kindern aus diesen „interrassischen" Beziehungen keine Beachtung geschenkt wurde. Im Zentrum der Beziehungen zwischen den beiden Communities steht vielmehr die Auseinandersetzung mit der
jeweils eigenen, stürmischen Geschichte und den Fragen „Wer wird stärker
unterdrückt" und „Wer unterdrückt wen". Währenddessen wurden Kinder geboren – die begleitenden Schatten und wandelnden Verkörperungen beider
Communities. Dreißig Jahre nachdem im letzten Bundesstaat das Anti-Rassen-
mischungsgesetz aufgehoben wurde, läßt sich die Stimme einer „interrassischen" Generation vernehmen. Zu ihr zählen die „birassischen" Individuen mit
afrikanisch-amerikanischen und jüdisch-amerikanischen Eltern, diese Schatten
der Communities und ihrer Konflikte. „Birassische" Individuen in Amerika er-
heben ihre Stimme. Ausschnitthaft zitiere ich, was sie anderen Menschen „gemischter" Herkunft über ihre Erfahrungen mit Identität mitteilen würden.

„Du solltest wirklich darüber nachdenken, wenn du sagst, du bist gemischt (*interracial*),
und zwar darüber, ob du es aus einem Gefühl des Stolzes heraus sagst – dann ist es gut –
oder ob du es aus Verleugnung heraus sagst. Oder welche Privilegien ... speziell für afrikanische Amerikaner ... Schwarze oder birassische ... welche Privilegien dadurch entstehen,
daß man hellhäutig ist oder eher ‚weiß' erzogen wurde. Welche Vorteile man dadurch hat.
Ich glaube, die gibt es. Man wird wirklich anders behandelt, wenn man die Sprache der
Weißen spricht. Das heißt nicht, daß du nicht auch Erfahrungen mit Rassismus machen
wirst, aber du giltst dann als die angenehmere Schwarze."

„Sowas wie Reinheit gibt es nicht."

„Wichtig ist, daß man nicht glaubt, man müsse sich entscheiden... Der Druck, sich zuzuordnen und mit einer Seite zu identifizieren, ist sehr groß. Ich glaube, es ist wichtig, eine
Art von schizophrener Identität oder eine öffentliche und eine private Identität zu haben.
Du wirst eh öffentlich irgendwie zugeordnet, und darüber hast du nicht viel Kontrolle; es
lohnt sich nicht, sich deswegen Streß zu machen. Aber solange dir klar ist, wer du bist und
was deine Identität dir bedeutet, kommst du besser zurecht."

„Glaube bloß nicht, daß du so rumlaufen könntest, als wärst du normal – vergiß es! Die Leute werden es herausfinden, auch wenn du denkst, du bist ganz normal, sie werden dich nicht für ein normales menschliches Wesen halten. Darum mußt du nur du selbst sein, weil ich glaube, daß wir besser als alle anderen sind. Du solltest stolz sein, nicht ausschließlich auf etwas festgelegt zu sein, weder Schwarz noch Weiß – sondern ein bißchen was von allem."

„Ich glaube, daß *mixed race* eine besondere Gabe ist, obwohl wir beim Aufwachsen zu kämpfen haben und uns immer erst nochmal selbst prüfend betrachten, bevor wir uns irgendwo reintraun. Doch wenn wir älter werden, können wir das immer besser integrieren und weigern uns, Teile von uns abzuspalten. Aber die Gabe ist die des Verstehens, und das ist etwas, was dringend gebraucht wird.Ich glaube, wir sind in einer einzigartigen Lage, Verständnis zu fördern."

„Versuche nicht, die eine oder andere Seite in dir zu verstecken. Versuche, dir klarzumachen, daß du beides bist, so schmerzhaft oder schwierig das auch sein mag oder so toll das sein mag. Du mußt beide Seiten anerkennen, denn du bist ebensosehr das eine wie das andere. Aber im sozialen Kontext bist du schwarz, und in diesem Land wirst du immer als Schwarze angesehen werden."

„Wie immer du dich auch identifizierst ist etwas Authentisches und nicht nur auf Äußerlichkeiten gegründet. Was auch immer dein wahres Selbst ist... ich habe mich selbst erst stärker als jüdisch identifiziert und fühle mich jetzt mehr als schwarz. Das war so ein Prozeß wie das Schwingen eines Pendels. Darum finde ich es okay, wenn man sich zu verschiedenen Zeiten auch unterschiedlich identifiziert, solange es darauf basiert, was man selbst fühlt, und nicht darauf, was andere einem sagen."

„Ich habe nichts dagegen, daß die Leute stolz auf ihre Kultur, ihre Vorfahren und all das Zeug sind. Aber ich mag es nicht, wenn die Leute darauf so viel Wert legen, daß sie nicht mehr mit anderen können, die nicht zu ihrer Rasse oder Ethnie zählen. Die Leute können stolz sein, aber nicht zu stolz."

„Ich glaube, du hast das beste von zwei Welten."

Übersetzung aus dem Englischen von Vera Kattermann und Ellen Frieben-Blum

Literatur

Gilman, Sander. (1985): Difference and Pathology: Stereotypes of Sexuality, Race and Madness. New York

Kich, Kitahara George (1982): Eurasians: Ethnic/Racial Identity Development of Biracial Japanese/White Adults. Unpublished Doctoral Dissertation. The Wright Institute, Berekely, C.A.

Root, Maria P.P. (1990): Resolving „Other" Status: Identity Development of Biracial Individuals. In: *Diversity and Complexity in Feminist Therapy*. Root, Maria P.P. / Brown, Laura (Hrsg.). New York, 85-206

Root, Maria P.P. (1994): Mixed-Race Women. In: *Women of Color: Integrating Ethnic and Gender Identities in Psychotherapy*. Comas-Diaz, Lilian/Green, Beverly (Hrsg.). New York.

Segal, Josylyn C. (1998) Shades of Community and Conflict: Biracial Adults of African-American and Jewish-American Heritages. [On-Line] Dissertation.com

Die Autoren und Herausgeberinnen

Santina Battaglia ist Diplom-Psychologin und Lehrerin für Deutsch und Italienisch. Sie ist z.Zt. als Wissenschaftliche Mitarbeiterin des Projekts Studienberatung und Verbesserung der Lehre an der Fachhochschule Erfurt tätig.

Ellen Frieben-Blum, Ethnologin M.A. und Soziologin, hat für verschiedene Institutionen in Forschung und Lehre zu soziologischen Entwicklungsfragen in Lateinamerika und der Karibik gearbeitet, u.a. als Gutachterin in der Entwicklungszusammenarbeit. Von 1996 bis 1999 war sie Mitarbeiterin der Landeskommission Berlin gegen Gewalt beim Senat von Berlin.

Ilan Katz, Ph. D. ist leitender Mitarbeiter der National Society for the Prevention of Cruelty to Children und Dozent an der Brunel Universität in London. Er promovierte mit einer Untersuchung über *The Construction of Racial Identity in Children of Mixed Parentage.*

Klaudia Jacobs, Slavistin, M.A., arbeitet als Lehrerin in der Erwachsenenbildung und als Koordinatorin der Weiterbildung *„Interkulturelle integrative Beratung"* in der IAF (Verband binationaler Familien und Partnerschaften) in Berlin.

Gotlinde Magiriba Lwanga ist Diplom-Soziologin und seit 1994 in Forschung und Projektarbeit im Bereich Jugendberufshilfe tätig. Interessensschwerpunkte: Interkulturalität, Antisemitismus, Rassismus und BürgerInnenrechte. Sie hat dazu diverse Artikel veröffentlicht.

Paul Mecheril, Dr. phil. ist Diplom-Psychologe und arbeitet an der Fakultät für Pädagogik an der Universität Bielefeld. Seine Forschungsschwerpunkte liegen auf methodologischen Fragen interkultureller Sozialwissenschaft, bei der Thematik nationale Zugehörigkeit, Hybridität und individuelles Zugehörigkeitsmanagement sowie konzeptuelle Aspekte Interkultureller Beratung; zahlreiche Publikationen zu diesen Themen.

Elvira Niesner ist Diplom-Soziologin und arbeitet seit Mitte der achtziger Jahre zu Frauenhandel, Heiratsmigration und Prostitutionstourismus. Sie hat Artikel und mehrere Bücher dazu veröffentlicht. Sie ist Wissenschaftliche Mitarbeiterin beim Frankfurter Institut für Frauenforschung und im Vorstand der Ökumenischen Asiengruppe Frankfurt. Z.Zt. arbeitet sie in zwei Forschungsprojekten zu den Themen: Strafverfolgung und Opferschutz bei Menschenhandel im europäischen Vergleich und zur Handlungsorientierung von Männern auf dem gewerblichen internationalen Heiratsmarkt.

Josylyn C. Segal, Ph. D. ist Psychologin, Musikerin und Schriftstellerin. Sie hat sich in *cross-cultural* und klinischen Fragen der Psychologie spezialisiert. Zentrale Themen ihrer Arbeit als Psychologin und Schriftstellerin sind urbanes Leben und Fragen zu einem „gemischten" kulturellen Erbe bzw. zu *mixed race* sowie Interkulturelles Training. In den letzten zwanzig Jahren lebte sie sowohl in den USA wie auch in Europa, z.Zt. in Berlin.

Miriam Tafadal ist Diplom-Sozialpädagogin. Sie interessiert sich für Pädagogik und Interkulturelle Arbeit und hat in Frankfurt im Mädchenzentrum und im Projekt „Arbeitslose Jugendliche und junge Erwachsene" gearbeitet. Z.Zt. lebt sie in Berlin und bereitet eine Dissertation vor. Sie ist im Vorstand der „Initiative Schwarzer Deutscher und Schwarzer in Deutschland".

Gabielle Varro ist Soziologin am Centre National de la Recherche Scientifique in Paris. Sie hat zahlreiche Forschungen zu „gemischten" Familien durchgeführt, insbesondere zur bilingualen Erziehung. Ihre zahlreichen Publikationen zu internationalen Familien in Frankreich und anderen Ländern umfassen ein breites Spektrum unterschiedlicher nationaler Herkunft und soziologischer Aspekte.

Brigitte Wießmeier, Dr. phil,. hat einen Lehrstuhl für *Interkulturelle Sozialarbeit und Familienberatung* an der Evangelischen Fachhochschule Berlin. Sie ist Sozialarbeiterin, Ethnosoziologin, Ehe- und Familienberaterin. Sie hat zahlreiche Artikel über bikulturelle Familien sowie eine empirische Untersuchung zu bikulturellen Ehen in Berlin über *Das „Fremde" als Lebensidee* veröffentlicht.